U0503447

花树摇曳　钿钗生辉

——隋炀帝萧后冠实验室考古报告

陕西省文物保护研究院
扬州市文物考古研究所　编著

文物出版社

图书在版编目（CIP）数据

花树摇曳　钿钗生辉：隋炀帝萧后冠实验室考古报告 / 陕西省文物保护研究院，扬州市文物考古研究所编著. — 北京：文物出版社，2019.1
ISBN 978-7-5010-5854-9

Ⅰ. ①花… Ⅱ. ①陕… ②扬… Ⅲ. ①服饰—考古—中国—隋代 Ⅳ. ①K875.2

中国版本图书馆CIP数据核字(2018)第267974号

花树摇曳　钿钗生辉
——隋炀帝萧后冠实验室考古报告

编　　著：陕西省文物保护研究院　扬州市文物考古研究所

责任编辑：窦旭耀
封面设计：程星涛
责任印制：苏　林

出版发行：文物出版社
地　　址：北京市东直门内北小街2号楼
网　　址：http://www.wenwu.com
邮　　箱：web@wenwu.com
经　　销：新华书店
印　　刷：北京京都六环印刷厂
开　　本：889mm × 1194mm　1/16
印　　张：27.5
版　　次：2019年1月第1版
印　　次：2019年1月第1次印刷
书　　号：ISBN 978-7-5010-5854-9
定　　价：480.00元

目 录

插图目录

图版目录

第一章

概述

第一节　隋炀帝萧后生平述略

隋炀帝萧皇后系南朝萧岿女，梁昭明太子萧统之曾孙女。因生于二月，江南之俗视为不祥，故先后寄养于叔父萧岌、舅父张轲家中。隋文帝即位后，封杨广为晋王，萧氏性情温和，有智识，被立为晋王妃，备受隋文帝与独孤皇后的赞赏和肯定。炀帝即位后，萧氏被册封为皇后。炀帝评价萧后"聪慧""有教养"。《隋书》卷三十六称萧后"性婉顺，有智识，好学解属文，颇知占候"，"夙禀成训，妇道克修"。隋大业十四年（公元 618 年），江都兵变，炀帝被杀，萧后为宇文化及掠至聊城。宇文化及为窦建德所败后，萧后又落入窦建德之手，后被和亲于突厥的义成公主（即杨广之妹）迎至突厥。唐贞观四年（公元 630 年），唐太宗大破突厥颉利可汗，萧后得以重归长安。唐贞观二十一年（公元 647 年），萧后卒，诏以皇后礼合葬于炀帝陵（扬州），谥号曰"愍"。

隋炀帝故事主要文本中几乎都可见萧后形象，版本主要有史书和文学作品两种。在《隋书》《北史》中皆有萧后传，在《旧唐书》《新唐书》《资治通鉴》等史书中对萧后也有零星记载。唐代文学文本《纪闻》《冥报记》等小说中的萧后形象主要是历史上萧后形象的延续；宋、元时期《大业拾遗记》《隋炀帝海山记》《炀帝开河记》《大宋宣和遗事》等小说将萧后描绘为误国的美女妖姬；明代《客座赘语》《隋史遗文》《隋唐两朝志传》《唐书志传通俗演义》《隋炀帝艳史》等作品中，萧后又被塑造为一个无才无德的平庸女子；清代小说《隋唐演义》《说唐》《坚瓠集》和传奇《万年希》等，主要是对萧后的不贞进行渲染。

然而从正史记载来看，萧后既非祸国之妖姬，亦非弄权之女主。其原本是一位比较传统的女性，出身皇族，性情柔顺，有良好的文化教养。隋大业十二年（公元 616 年），炀帝三游江都，时局已乱，宫人听到谋反消息，经萧后首肯后上报炀帝，炀帝此时已无力控制局势，反迁怒于宫人。曾"见帝失德，心知不可，不敢厝言，因为《述志赋》以自寄"的萧后见炀帝之行径，亦感大势已去，无可挽回。当宫人再报禁军有谋反迹象时，萧后说："天下事一朝至此，势已然，无可救也。何用言之，徒令帝忧烦耳。"遂彻底放弃劝谏，凄凉无奈地接受命运的安排。对于萧后的遭际，史家以同情为主。《隋书》曰："萧后初归藩邸，有辅佐君子之心。炀帝得不以道，便谓人无忠信。父子之间，尚怀猜狙，夫妇之际，其何有焉！暨乎国破家亡，窜身无地，飘流异域，良足悲矣！”对这位乱世中漂泊无依的皇后更多持同情怜悯态度[1]。史书虽未交待萧后的生卒年，但可结合其丈夫、儿子年龄做大体推测。开皇元年（581年）杨广被封为晋王，时年13岁。元德太子杨昭乃炀帝长子，萧后所出。《隋书·高祖本纪》：“十年春正月乙未，以皇孙昭为河南王，楷为华阳王。”《隋书·元德太子昭传》：“年十二，立为河南王。”据此推算，杨昭当生于公元579年，其时萧后大概13岁，则江都事变时萧后50余岁，至唐太宗大败突厥，迎萧后归长安时，至少已是60有余之妇[2]。唐贞观二十一年（公元647年），萧皇后崩逝，享年约八十岁。

第二节　萧后冠考古发现

2012年12月至2013年11月间，扬州市文物考古研究所及随后由南京博物院、扬州市文物考古研究所和苏州市文物考古研究所组成的“扬州曹庄隋唐墓葬联合考古队”，在扬州市西

图1-1　萧后冠出土位置

[1]　刘莉.萧后形象的文本演变及文化内涵[J].天中学刊，2013（03）：17-31.
[2]　刘莉.隋炀帝故事的文本演变与文化内涵[D].天津：南开大学博士学位论文，2013：143.

湖镇司徒村曹庄发掘了两座古代砖室墓，编号分别为2013YCM1、2013YCM2。考古发掘和研究证明M1是隋炀帝墓，M2为隋炀帝萧后墓，此项考古发掘入选“中国社会科学院考古学论坛·2013年中国考古新发现”“2013年度全国十大考古新发现”。两座墓葬均出土有大量珍贵文物，其中在萧后墓（M2）出土有保存相对比较完整的冠，该冠是目前考古发现等级最高、保存最完整的冠，应为隋唐时期的命妇礼冠。萧后冠单独放置在棺椁的东侧（图1–1）。

在萧后墓的考古发掘中，考古专家在清理棺椁外侧一处遗迹时发现大量散落的小件遗物，包括残断的铜丝、破碎的铜片、粉化的小珠等（图1–2），现场判断为一具结构复杂的冠，编号为2013YCM2:238。

图1–2　萧后冠

第三节　萧后冠项目基本情况

鉴于该冠的重要性、复杂性、脆弱性，不宜在现场继续进行全面清理，经扬州市文物考古研究所与陕西省文物保护研究院协商，双方同意合作开展隋炀帝萧后冠实验室考古与保护研究。

合作项目于2014年3月启动，2014年5月完成现场文物预保护及提取工作，2014年7月扬州市文物考古研究所护送萧后冠至陕西省文物保护研究院入库，并于8月开始在该院“珍贵文物保护修复实验室”进行实验室考古清理工作，直至2015年9月底萧后冠实验室考古清理工作基本结束。2015年9月至2016年8月，文物研究及资料整理工作有序进行并完成，2017年9月5日结项评审及移交工作圆满结束。

第二章

发掘现场萧后冠保护与搬迁

第一节　萧后冠保存现状

合作项目开始之初，萧后墓 M2 的考古现场发掘清理已经到了底部，萧后冠遗迹在棺椁的一侧。从残留痕迹判断，萧后冠原来应该是安置在一个木盒中，但木盒已经完全腐朽，仅存痕迹，还清理出铜包角和铜泡钉。从当时考古清理的情况来看，萧后冠整体呈一个不规则球形，其底部最大尺寸约 250 毫米，高约 200 毫米，是一个很不规则的半球状的冠，而且被泥土所充填，其表面是考古清理呈现出的一个一个的凹坑，深 20—30 毫米不等，暴露在外的有花梗、花瓣和花蕊等。铜花梗完全被绿色铜锈覆盖，腐蚀严重，变形或残断成数段，并移位；鎏金铜花瓣同样为绿色铜锈覆盖，大多残碎，散落他处，有的已成粉末；玻璃或汉白玉花蕊均遭风化，大多移位，表面粗糙松软，或粉化或块状剥落。同样，放置在冠旁边的铜五足香炉和铜灯台腐蚀严重，局部或粉化，或层状剥落，或块状碎落。编号为 XHD-19 的花瓣残块样品包埋磨光抛光后显微镜下观察，发现其基体已经完全腐蚀（图 2-1），仅存上下两面的鎏金层。

总体来看，萧后冠饰件的病害类型包括局部坍塌、变形、移位、腐蚀、残断、破碎、缺损和粉化等。宏观和微观的调查表明，萧后冠不同材料饰件劣化严重，保存状况极差。

图 2-1　花瓣饰件 XHD-19 残块剖面显微结构

第二节 搬迁方案制定

根据萧后冠的实际保存状况，项目组首先将“隋炀帝萧后冠实验室考古与保护”定位为一项高难度的科研课题。为此制订了科学、周密的项目方案，明确了具体的任务目标，拟定了详细的技术路线。

项目分为两个阶段，第一阶段是“萧后冠考古现场保护与提取”，其工作目标是：

1. 在考古发掘现场工作过程中，所有的技术性操作都要最大限度地避免原始信息的损失或丢失，最大限度地避免给未来的保护修复与研究带来隐患。

2. 在提取和搬迁运输过程中避免造成萧后冠的局部坍塌或移位。

第二阶段是“萧后冠实验室考古清理与保护”，其工作目标是：

1. 在实验室考古清理过程中，所有操作都要尽可能避免相关文物信息的损失，最大限度地揭示并保存相关历史、艺术、科学信息。

2. 对于出土的不同材质饰件，采用较妥善手段，使用较适宜的保护材料，使其尽可能完整保存，有效抑制其劣变。

针对萧后冠饰件保存状况极差的实际并基于以往的实践经验，确定保护性搬迁方案及技术路线如下：

（1）现状记录（包括 3D 扫描）→（2）残块样品收集→（3）中心位置确定→（4）凹坑填充并固位→（5）保护膜封护→（6）贴敷石膏绷带→（7）套木框并填充石膏→（8) 石膏木箱整体翻转→（9）底部处理→（10）整体封箱→（11）提取并搬迁入库。

第三节 保护性搬迁实施

基于以往脆弱金属文物的现场提取经验，以及扬州考古现场的工作条件与文物现状，项目组对这次萧后礼冠的现场搬迁采取了周密的准备工作与科学严谨的方法与手段，具体实施措施如下：

（1）3D 扫描和照相记录。通过 3D 扫描和照相方式，把考古发掘清理出的冠饰情况真实地记录下来，以备后续实验室考古清理与研究过程中参考（图 2–2）。

（2）表面残块样品收集。在考古现场，清理出来的花朵保存状况极差，所以，残断的花梗，破碎的花瓣，还有风化严重的花蕊等散落在冠的表面，而且大多已经移位。因此，在把冠从考古现场保护性搬迁前，先把散落在冠表面的残样进行收集，用于实验室分析与研究（收集的样品列表记录）。收集的样品装在专用弹性膜盒中保存（图 2–3）。

（3）饰件固位处理。在考古现场，围绕着花朵，考古清理使得冠表面凹凸不平。为了避免搬迁运输过程中凸起部分的破裂坍塌或移位，我们用沙包来进行填充。沙包选用细沙，用保鲜膜包裹，并用细尼龙线捆绑。但沙包不能捆绑太紧，要使其呈松散状态，当把沙包放置进凹坑中去时，可以起到充填作用（图 2–4 至图 2–6）。

（4）保护膜封护。保护膜的使用，起到隔离作用。保护膜可选用塑料薄膜，也可选用保鲜膜，根据具体情况可考虑多层覆盖（图 2–7）。

图 2–2　萧后冠保存现状调查与记录

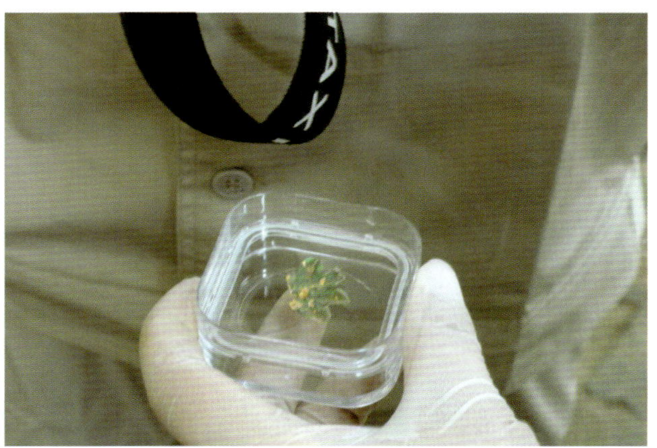

图 2–3　收集表面脱落的标本样品并装入专用弹性膜盒中保存

（5）贴敷石膏绷带。使用石膏绷带起到预加固作用，可使用多层石膏绷带。在贴敷石膏绷带后，就把制作好的木框套在冠的周围，再继续填充石膏。等到石膏完全固结后，带铺地砖一起翻转石膏木箱，以对底部进行保护处理，然后封箱（图 2-8 至图 2-10）。

在现场工作过程中仔细详尽地做好相关档案的记录，确保所有饰件及其残件的原始位置清楚。在考古现场我们为了掌握文物所处环境的相关数据，还对当地土壤和水进行取样及检测分析，结果显示，曹庄土壤环境呈酸性（PH 值为 5）。对当地水样的离子色谱分析表明，水中含有大量的氯离子，其次是碳酸根离子和硫酸根离子。这些检测为日后文物的腐蚀机理研究及保护措施提供了依据。

图 2-4　中心位置的确定

图 2-5　表面凹坑的充填

图 2-6　现场工作讨论与工作记录

图 2-7　覆盖保护膜，起到隔离作用

图 2-8　贴敷石膏绷带，套木箱并填充石膏

图 2-9 翻转石膏木箱

图 2-10 封护石膏木箱并入库保存

第三章

实验室考古前期研究与准备

在实验室开展考古清理的最大优势是环境可控，考古清理不受时间的限制，因而有更多时间与机会对保存状况极差的饰件以及痕迹进行细致的观察、分析、保护与研究，在实验室获取的相关考古信息也会更全面。而这些信息是明确萧后冠结构，日后开展复原研究的基础。

针对萧后冠饰件保存状况极差、空间位置关系紊乱的实际情况，我们确定了萧后冠实验室考古与保护的总体目标：在揭示原始信息基础上，介入适当的科技手段，明确萧后冠的结构、饰件材料种类及其加工工艺；在实验基础上，使用适宜的保护材料，使得冠的现状得以维持，饰件材质劣化得以抑制。

第一节 礼冠文献梳理与研究

1. 古代女性冠的起源及发展

对于女性礼冠的源流问题，由于资料的缺乏，特别是前期资料的严重匮乏，目前学界尚未形成统一的认识，也没有明确的发展脉络定论。但是前辈研究者们通过各自的研究，均对礼冠的发展源流问题进行了不同程度的探讨。沈从文先生在《中国古代服饰研究》一书中，对于宋代皇后画像中所戴礼冠，也仅仅指出，此冠应名为“龙凤花钗冠”，有别于文献中记载的、多见于日常佩戴或者道姑佩戴的一般头冠，属于重大礼仪场合穿戴的“礼冠”一类[1]。孙机先生的《中国古舆服论丛》一书中指出在明代戴冠者不限于男子，女性年长者或结婚典礼时是有戴冠的现象的，并且认为“妇女戴冠是北宋的风气，唐代尚不流行”[2]。综合前人研究成果可以看出，关于女性礼冠的源流研究，目前学界较为一致的观点是，在宋代以后的社会中，女子戴冠的情况较为普遍，礼冠的存在也是毋庸置疑的。这种流行可能至少在晚唐至五代就已经初见端倪了。但是对于之前的女性礼冠，目前学界认识尚不充分。虽然也偶有相关材料出土，唐代的女性冠

[1] 沈从文．中国古代服饰研究 [M]. 北京：商务印书馆，2013.
[2] 孙机．中国古舆服论丛 [M]. 北京：文物出版社，2001:309.

饰更是有已经成功复原的先例，但是对于其究竟是否属于礼冠、礼冠在唐代的使用、以及其发展源流等问题，目前尚不能形成统一的认识。

1.1 中国古代女性“冠”的种类

中国古代女性使用的“冠”大致可以分为以下几类：

1.1.1 礼冠

正史中明确出现女性礼冠的相关词汇是从元代开始的。成书于元末的《宋史·舆服志》中皇后的“龙凤花钗冠”和其他命妇的“花钗冠”这两个固定名词，是最早在正史中对女性礼服头饰加以“冠”的称呼[1]。但是礼冠实物的出现可能远远早于该名词的产生。韦正先生在其《金珰与步摇——汉晋命妇冠饰试探》一文中认为，在汉晋时期，女性就已经开始使用礼冠了[2]。

1.1.2 舞冠

顾名思义，即舞女表演时所戴冠饰。这一类最早的见于广西东汉墓出土的头戴花冠的舞女彩绘俑[3]。在后来的墓室壁画、陶俑和文献中也时常能见到这一类的形象。这类头冠无论是装饰图案、造型还是使用的材质，都与其他头冠有一定的差异，较一般的冠饰更为华美，处于引领时代潮流的领先位置。

1.1.3 道冠

女道士（女冠）所戴之头冠。女道士所戴之头冠，最负盛名的应该属于唐代。人们甚至直接呼唐代的女道士为“女冠”，足见头冠对女道士而言的特殊性了。其中最著名的，要数唐代玉真公主所戴的玉叶冠[4]。

1.1.4 常冠

即日常所戴头冠。女子日常所戴、不属于礼仪服饰的头冠最早出现于汉代。北宋高承《事物纪原》卷三“冠子”条：“《二仪实录》曰：爰自黄帝制为冠冕，而妇人者之首饰服无文，至

[1] 〔元〕脱脱，等．宋史·卷一五一·志一〇四 [M]. 北京：中华书局，1997.
[2] 韦正．金珰与步摇——汉晋命妇冠饰试探 [J]. 文物，2013(5):60−69.
[3] 沈从文．中国古代服饰研究 [M]. 北京：商务印书馆，2013:194.
[4] 扬之水．奢华之色——宋元明金银器研究·卷一 [M]. 北京：中华书局，2011:5.

周始有，不过副笄而已。汉宫掖承恩者始赐碧或绯芙蓉冠子，则其物自汉始矣。《古今注》曰：魏文帝有绝宠四人，莫琼树制蝉鬓，缥缈如蝉翼，段巧笑始锦衣丝履，作紫粉拂面，陈尚衣能歌舞，薛夜来善为衣裳，一时冠绝。一云冠起当世。”[1]而常冠真正在女性头饰中大行其道，却要到宋代了。宋人呼常冠为“冠子”，文献中提到的各种花冠、小冠、团冠、角冠、觯肩冠等等名目繁多的女性头冠，多属此类。

即便这类头冠是日常所戴，不具有礼制上的特殊意义，但是作为冠的一种，还是具有一定身份地位的妇女才能使用。位于封建社会最底层、出身低微的婢女等被归为“下等人”的女性人群，是不能使用冠的。

由以上四类女性头冠看，女性头饰被加以“冠”的称谓，在中国古代服饰史上出现的时间，大概是在汉代。将冠引入女性礼服体系，可能在时间上还要略晚。而真正在正史记载中明确承认女性礼冠的地位，明确指明女性所戴礼仪性头饰为“冠”，比起其真正使用的历史来，则要更晚了。

1.2 中国古代女性礼仪性头饰与冠的关联性及发展

许慎在《说文解字》中对“冠”字的解释为：“冠，豢也。所以豢发，弁冕之总名也。从冂从元，元亦声。冠有法制，从寸。”[2]《礼记》：“冠者礼之始也。”[3]可见，从“冠”这种事物出现开始，就被赋予了礼制上的意义。而且在冠出现之初，其使用者仅限于男性，也不具备任何实用意义，仅仅是一种礼制的象征。事实上，代表礼制意义的“冠”，在正史中真正应用于女性身上，要到元代。

而女性的礼仪性头饰，在元代之前，则被笼统地称为“首服”“首饰”等。虽然在史料记载中，在礼制性场合之外，也出现了一些其他种类的“冠”，但是这里的所谓“冠”并不代表最为郑重庄严的礼制意义，与本文探讨的礼冠有很大的区别。

自元代之后，“冠”正式成为女性服章制度相关词汇的一部分，并且自此一路发展下去，最后演变发展为后世耳熟能详的“凤冠霞帔”。这也是我们今天对古代女性礼服头饰统一命名为“礼冠”的根源。

礼冠的使用者，其身份虽然历代有一定的差异，但是无一例外均是具有一定身份地位的妇女，

[1] 〔北宋〕高承撰. 事物纪原 [M]. 北京：中华书局，1989.
[2] 〔东汉〕许慎撰，徐弦校定. 说文解字 [M]. 北京：中华书局，2013:153.
[3] 〔东汉〕郑玄注，〔唐〕孔颖达正义，吕友仁整理. 礼记正义 [M]. 上海：上海古籍出版社，2008.

主要为后妃命妇及宫中女官等。因此，关于礼冠的发展演变规律，虽然目前的研究尚不能完全明晰，但是通过考证历代正史中有关后妃命妇和宫中女官的服制规定，仍然能够窥知一二。

1.2.1 先秦时期

古代女性礼冠，在先秦时期，最早的名称应该是“副”“编”“次”。这些名称至今我们还可以在古代典籍中见到，但是其具体的形制已经遗失了。《周礼・天官・追师》：“掌王后之首服，为副、编、次，追衡笄，为九嫔及外内命妇之首服，以待祭祀宾客。”郑玄注：“副之言覆，所以覆首为之饰，其遗象若今步摇矣，服之以从王祭祀。编，编列发为之，其遗象若今假紒矣，服之以桑也。次，次第发长短为之，所谓髲髢也，服之以见王。”[1]《诗・鄘风・君子偕老》：“君子偕老，副笄六珈。”毛传：“副者，后夫人之首饰，编发为之。笄，衡笄也。”郑玄笺：“副，既笄而加饰，如今步摇上饰，古之制所未闻。”[2]

1.2.2 汉晋之际

《后汉书・舆服志》中记载汉代后妃命妇首服如下：“太皇太后、皇太后入庙服，……翦氂蔮，簪珥。珥，耳珰垂珠也。簪以瑇瑁为擿，长一尺，端为华胜，上为凤皇爵，以翡翠为毛羽，下有白珠，垂黄金镊。左右一横簪之，以安蔮结。诸簪珥皆同制，其擿有等级焉。皇后谒庙服，……假结，步摇，簪珥。步摇以黄金为山题，贯白珠为桂枝相缪，一爵九华，熊、虎、赤罴、天鹿、辟邪、南山丰大特六兽，……诸爵兽皆以翡翠为毛羽。金题，白珠珰绕，以翡翠为华云。贵人助蚕服，……大手结，墨瑇瑁，又加簪珥。长公主见会衣服，加步摇，公主大手结，皆有簪珥……公、卿、列侯、中二千石、二千石夫人，绀缯蔮，黄金龙首衔白珠，鱼须擿，长一尺，为簪珥。”[3]

《晋书・舆服志》记载与《后汉书・舆服志》中类似：“皇后谒庙，……首饰则假髻[4]，步摇，俗谓之珠松是也，簪珥。步摇以黄金为山题，贯白珠为支相缪。八爵九华，熊、兽、赤罴、天鹿、

[1] 〔东汉〕郑玄注．周礼 [M]．上海：上海古籍出版社，2010.

[2] 〔唐〕孔颖达注疏．毛诗正义 [M]．北京：中华书局，1957.

[3] 〔南北朝〕范晔．后汉书・卷一二〇・志第三〇 [M]．北京：中华书局，1973.

[4] 在《晋书・五行志》（《晋书》卷二七《志第一七》）中记载东晋时：“太元中，公主妇女必缓鬓倾髻，以为盛饰。用髲既多，不可恒戴，乃先于木及笼上装之，名曰假髻，或名假头。至于贫家，不能自办，自号无头，就人借头。遂布天下，亦服妖也。无几时，孝武晏驾而天下骚动，刑戮无数，多丧其元。至于大殓，皆刻木及蜡或缚菰草为头，是假头之应云。”结合文中内容看，此处的“假髻”似乎与本文讨论的“假髻”并非同一物，或者是逾越礼制的一种表现。而且其时处于东晋末年，政局不稳，动乱频繁，礼崩乐坏，恰合其时情境。另外，此种“木及笼上装之”的假髻，似乎又与后世的凤冠在造型上具有某种联系，不得不说可能是服饰制度变革的先兆。极有可能是后来南北朝至隋唐时期的后妃命妇首服转变的肇始。

辟邪、南山丰大特六兽，诸爵兽皆以翡翠为毛羽，金题白珠榼，绕以翡翠为华。…… 贵人、贵嫔、夫人助蚕，……太平髻，七鏌[1]蔽髻，黑玳瑁，又加簪珥。九嫔及公主、夫人五鏌，世妇三鏌。……长公主、公主见会，太平髻，七鏌蔽髻。其长公主得有步摇，皆有簪珥，衣服同制。……公特进侯卿校世妇、中二千石二千石夫人绀缯帼，黄金龙首衔白珠，鱼须擿长一尺为簪珥。"[2]

通过汉、晋时期的文献资料对比可知，两者主体基本上是一致的，变化不大。

在两晋时期的礼服头件中，"花钿"作为新出现的一种饰件开始登上历史舞台。这一时期的礼服头饰，其主体主要是假髻、巾帼一类头饰，加以步摇、华胜、簪珥等饰件进行装饰。

1.2.3 南北朝时期

有关南北朝时期服饰制度的记载较少，而且南朝和北朝服制有较大的差异。

从目前掌握的资料看，南朝制度中关于后妃命妇服制的相关规定是依照晋时制度确定的。元代马端临《文献通考》卷一百十四《王礼考九》中就有相关的记载："宋依汉制，太后入庙祭祀，首饰翦牦帼。皇后亲蚕，首饰假髻，步摇，八爵九华，加以翡翠。复依晋法，皇后十二钿，步摇，大手髻。……齐因宋制，公主会见大手髻，不易旧法。……陈因前制，皇后谒庙首饰假髻，步摇，簪珥。步摇，并如晋制。"[3]

在这里，有一个问题需要申明：虽然在汉晋南朝的女性墓葬中出土了一定数量的金珰，根据金珰的使用情况以及墓主人身份看，推测这时女性极有可能有某种类似冠饰的头饰[4]，但是其具体的使用情形尚无法完全了解，是否属于礼冠，也不能确定。通过文献记载可以确知，在这一时期内，女性礼服头饰的主体仍然是假髻、步摇、簪珥。

而北朝的情况与南朝有所不同。《晋书》卷一〇八《载记第八》中关于鲜卑慕容氏姓氏来历时提到："时，燕代多冠步摇冠，莫护跋见而好之，乃敛发袭冠，诸部因呼之为步摇，其后音讹，遂为慕容焉。"[5]孙机先生认为，此处记载慕容氏姓氏来历虽不足信，但是"时，燕代多冠步摇冠"却可能是符合史实的[6]。结合前燕冯素弗墓出土的步摇冠[7]（图 3–1），以及其他北朝步摇冠残件看，北朝时期，头戴步摇冠应该是一种较为流行的风尚，并且是男女通用的。但是步摇冠与

[1] "鏌"通"钿"，七鏌即"花钿七"，下同。
[2] 〔唐〕房玄龄.晋书·卷二五·志第一五 [M]. 北京：中华书局，1998.
[3] 〔元〕马端临.文献通考 [M]. 北京：中华书局，1986.
[4] 韦正.金珰与步摇——汉晋命妇冠饰试探 [J]. 文物，2013(5):60–69.
[5] 〔唐〕房玄龄.晋书·卷二五·志第一五 [M]. 北京：中华书局，1998.
[6] 孙机.步摇、步摇冠与摇叶饰片 [J]. 文物，1991(11):56–57.
[7] 黎瑶渤.辽宁北票县西官营子北燕冯素弗墓 [J]. 文物，1973(3):2–28.

礼冠之间的关联，目前尚不清楚。除步摇冠之外，北朝还有另外一种女性冠饰。现存美国堪萨斯市纳尔逊阿特金斯博物馆的龙门石窟《文昭皇后礼佛图》中，文昭皇后本人及其身后的一名女子,头上戴了有博鬓的礼冠(图3-2)。这应该是较为明确的北魏时期北朝女性礼冠的一种造型。之所以认为这种冠饰属于礼冠，原因有两点：其一，冠饰上具有后世礼冠通常具备的特征性饰件——博鬓；其二，图像表现的主题为皇后礼佛，人物出现的场合属于礼仪性活动场合。由此两点可以确定，这种冠饰属于礼冠无疑。

图3-1 冯素弗墓出土步摇冠
（现藏于辽宁省博物馆）

图3-2 《文昭皇后礼佛图》中文昭皇后头戴博鬓冠的形象

由上文可以看出，自北朝始，女性出现了戴冠的风尚。不但戴冠成为风尚，同时还出现了在礼仪性场合使用的礼冠。

从上面的南北朝时期女性礼仪性头饰发展情况看，大致在南北朝时期，后妃命妇礼服头饰开始分成两条支线：南朝仍然在继续效仿前代，礼服头饰的主体仍然是假髻、步摇、簪珥一类；而北朝少数民族政权则与南朝不同，女性礼服头饰的主体转变为冠饰，礼冠开始出现了。

1.2.4 隋唐时期

沈从文先生在《中国古代服饰》中提及："妇女花冠起源于唐代，盛行于宋代。"[1]

隋唐时期，有关后妃命妇服饰制度的记载中，"假髻""步摇""簪珥"等词汇已经不见。但

[1] 沈从文．中国古代服饰研究[M]. 上海书店出版社，2005:7.

是根据文献记载推测，其实际的形制，可能兼具了南朝和北朝的女性礼冠的一些特点，并且隋唐两代也是一脉相承。

《唐六典》卷十二《内官宫官内侍省》中对于礼冠的承袭关系有这样的记载："隋初，皇后首饰花十二树。……炀帝令牛弘等制皇后服四等：袆衣，以翚翟，五彩重行，十二等；首饰花十二钿，小花毦十二树，两博鬓；……皆参准宋太始及梁、陈故事增损用之。皇朝因之。"[1]

隋唐对南朝这种所谓的承袭，并不是全盘的承袭，其中包含了北朝因素影响的成分。例如，隋唐时期，在文献记载中第一次出现了"博鬓"这个词汇，这与南朝记载出现了较大的差异，明显受到北朝礼冠的影响。《隋书·礼仪志》记载："后魏已来，制度咸阙。天兴之岁，草创缮修，所造车服，多参胡制。故魏收论之，称为违古，是也。"[2]由此看来，隋唐正史记载中的所谓制度自南朝承袭，可能并不是严格意义上的承袭，在具体的实物形制上，也并非完全一致，而更多是南朝、北朝风俗文化的一种交融汇合。这可能是前文中《唐六典》所谓"增损用之"的具体所指。

之所以在文献中常常强调其与南朝的承袭关系，这可能是由于封建社会的统治者，为了让中原子民接受和认同，以示其传承华夏正统，所以常常追慕古制，沿用古称。这种情形历朝历代都有发生，在南北朝至隋唐时期，随着民族文化融合的加剧，这种情况尤为明显。

南北朝至隋唐时期，在礼制方面，古制不存，但是统治者和礼制的制定者又追慕古制，这种现象，在相关史料记载中，多处均有提及。例如《隋书·礼仪志》中就提到过相关的内容，原文为："高祖初即位，将改周制，乃下诏曰：……太子庶子、摄太常少卿裴正奏曰：'窃见后周制冕，加为十二，既与前礼数乃不同，而色应五行，又非典故。……今请冠及冕，色并用玄，唯应著帻者，任依汉、晋。'制曰：'可。'"[3]

这种多民族文化自然融合，统治者出于政治目的，将汉文化作为主干和正统来推崇。在隋唐时期，政令制度中提及后妃命妇首服时，没有明确指明称谓，而是含糊带过，原因可能在此。

关于唐代女性礼冠的形制，同时代的图像资料非常少，目前知道的只有初唐李寿墓石椁线刻图上的命妇形象和懿德太子墓石椁上的女官形象两例（图 3-3、图 3-4）。初唐李寿墓石

[1] 〔唐〕李林甫，等.唐六典[M].北京：中华书局，2005.
[2] 〔唐〕房玄龄，等.隋书·卷一二·志第七[M].北京：中华书局，1972.
[3] 〔唐〕房玄龄，等.隋书·卷一二·志第七[M].北京：中华书局，1972.

椁线刻图的命妇礼冠左右有尾端向上的博鬓，冠体较为低平，正面底部有几枚较大的片状饰件，上部满布步摇珠花。其中冠体上部的装饰与隋代李静训墓出土的“金银珠花头饰”非常相似（图3-5）。而懿德太子墓石椁线刻图中女官所戴冠饰，由于没有插戴各种装饰性饰件，则将头冠的冠胎形制体现的较为形象具体。其整体形制与古代男子所戴的“通天冠”十分相似（图3-6），是由若干道从前至后的冠梁作为骨架构成的。与之类似的实物有苏州张士诚母亲墓葬出土的冠饰（图3-7）。

图3-3 李寿墓石椁线刻图（石椁现藏西安碑林博物馆）

图3-4 懿德太子墓石椁上线刻女官命妇头戴冠饰形象（采自周锡保《中国古代服饰史》）

图3-5 隋李静训墓出土“金银珠花头饰”（现藏中国国家博物馆，图片来自国家博物馆官网）

图3-6 《送子天王图》中的通天冠（采自周锡保《中国古代服饰史》）

图3-7 元代末年张士诚母亲墓出土冠饰（现藏苏州博物馆）

1.2.5 宋金时期

宋代的女性礼冠呈现出与隋唐礼冠在很大程度上的一致性。日本学者仁井田升编著的《唐令拾遗·衣服令第十五》中引用过一条《宋淳化衣服令》,具体内容为:"皇后服。首饰花十二株(小花如大花之数，并两博鬓)，袆衣(深青织成为之，文为翚翟之形，素质五色十二等)……"[1]

《宋史·舆服志》中有关于当时后妃服饰系统的详细记载:"后妃之服。一曰袆衣，二曰朱衣，三曰礼衣,四曰鞠衣。妃之缘用翟为章,三等。大带随衣色,朱里,纰其外,上以朱锦,下以绿锦,纽约用青组，革带以青衣之，白玉双佩，黑组，双大绶，小绶三，间施玉环三，青袜、舄，舄加金饰。受册、朝谒景灵宫服之。鞠衣，黄罗为之，蔽膝、大带、革舄随衣色，余同袆衣，唯无翟文，亲蚕服之。妃首饰花九株，小花同，并两博鬓，冠饰以九翚、四凤。褕翟，青罗绣为摇翟之形，编次于衣，青质，五色九等","龙凤花钗冠、大小花二十四株，……花钗冠，大小花十八株，施两博鬓。"[2]

对比《旧唐书·舆服志》中关于皇后礼服的记载:"武德令，皇后服有袆衣、鞠衣、钿钗礼衣三等。袆衣，首饰花十二树，并两博鬓，其衣以深青织成为之，文为翚翟之形。素质，五色，十二等"[3]，可以看出，唐宋对皇后礼服的制度要求事实上是一致的。成书于元末的《宋史·舆服志》中，在以上内容的基础上还提出了"龙凤花钗冠"和"花钗冠"的概念。查阅相关资料之后，我们发现，事实上在宋代尤其是北宋史料记载里面，并没有"凤冠""龙凤花钗冠"或是"花钗冠"之类的称谓。

对比宋代皇后画像中皇后头戴礼冠的形象(图 3-8)看,《宋淳化衣服令》中对后妃命妇礼服头饰的规定和描述，其具体所指，就是元代被称为"龙凤花钗冠"和"花钗冠"的一类礼冠。所以我们认为，礼冠这种中国古代封建社会的女性服章制度的重要组成部分，是先有实物，而后才有所谓"冠"之名的。在正式被称为"冠"之前，礼冠就已经存在相当长一段时期了。

金代统治者为了稳固政权，同时追慕中原汉族文化，因此推行了一系列汉化政策，在服饰上也是同样。《金史·舆服志》中记载皇后冠服为:"皇后冠服。花珠冠，用盛子一，青罗表、青绢衬金红罗托里，用九龙、四凤，前面大龙衔穗球一朵，前后有花珠各十有二，及鸂鶒、孔雀、云鹤、王母队仙人、浮动插瓣等，后有纳言，上有金蝉鑻金两博鬓，以上并用铺翠滴粉缕金装

[1] [日]仁井田陞著，栗劲、霍存福、王占通、郭延德编译．唐令拾遗 [M]. 长春：长春出版社，1986:333.
[2] 〔元〕脱脱，等．《宋史》舆服志三 [M]. 中华书局，1985.
[3] 〔五代〕刘昫，等．旧唐书 [M]. 北京：中华书局，1975.

珍珠结制，下有金圈口，上用七宝钿窠，后有金钿窠二，穿红罗铺金款幔带一。”[1]

以上描述与来源于台北故宫博物馆的冠饰（图 3–8）对比可知，宋金礼冠基本上是一致的。金朝对宋的女性礼冠制度几乎可以说是全盘继承。

图 3–8 宋代皇后画像
1. 宋高宗皇后像 2. 宋仁宗皇后像 3. 宋徽宗皇后像
4. 宋神宗皇后图 5. 宋钦宗皇后像 6. 宋宁宗皇后像

1.2.6 元代

元代的女性礼冠情况较为特殊。元代统治者吸取金代灭亡的教训，抵制汉化，因此，元代女性礼冠呈现了与汉族政权礼服制度中相关内容完全不同的面貌。元代后妃礼冠使用的是蒙古族的罟罟冠（图 3–9）。由于此部分与本书关系不大，在此不加详述。

[1] 〔元〕脱脱，等 . 金史 · 卷四三 · 志第二四 [M]. 北京 : 中华书局，1997.

图 3-9 元世祖皇后彻伯尔所戴罟罟冠
（图片采自台北故宫博物院藏
《南熏殿旧藏历代帝后像》）

1.2.7 明代

到了明代，礼冠的发展达到了顶峰，在制度上，对礼冠的要求非常详细。

《明史·舆服二》中规定了皇后、妃嫔、公主等内命妇的礼冠形制，例如："皇后冠服。……永乐三年定制，其冠饰翠龙九，金凤四，中一龙衔大珠一，上有翠盖，下垂珠结，余皆口衔珠滴，珠翠云四十片，大珠花、小珠花数如旧。三博鬓，饰以金龙、翠云，皆垂珠滴。翠口圈一副，上饰珠宝钿花十二，翠钿如其数。托里金口圈一副。珠翠面花五事。珠排环一对。皂罗额子一，描金龙文，用珠二十一。……"[1]（图 3-10 至图 3-12）

《明史·舆服三》中规定了命妇、内外官女性亲属等外命妇的礼冠形制，例如："……五年更定品官命妇冠服。一品，礼服用山松特髻，翠松五株，金翟八，口衔珠结。正面珠翠翟一，珠翠花四朵，珠翠云喜花三朵；后鬓珠梭球一，珠翠飞翟一，珠翠梳四，金云头连三钗一，珠帘梳一，金簪二；珠梭环一双。……常服用珠翠庆云冠，珠翠翟三，金翟一，口衔珠结；鬓边珠翠花二，小珠翠梳一双，金云头连三钗一，金压鬓双头钗二，金脑梳一，金簪二，金脚珠翠佛面环一双，镯钏皆用金。……"[2]

由此可见，明代女性礼冠已经建立了一整套较为完整详尽的庞大体系。对礼冠的适用范围、使用者身份以及礼冠每一部分饰件的详细结构造型、所用材质，都有非常细致严格的规定。

[1]　〔清〕张廷玉，等．明史·卷六六·志第四二 [M]. 北京：中华书局，1974.
[2]　〔清〕张廷玉，等．明史·卷六七·志第四三 [M]. 北京：中华书局，1974.

图 3-10 明太祖孝慈高皇后像
（采自《历代帝后像》）

图 3-11 明世宗孝洁肃皇后像
（采自《历代帝后像》）

图 3-12 定陵博物馆藏明神宗孝靖皇后九龙九凤冠
（采自王秀玲《明定陵出土帝后服饰》）

1.2.8 清代

清代的情况与元代类似，统治者出于保留本民族传统的考虑，在服饰礼仪制度上较多地保留了本民族特色，所以满清贵族妇女礼冠的形制与汉族政权差距比较大。但是在满清特有的冠饰基础上，礼冠上的装饰饰件较多地吸收和借鉴了汉族传统图案文化的造型，使用凤等造型进行装饰。

通过对文献资料的研究可以看出，中国古代女性礼冠的发展经历了一个漫长的时期。历朝历代不同民族的各种礼制文化都为最终的礼冠造型提供了各种文化素材。礼冠的形成是中华民族融合发展的一个具体例证。

1.2.9. 小结

从以上内容大致可以看出，在隋唐之前，女性礼服头饰体系以假髻、蔽髻、步摇、簪珥为主体。其主要特点是，饰件与头饰基体——假髻、蔽髻等是分离的，两者通过组合使用的方式组成了全部的礼服头饰内容。

到了隋唐，女性礼服头饰体系的主体变成了礼冠。但是礼冠的出现并不是凭空的，是南北朝时期多民族文化融合的结果。元、清两朝统治者身份为少数民族，其礼冠形制与汉族传统礼冠有较大差异，但是整个礼冠的体系的确立和发展，却是和汉民族传统礼仪文化制度一脉相承的，其造型设计和装饰特点也很大程度上融合了汉族传统文化的因素。从整个礼冠体系的发展过程看，礼冠一旦诞生和确立，作为封建社会女性服章制度的一个主要构成部分，就一路传承发展，作为礼制的代表，伴随封建社会走到了这种社会制度的终点。

2．冠饰结构、材质和工艺相关方面的研究

2.1 冠饰结构方面的研究

关于女性礼冠的造型研究，前人的研究成果数量较源流研究为多。但是由于出土资料的数量有限，目前的研究多数集中于对定陵出土凤冠的研究中。陕西省考古研究院与德国合作复原的李倕冠饰，其实验室微型发掘和复原的工作方法，以及各部分饰件的造型和装饰手法，都为本书提供了很有价值的参考和借鉴[1]。在李倕冠饰的复原过程中，利用 X 光探伤[2]、实验室微型发掘[3]等多种文物保护相关的科技手段，对冠饰进行了较为全面细致的信息提取工作，最终实现了冠饰的整体复原。其工作方法和出土的相关饰件，均对本书提供了非常必要的指导和参考。

周锡保先生的《中国古代服饰史》一书认为传为吴道子作品的《送子天王图》中妇人形

[1] 关于李倕墓冠饰的性质究竟属于假髻还是冠饰，目前学界还存在一定的争议。但是无论其属性如何，对于李倕冠饰的复原工作，其工作方法和技术手段，都为后来的文物保护工作提供了非常有价值的参考和借鉴意义，这一点是毋庸置疑的。由于其性质尚无定论，本文中暂时按照一般的叫法，仍然称其为“冠饰”，特此说明。

[2] 杨军昌，韩汝玢 .X 光照相技术在文物及考古学研究中的应用 [J]. 文物保护与考古科学，2001(1):55-60.

[3] 杨忙忙，张勇健 . 实验室微型发掘方法在北周孝陵发掘中的应用 [J]. 文物保护与考古科学，2010(3):49-54.

象与唐制“钿钗礼衣”略符[1]，同时还指出，懿德太子墓石椁浅雕中的头戴冠饰、佩有组玉佩的女官形象，其穿戴应属于“大袖连裳”或“裙襦大袖”一类的礼服，是较《送子天王图》中头戴“博鬓”的妇人服饰级别偏低的一类，其中所戴冠饰属于《周礼》中的“副”，或者汉代的“蔮”[2]。

孙机先生的《步摇、步摇冠与摇叶饰片》一文对东汉魏晋南北朝时期的步摇冠进行了较为深入的研究。孙机先生结合古代文献，把南北朝时期的步摇冠出土资料与国外形制类似的资料进行了广泛的对比，认为“东汉的成套步摇似应受到大月氏的影响”[3]。徐文跃的《明代的凤冠到底什么样》对定陵出土的四件凤冠从文献角度进行了研究，将凤冠实物与明代相关文献资料进行了对比,并搜集整理了出土的明代藩王王妃冠饰相关资料[4]。王秀玲的《明定陵出土帝后服饰（三)》主要对定陵出土凤冠从制作工艺方面进行了较为详细的研究和介绍[5]。

由以上内容可以看出，对于冠饰的整体造型的研究，目前的主要研究方向可以分为文献研究和工艺技术研究两大类。这两类资料目前数量均不是很多，但是成型的研究成果中，对单个冠饰或者单独某一类的冠饰的研究较为深入细致,有很高的参考借鉴价值。对于这个领域的研究，还有赖于今后出土冠饰资料的进一步补充。

目前对冠饰相关饰件的单独研究是冠饰研究中数量最多的，大量冠饰相关的研究均集中在这一部分,占据了冠饰研究中较大的比重。代表性观点及论著有如下几种。孙机先生的《步摇、步摇冠与摇叶饰片》一文将步摇和摇叶饰片的形制与国外出土资料进行了对比，得出步摇装饰从西向东传播的结论[6]。韦正先生的《金珰与步摇——汉晋命妇冠饰试探》一文，对汉末曹魏两晋出土的各种步摇构件进行了整理和比较，将其与墓葬规格和墓主人身份进行了对比，指出各时期步摇构件的不同特点，以及金珰与步摇的关系，并提出“步摇为高等级官员妻属、公主至皇后通服的朝服之冠饰”的观点[7]。周锡保先生的《中国古代服饰史》一书将传为吴道子作品的《送子天王图》中妇人头上所戴饰品定为“博鬓”，并认为这是最初所见的史书中所记载“博鬓”的具体形制[8]。孙机先生的《中国古舆服论丛》一书，认为懿德

[1] 周锡保 . 中国古代服饰史 [M]. 北京：中国戏剧出版社，1984:181.
[2] 周锡保 . 中国古代服饰史 [M]. 北京：中国戏剧出版社，1984:200.
[3] 孙机 . 步摇、步摇冠与摇叶饰片 [J]. 文物，1991(11):55-64.
[4] 徐文跃 . 明代的凤冠到底什么样 ?[J]. 紫禁城，2013(2):62-66.
[5] 王秀玲 . 明定陵出土帝后服饰（三)[J]. 收藏家，2009(11):29-36.
[6] 孙机 . 步摇、步摇冠与摇叶饰片 [J]. 文物，1991(11):55-64.
[7] 韦正 . 金珰与步摇——汉晋命妇冠饰试探 [J]. 文物，2013(5):60-69.
[8] 周锡保 . 中国古代服饰史 [M]. 北京：中国戏剧出版社，1984:181.

太子墓石椁浅雕中的女官冠饰上插戴的凤形首饰应为钗的一种[1]。此外，在孙机先生的书中还详细谈了关于明代的束发冠、鬏髻与头面的问题，还对明代妇女首饰中的挑心、顶簪、头箍、分心、掩鬓、围髻、钗簪、耳坠等从称谓、结构、插戴方式、装饰题材等几个方面做了详细的探讨[2]。这些内容对于研究女性礼冠上饰件的形制和位置等都有一定的帮助。扬之水先生的《奢华之色——宋元明金银器研究》卷一[3]、卷二[4]两部专著，通过对宋元明时期金银首饰的寻根溯源，对组成元素的构造解析，研究其称谓定名。尤其是在卷二中，对明代的凤冠、特髻、鬏髻、挑心、分心、满冠、钿、掩鬓、步摇等等，结合文献和出土实物，都做了详细深入的研究和解读。另外，扬之水先生撰写的《明代头面》[5]一文，也对相关内容进行了详细的解读和研究。

张煦[6]对唐阎识微夫妇墓出土女性冠饰进行了研究，通过对冠饰材料的再整理与初步研究，并结合科技手段和相关文献对本组冠饰以及相关的唐代女性礼冠问题进行多方面的研究，最终探讨推测性复原的可能性。

由以上内容可以看出，对于冠饰相关饰件的单独研究，目前资料最为丰富，研究也比较深入，属于相对较为成熟的一类研究方向。但是目前的研究内容主要集中在汉晋南北朝和宋明两个阶段。对于时间处于两者之间的隋唐冠饰相关饰件的研究就显得相对较为单薄。而汉晋南北朝和宋明两种截然不同的冠饰风格，如何在一脉相承的中华文化中自然过渡衔接，隋唐显然可能是一个非常关键的结点。

2.2 冠饰材质方面的研究

张正原[7]对唐阎识微夫妇墓出土玻璃制品的材质进行了研究，利用 X 射线荧光分析、拉曼光谱分析两种方法对阎识微夫妇墓出土玻璃制品的材质进行了鉴别，结果表明，该批文物样品属于玻璃范畴，其中一件（TXS-22）为钠钙硅酸盐（$Na_2O-CaO-SiO_2$）玻璃，其余均为高铅硅酸盐（$PbO-SiO_2$）玻璃。

张煦通过显微观察等科技手段对唐阎识微夫妇墓出土女性冠饰的材质进行了初步的判断，

[1] 孙机．中国古舆服论丛 [M]. 北京：文物出版社，2001:245.
[2] 孙机．中国古舆服论丛 [M]. 北京：文物出版社，2001:303.
[3] 扬之水．奢华之色——宋元明金银器研究，卷一 [M]. 北京：中华书局，2011.
[4] 扬之水．奢华之色——宋元明金银器研究，卷二 [M]. 北京：中华书局，2012.
[5] 扬之水．明代头面 [J]. 北京：中国历史文物，2003(4):24-39.
[6] 张煦．唐阎识微夫妇墓出土女性冠饰复原研究 [D]. 陕西：陕西师范大学硕士学位论文，2014:1-88.
[7] 张正原．唐阎识微夫妇墓出土玻璃制品研究 [D]. 陕西：陕西师范大学硕士学位论文，2014:1-88.

冠饰饰件主体材质为铜质，装饰材料涉及玉石、绿松石、水晶、玻璃、羽毛、珍珠等，更深入的研究需要进一步对冠饰的材质进行检测。

2.3 冠饰制作工艺方面的研究

张正原对唐阎识微夫妇墓出土玻璃制品的制作工艺进行了研究，通过显微观察和前人的相关研究，发现这批玻璃制品的制作普遍使用了“缠芯法”的成型工艺，并配合了金属“花瓣”底托、镶嵌珍珠、鎏金或夹金箔等装饰工艺。

张煦通过显微观察等科技手段对唐阎识微夫妇墓出土女性冠饰的制作工艺进行了初步的判断，金属制作工艺涉及焊接、鎏金、贴金、镶嵌、掐丝、珠化等。

苏士珍的《明代凤冠装饰特点及其对现代首饰设计的启示》一文对凤冠的起源、凤冠的造型、材质、工艺以及纵向分析明朝凤冠图例等几个方面展开研究[1]。

2.4 相关制作工艺方面的研究

经初步观察，萧后冠构成饰件种类繁多、结构复杂，运用了多种制作工艺，为减少文中多次赘述，在此对涉及的重要工艺原理先做一简要介绍。

2.4.1 成型工艺

成型工艺主要是锤揲[2],一般是先将自然状态下的或冶炼出的金银铜锭类原料锤打成各种形状，以便进一步加工使用（图 3-13）。

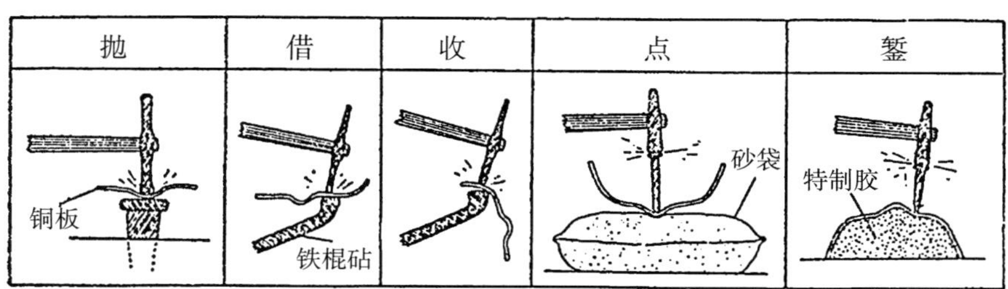

图 3-13 锤揲

[1] 苏士珍．明代凤冠装饰特点及其对现代首饰设计的启示 [D]. 北京：中国地质大学硕士学位论文，2014:1-64.
[2] 齐东方．唐代金银器研究 [M]. 北京：中国社会科学出版社，1999:179.

早在商周时期，我国金银铜的加工工艺中就已经出现了锤揲工艺[1]，在河南、陕西等地商周时期的遗址中均出土有锤揲而成的金、银、铜制品。唐代与波斯、中亚和拜占庭等地的交流往来，使得锤揲工艺摆脱了原有的仅将金银锤打成片的制作方法，而是逐渐的将锤揲工艺与錾刻等细金工艺结合起来使用，由此出现了大量精美的完整器物。

锤揲是金银器制作最初级最基础的工艺，属于锻造技术，根据实际需要，可以选择冷锻，也可以选择热处理的手段，在中国早期金银器的制作过程中最为常用。贴金和包金[2]等装饰性工艺也离不开锤揲工艺，所以最能凸显锤揲工艺的代表性器物应是较原始的金银质器物。

2.4.2 连接工艺

连接工艺主要是焊接，焊接[3]是将两种性质相同或不同的金属，通过加热的方式，让金属表面产生物理变化而黏合在一起，以达到附件与主体结合的目的。

我国古代的焊接技术约兴起于西周，主要用于青铜器及其附件的连接。按照焊料分类，可分为铅锡焊、铜焊和银焊这三种类型[4]。内蒙古地区东汉至北朝时期出土金银器上的联珠纹，大多使用焊接技术。至唐代，金银焊接工艺大量使用。韩建武[5]等人根据目前有关焊药记载最早的颜师古对《汉书·西域传》的注释“胡桐亦似桐，不类桑也”，他们认为这种金银焊接技术来源于西亚，通过西域传入内地，并且胡桐成为唐代最普通的一种金银焊药。

2.4.3 表面处理工艺

①切削

切削主要用于器物成型后的表面修正，以平整成型过程中所形成的粗糙部分，也用于器物子母口等功能部位的制作。韩建武[6]等人通过考察何家村金银器加工痕迹，认为切削大体分为两种工艺：一种是用刀具手工进行削剔整形，在加工痕迹上表现为按一定方向和次序紧密排列的条痕，由上至下，有些痕迹同起同止，起停处刀口呈方折；另一种是通过简单的旋床旋转获取速度，再使用刀具进行镟削，在加工痕迹上表现为从中心向外分布着同心条状圆周，并有一

[1] 卢连成．中国青铜时代金属加工工艺 [J]. 陕西历史博物馆馆刊（第三辑），1996:3-10.
[2] 温廷宽．几种有关金属工艺的传统技术方法（续）[J]. 文物，1958(9):62-64.
[3] 李建纬．先秦至汉代黄金制品工艺与身体技术研究：兼论其所反映的文化交流与身份认同问题 [D]. 台南：国立台南艺术大学艺术创作理论研究所硕士学位论文，2010:79.
[4] 何堂坤，靳枫毅．中国古代焊接技术初步研究 [J]. 华夏考古，2000(1):61-65.
[5] 陕西历史博物馆，北京大学考古文博学院．花舞大唐春：何家村遗宝精粹 [M]. 北京：文物出版社，2003:27.
[6] 陕西历史博物馆，北京大学考古文博学院．花舞大唐春：何家村遗宝精粹 [M]. 北京：文物出版社，2003:29.

些凹线，在凹线间大块分布着与圆周方向垂直的平行条棱。

②抛光

抛光是指金属或石质外表经过打磨至反光的技法[1]。在切削成型之后，主要作用是使金银器体现出本身亮丽夺目的光泽。抛光工具与方式有多种，韩建武[2]等人认为《唐六典》中的“研金”应指抛光，可能是用细的错石和磨炭逐次加水错磨，再使用织物或皮革仔细抛光。在《中国手工艺：金属采冶和加工技艺》一书中，研金也可为金线制作中的一道工序，使用雨花石的珠头将金纸砑出光泽[3]。梁瑞香[4]研究古代文献中有关金属工艺的记载，认为唐代抛光材料较前代进一步改革，为抛光质量更好、磨削能力更强的氧化铁；对于鎏金器物，在鎏金后需用酸梅水或杏干水刷洗后，再用皂角水或皂荚片蘸水磨光金层表面以显现出金光闪闪的黄金色泽。另外，*Greek and Roman Jewellery* 也对抛光有相关记载，如在软质转轮上使用石英砂或金刚砂对金银器表面进行抛光处理，随着处理的进行，磨料目数逐渐增大，最后再使用玛瑙等抛光石进行摩擦抛光[5]。温廷宽[6]在《几种有关金属工艺的传统技术方法》中详细描述了中国传统金属工艺技术，其中压光为汞鎏金的最后一道工序，用于把镀金表面黄金压平，增加牢固和光亮，同时也使用玛瑙作为压光工具（图 3-14）。

图 3-14　压子

③鎏金工艺

鎏金工艺是先将金块打制成薄薄的金片状，然后用剪刀按要求把干净的金片裁剪成合适的条形金丝，把金丝高温加热至熔融状态溶于水银中制成金汞齐，将需要鎏金的器物表面擦干净，然后将金汞齐抹在需要装饰的器物表面，再用火盆烘烤器物表面，使汞均匀蒸发，最后金留在器物表面[7]。唐代是鎏金工艺获得显著发展的时期。利用科学手段对鎏金工艺进行分

[1]　李建纬．先秦至汉代黄金制品工艺与身体技术研究：兼论其所反映的文化交流与身份认同问题 [D]. 台南：国立台南艺术大学艺术创作理论研究所硕士学位论文，2010:81.

[2]　陕西历史博物馆，北京大学考古文博学院．花舞大唐春：何家村遗宝精粹 [M]. 北京：文物出版社，2003:9.

[3]　华觉明，李晓岑，唐续祥．中国手工艺：金属采冶和加工技艺 [M]. 郑州：大象出版社，2008:29.

[4]　梁瑞香．中国表面处理技术史的探讨（二）——古代的磨光与抛光技术 [J]. 电镀与精饰，1984(4):9-41.

[5]　Reynold Alleyne Higgins. *Greek and Roman Jewellery* [M]. Berkeley and Los Angeles: University of California Press，1980:34.

[6]　温廷宽．几种有关金属工艺的传统技术方法 [J]. 文物，1958(3):2-63.

[7]　王海文．鎏金工艺考 [J]. 故宫博物院院刊，1984(2):50-58.

析，国内外学者均展开了相关的研究。吴坤仪[1]对如何判别器物表面使用鎏金工艺这一问题进行了相应的研究，得出了较为一致的结论，认为汞的残存是辨别鎏金与其他表面镀金工艺的重要依据。

④珠化工艺

珠化，之前称之为炸珠，也称金珠。带有金珠装饰的饰件制作方法是先把金丝掐成花的形状，再把金珠预粘到需要的位置，再将焊药粉末撒到花朵与金珠上，一起入炉火将焊药融化焊接在一起[2]。

炸珠在公元前7世纪至公元前6世纪的伊特拉斯坎(Etruscan)文化时期达到高峰[3]。制作方式主要有四种：第一种是将熔融的金液倒入冷水中，因为金液和冷水的温度有较大的反差，金液遇冷迅速凝固成大小不同的小金粒[4]；第二种是将裁剪成条且干净的金银丝的一端放在高温上加热，待其熔融后，再用吹管向熔融部位吹气，金银液体将受力落下，按照这种方法不断对金银丝加热吹气，金银液冷却后变成大大小小的金银粒[5]；第三种是将金箔板按照所需金粒的大小用剪刀裁剪成大小相同的金片，将这些小金片加热，在加热过程中，金液因自身张力作用，金液会逐渐凝结成大小相近的金粒[6]；第四种是将裁剪成条且干净的金丝按照需要金粒大小切成小段，再将小段金丝混入坩埚的粉状土炭中，然后进行高温加热，待金丝熔融后，因为木炭的隔离，会形成大小不一的小金珠[7]。

2.4.4 表面装饰工艺

①掐丝镶嵌工艺

掐丝工艺是将有韧性的裁剪好的金属丝掐成所需要的纹样的工艺，镶嵌工艺是一种用不同的锉工方式镶嵌宝石的传统细金工艺，掐丝镶嵌工艺往往同时出现，是将金属材料和珠翠宝石相结合的一种技术，掐丝镶嵌技术的运用显示了人们审美的提高。镶嵌技术具有一定的时代特征，镶嵌工艺产生于先秦，在晋代则以镶嵌宝石、珠饰最为流行，同时我国和东南亚也出现有镶嵌金刚石的，一般是来自于希腊、罗马等国家。从东汉以后出现的这种情况来看，中国传统的金

---

[1] 吴坤仪．鎏金[J]．中国科技史料，1981(1):90－94.
[2] 张卫峰．喀什维吾尔族传统首饰的种类与炸珠工艺[J]．艺术教育，2015(9):283.
[3] 黄翠梅，李建纬．金玉同盟——东周金器和玉器之装饰风格与角色演变[J]．中原文物，2007(1):42－58.
[4] 谭前学．盛世遗珍[M]．西安：三秦出版社，2003:78.
[5] 方东，胡湘燕．中国古金银器收藏鉴赏[M]．北京：中国轻工业出版社，2008:11.
[6] Hermann Schadt. *Goldsmiths' art:5000 years of Jewelry and Hollowware* [M].Stuttgart:Arnoldsche，1996:3.
[7] 戴尔布朗．伊特鲁里亚人：意大利一支热爱生活的民族[M]．徐征等译．北京：华夏出版社，2002:54－55.

银器工艺中早就已经融合了一些国外的技术。

②錾刻工艺

錾刻工艺产生于春秋晚期，流行于战国。当金银器流行锤揲技术的时候，錾刻工艺也逐渐被运用起来，比如在锤揲好的金银器局部錾出细工纹饰。錾刻工艺不仅可以在锤揲出来的金银器上刻画，也可以在铸造出来的完整器上刻画。錾刻手法较为灵活，可以对器物进行平面雕刻，也可以将需要錾刻的花纹凹陷或凸起或呈浮雕状，并且可以根据需要在器物表面和内部都运用錾刻手法[1]（图 3–15、图 3–16）。

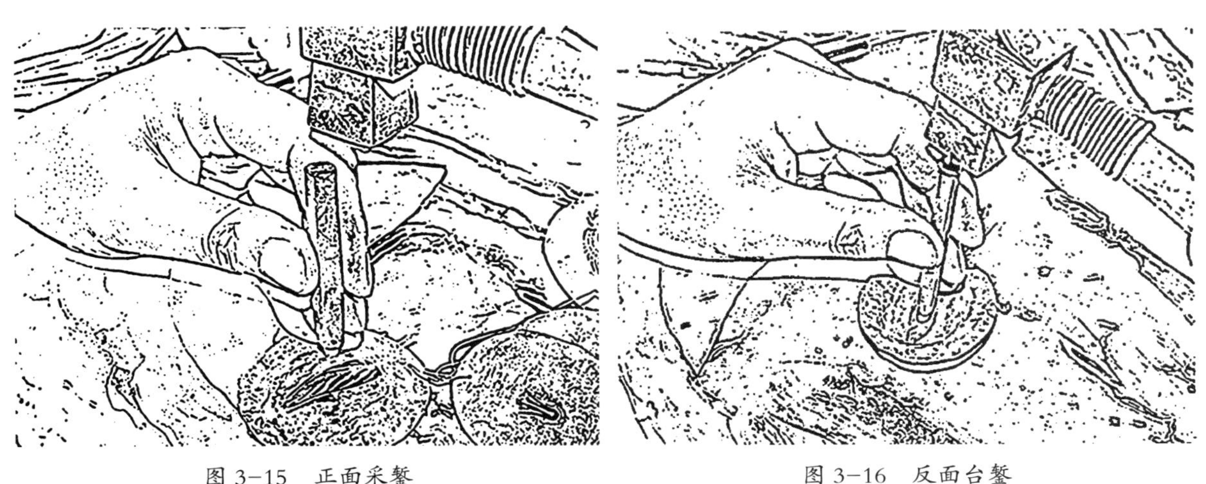

图 3–15　正面采錾　　图 3–16　反面台錾

第二节　珍贵文物实验室建设

实验室建设工作主要包括专用修复仪器（针对金属文物的观察、清理、记录）、保护材料及修复工具的准备，该实验室的主要功能是为了满足萧后礼冠的清理、记录、复原以及研究工作，因而具有文物特定性和特殊性的要求（图 3–17 至图 3–20）。

实验室的功能性主要体现在以下三个方面：

（1）专用设备：加湿箱、蒸汽机、温控柜、修复展示多功能实验台、ZEISS 视频体视显微镜（清理观察及研究、环境温湿度控制、除尘展示及安保等）。

[1]　杨小林．国细金工艺与文物 [M]. 北京：科学出版社，2008:101.

（2）修复工具：手术刀、弹力塑料膜盒、塑料样品盒、培养皿、玻璃瓶、箩筛、竹片刀、镊子、调刀、喷壶、针管、量杯、防护眼镜、口罩、橡胶手套、橡胶辊、纸胶带、软毛刷、干燥皿、玻璃器皿、保鲜膜、脱脂棉、宣纸等（清理专用工具）。

（3）保护材料与试剂：蒸馏水、乙醇、丙酮、AC33、B72、3A胶、Araldite胶、双组份包埋环氧等（清理、保护专用试剂）。

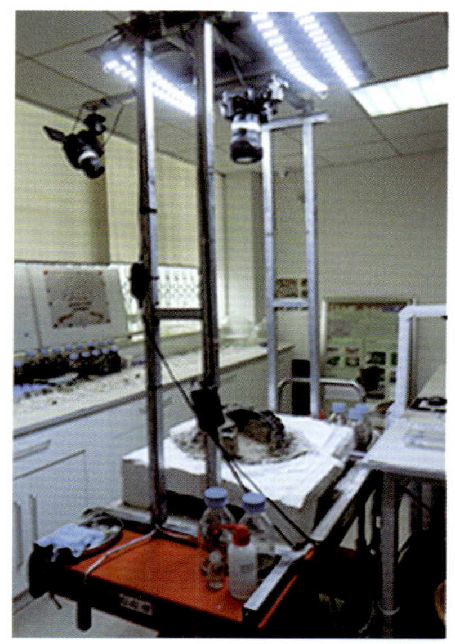

图3-17 延时照相系统

图3-18 庞大复杂的清理样品归类台

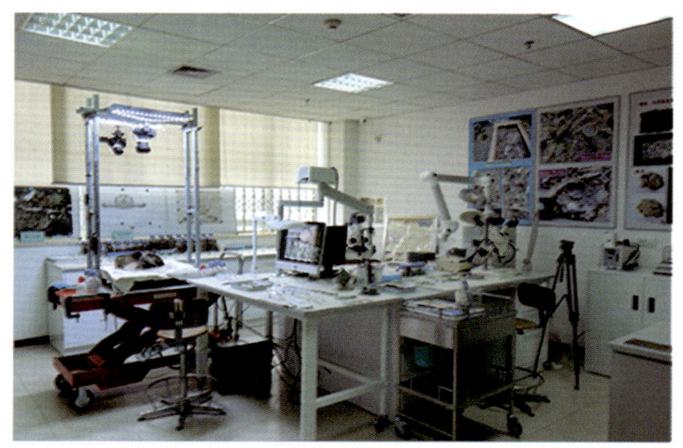

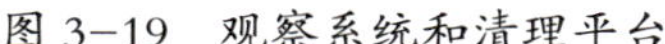

图3-19 观察系统和清理平台

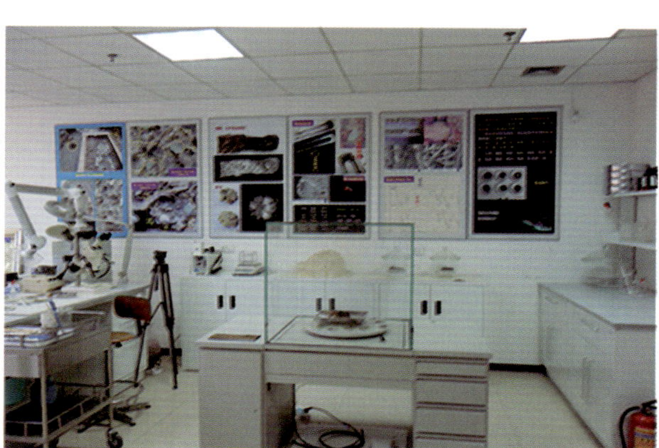

图3-20 安保及展示柜系统

第三节 延时照相系统搭建

搭建延时照相系统：这是基于充分考虑了“考古清理及清理过程的不可逆性”，以及对考古发掘过程不可逆性的补充与追溯。在实验室的清理过程中，根据实际工作情况，每 5—20 分钟拍一张照片，以对清理出来的状况进行记录。这样，在后续的考古学及萧后冠复原等研究中，可以随时对所记录的照片进行复查，并重新研究、解读记录的信息（图 3-21）。

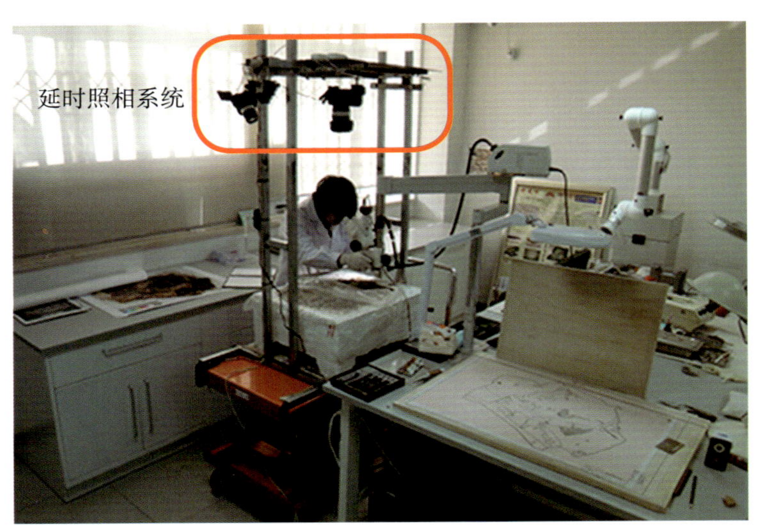

图 3-21 延时照相系统

第四节 清理前 X 光探查

X 光探查石膏木箱：在实验室清理萧后冠前，用 X 光探伤技术对萧后冠石膏木箱进行探查，试图探明其中包含物的大致分布与材质情况，这是实施实验室考古清理与保护的基础。

图 3-22 和图 3-23 仅为所拍诸多 X 光片中的两张。X 光探查结果显示了萧后冠大体的框架结构以及一些饰件的分布情况，比如铜灯台和四支铜钗的位置形状细节（图 3-22）、萧后冠周围饰件形状分布及堆积情况等（图 3-23）。这些信息对于“萧后冠的实验室考古清理”有着重要的参考意义。

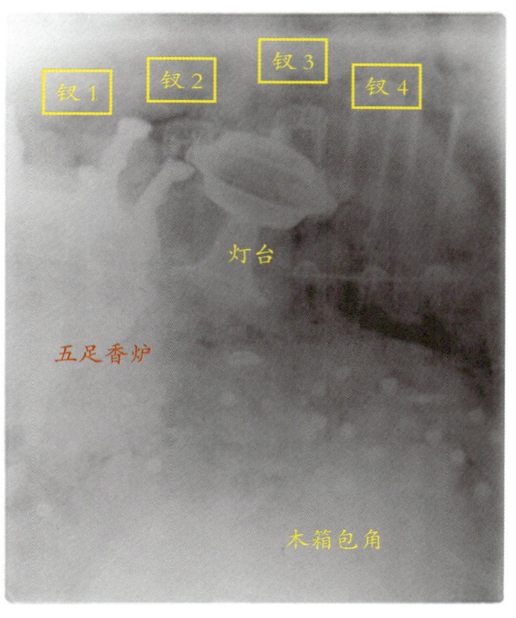

图 3-22　萧后冠石膏木箱的 X 光检测显示的遗物分布

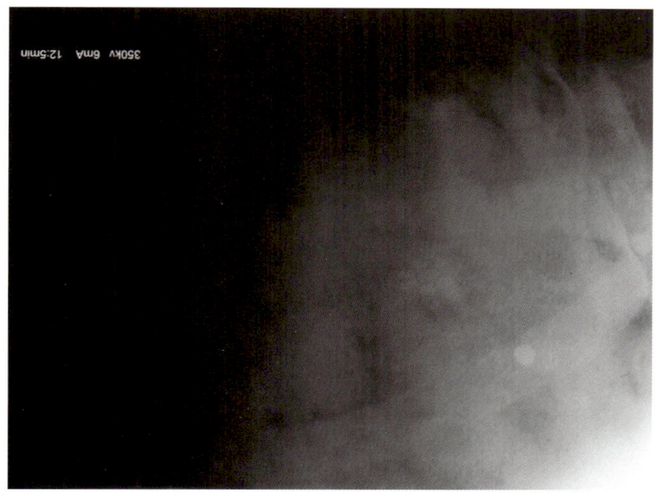

图 3-23　萧后冠石膏木箱的 X 光检测显示出的冠框架结构及其部分饰件

第五节　实验室考古清理方案

萧后冠材质的多样性、劣化状况的严重性、空间结构的复杂性，以及诸多不确定因素，使得实验室考古清理遇到了极大困难。根据文物及其保存现状，实验室考古清理工作的主要内容包括如下：观察、清理、照相或绘图记录、编号、加固、保持原位或提取、包装和保存等。我们的考古清理严格按照国家文物局《田野考古工作规程》来开展工作，把原始信息尽可能用不同的方法完整记录，对不同材质文物进行及时检测分析，以保护修复与保存作为重点，谨慎清理推进。

方案具体步骤如下：

X 光探测，了解重要文物的存在状况及所处位置，便于精准提取。

1. 建立微区探方及编号（10mm × 10mm × 10mm），建立网格坐标，便于记录提取物文物的位置及相互关系的描述。

2. 搭建延时照相系统。

3. 显微观察并清理。

4. 提取冠顶部及周围文物并编号。

5. 寻找并确定冠额箍中心位置。

6. 清理并及时加固、编号，原位保留或提取保存饰件。

7. 局部去除石膏。

8. 对一些典型饰件进行仿制。

9. 据具体情况提取一个饰件或一组饰件。

10. 清理到一定程度（理想展示状态），制作有机塑料托板以支撑萧后冠用于陈列展示。

11. 对提取的组饰件和萧后冠的框架开展 X 光探查，以明确冠的框架结构及花树分布等。

12. 礼冠整体仿制。

第四章

实验室考古清理

实验室考古清理工作的主要内容包括如下：观察、清理、饰件编号、照相或绘图记录、加固、饰件保留原位或提取、包装和保存等（图 4-1 至图 4-4）。

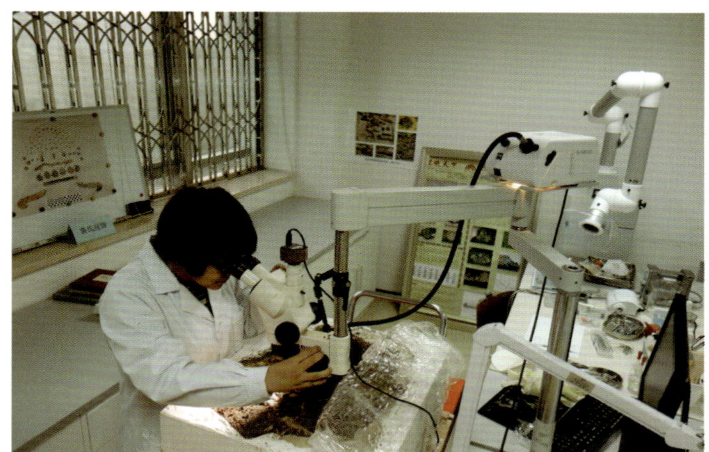

图 4-1　显微观察

图 4-2　清理

图 4-3　提取清理出的饰件

图 4-4　拼对、粘接破碎残断饰件

第一节 原则和方法

萧后冠饰件材质的多样性、劣化状况的严重性、空间结构的复杂性（图 4–5），使得考古清理成为整个项目推进过程中最为重要的一个环节。我们的考古清理按照国家文物局《田野考古工作规程》来有序开展，把原始信息尽可能全方位用不同的方法完整记录，以揭示萧后冠的原始结构为重点，对不同材质文物进行及时检测分析，保护修复与保存提取的饰件，谨慎清理并有序推进。

图 4–5 萧后冠出土时饰件空间分布

第二节　分区与编号

萧后冠搬迁到实验室后，在 X 光探查研究信息指导下，结合传统考古方法，并根据礼冠的实际情况，对礼冠遗迹进行分区和编号。

1. 按照传统考古的分区方法进行布方设计，布方以 10mm × 10mm × 10mm 的网格坐标来进行。

2. 提取礼冠顶部及周围文物并编号。

3. 清理并及时加固、编号、原位保留或提取保存饰件。

4. 根据具体情况提取一个饰件或一组饰件来进行编号记录。

第三节　观察与清理实施

根据清理工作不同阶段的不同情况，以冠最底部的额箍（第三道箍）作为基准，以考古遗物或迹象为线索，按三种方式清理。

① 冠的外围清理。先平面清理，以 10mm × 10mm × 10mm 谨慎推进。在发现了冠的第三道箍的顶部时，就从外围清理。在这个过程中，先提取了 4 只铜钗，之后提取了 1 只五足铜香炉和 1 盏铜灯台。在把冠的额箍底部轮廓清理出来后，以花冠、花蕊为中心谨慎地继续推进。

在清理过程中，首先是细心观察，看到遗物后，再照相、编号、记录、清理。在把饰件清理提取出来前，及时对编号饰件的空间位置进行测量，做好文字记录。清理出来的饰件大多数都是碎片，把所有属于同一遗物的碎片收集在同一培养器皿中，同时把照片打印出来，便于记录对照。随着清理工作的持续进行，饰件堆积表面形貌不断变化，如果不及时拍照、编号和纪录，操作人员容易产生记忆错误，对饰件的原始位置就会难以判断了。

② 花瓣与花梗的清理。在清理过程中有时也以花朵为主，沿着花梗清理，但花梗残断移位极为严重，其位置大多紊乱。在整个实验室考古清理过程中，没有发现一朵完整的花朵，即未见花梗、花冠和花蕊均保存良好，且互相连接在一起的情况。

所以，把出土的属于同一饰件的残渣、碎片及时全部收集，置于同一个收纳盒中拼对复原，保护保存，或进行保护性包埋，以使严重腐蚀的饰件形状得以完整保存（图 4–6）。

图 4–6　对完全劣化或严重劣化的饰件及时进行临时加固、提取并包埋

③ 冠的框架结构与花树的清理。发现冠顶部相对比较完整的花朵堆积后，没有逐一把花朵提取，而是留在原位（图 4–7 上），开始清理第三道箍的部位。在找到第三道箍的整体形状和位置后，就贴着冠的框架向冠的顶部推进，即在框架与花朵堆积之间入手，又顺着框架沿着花梗向外清理，以明确花树的结构、组成，进而明确花树与框架的连接关系。

在充分考虑了萧后冠未来陈列的需要及保存现状，并经过与专家讨论，我们保留了冠顶部的约 60 朵花朵，如图 4–7 上所示。进而通过清理和 X 光无损探查，明确了萧后冠的框架结构和花树分布等（图 4–8、图 4–9）。萧后冠是由呈十字交叉的两道梁和与其相连接的三道箍，以及对称分布在框架构件上的 13 棵花树构成。

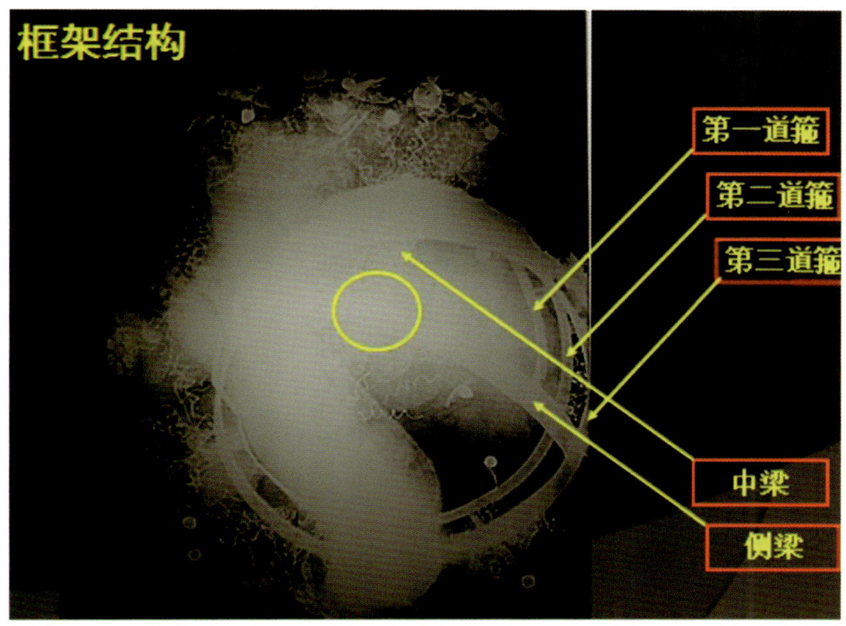

图 4-7　萧后冠的展示现状及反映冠框架结构的 X 光片之一

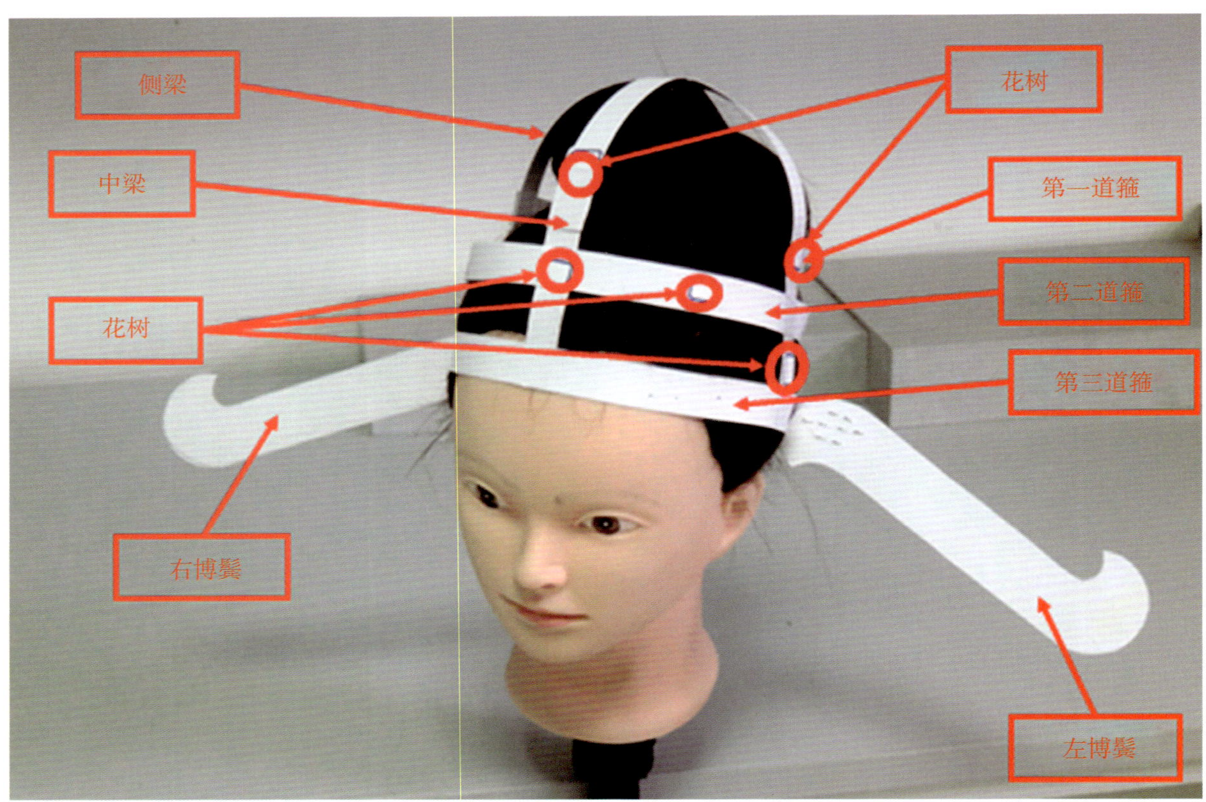

图 4-8 萧后冠的框架结构及花树分布示意图（一）

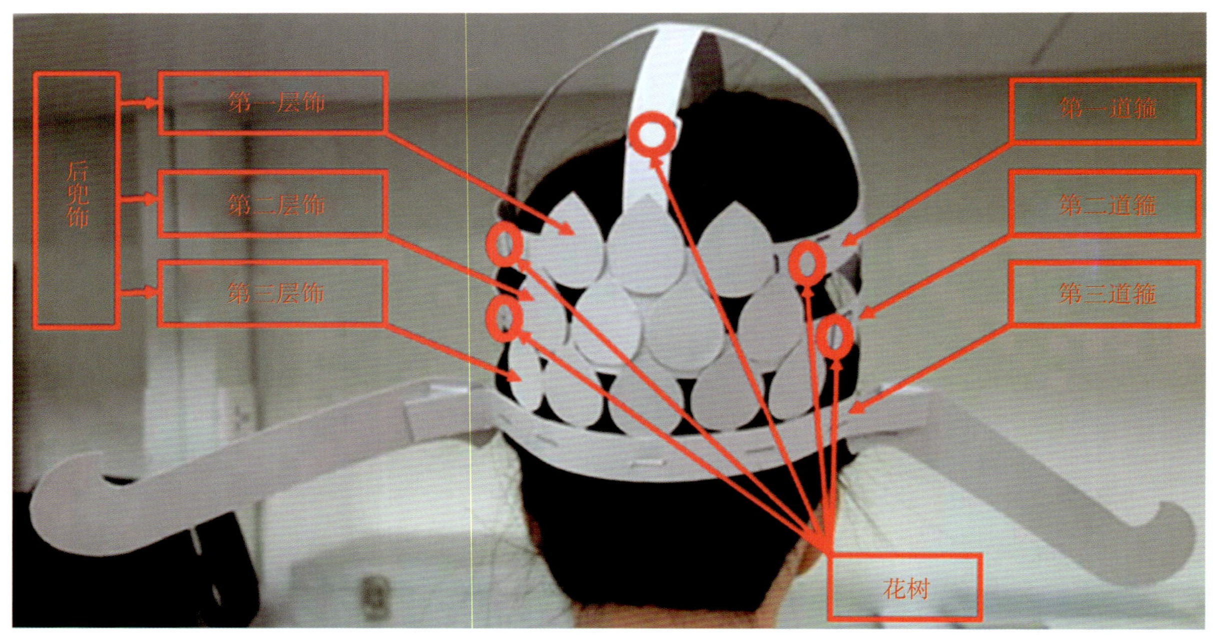

图 4-9 萧后冠的框架结构及花树分布示意图（二）

第四节 萧后冠结构研究

随着清理工作的进展，萧后冠的结构研究工作一直在同步跟进。通过大量的观察以及仪器检测手段，并结合文献研究和采用类比法，逐步弄清楚了萧后礼冠的大致结构、花树的数量，以及每棵花树的花朵数、花蕊类型，以及博鬓、钿花等主要部件的造型、工艺和材质。

图 4-10 萧后冠外观

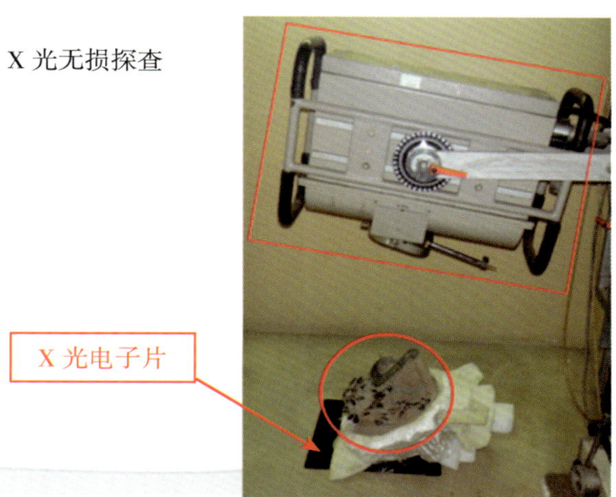

图 4-11 X 光无损探查设备

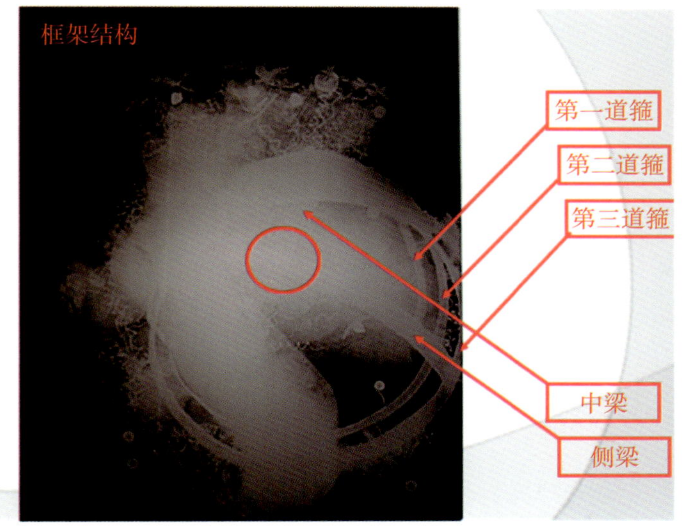

图 4-12 萧后冠 X 光片（一）

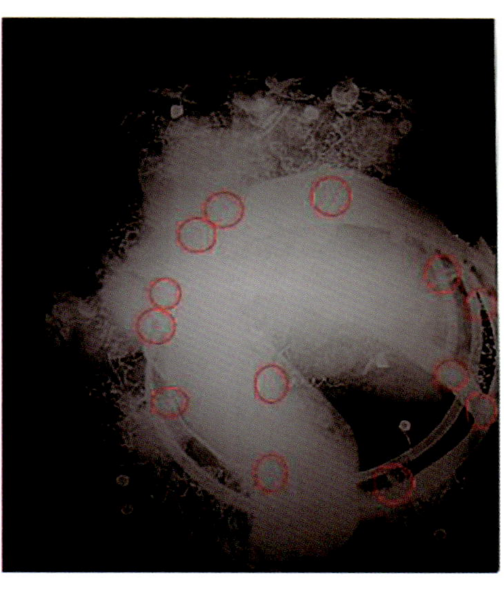

图 4-13 萧后冠 X 光片（二）

主要构件虽容易区分，但花朵和花蕊的形式比较多而繁复，为了更好地展示各构件的结构，并且区分各类花朵，现将梁和箍、水滴形饰、带形饰、博鬓、花树、花枝、花蕊、花托、钿花、花梗、领带形饰等萧后冠的各构件的尺寸、构造逐一介绍如下。

1. 梁和箍

从萧后冠的实物和X光片可以看出，冠的框架由呈十字交叉的二道梁和与梁大约垂直相连接的三道箍组成（图4-14至图4-16）。两道梁中的一道沿额中间向后延伸至后脑位置，称为“中梁”，另一道梁大致是从一耳后部到另一耳后部位置，称为“侧梁”，两道梁均弯成U型并在头顶部相交相接；箍自冠顶部往下分别是第一道箍、第二道箍和第三道箍。“中梁”宽约16mm，“侧梁”宽约15mm。第一道箍是一个半环带，宽约18mm，直径约152mm，箍于后脑位置；第二道和第三道箍均为一个圆环带，环带宽约18—20mm，直径分别约为160mm和171mm。

图4-14 萧后冠梁和箍结构

图4-15 萧后冠梁和箍X光片

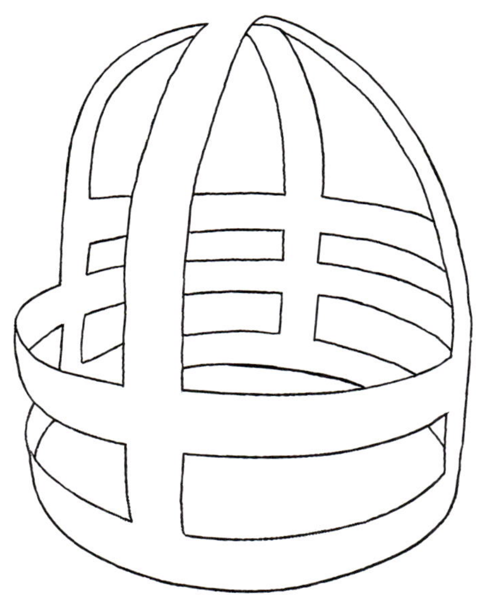

图 4-16　萧后冠梁和箍线图

2. 水滴形饰

已发现的唐阎识微夫妇墓出土水滴形饰件（图 4-17），高约 46mm，宽约 39mm。正面图案由花叶组成，主花为六瓣，叶片分布于主花上下左右四处，主花花瓣为绿松石，花心饰珍珠一枚。主花周围叶片材质为绿松石和水晶，地子满饰鎏金铜珠。背面光滑无纹饰，无鎏金。

图 4-17　唐阎识微夫妇墓出土水滴形饰件

而在萧后冠后的第三道箍装饰带之上有三层水滴形饰，第一层有 3 个，第二层有 4 个，第三层有 5 个，共 12 个。水滴形饰的尖端至底端最长截面约 45mm，两侧最宽约 40mm，上下面厚约 3mm。六瓣花图案的最外圈正面饰有约 26 个圆孔，镶嵌物已完全锈蚀或脱落，直径约 3mm；中间位置有 6 个 U 型组成的六瓣花轮廓，每个花瓣轮廓里均有镶嵌物，U 型轮廓纵长约 7mm，横长约 6mm，最内圈为 1 个圆形花蕊，内有镶嵌物，直径约 10mm，饰件最外层尖端的圆孔与中间层花托之间有一个圆孔，内有镶嵌物，直径约 4mm，其余空白位置均含有镶嵌物（图 4–18 至图 4–20）。

图 4–18　萧后冠水滴形饰

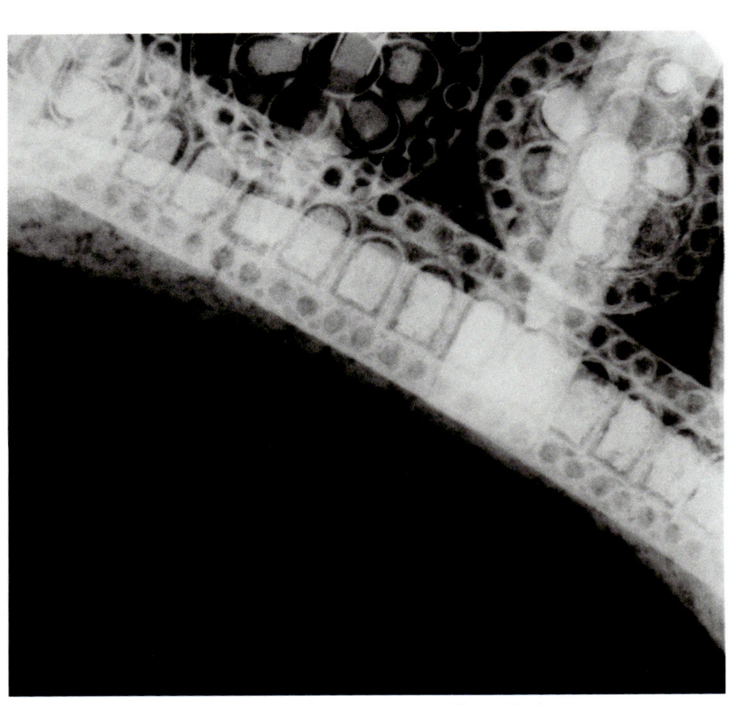
图 4–19　萧后冠水滴形饰 X 光片

图 4–20　萧后冠水滴形饰线图

3. 带形饰

带形饰正面从左至右长约 180mm，上下宽约 25mm，正背两面厚度约 4mm，中部饰有约 20 个 U 型饰件。每个 U 型饰件紧密相连，内有镶嵌物，每一个 U 型饰件最长约 10mm，最宽约 6mm。带形饰上下边缘对称饰有约 40 个圆孔，共约 80 个圆孔，镶嵌物已完全锈蚀或脱落，圆孔直径约 3mm，带形饰两端为花草形饰，但锈蚀过于严重，已看不清样式（图 4–21）。根据 X 光片绘制带形饰线图（图 4–22、图 4–23）。

图 4–21　萧后冠带形饰

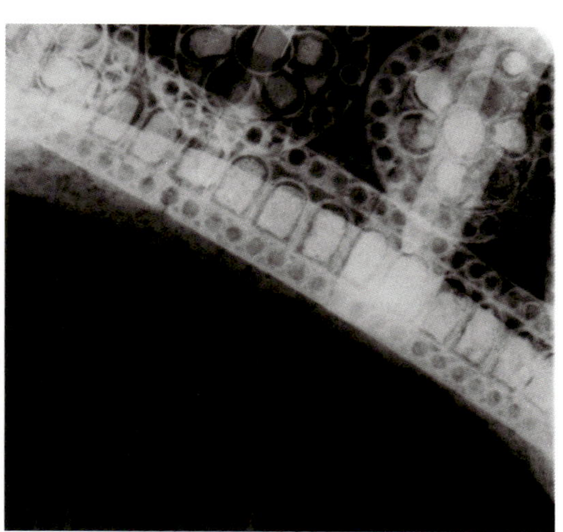

图 4–22　萧后冠带形饰 X 光片

图 4–23　萧后冠带形饰线图

4. 博鬓

萧后冠共有 2 件博鬓。博鬓 BB–2 正面从左至右长约 180mm，上下宽约 32mm、正背面厚约 2.9mm，从 X 光片可以看出博鬓表面有花草图案的轮廓，花草内有镶嵌物，个别镶嵌物已脱落，脱落部位能看到贴有金箔，博鬓边缘饰有约110个圆孔，圆孔紧密相连，镶嵌物已完全锈蚀或脱落，直径约3mm（图4-24）。博鬓锈蚀严重，许多信息无法用肉眼获取。从博鬓BB-1的X光片上可看出，其余部位布满小珠（图4-25）。根据博鬓BB-2的外形和博鬓BB-1的X光片，绘制出博鬓的线图（图4-26）。

唐阎识微夫妇墓出土勾云形饰件，长约164mm。长条状饰片，一端带勾，通体鎏金。两枚饰件造型对称，大小、形貌一致。整个饰件大部分为一层靛蓝色铜锈包裹。正面主纹为缠枝石榴花草纹，背面鎏金。制作工艺及材质上，以剪好形状的金属片为底板，在饰件正面的边缘围绕鎏金铜珠一周，珠内用金线沿边框出一圈，内饰形状不甚规则的穿孔白珍珠一圈，珍珠以内再以金线框出一圈，在这圈金线的内部再装饰主纹和地纹。这种装饰手法应属于唐代较为流行的“金筐宝钿珍珠装”一类工艺装饰手法。缠枝石榴花草纹中的石榴用水晶镶嵌装饰，花朵花心饰白珍珠一颗，叶片和花瓣用绿松石、水晶镶嵌装饰而成，上有錾刻的花叶脉纹，花瓣三四瓣不等，枝蔓为鎏金铜丝掐丝制成。珍珠、绿松石和水晶周围都用鎏金铜丝做成镶嵌碗托，然后在碗托内进行粘接镶嵌。地纹用平铺焊接的鎏金铜珠装饰，效果类似唐代常用的地纹——鱼子纹的装饰效果。该饰件与萧后冠博鬓类似（图4-27）。西安市莲湖区仪表厂基建工地出土的“扇形金饰件”，该饰件与萧后冠博鬓上的纹饰花纹很相似（图4-28）。

图4-24　博鬓BB-2

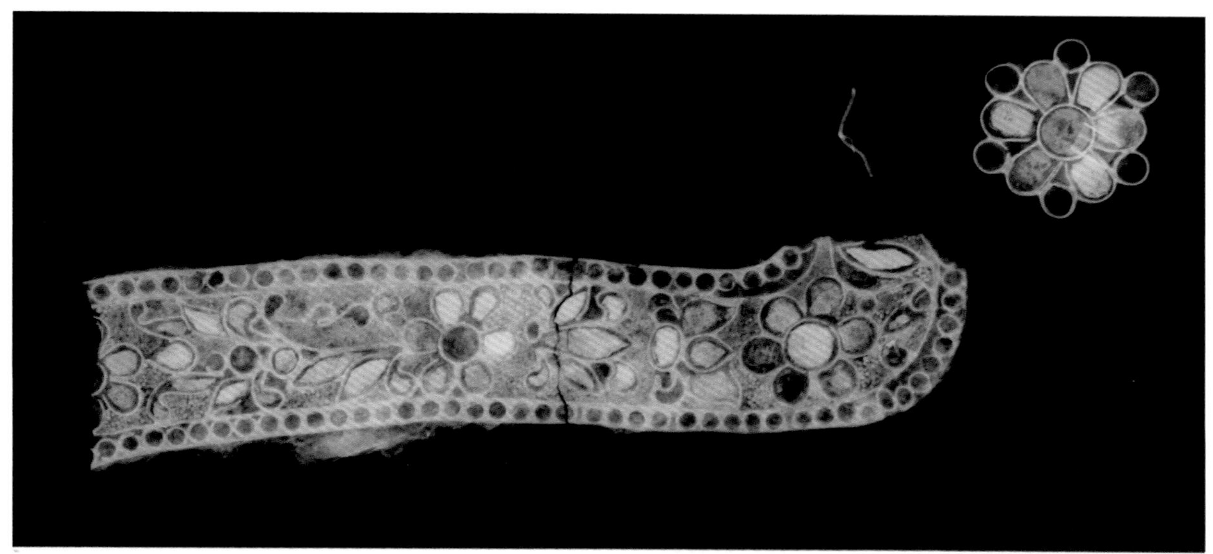

图 4-25　博鬓 BB-1 的 X 光片

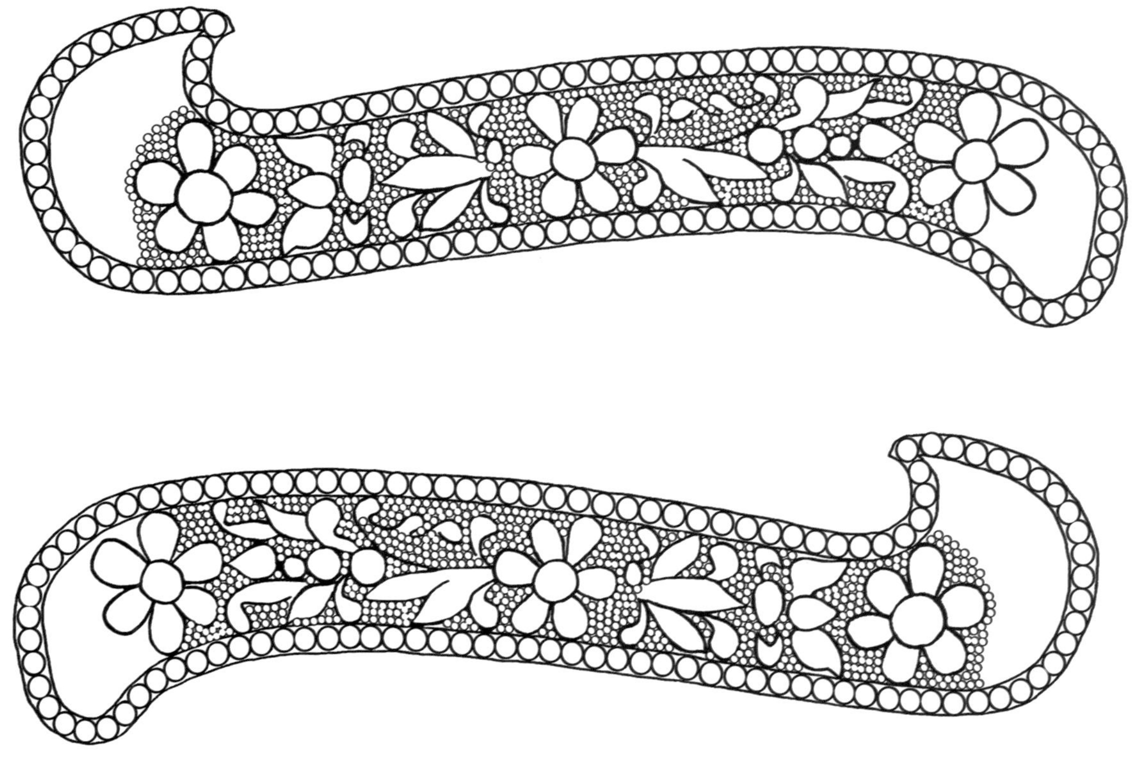

图 4-26　博鬓线图

图 4-27 勾云形饰件

图 4-28 扇形金饰件

5. 花树

花树有 13 棵，以中梁为中心，对称分布两侧。在中梁上有 3 棵花树，其中前额上部 2 棵，后脑位置 1 棵；其他 10 棵花树对称分布在冠的两侧。第一道箍的两梁之间各 1 棵，第二道箍的两梁中间位置各 1 棵，在侧梁上的第二道箍与第三道箍之间各 1 棵，在第一道箍与侧梁的交叉处各 1 棵，共 13 棵花树（图 4–29、图 4–30），根据图 4–29、图 4–30 绘制出花树线图（图 4–31）。隋李静训墓出土“金银珠花头饰”，上面满布步摇珠花，与萧后冠一簇簇花树相似。

图 4–29 花树

图 4–30 花树根

图 4–31 花树线图

6. 花枝

每棵花树由根部发出若干根花枝，每根花枝由金属丝发出，顶端连接着一朵花，大部分花枝由花梗、花托、花蕊三部分构成，少数没有花蕊，只留下小孔和金属丝，可能花蕊已脱落，极个别为钿花，花梗都是呈螺旋状。花托主要有三种类型，花蕊主要有四种类型，分别是桃形、圆锥形、圆锥柱形、石人形，如桃形花蕊的花枝（图 4–32），因未发现一枝完整的花枝，所以没有一张完整的花枝原文物照片。个别花蕊下连接着圆片状饰件，钿花表面包裹一层硬质锈蚀物。经过拍 X 光和清理，钿花结构为六瓣花形。因金属丝残断错位严重，数量未知。在唐新城长公主墓中出土的铜花饰就是以铜片为六瓣花瓣，表面多有鎏金痕迹，并通过铜丝连缀一颗桃形饰组成，有的金属丝顶端还弯成圆环状，与萧后冠上的桃形花蕊、花托、花梗三者组成的一枝花枝相似（图 4–33）。西安唐金乡县主墓出土的 4 件金筐宝钿团花金饰和一些鎏金铜花饰、琉璃珠等，与萧后冠上的铜饰件和琉璃珠相似（图 4–34）。

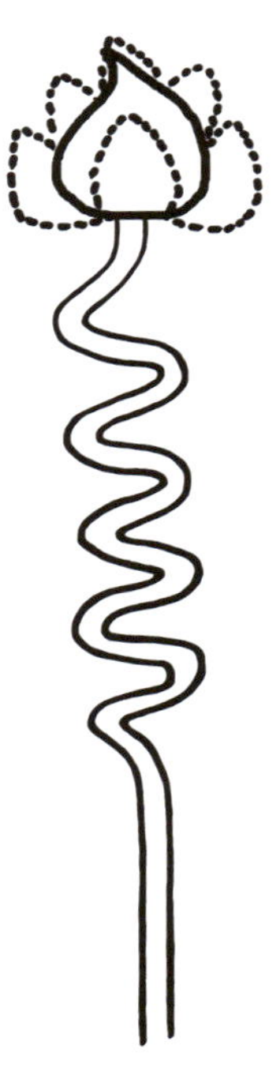

图 4–32　花枝

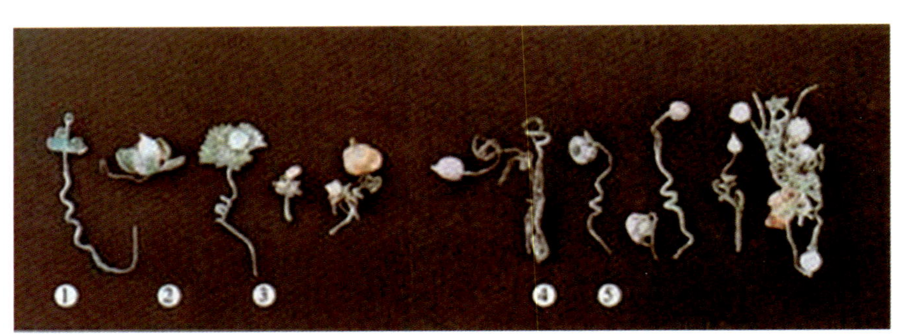

图 4–33　新城长公主墓出土“铜片、丝及料珠组合”（图片采自《唐新城长公主墓发掘报告》）

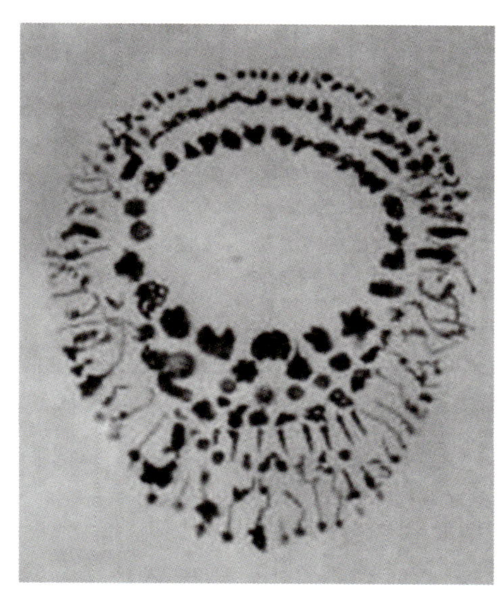

图 4-34　花冠饰（图片采自《西安唐金乡县主墓清理简报》）

7. 花蕊

萧后冠共有 4 类花蕊，各类花蕊的示意图、描述及其数量见下表（表 4-1）。

表 4-1　花蕊概况

序号	类型	花蕊照片	示意图	描述	数量
1	桃形花蕊			高约 9mm，宽约 8mm	11 个
2	圆锥形花蕊			高约 8mm，宽约 9mm	16 个

续表

序号	类型	花蕊照片	示意图	描述	数量
3	圆锥柱形花蕊			圆锥柱形花蕊有两个平面，上下两面高约 7mm，底面宽约 5mm，顶端宽约 8mm	12 个
4	石人花蕊			石人头顶至脚尖高约 20mm，石人从上到下逐渐变宽，逐渐变厚，头部宽约 1mm，下身宽约 8mm，头部厚约 2mm，下身厚约 5mm	12 个

8. 花托

萧后冠共有 5 类花托，各类花托的示意图、描述及数量见下表（表 4–2）。

表 4–2　花托概况

序号	类型	花托照片	示意图	描述	数量
1	A 类花托			此类花托均有九片花瓣，花托直径约 25mm，每片花瓣纵向最长约 8mm，横向最宽约 6mm，花瓣两面厚度约 0.5mm	53 个

续表

序号	类型	花托照片	示意图	描述	数量
2	B 类花托			此类花托有十五、十七、十八瓣三种瓣数，花托直径约 28mm, 每片花瓣纵向最长约 7mm，横向最宽约 3mm, 花瓣两面厚度约 3.5mm	33 个
3	C 类花托			此类花托有八、九瓣两种瓣数，花托直径约 28mm, 每片花瓣纵向最长约 8mm, 横向最宽约 6mm, 花瓣两面厚约 0.5mm	55 个
4	D 类花托			此类花托有九片花瓣，花托直径约 20mm, 每片花瓣纵向最长约 8mm, 横向最宽约 5mm，花瓣两面厚度约 0.4mm	6 个
5	E 类花托			此类花托有六片花瓣，花托直径约 5mm，每片花瓣纵向最长约 3mm，横向最宽约 1.5mm，花瓣两面厚度约 0.3mm	19 个

9. 钿花

萧后冠出土的钿花目前有 9 个，每个钿花直径约 30mm，正背两面厚度约 2mm，钿花最外圈有 6 个圆孔，镶嵌物已完全锈蚀或脱落，直径约 5mm，中间层有 6 个 U 型花瓣，内有镶嵌物，镶嵌物下有贴金，每个 U 型花瓣最长约 9mm，最宽约 6mm，最内层为 1 个圆形花蕊，内有镶嵌物，镶嵌物下有贴金，直径约 9mm，其余部位饰有镶嵌物，镶嵌物下有贴金（图 4-35、图 4-36）。

图 4-35　钿花 HD-3

图 4-36　钿花线图

10. 花梗

花梗粗细不均，最粗约为 1mm，最细约为 0.88mm。因金属丝残断错位严重，数量未知，花梗及花梗线图见图 4–37 和图 4–38。

图 4–37　花梗

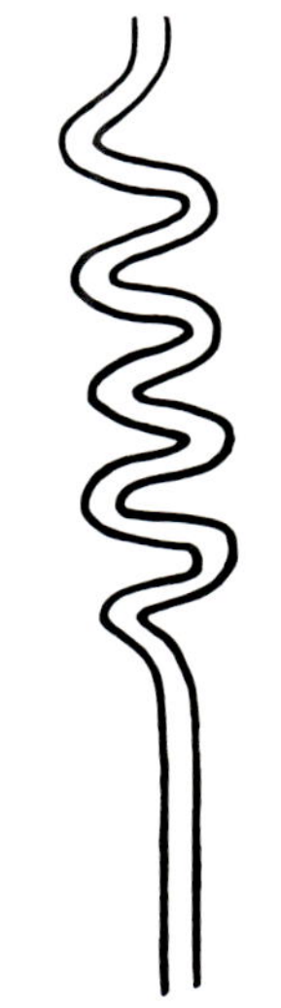

图 4–38　花梗线图

11. 领带形饰

领带形饰件呈波浪的形状，出土的领带形饰件大小不一，大饰件和小饰件差别较大，大的领带形饰件两端之间长约 40mm，宽约 10mm；最小领带形饰件长约 23mm，宽约 5mm。

目前出土 17 个领带形饰件，形状见图 4–39 和图 4–40。

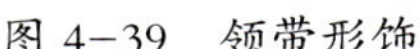
图 4–39　领带形饰

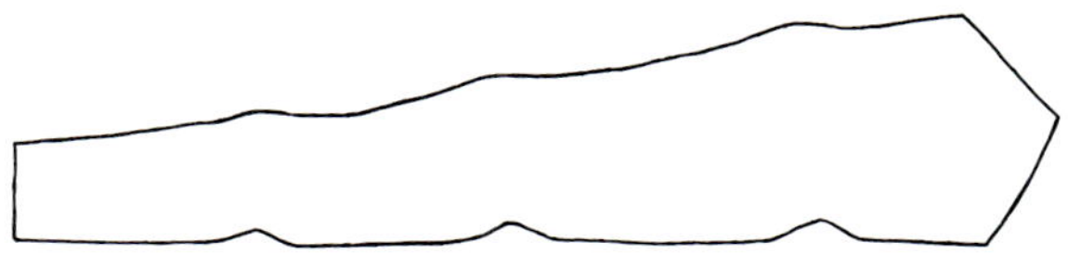

图 4–40　领带形饰线图

第五节　萧后冠结构复原及仿制

1. 萧后冠结构复原

根据 X 光照相的初步观察与分析结果，尝试对萧后冠进行了初步的模拟复原（图 4–41 至图 4–43）。

冠的框架由呈十字交叉的二道梁和与梁大约垂直相连接的三道箍组成；花树有 13 棵，以中梁为中心，对称分布在两侧，在中梁上有 3 棵花树，其中前额上部 2 棵，后脑位置 1 棵；其他 10 棵花树对称分布在冠的两侧。二博鬓是固定在第三道箍后面两侧，而且加饰宽度与第三道箍相同的装饰带；在冠后的第三道箍装饰带之上有三层水滴型饰，从上到下按照 3 个、4 个、5 个排列，共 12 个。

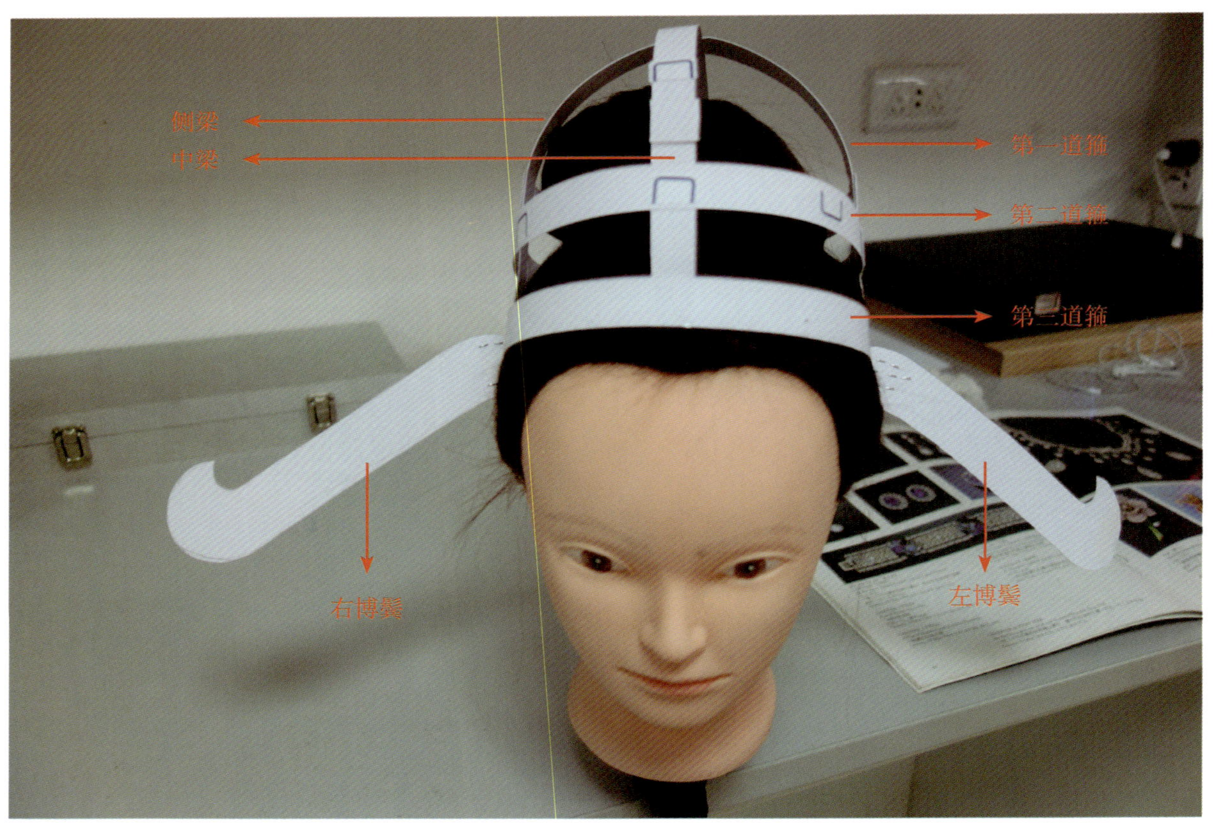

图 4–41　萧后冠的前框架结构示意图

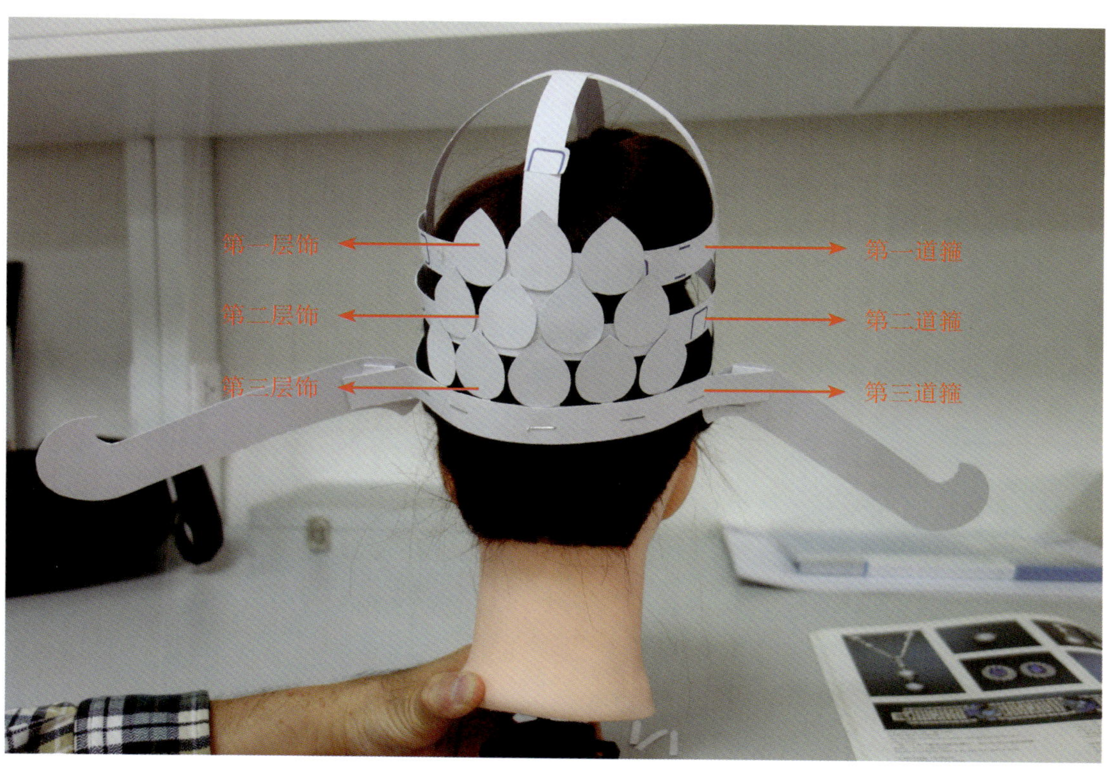

图 4-42　萧后冠的后框架结构示意图

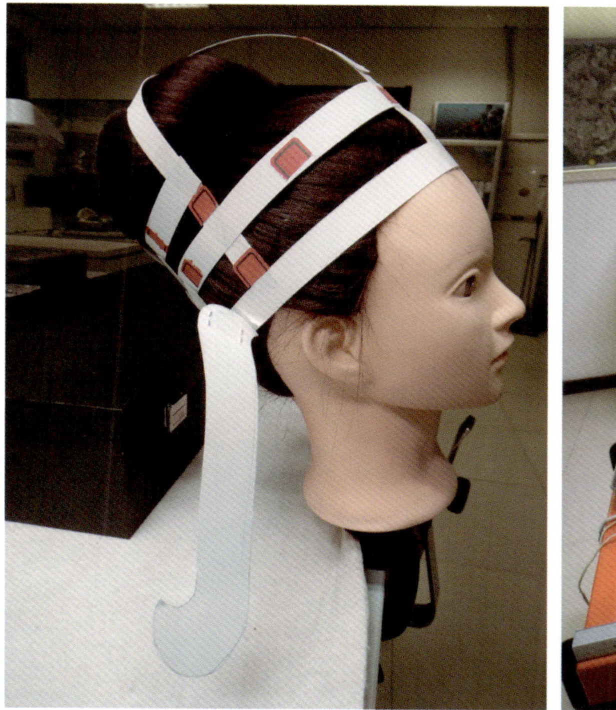
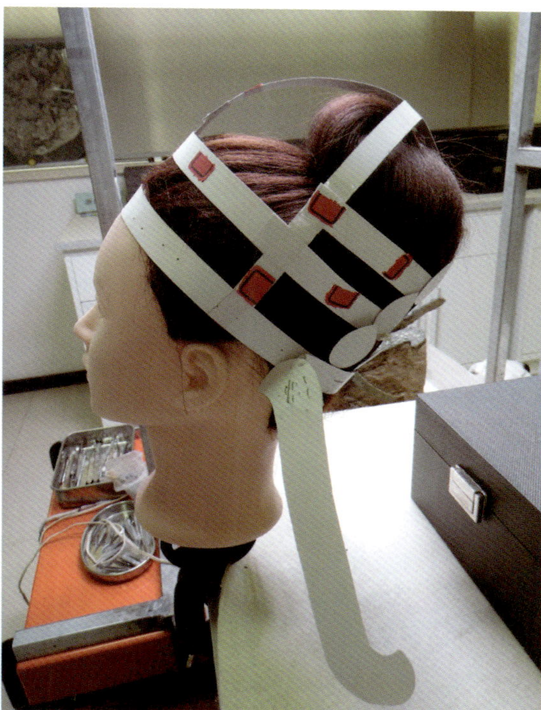

图 4-43　萧后冠两侧的花树分布示意图

2. 萧后冠仿制

在查阅大量文献资料以及仪器分析、研究的基础上，项目组通过与仿制工艺师的沟通与合作，成功实现了萧后礼冠的仿制。

萧后冠仿制流程简述如下：

1. 对萧后冠文物进行精确测量，通过各种科技手段取得数据并分析，并与相关专家交流讨论，在文物研究的基础上，确定萧后冠冠饰的材质、结构及部件的细节信息及基本位置。运用传统工艺与现代工艺相结合的方法，对萧后冠进行仿制。

2. 通过所得数据，先期进行萧后冠图纸手绘工作，并进行冠架主体、冠饰打纸样工作。通过对纸样反复斟酌，反复推敲，反复装配，从而确定相对严谨的大框架及各部件的装配位置，确定萧后冠的结构，从而展开金属冠的制作工作。

3. 依照图纸进行金属、石材的加工制作工作。

（1）首先进行冠的主框架的制作、焊接工作。

（2）将金属原材料加工至冠饰所需的尺寸，如丝、片等。

（3）工匠对细丝、薄片进行掐、焊等工作，制作出水滴形等饰件。

（4）通过对花枝原件的观察、分析，对细丝进行打制，缠绕上蚕丝，后面再缠绕上鎏金薄丝，用仿古工艺制作出花枝。

（5）由錾刻工匠依照图纸对薄的金属片进行精雕细刻，制作出花饰。

（6）对已经加工完成的金属饰件进行打磨工作。

（7）对已经打磨完成的金属饰件进行鎏金、电镀。

（8）对石头等材料进行雕刻，制作出玉人、花蕊等饰件。

（9）对鎏金的金属饰件加装玉人、花蕊等，进行花束的组装。

4. 进行萧后冠的后期组装、调整、整形工作，直至完成。

3. 小结

本章结合萧后冠实物和 X 光片，清楚了萧后冠的框架结构、花树分布及各个饰件的结构，并绘制出了各个构件的线图，冠的框架由呈十字交叉的二道梁和与梁大约垂直相连接的三道箍组成；

两道梁中的一道沿额中间向后延伸至后脑位置，称为“中梁”，另一道梁大致是从一耳后部到另一耳后部位置，称为“侧梁”，两道梁均弯成U型并在头顶部相交相接；箍自冠顶部往下分别是第一道箍、第二道箍和第三道箍。第一道箍是一个半环带，箍于后脑位置；第二道和第三道箍均为一个圆环带。在冠后的第三道箍装饰带之上有三层水滴形饰，从上到下按照3个、4个、5个排列，共12个。二博鬓是固定在第三道箍后面两侧，而且加饰宽度与第三道箍相同的装饰带。花树有13棵，以中梁为中心，对称分布在两侧，在中梁上有3棵花树，其中前额上部2棵，后脑位置1棵；其他10棵花树对称分布在冠的两侧。每一棵花树发散出若干不同的花枝，花枝主要由花梗、花托、花蕊构成，有少数由花梗和钿花构成，个别花朵上有飘带饰件，花梗为螺旋状，花托有五种形状，内壁有鎏金，花蕊主要有5种形状，分别是桃形、圆锥形、圆锥柱形、圆形、石人形花蕊。钿花最外圈有6个圆孔，镶嵌物已完全锈蚀或脱落，中间层有6个U型花瓣，内有镶嵌物，镶嵌物下有贴金，最内层为1个圆形花蕊，内有镶嵌物，镶嵌物下有贴金，其余部位饰有镶嵌物，镶嵌物下有贴金。还有一些花朵的花蕊位置有暗黑色物质，怀疑是纺织品花蕊或没有花蕊。

根据萧后冠的框架结构、花树分布及各个饰件的结构和尺寸，对萧后冠进行了仿制品的制作（图4–44、图4–45）。

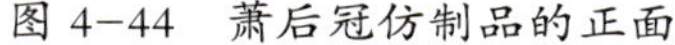
图4–44　萧后冠仿制品的正面

图4–45　萧后冠仿制品的背面

第五章

出土遗物

目前出土的遗物有以下几类：器物、头饰、头冠等。其中，器物包括：铜香炉 1 件、铜灯台 1 件、银合页 2 件、带 5 个铜泡钉的铜包角 1 件、铜泡钉 6 个。头饰包括：铜钗 4 件（铜钗共 12 件，另外 8 支在扬州清理）。头冠包括：梁 2 件、箍 3 件、博鬓 2 件、“水滴形”铜饰 12 件；花树 13 棵，其中铜花瓣 166 件（大 147、小 19），花蕊 33 件（石人形 12、石圆锥形 8、玻璃水滴形 13），其他 35 件（铜钿花 9、“领带形”铜饰片 17、小铜圆片饰 9），还有金箔残片、铜残块、残断铜丝等。

第一节　萧后冠

萧后冠是由呈十字交叉的两道梁和与其相连接的三道箍，以及对称分布在框架构件上的 13 棵花树构成。

框架。冠的框架由呈十字交叉的二道梁和与梁大约垂直相连接的三道箍组成。两道梁中的一道沿额中间向后延伸到脑后，称为“中梁”，另一道梁大致是从一耳后部到另一耳后部，称为“侧梁”，两道梁均弯成 U 型并在头顶部相交相接。箍自冠顶部往下分别有三道箍。“中梁”宽约 16 毫米，“侧梁”宽约 15 毫米。第一道箍是一个半环带，宽约 18 毫米，直径约 150 毫米，箍于脑后；第二道和第三道箍均为一个圆环带，环带宽 18—20 毫米，直径分别约为 160 毫米和 170 毫米。花树有 13 棵，以中梁为中心，对称分布在两侧，在中梁上有 3 棵花树，其中前额上部 2 棵，后脑位置 1 棵；其他 10 棵花树对称分布在冠的两侧，第一道箍的两梁之间各 1 棵，第二道箍的两梁中间位置各 1 棵，在侧梁上的第二道箍与第三道箍之间各 1 棵，在第一道箍与侧梁的交叉处各 1 棵。二博鬓是固定在第三道箍后面两侧，而且加饰宽度与第三道箍相同的装饰带。在冠后面的第三道箍装饰带之上有三层水滴型饰，称为后兜饰，从上到下按照 3 个、4 个、5 个排列，共 12 个。

博鬓 2 件，编号分别为 BB-1、BB-2。两件博鬓大小形状及装饰图案基本相同，但 BB-1 腐蚀很严重，残断（图 5-1），X 光片清楚显示出了表面的装饰图案（图 5-2）。BB-2 同样腐蚀严重，但形状保存完整。博鬓最大长度约 180 毫米，中间宽约 32 毫米，厚约 2.9 毫米。

图 5-1　萧后冠右博鬓

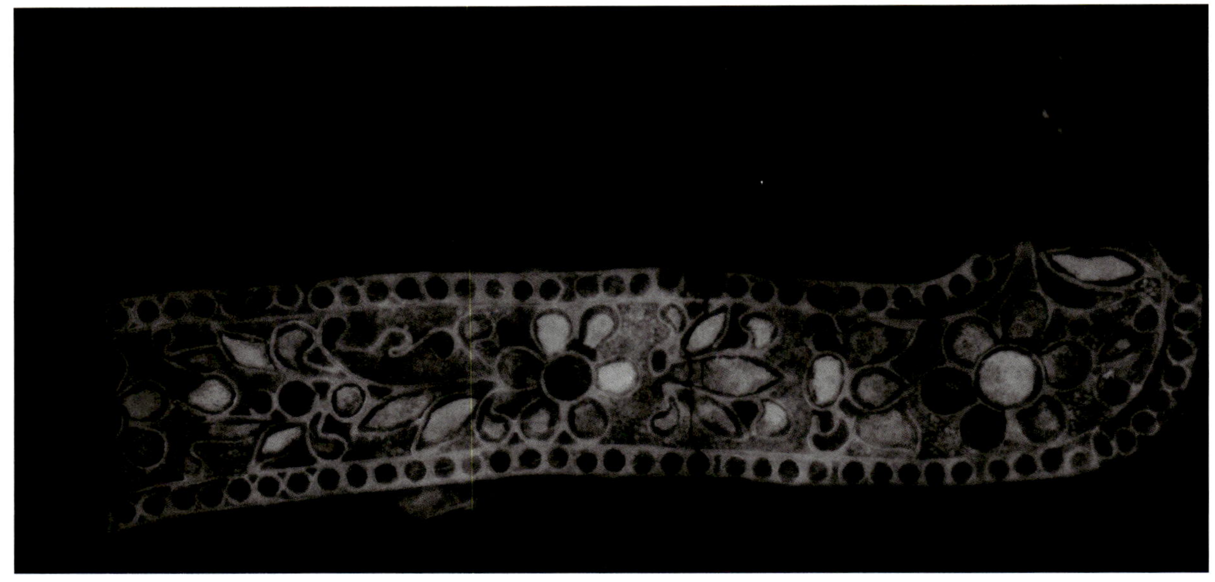

图 5-2　萧后冠右博鬓的 X 光片

实验室清理并结合 X 光无损探查，明确了萧后冠框架上 13 棵花树的位置，但是花梗腐蚀、残断严重，因而无法明确花瓣与花树的对应关系，也不清楚组成花树的花朵数量。从清理的情况来看，花树根部是由铜质中心柱和木圆盘组成，中心柱是直接与冠的框架相连接，其直径约 6 毫米，高 10 毫米；木圆盘直径约 25 毫米，厚约 8 毫米，木圆盘是套在铜柱外面的。图 5-3 是清理出的一花树的根部，可见与箍相连的中心柱及残留的 3 根花梗，木圆盘已经完全腐朽土化，花瓣已经遗失。

就清理情况来看，一般花朵由花梗、花瓣和花蕊组成。花梗是直径约 0.8 毫米的铜丝，中间有一段是弹簧状，但遗憾的是，花梗腐蚀严重，或残断，或粉化，没有一根保持完整的。花瓣是厚度约 0.3 毫米的铜薄片，经剪裁形成，最大花朵为 18 瓣花，径约 28 毫米；最小花朵为 6 瓣花，径约 7 毫米。花蕊的情况有 6 种：第一种是圆锥形，其材质有汉白玉和玻璃两种，最大径 6—8 毫米；第二种是水滴形，材质是玻璃，最大径 6—8 毫米；第三种是人形，材质是汉白玉，其高约 20 毫米；第四种是花蕊底下加一领带形饰，花蕊是玻璃或汉白玉，领带形饰为纯铜材质，长度 35—40 毫米，最宽处约 6 毫米；第五种是玻璃圆盘上面是小花瓣，小花瓣中间再加小花蕊，小花蕊可能是珍珠；第六种是花苞，呈不规则圆形，内有包含物，其直径约 21 毫米，材质属性不清，应该是有机质的材料。花树上还有一种钿花，为掐丝镶嵌成形的六瓣花形，外围一圈镶嵌珍珠，但珍珠粉化，仅存痕迹，清理出结构相似尺寸基本相同的钿花 9 只，其最大径约 31 毫米（图 5-4 至图 5-10）。

图 5-3　一花树根部

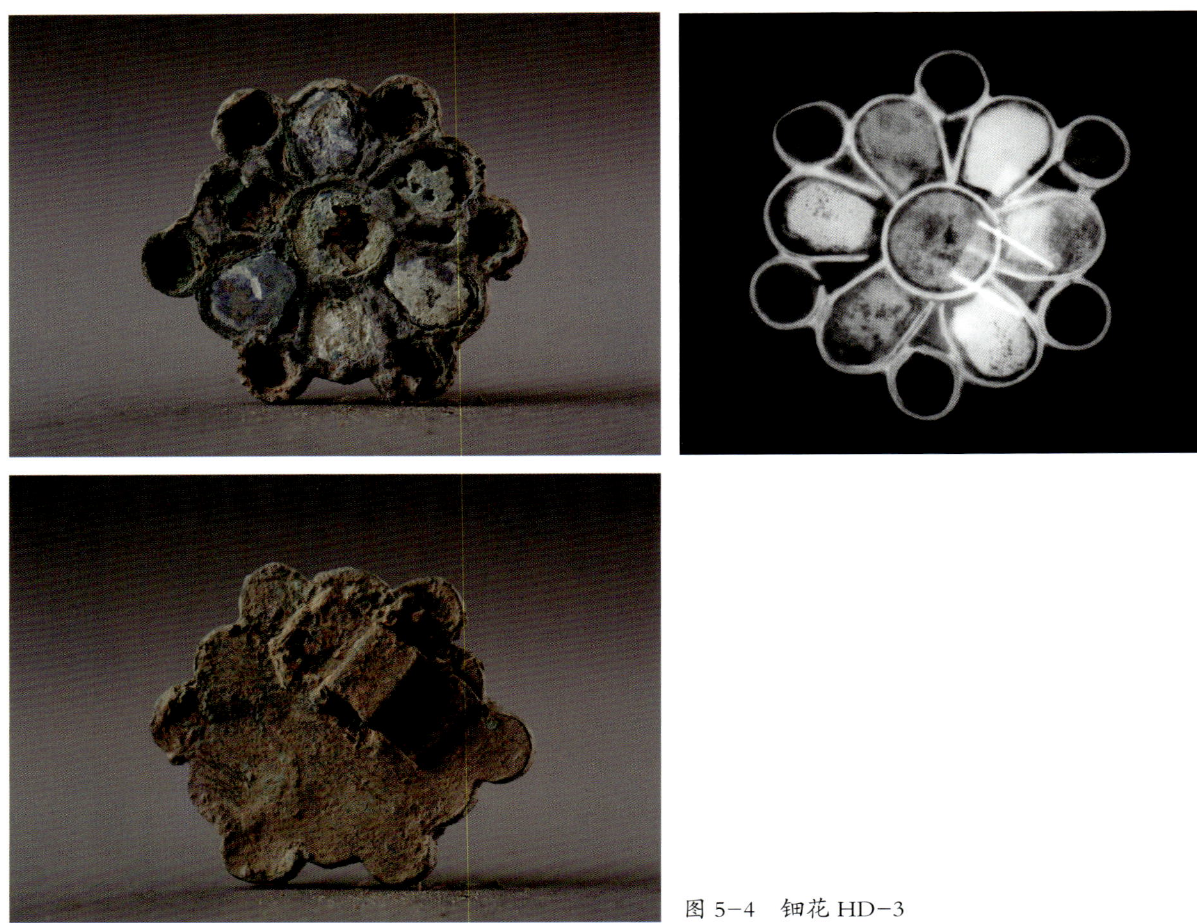

图 5-4　钿花 HD-3

图 5-5　萧后冠上花瓣（左为 18 瓣花，中为 17 瓣花，右为是 15 瓣花）

图 5-6 萧后冠 6 瓣小花

图 5-7 萧后冠花蕊（◯圆锥形，◯人形）

图 5-8　萧后冠花蕊（○圆锥形，○水滴形，○人形）

图 5-9　萧后冠花蕊（○"领带形"铜饰片，○玻璃圆盘形）

图 5-10　萧后冠花蕊（应该是有机物制作的装饰物）

第二节　鎏金铜香炉

鎏金铜香炉 1 件（编号 XL-1，图 5-11）。通高 16 厘米，口外径 10 厘米。炉盖作山峦叠嶂形，峰顶塑一小立狮，在山峰谷间隐蔽处镂空数个细小的圆孔，直径约 0.15 厘米，山峰面有刻划纹。炉身平口圆唇，内侧有凹槽，上腹直壁，下腹斜向内收，平底。腹部有一道凸弦纹。下腹部置五只蹄形足。

第三节　鎏金铜灯

鎏金铜灯 1 件（编号 DT-1，图 5-12）。通高 10.5 厘米，口径 7.5 厘米，底径 5.5 厘米。由盖和豆形灯盘两部分构成。宝珠纽，纽与盖之间有圆形纽座，弧形盖，盖面中部一周凸棱，直口。灯盘口直沿，弧腹，下腹折向内收，圜底，下为豆形足。

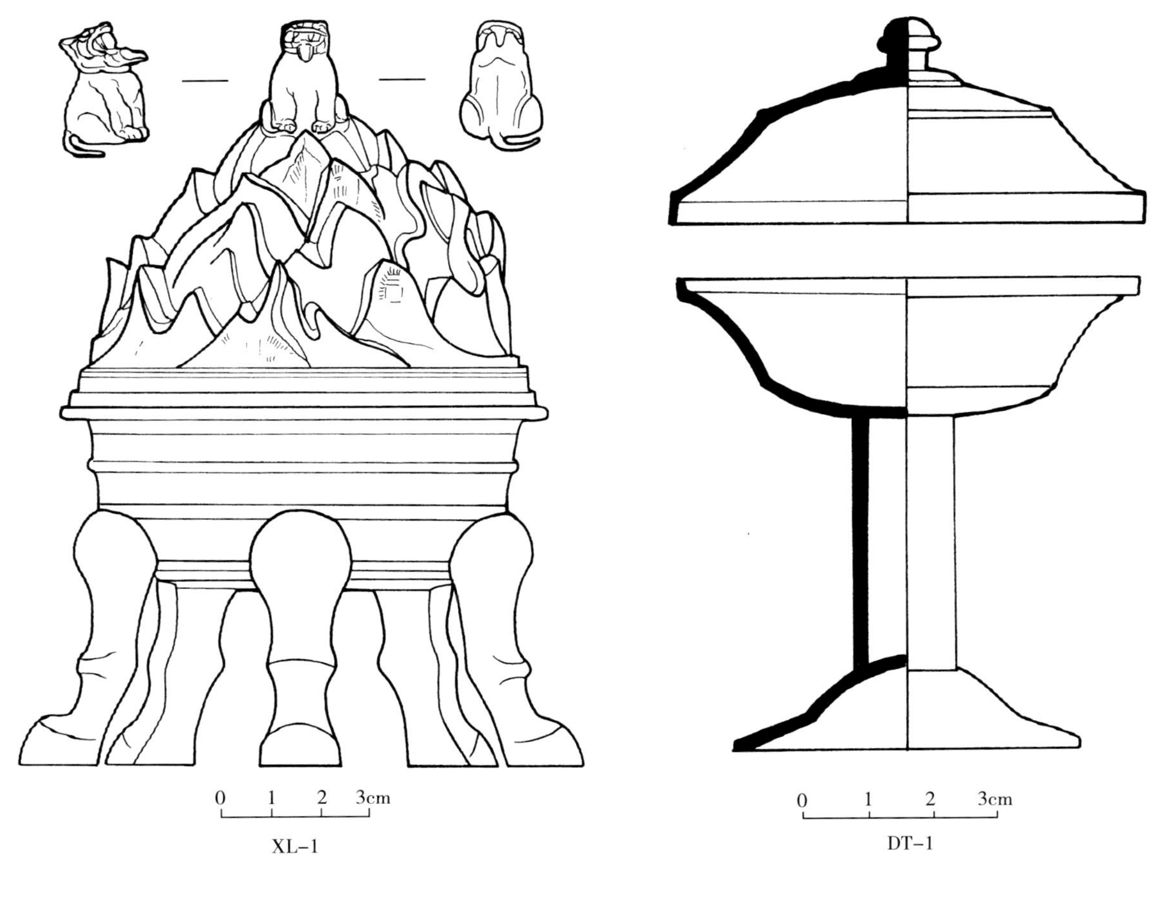

图 5-11 鎏金铜香炉

图 5-12 鎏金铜灯

第四节 发钗

铜钗 4 件（编号分别为 FC-1、FC-2、FC-3、FC-4）。铜钗均呈 U 形，大小不一。钗首粗钗脚细，便于插戴。整个钗中空（图 5-13），钗首部分为钗脚分开制作，两者之间通过木销连接，木销两端头用棉花缠绕，使连接更加牢固。钗首正、反两面及顶部均采用掐丝镶嵌工艺，掐丝成盛开的莲花纹，顶面掐丝四个圆框，侧面两侧各掐丝两个一大一小的圆框，然后在掐丝围合的空间内镶嵌各种不同形状的玻璃。FC-2 长 17.3 厘米，宽 2.6 厘米（图 5-14）。

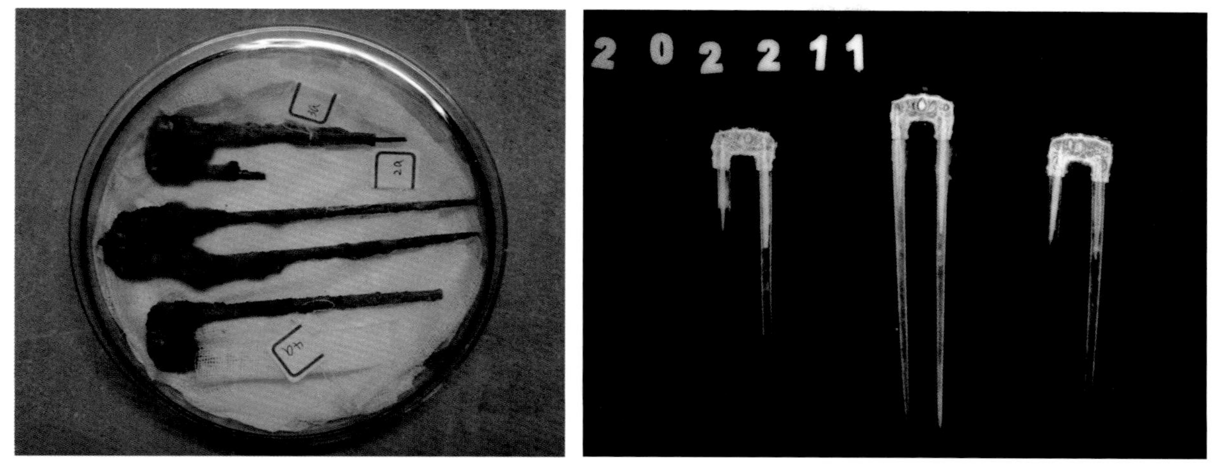

图 5-13 铜钗

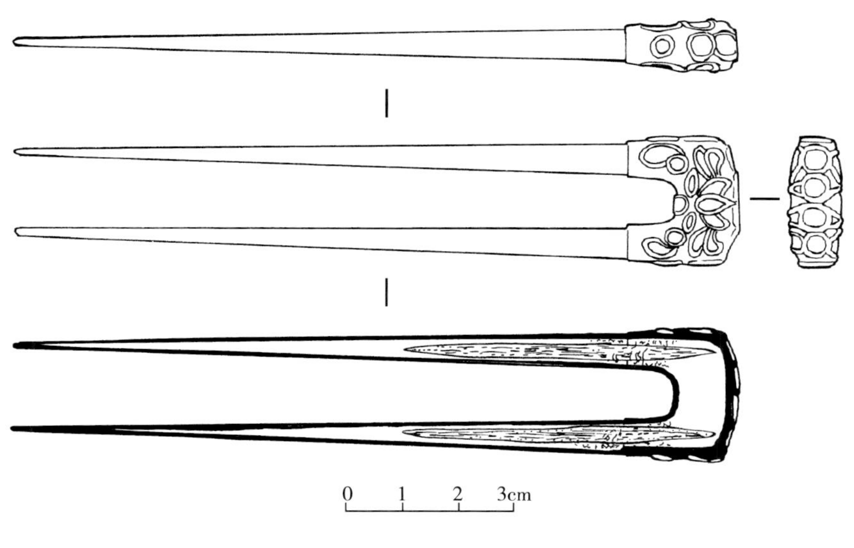

图 5-14 铜钗 FC-2

第五节 其他器物

1. 鎏金银合页 1 件（编号 QH-1，图 5-15）。长 3 厘米，宽 1.3 厘米，箱笼类构件。合页由两片银板组成，银板一端呈弧形。每页上各有 3 个圆孔，起装钉作用。两叶相互以转轴铆接相连接，构成合页，制作较为精致。

2. 鎏金铜包角 1 件（编号 HK-1，图 5-16）。长边长约 10 厘米，短边长 5.7 厘米，宽 1.6 厘米、厚 0.05 厘米。箱类构件。铜包角呈直角状，两端为尖弧首。直角长边有三颗铜泡钉，短边有两颗铜泡钉，泡钉呈半球形，背面正中饰一圆锥形插钉。

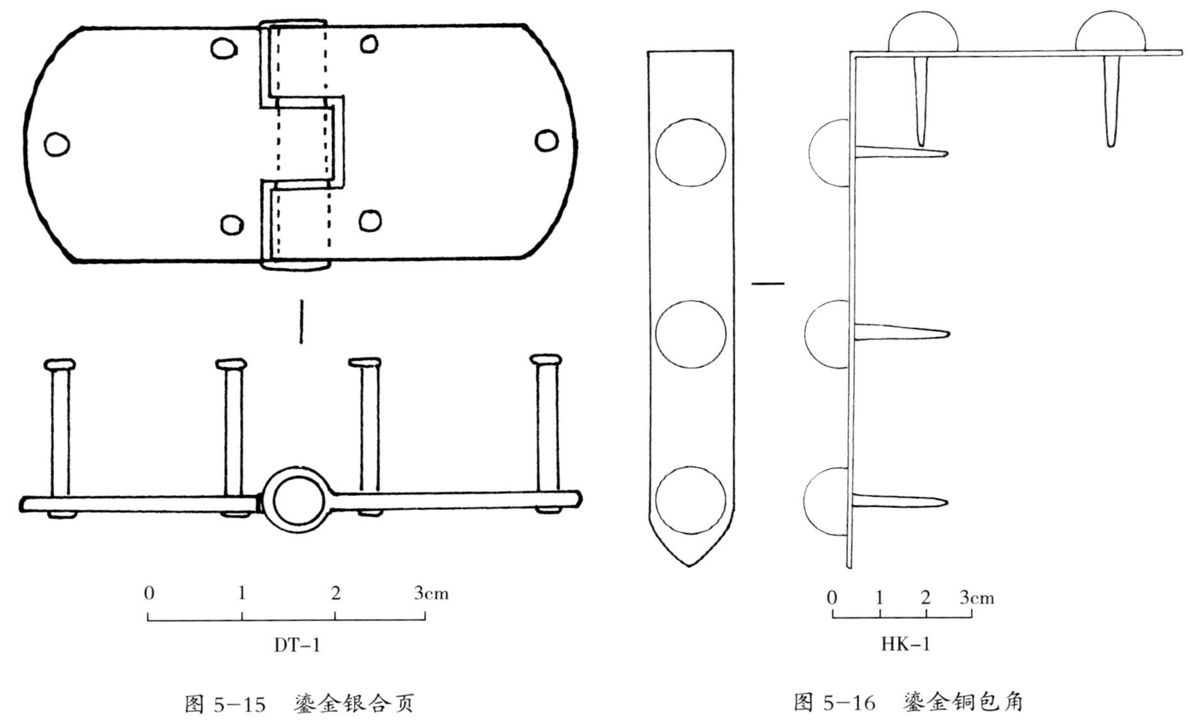

图 5-15 鎏金银合页

图 5-16 鎏金铜包角

第六节 遗物材质检测与分析

对于出土的不同遗物材质，用不同的分析方法进行材质检测与工艺研究，包括显微观察、X 光探测、扫描电镜能谱分析、红外光谱、激光拉曼光谱、X 光荧光光谱分析等。另外，残留物分析标本及时留取，待检测分析与深入研究。

例：右博鬓（图 5-1）与钿花（图 5-3）几乎完全腐蚀，但 X 光探查却清楚显示出其纹饰、结构及其工艺特征等（右博鬓见图 5-1，钿花见图 5-3 中）；X 荧光无损检测表明，博鬓、钿花的主要材质是纯铜；显微观察并结合激光拉曼光谱分析，发现博鬓、钿花中镶嵌有珍珠和玻璃。又如，实验室清理出来的 4 支铜钗（图 5-13 左）同样几乎完全腐蚀，但 X 光探查却清楚显示出其结构特征，进而明确钗脚与钗首均中空（图 5-13 右），为薄铜片制成，用木销相连接；SEM & EDS 的检测明确其材质为纯铜，进一步的金相分析（图 5-17）明确了其铜钗的制作工艺特征和加工方法：纯铜热锻焊接成形，表面鎏金；在其中的 2 支铜钗中还发现有类似于毛或棉织品特征的材料（图 5-18），经过 SEM & EDS（图 5-19）与红外光谱（IR）（图 5-20）分析检测证实均是棉。关于棉的种类，下一阶段会进一步去分析鉴定。

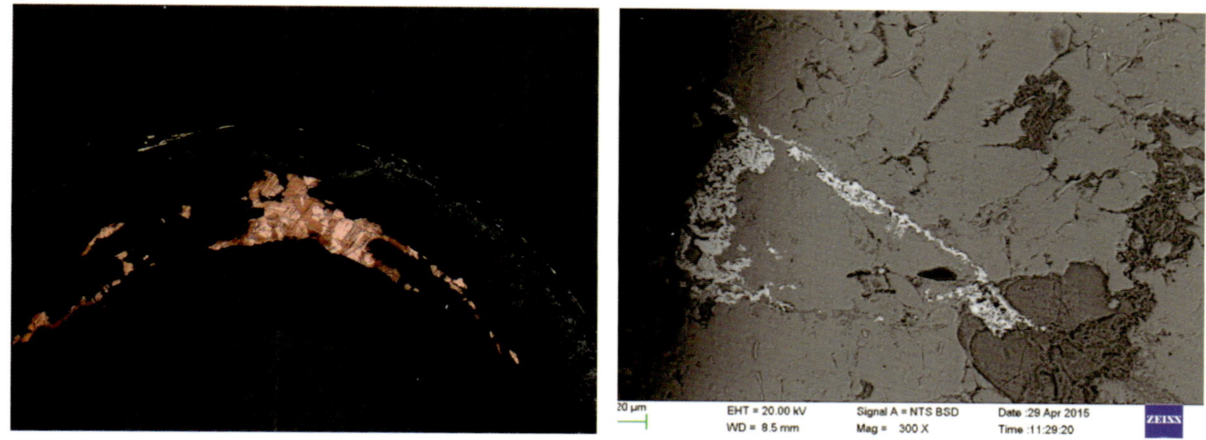

图 5-17 铜钗的金相检验

图 5-18　铜钗之一残留的棉

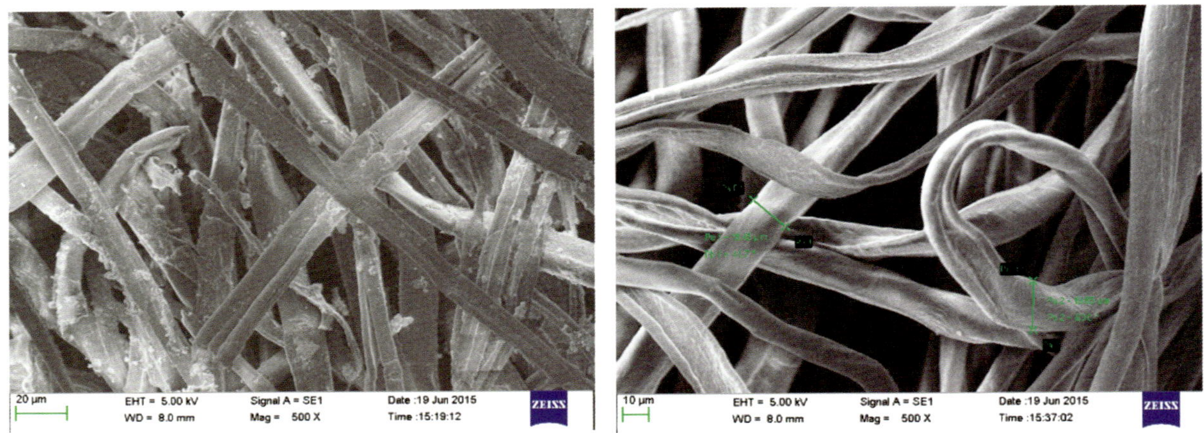

图 5–19　SEM 图像清楚显示出铜钗中样品（左）与现代棉图（右）的显微特征

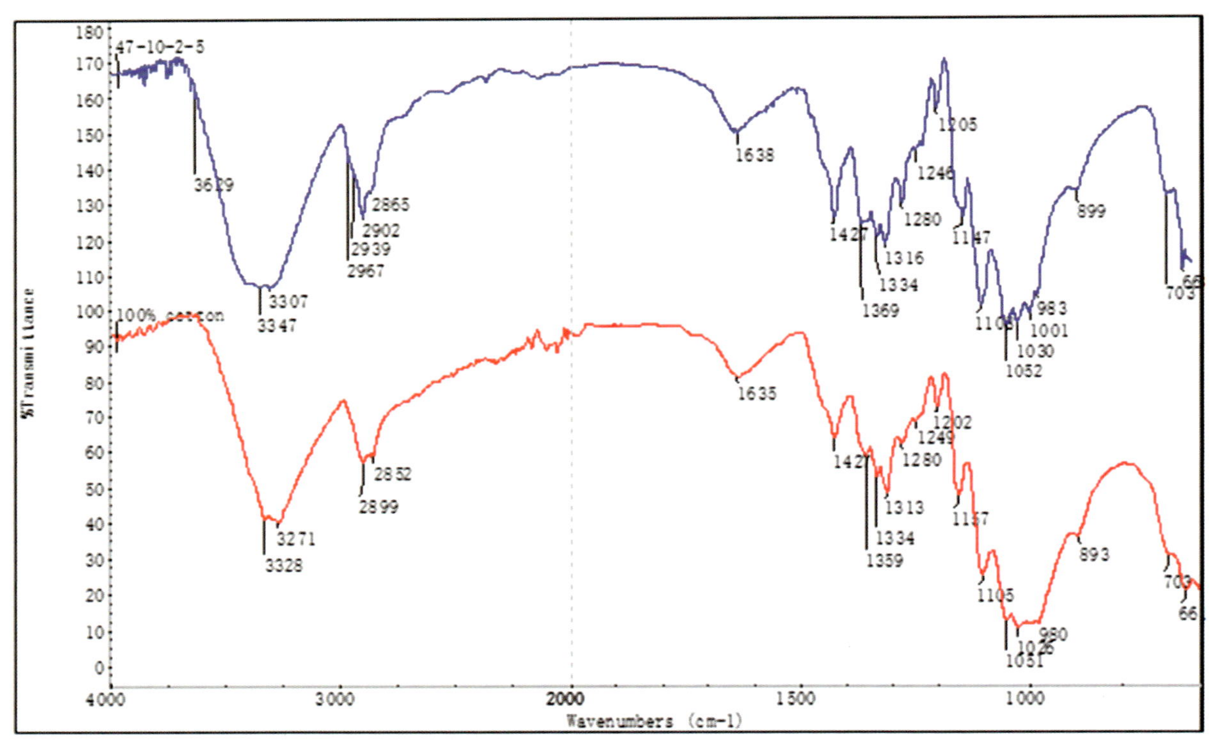

图 5–20　红外光谱的分析结果

结 语

1. 研究成果总结。目前的分析检测与研究表明，萧后冠制作所用材料包括金、铜、铁、玻璃、汉白玉、珍珠、木、漆、棉、丝 10 种；饰件加工涉及的工艺种类有铸造、锤揲、珠化、鎏金、贴金、焊接、掐丝、镶嵌、錾刻、抛光、剪裁、髹漆 12 类。

萧后冠的实验室考古与保护工作开展了约两年半，取得了重要的成果。总结如下：为我国的实验室考古学科建设增添了一个宝贵的实践案例；培养了实验室考古与保护的专业人才；为隋唐时期礼冠制度及其复原研究提供了基础性技术资料；揭示了隋唐时期铜钗结构特征与制作工艺；揭示了隋唐时期钿花的结构与工艺特征；发现隋唐时期的棉；首次发现鎏金铜珠化工艺制品。

2. 国家文物局专家组给予该项目高度评价。专家组验收一致认为“隋炀帝萧后冠实验室考古与保护”项目工作目标明确，思路清晰，研究方法科学严谨，保护措施得当，工作规范细致，实验室考古清理到位，信息提取全面，体现了多学科的结合，成果显著。该项目是目前实验室考古与保护研究结合比较完美与成功的一个范例，对国内实验室考古探索和实践具有显著的推动作用。

附 录

附录一 隋炀帝萧后冠实验室考古清理照相记录图册

附图 1-1 清理前标识坐标网格

附图 1-2　清理区域分布图

附图 1-3　铜钗和铜香炉位置

附图 1-4　铜香炉和铜灯位置

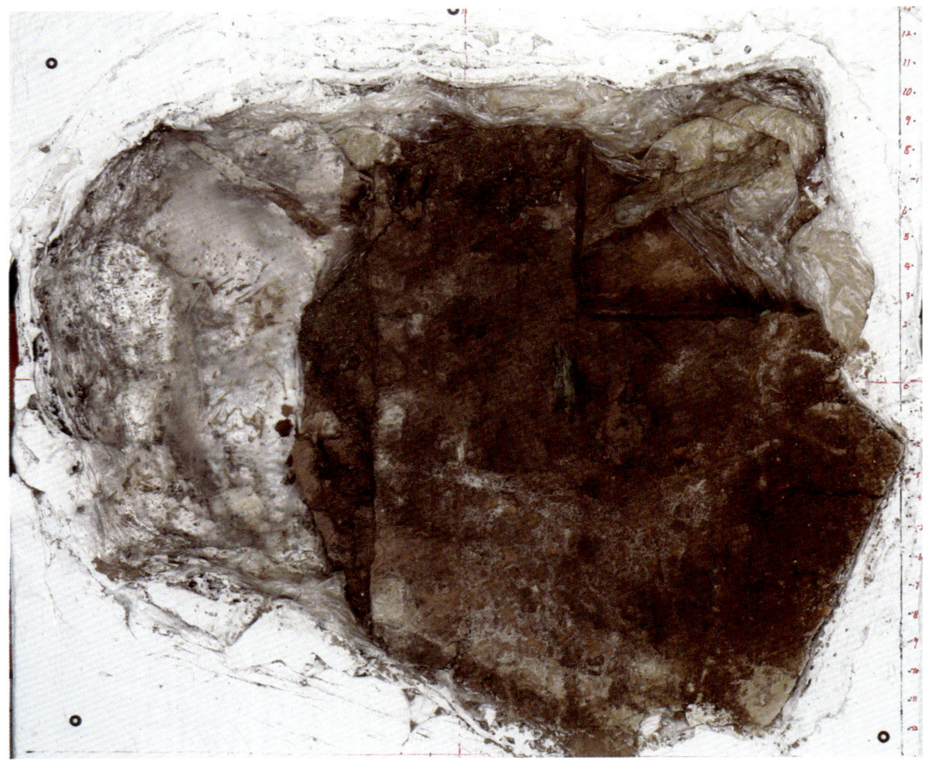

附图 1-5　博鬓一

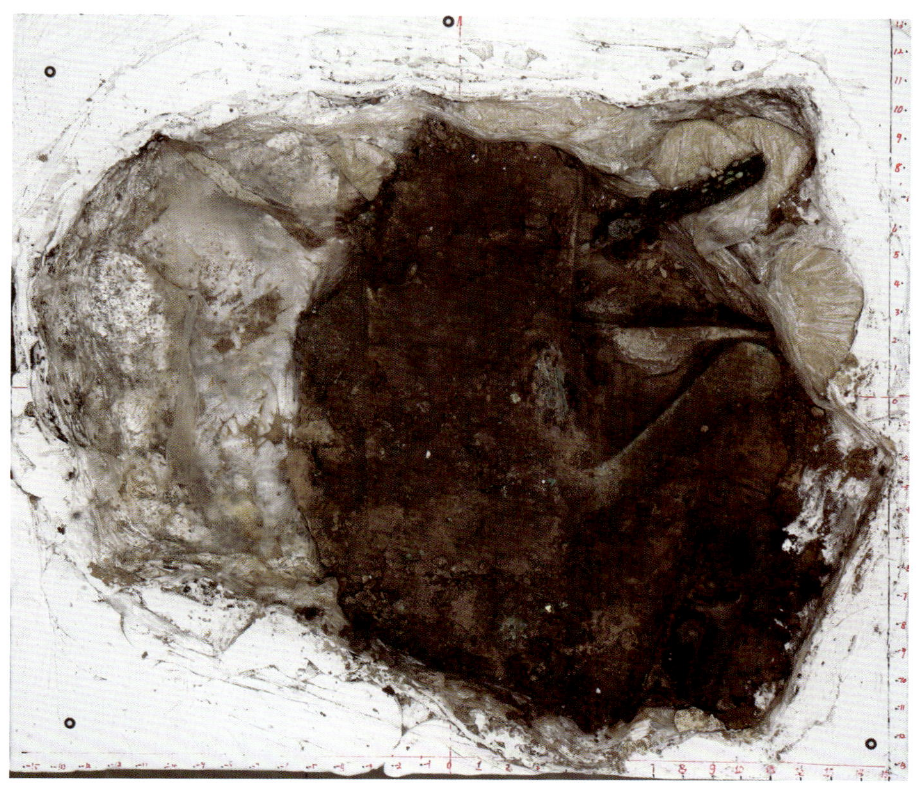

附图 1-6　博鬓和漆盒

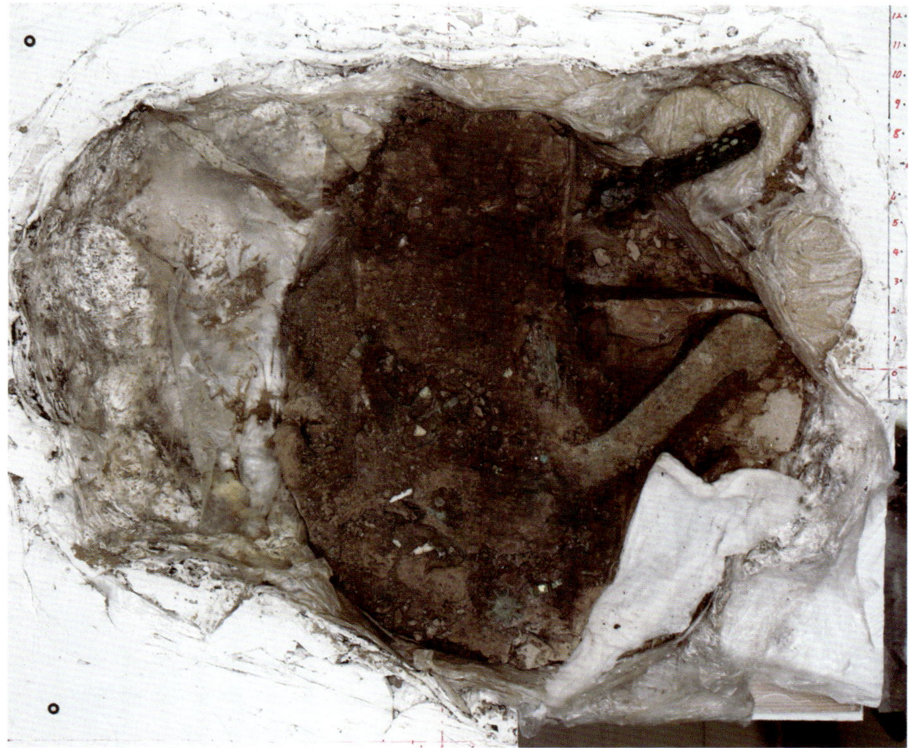

附图 1-7　漆盒提取后

附图 1-8 IV 区、V 区、VII 区饰件

附图 1-9　IV 区饰件（一）

附图 1-10　IV 区饰件（二）

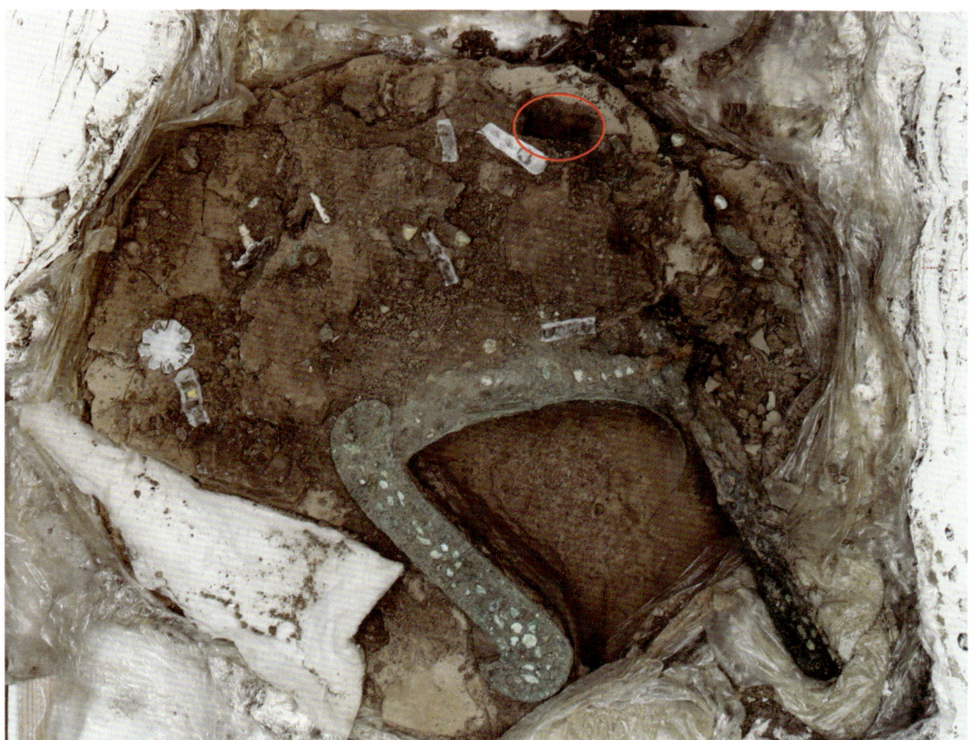

附图 1-11 IV 区饰件（三）

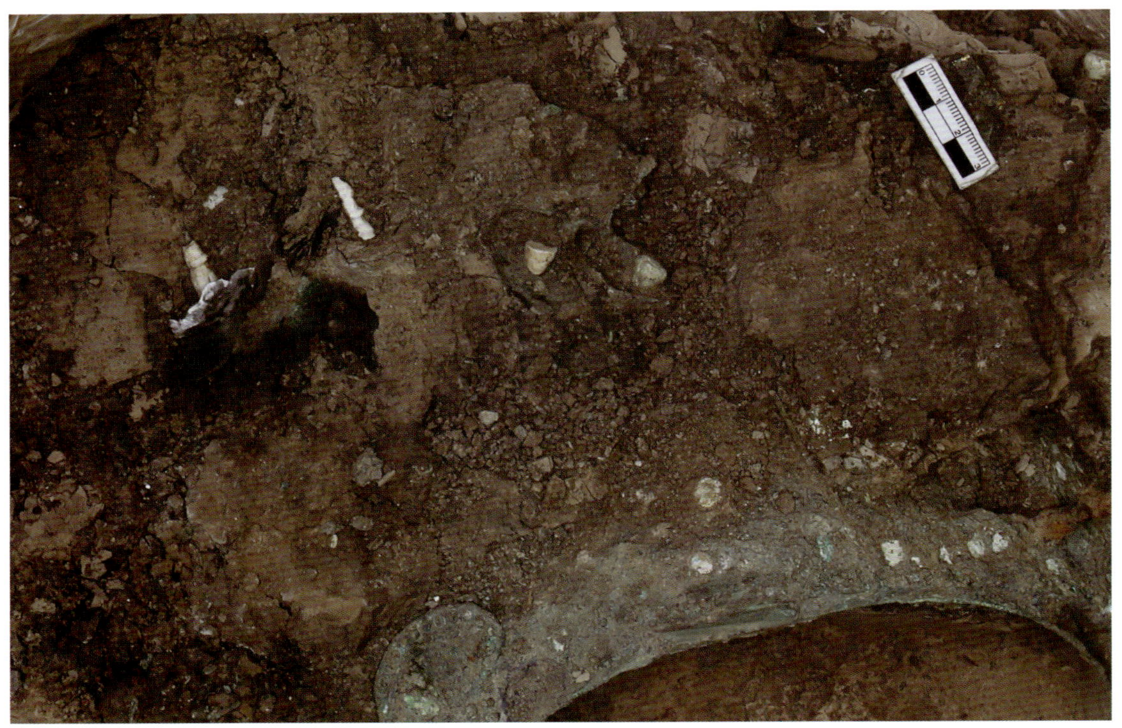

附图 1-12 IV 区饰件（四）

附图 1–13　IV 区饰件（五）

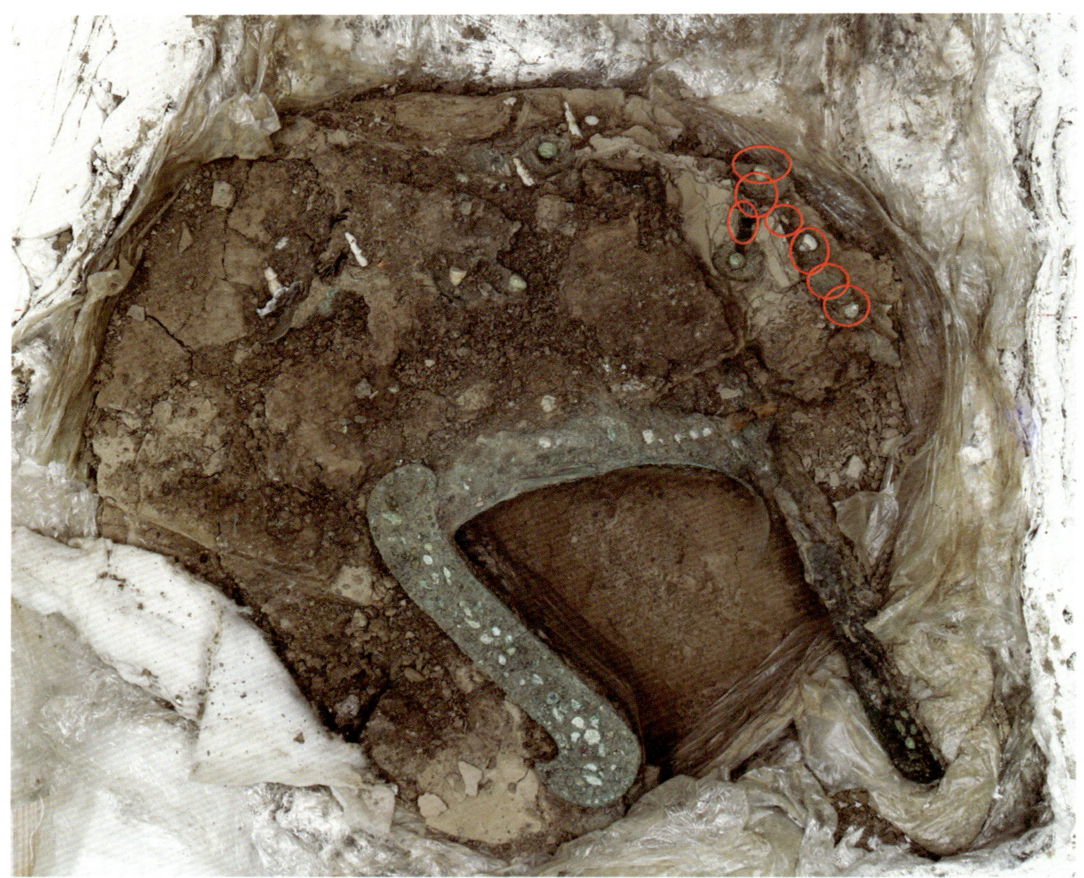

附图 1-14 IV 区饰件（六）

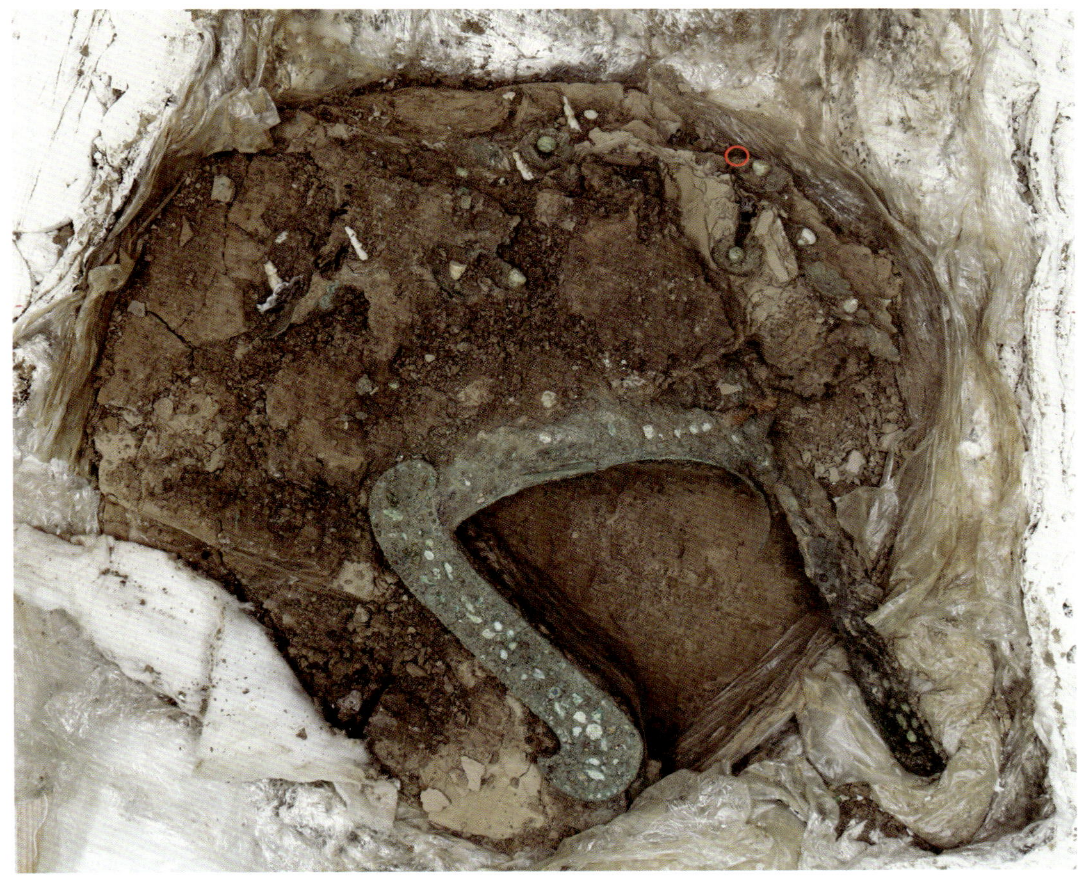

附图 1–15　IV 区饰件（七）

附图 1-16 IV 区饰件（八）

附图 1-17　IV 区饰件（九）

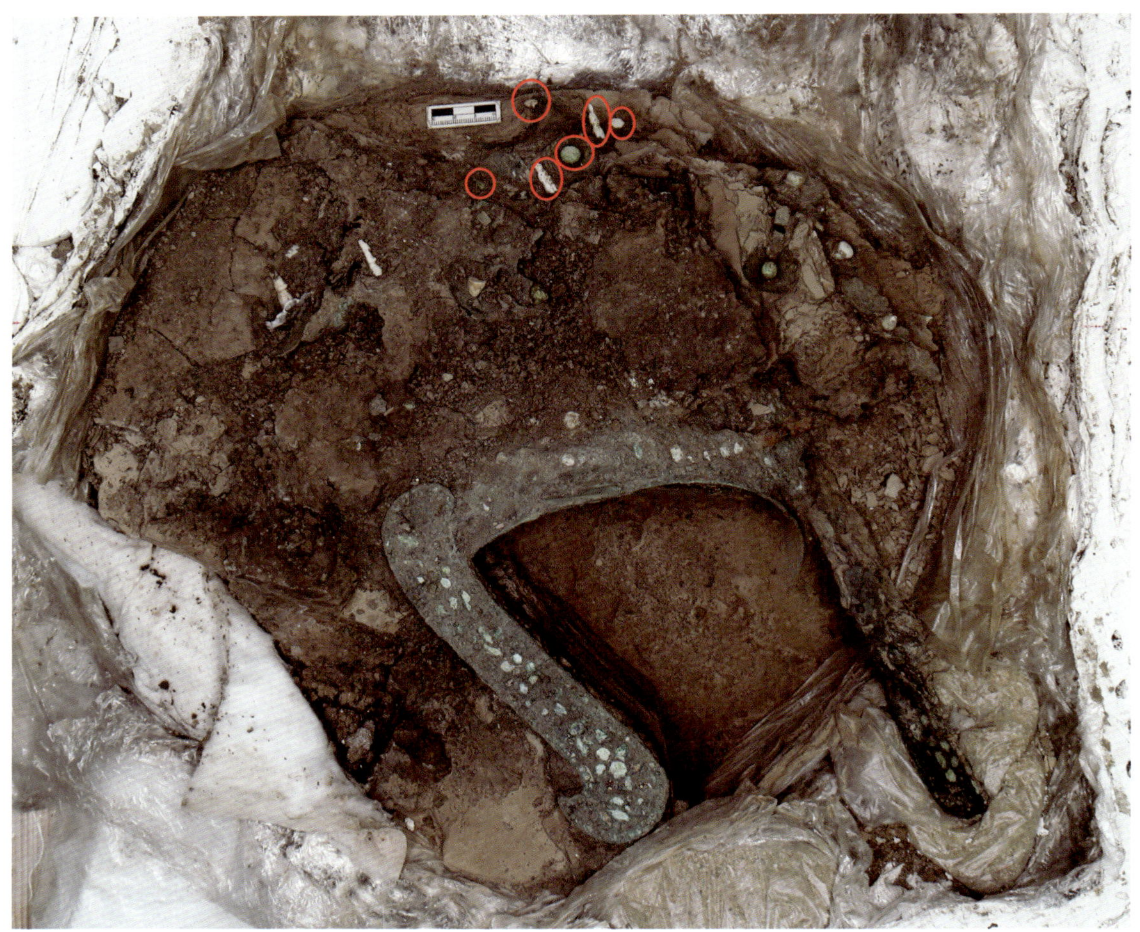

附图 1–18　IV 区饰件（十）

附图 1–19　IV 区饰件（十一）

附图 1-20 Ⅳ 区饰件（十二）

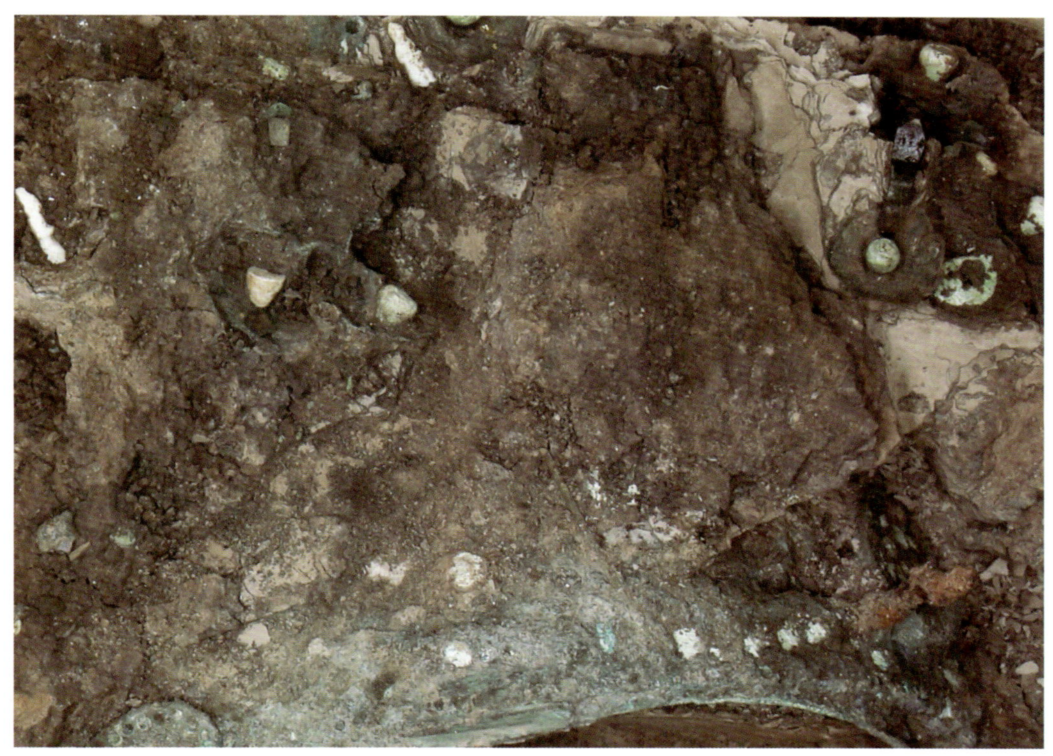

附图 1-21　IV 区饰件（十三）

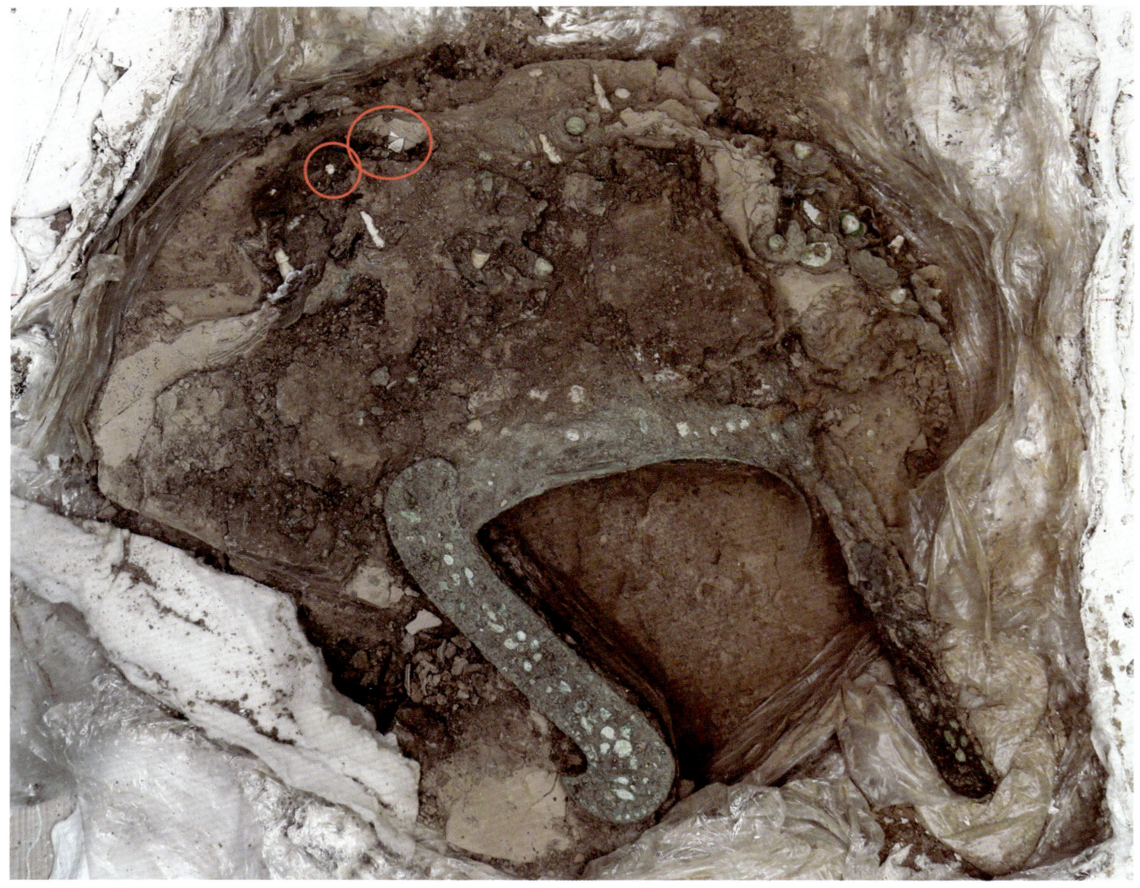

附图 1–22 V 区饰件（一）

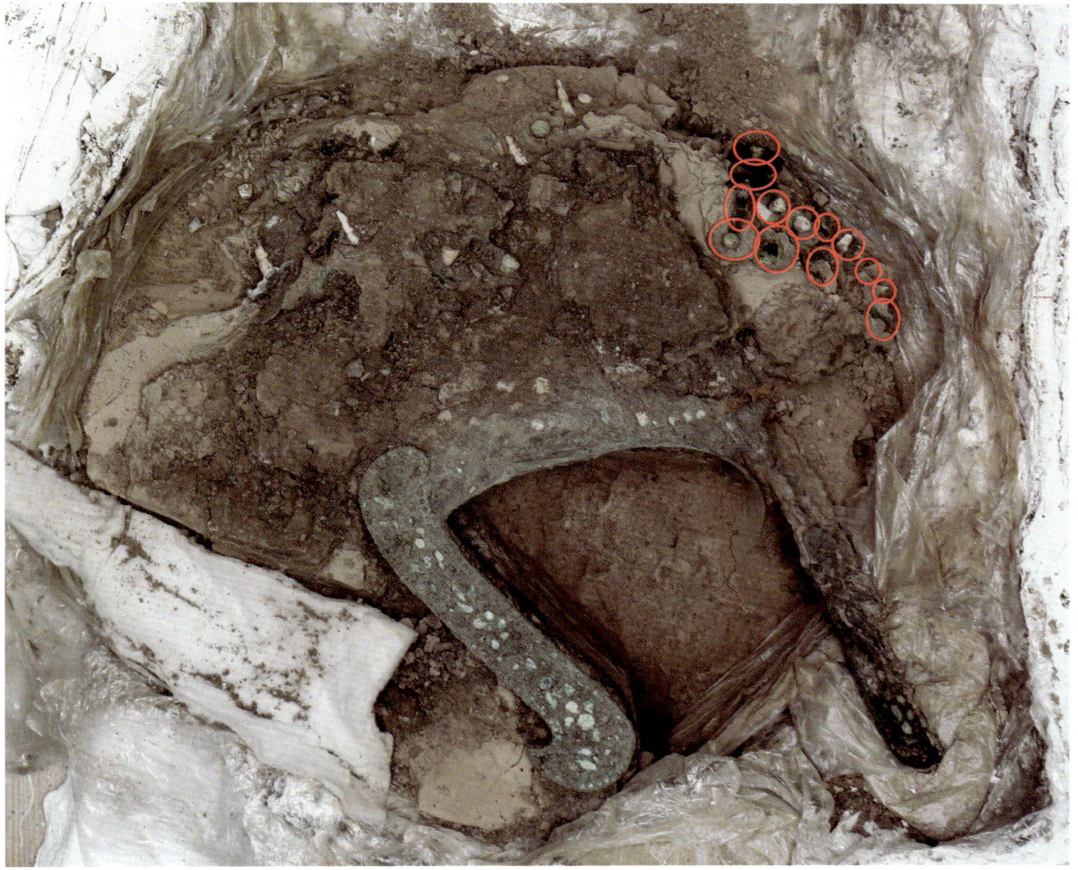

附图 1-23 IV 区饰件（十四）

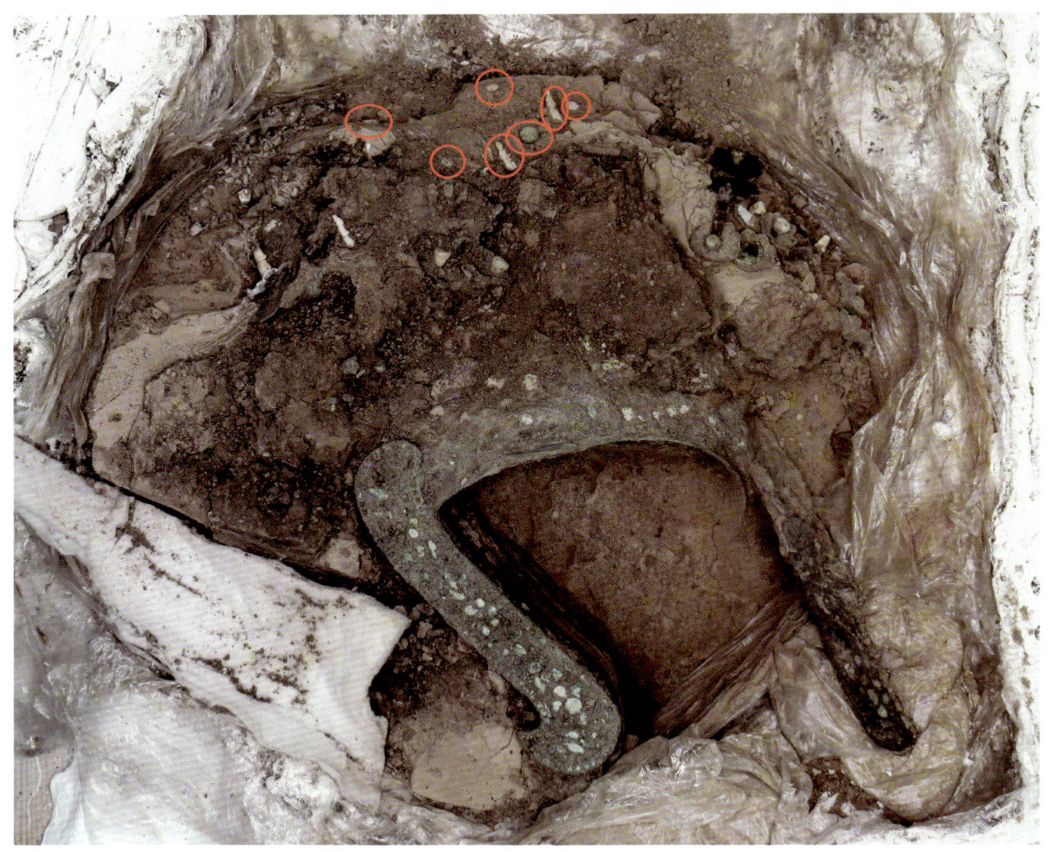

附图 1-24 IV 区和 V 区饰件（一）

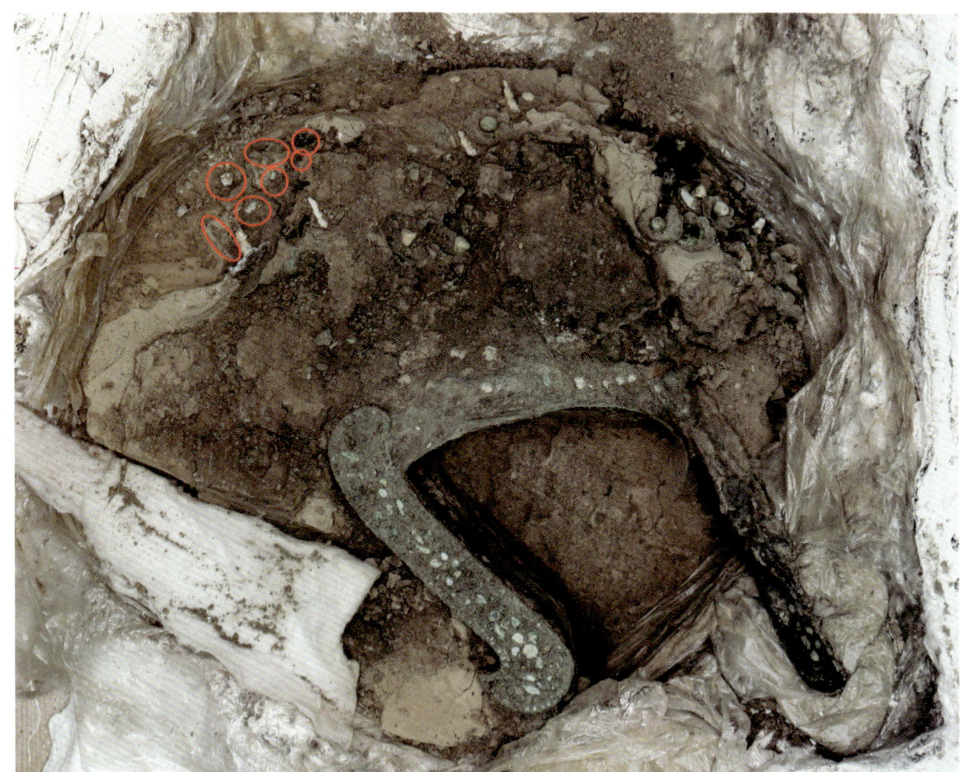

附图 1–25 V 区饰件（二）

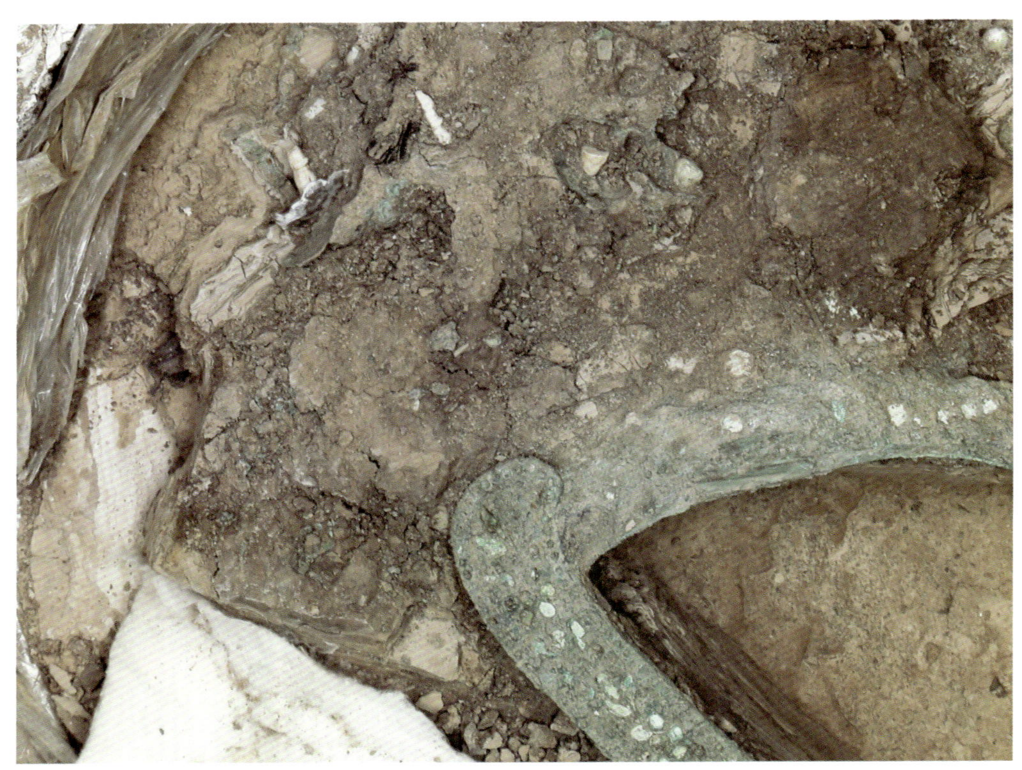

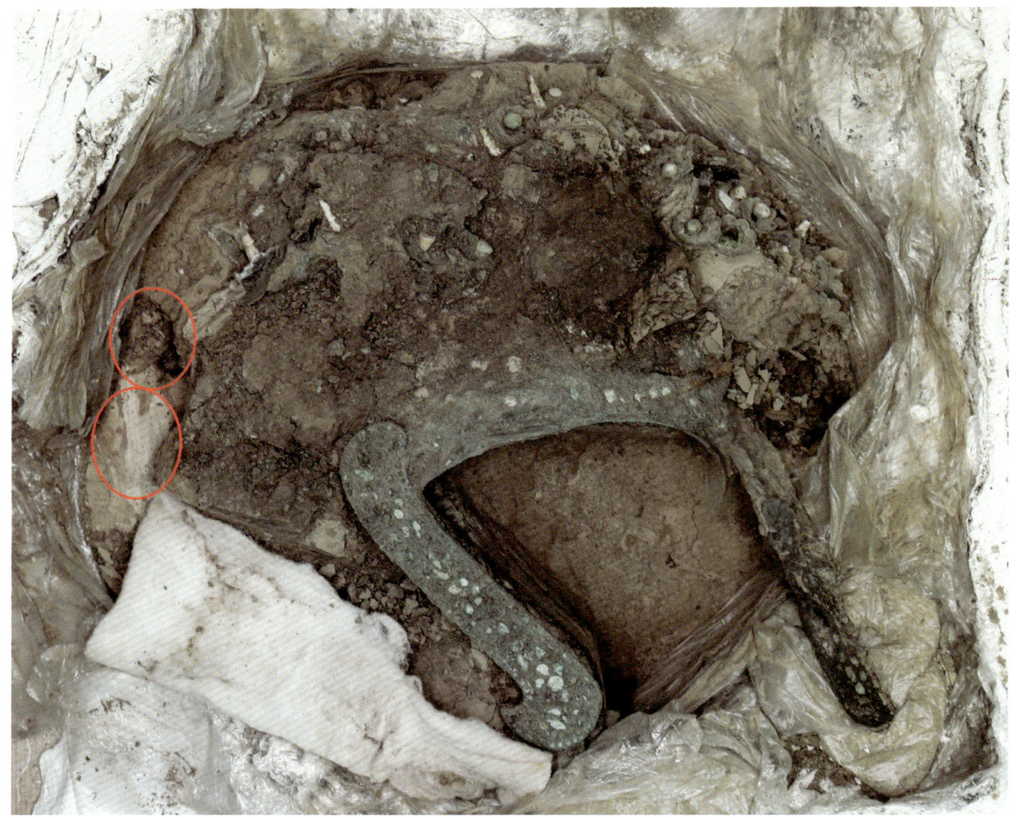

附图 1–26　VII 区特殊土样

附图 1-27　IV 区饰件（十五）

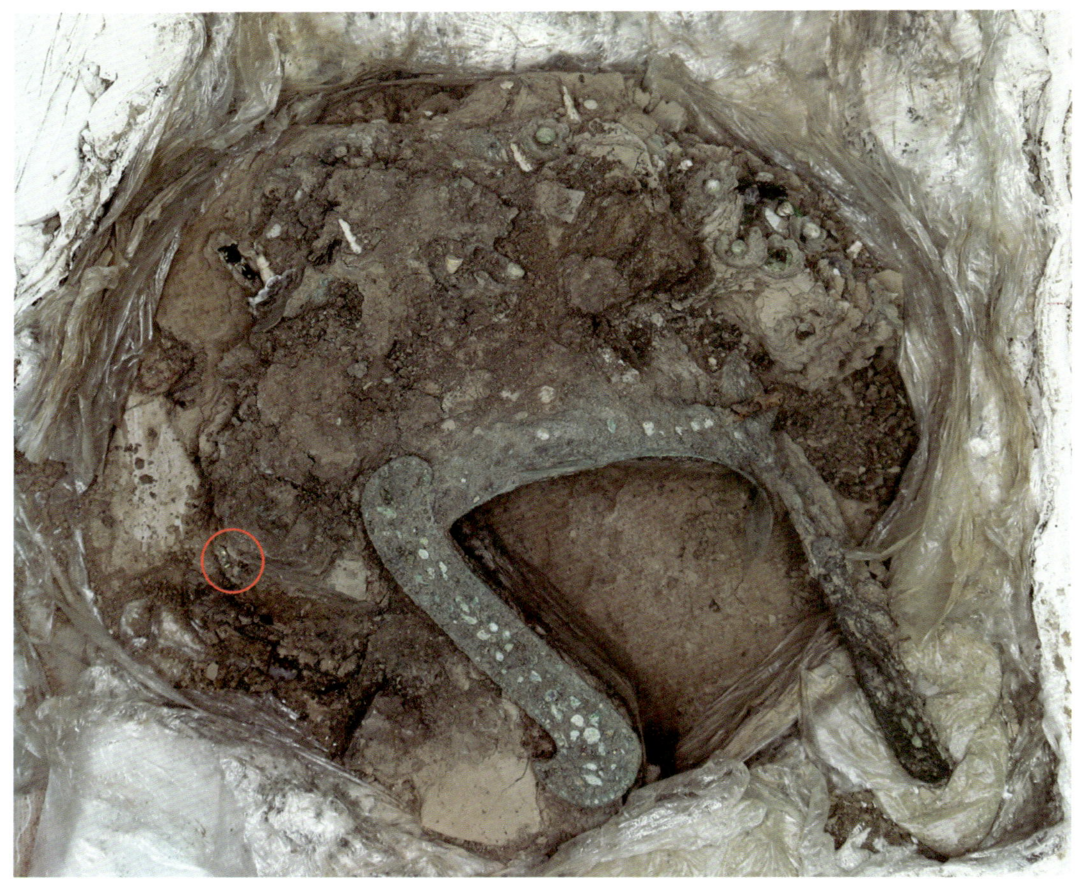

附图 1-28　VI 区饰件（一）

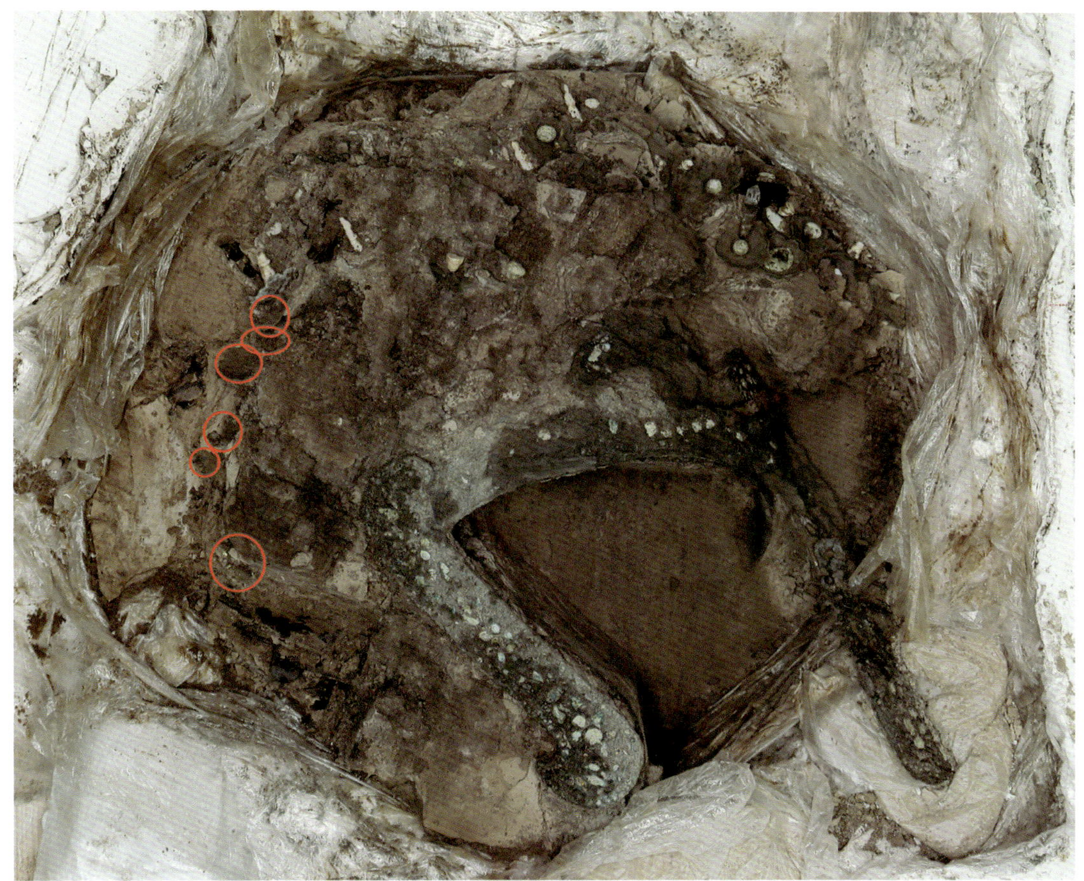

附图 1-29　V 区和 VI 区饰件（一）

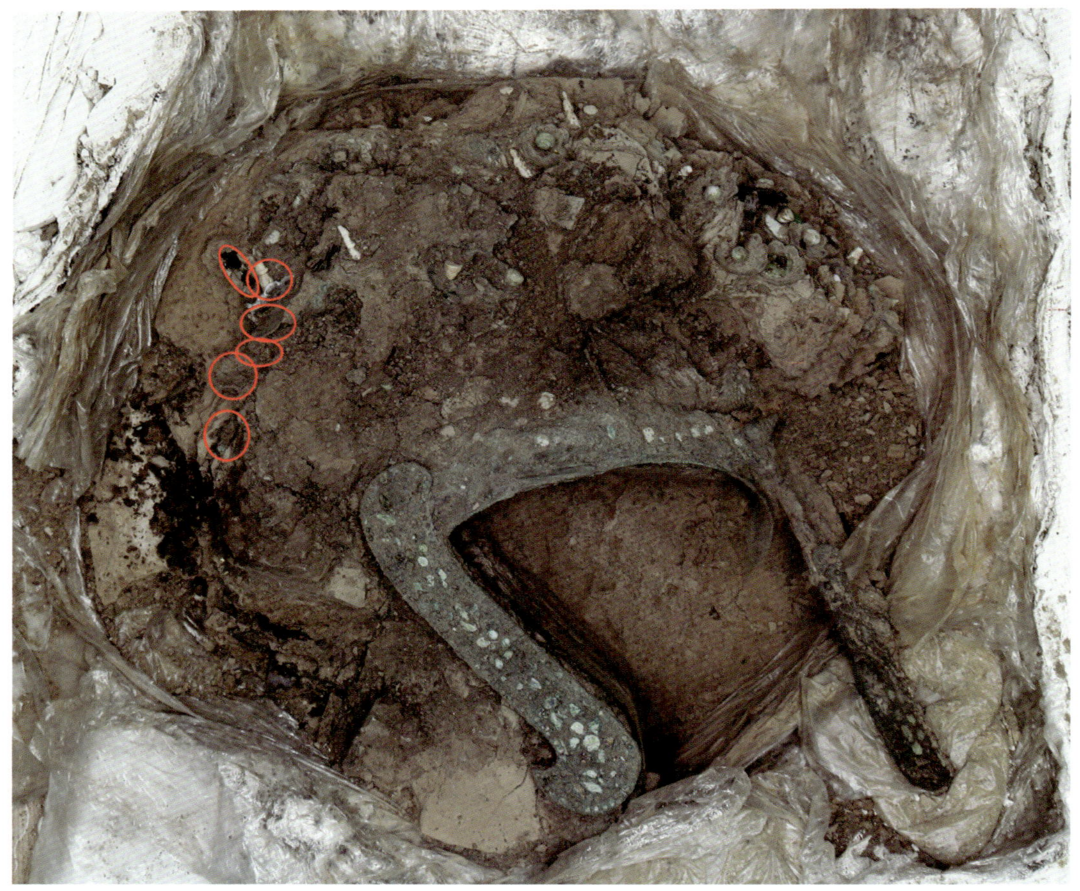

附图 1–30 V 区饰件（三）

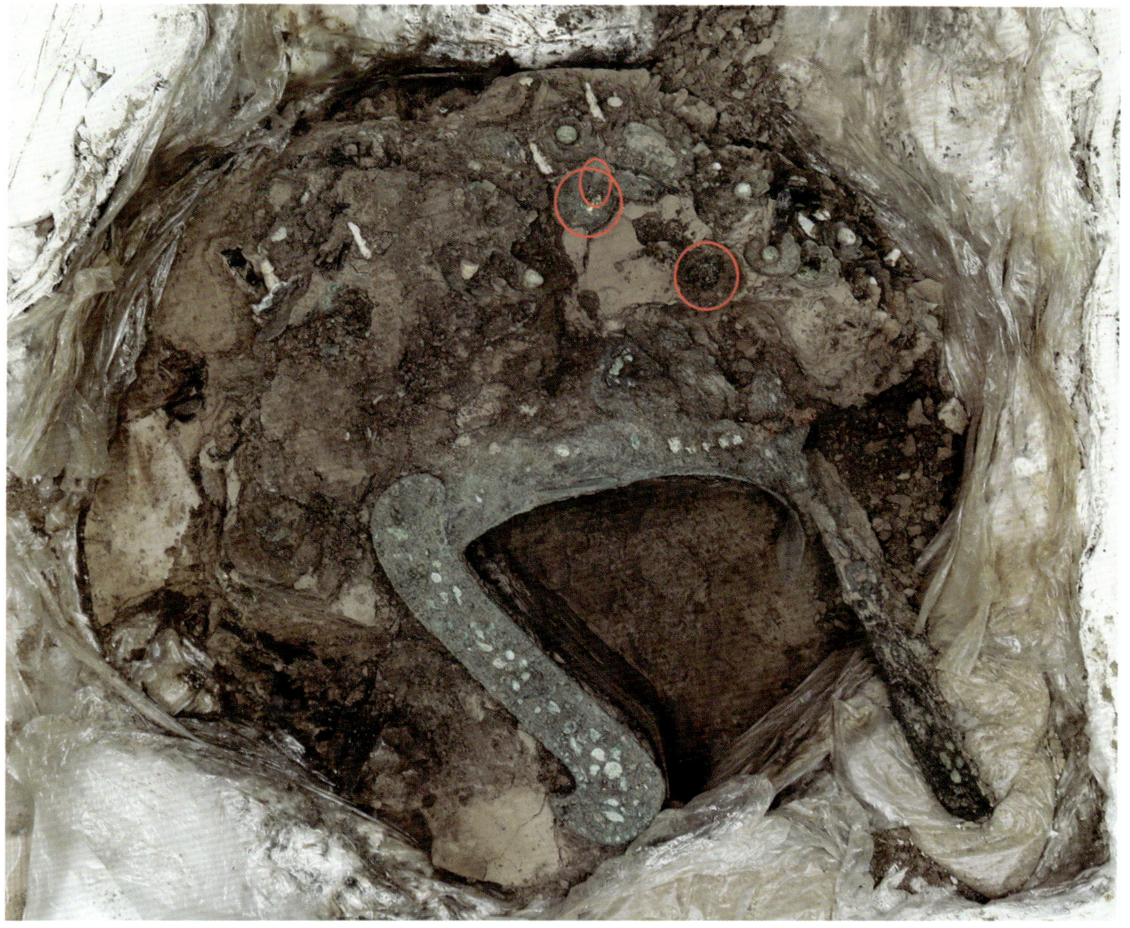

附图 1–31 Ⅳ区饰件（十六）

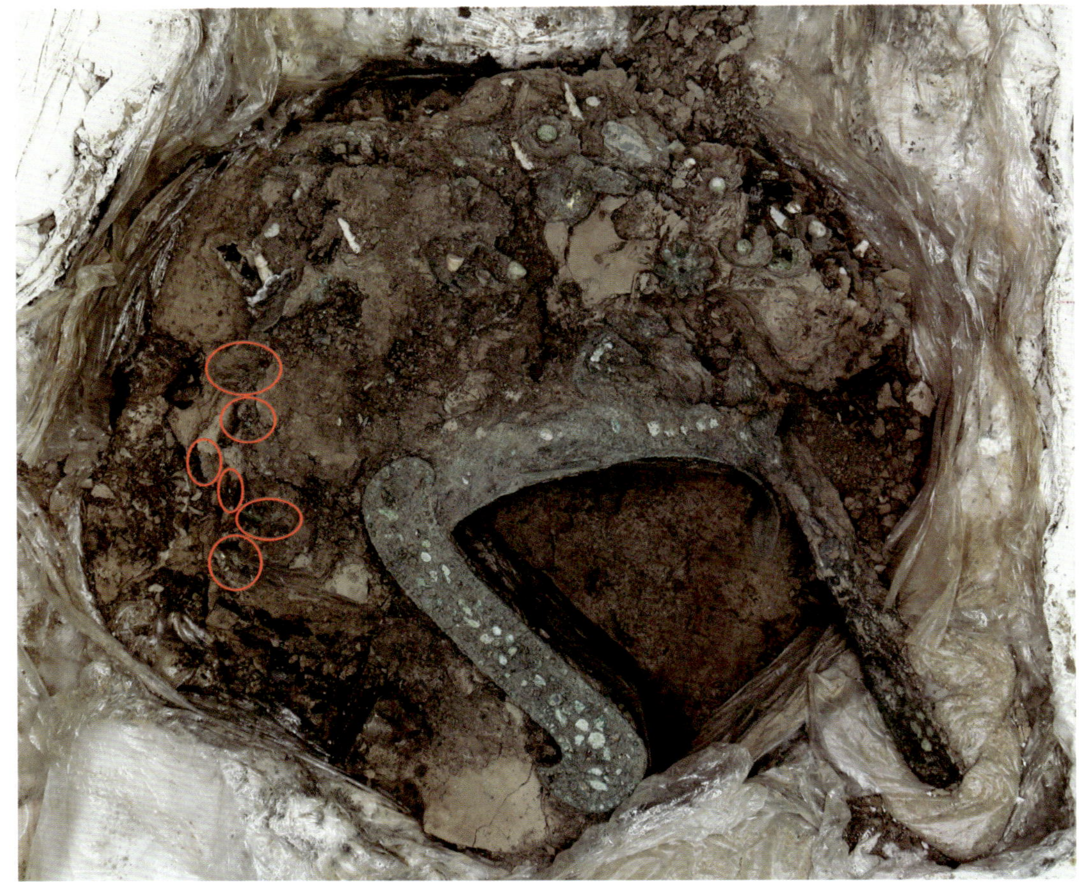

附图 1-32 V 区和 VI 区饰件（二）

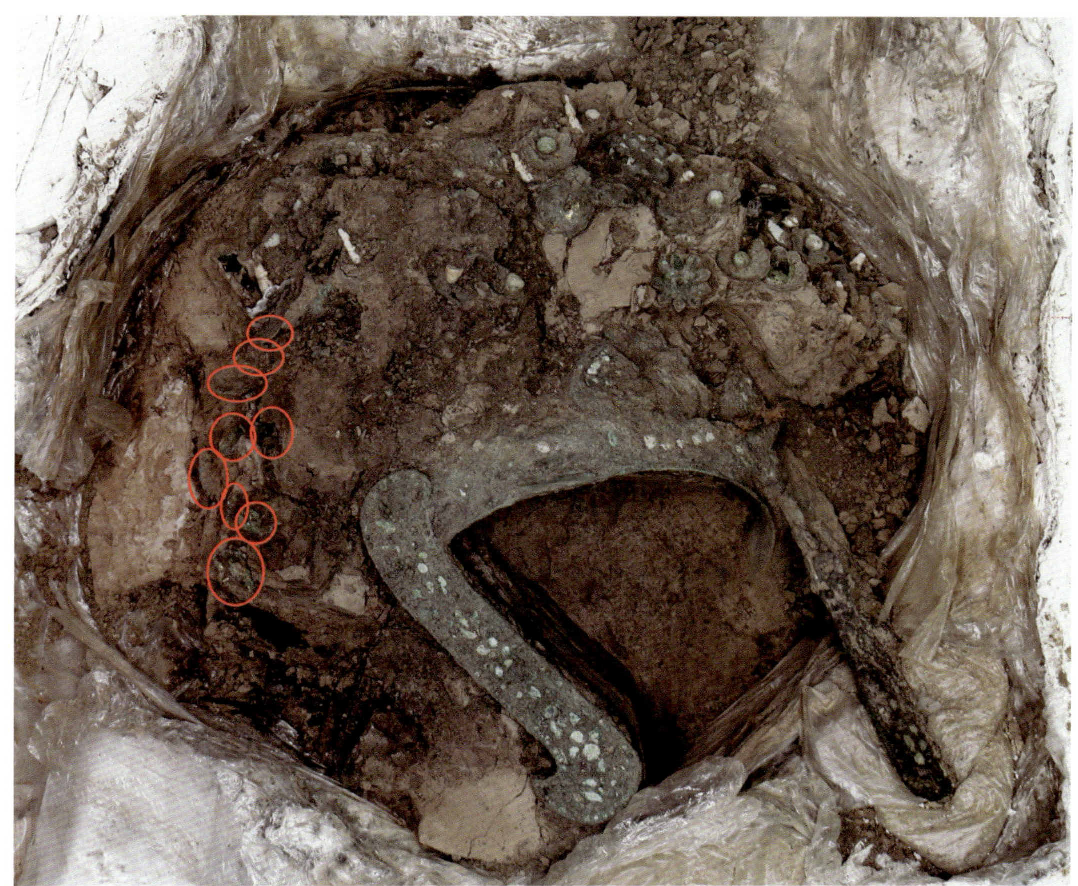

附图 1-33　V 区和 VI 区饰件（三）

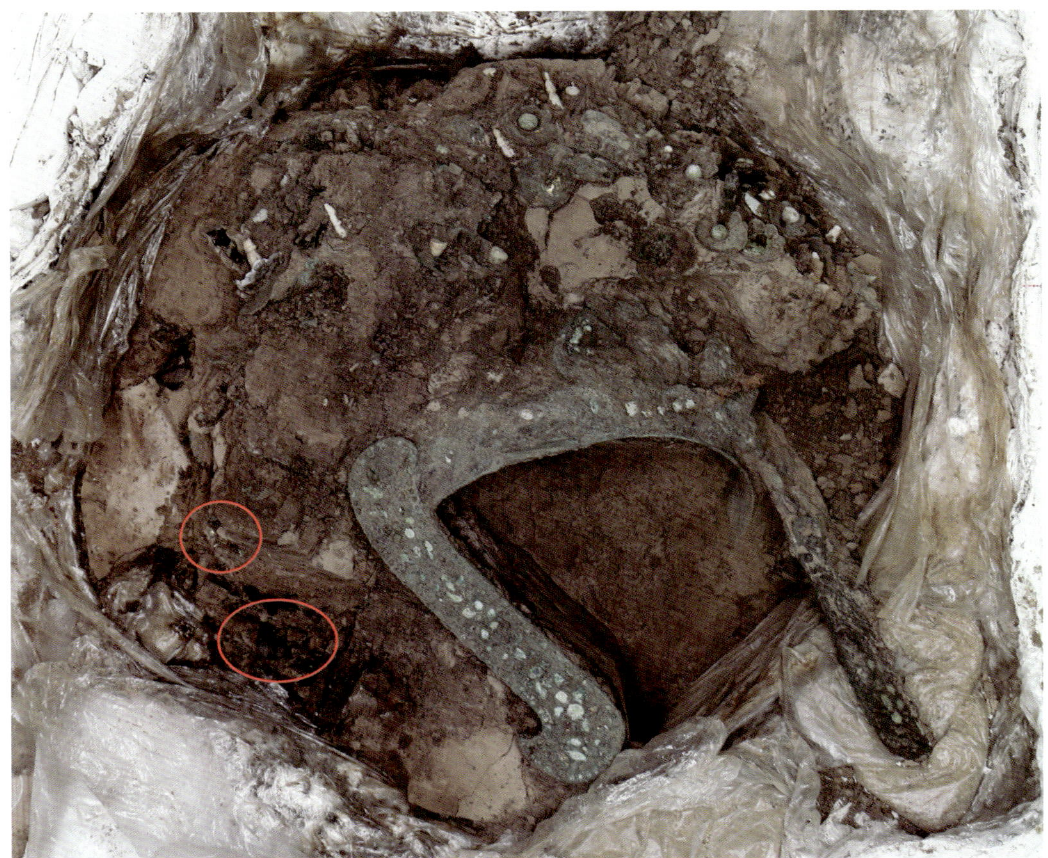

附图 1-34 VI 区饰件和漆盒

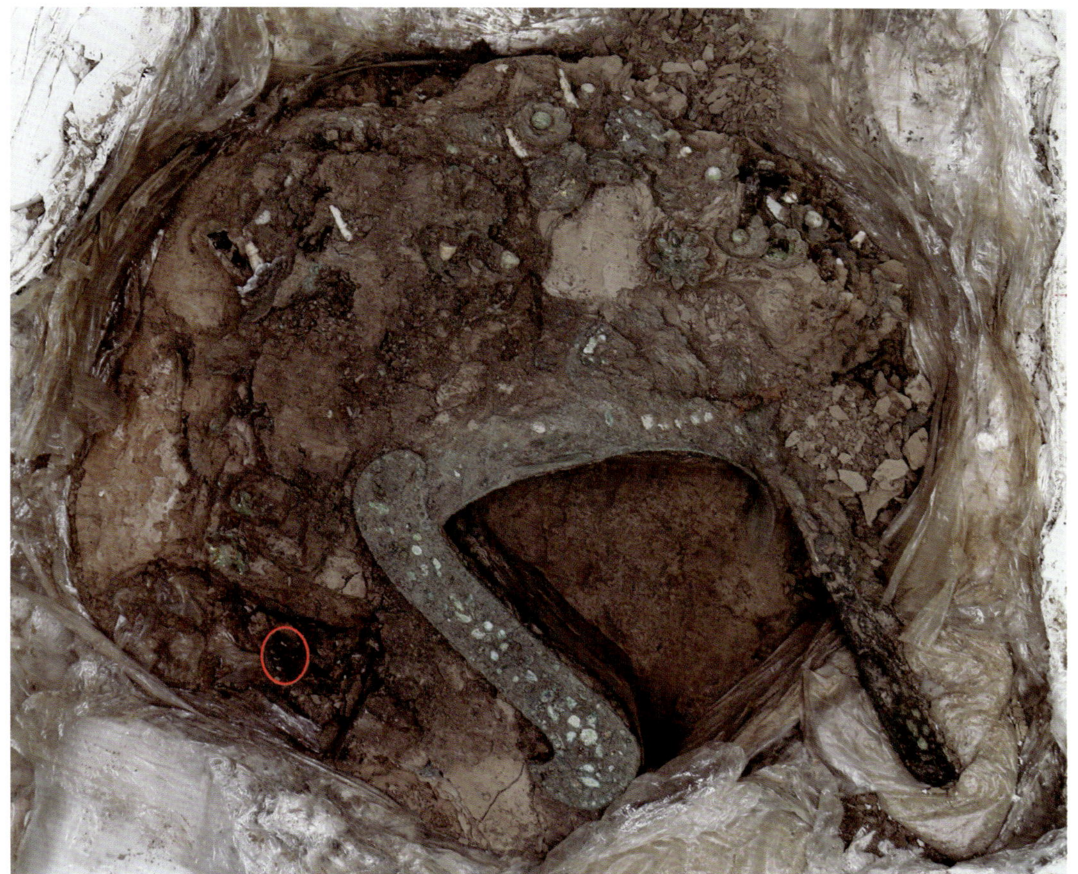

附图 1-35　VI 区饰件（二）

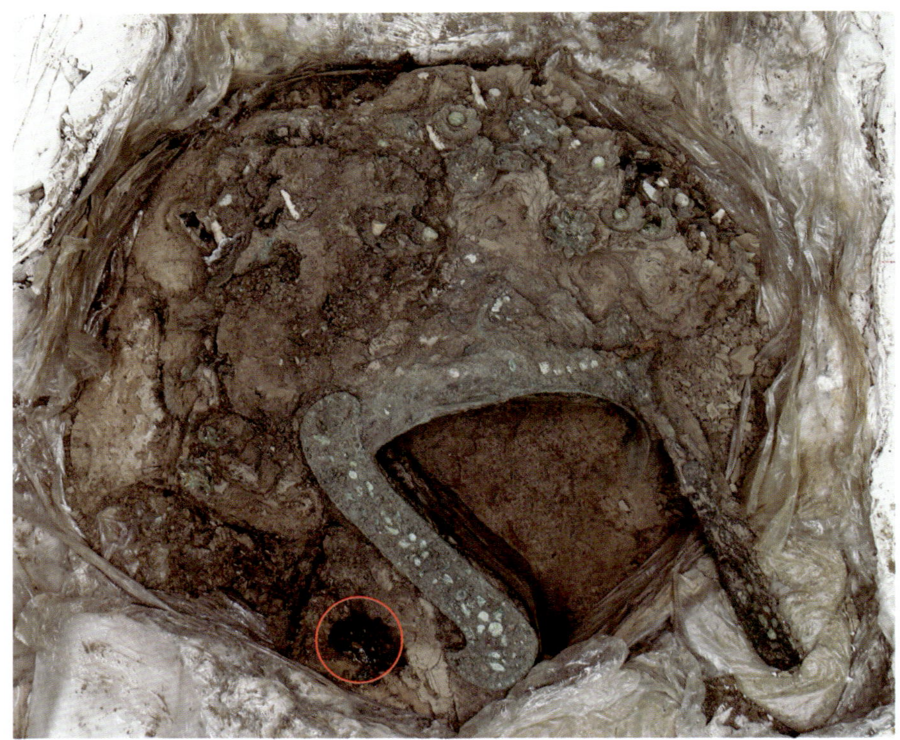

附图 1-36 VI 区饰件（三）

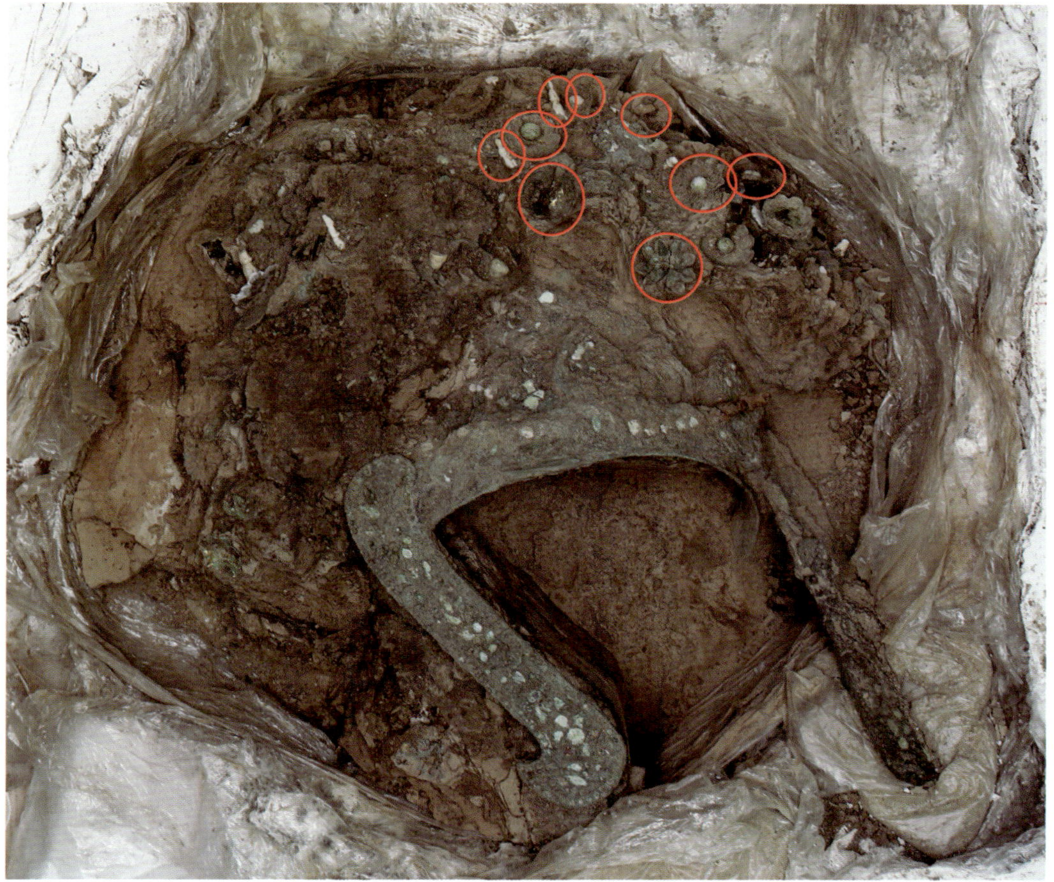

附图 1–37 IV 区饰件（十七）

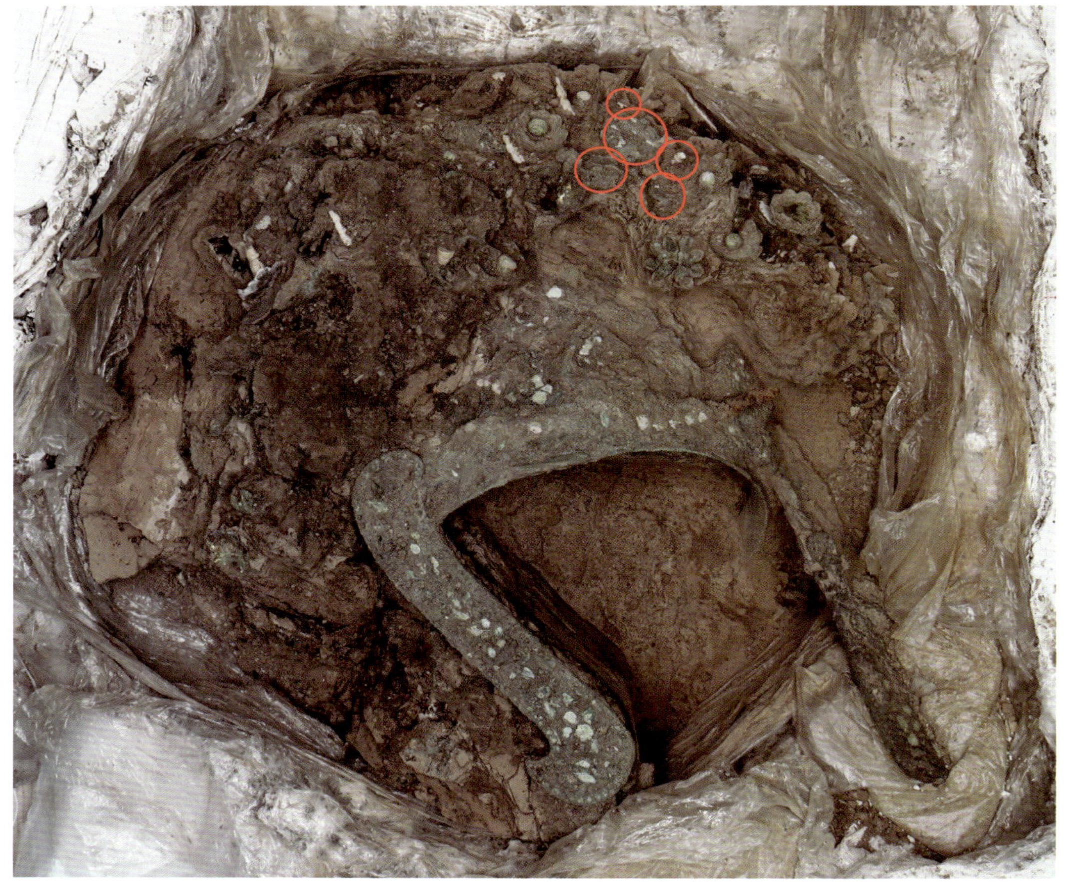

附图 1-38　IV 区饰件（十八）

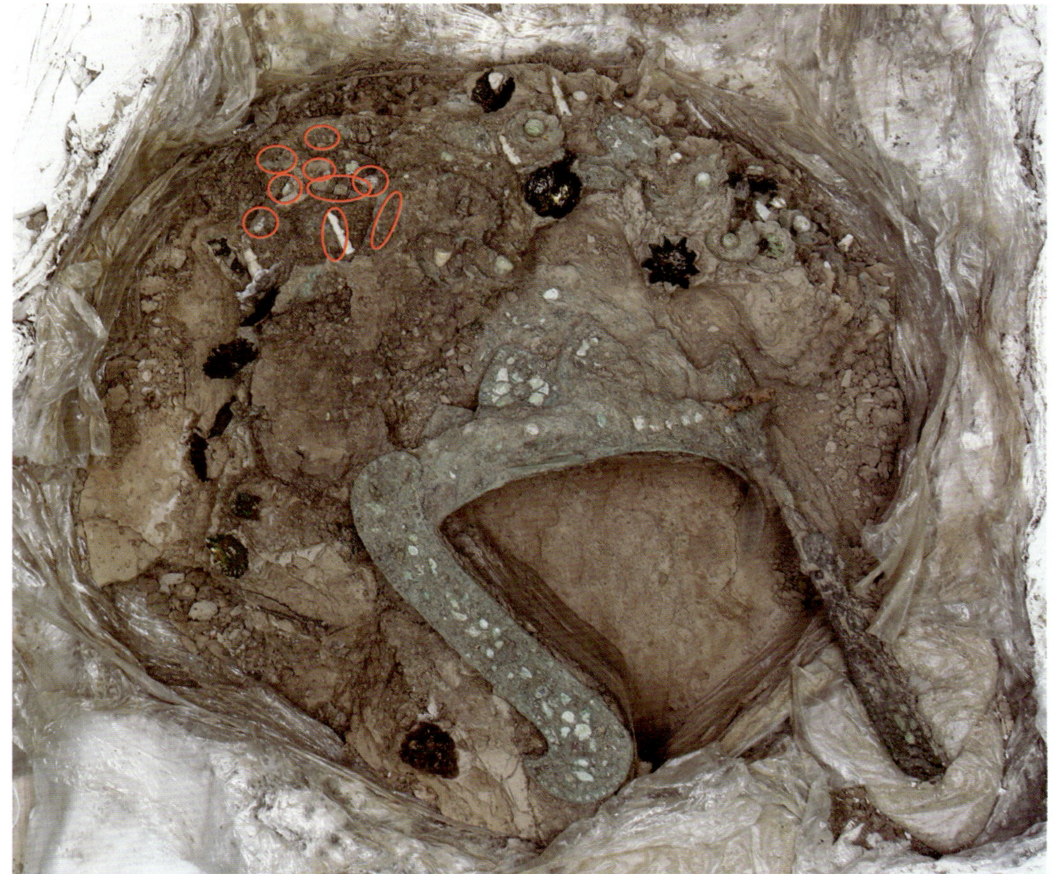

附图 1–39　V 区饰件（四）

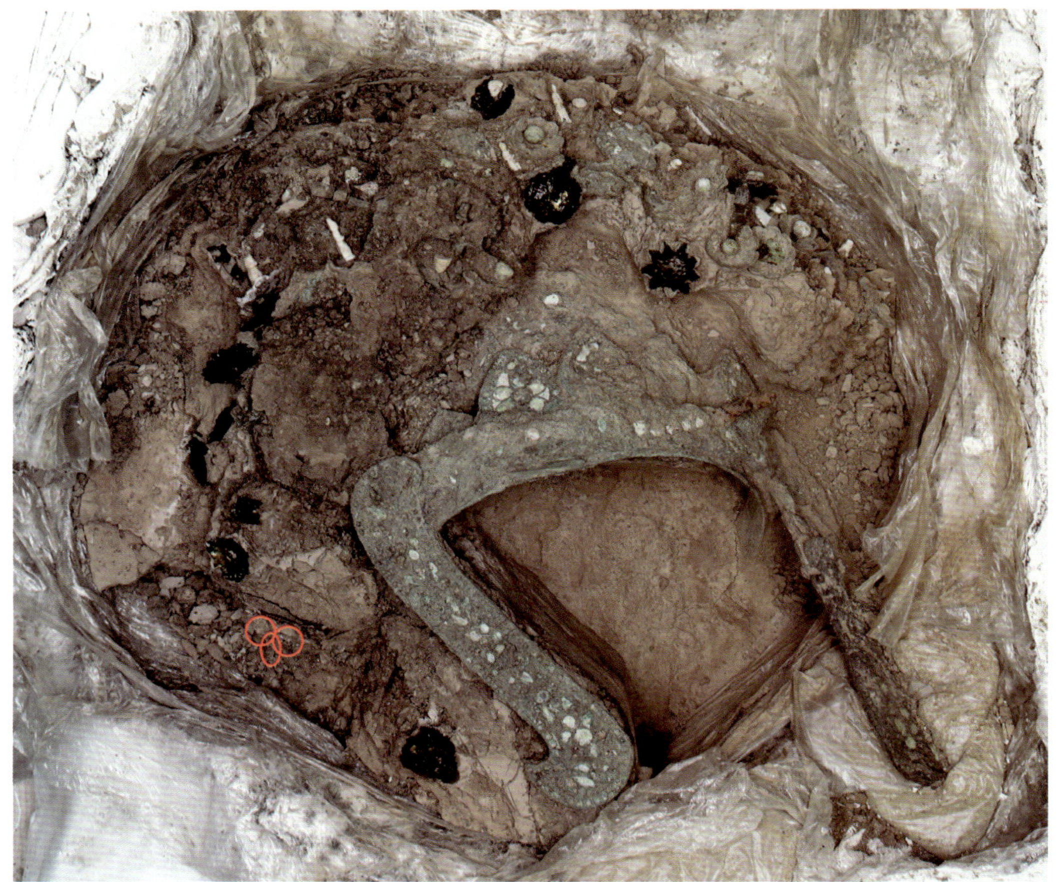

附图 1-40 VI 区饰件（四）

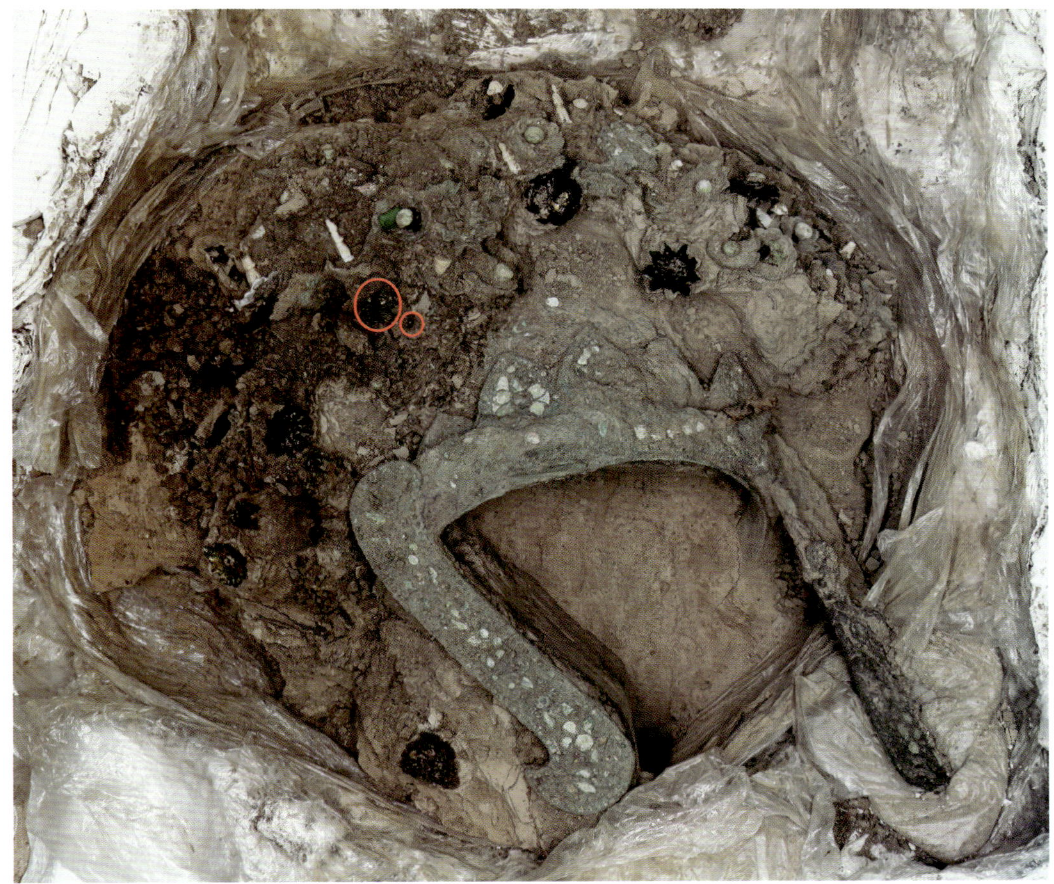

附图 1-41　V 区饰件（五）

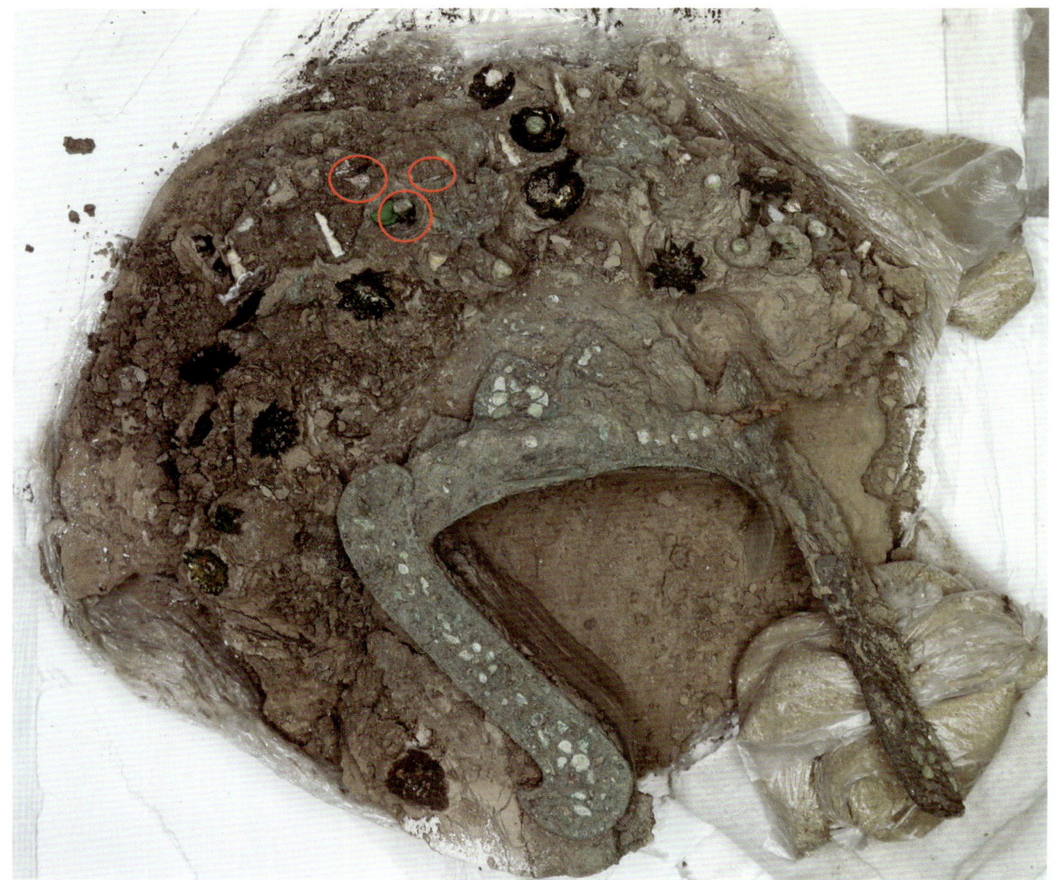

附图 1-42　V 区饰件（六）

附图 1-43　V 区饰件（七）

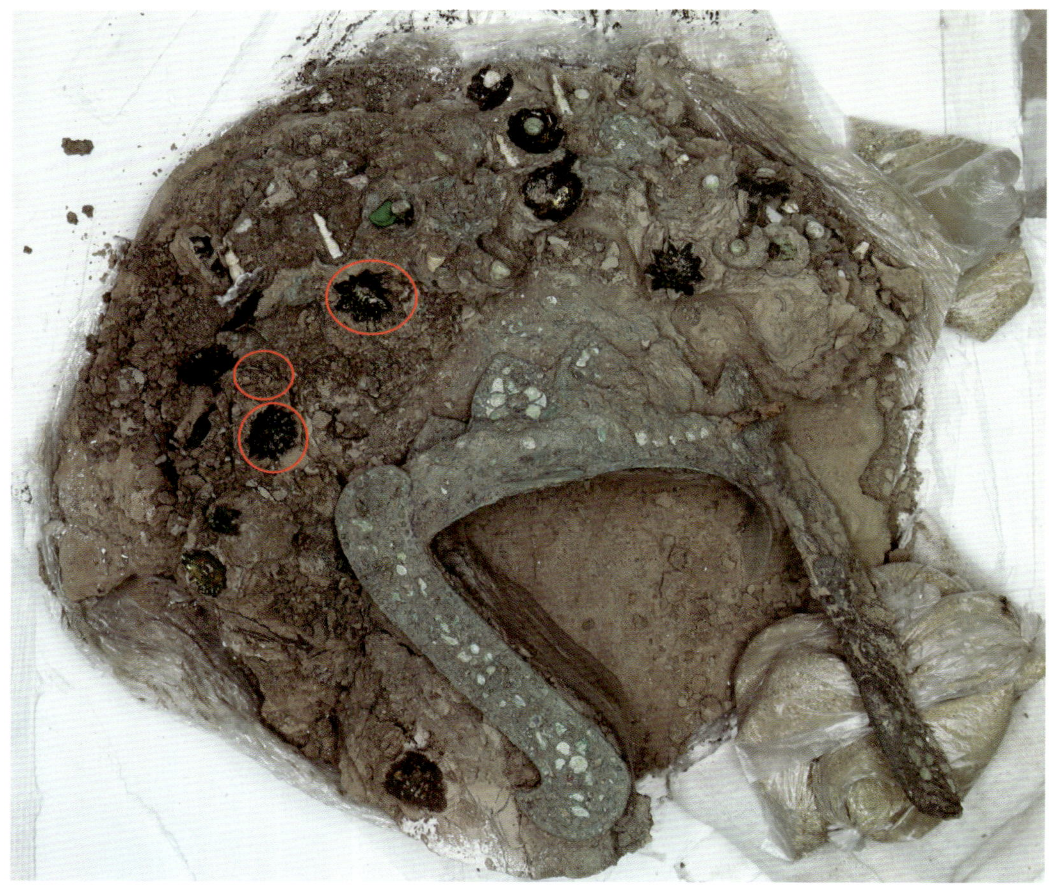

附图 1-44 V 区饰件（八）

附图 1-45　VI 区饰件（五）

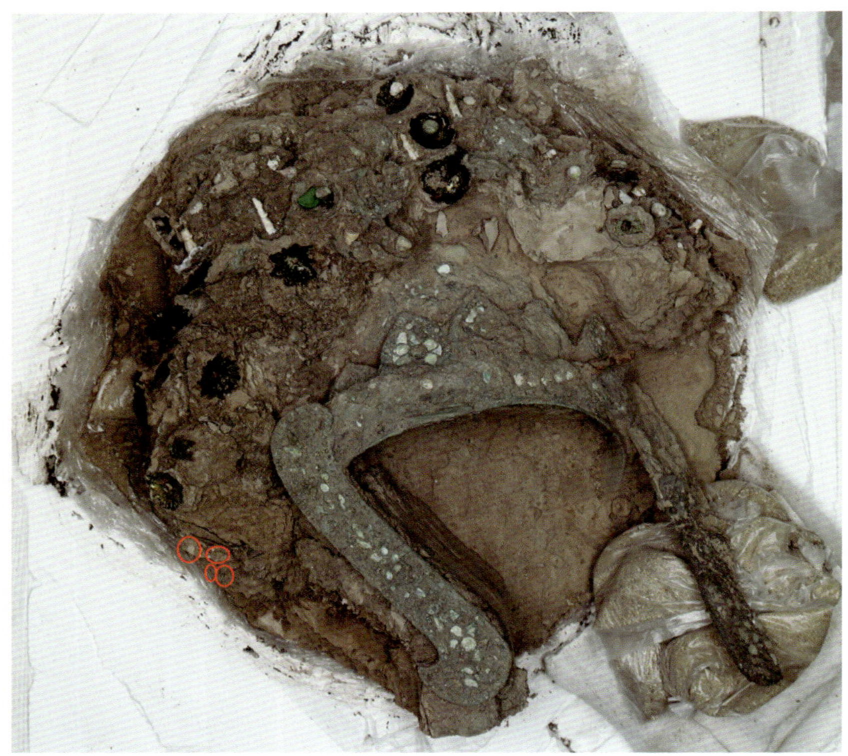

附图 1-46 VI 区饰件（六）

附图 1-47 IV 区饰件（十九）

附图 1-48 IV 区饰件（二十）

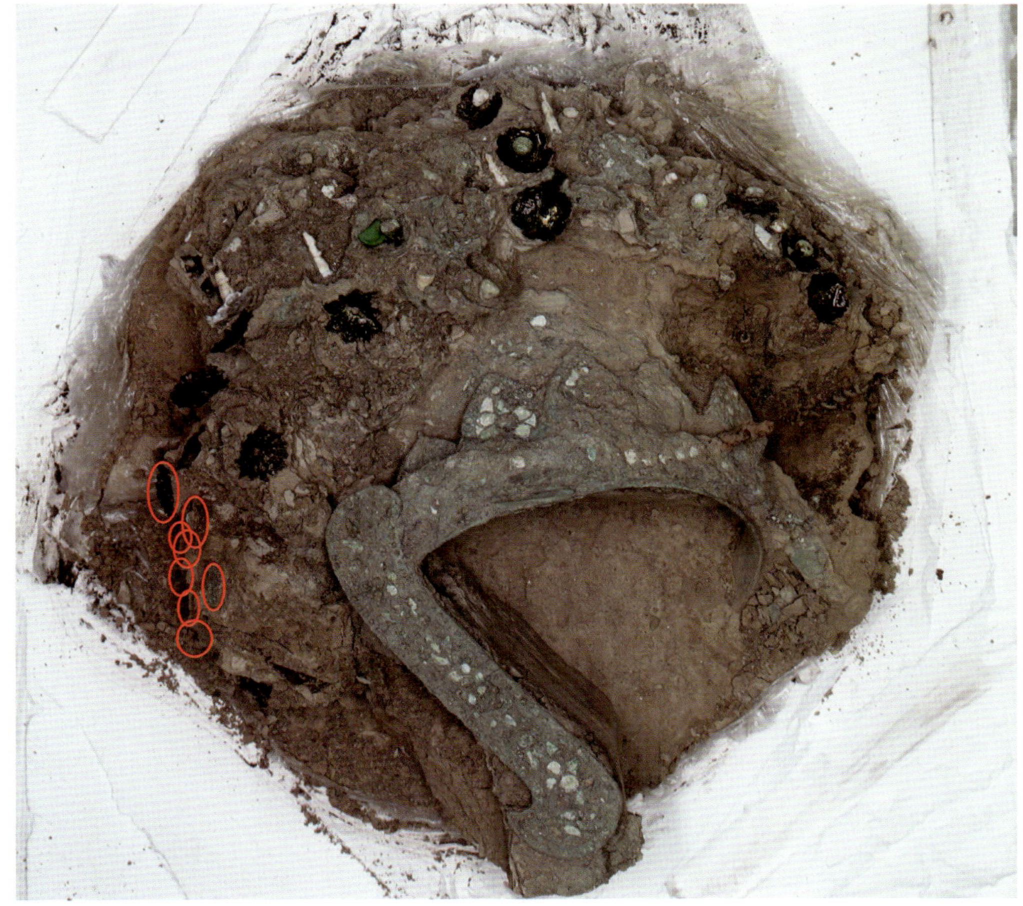

附图 1-49 Ⅴ区和Ⅵ区饰件（四）

附图 1-50 Ⅳ区饰件（二十一）

附图 1-51 Ⅳ区饰件（二十二）

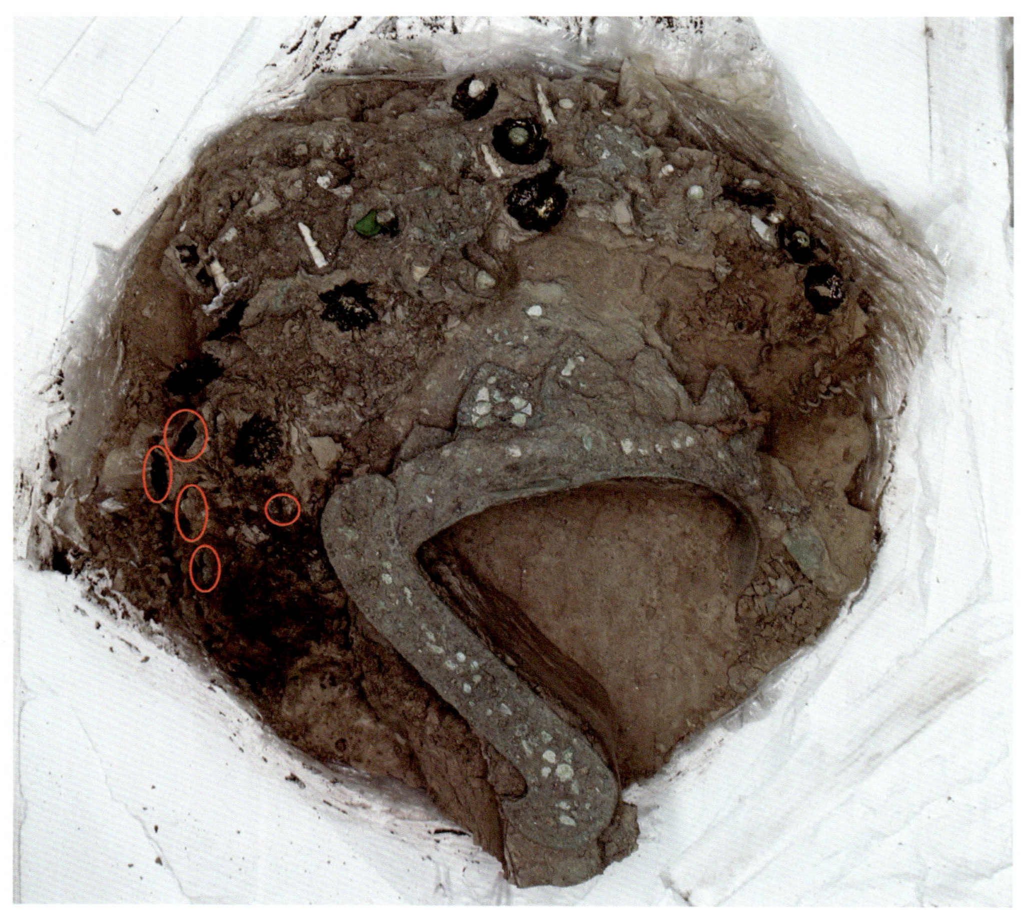

附图 1-52　Ⅴ区和Ⅵ区饰件（五）

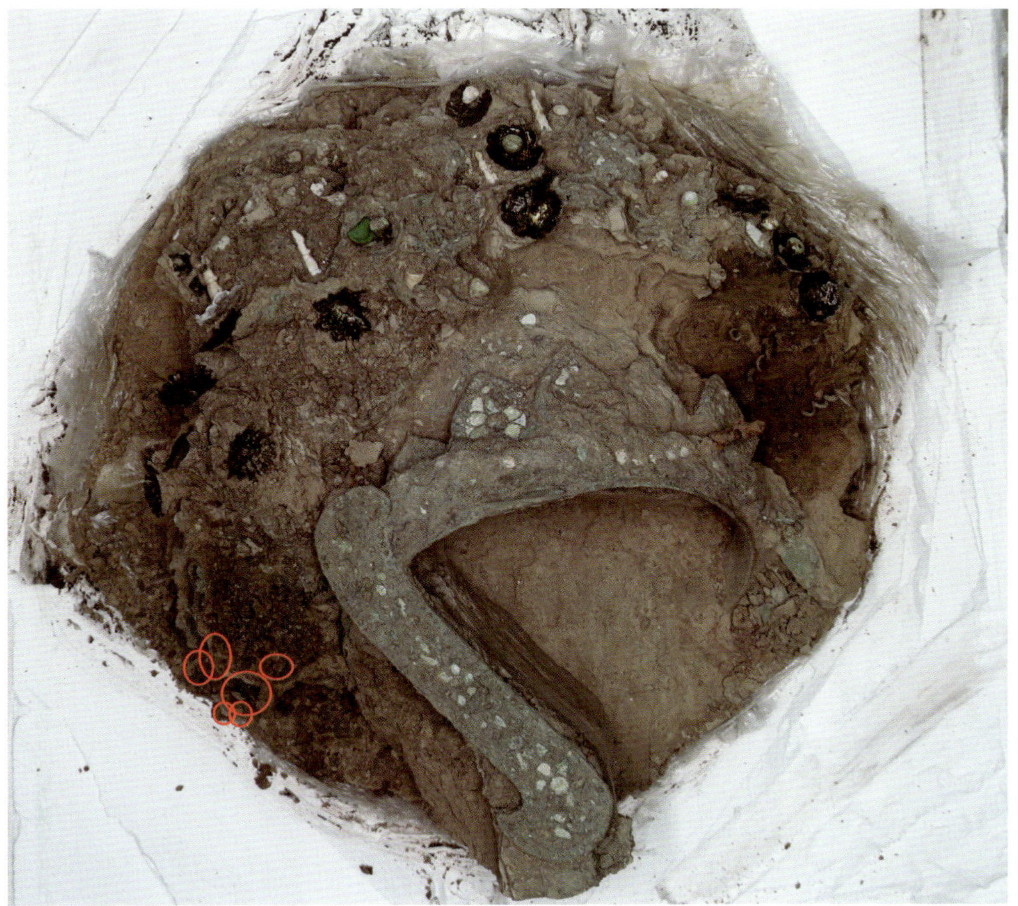

附图 1-53　VI 区饰件（七）

附图 1-54 Ⅳ区饰件（二十三）

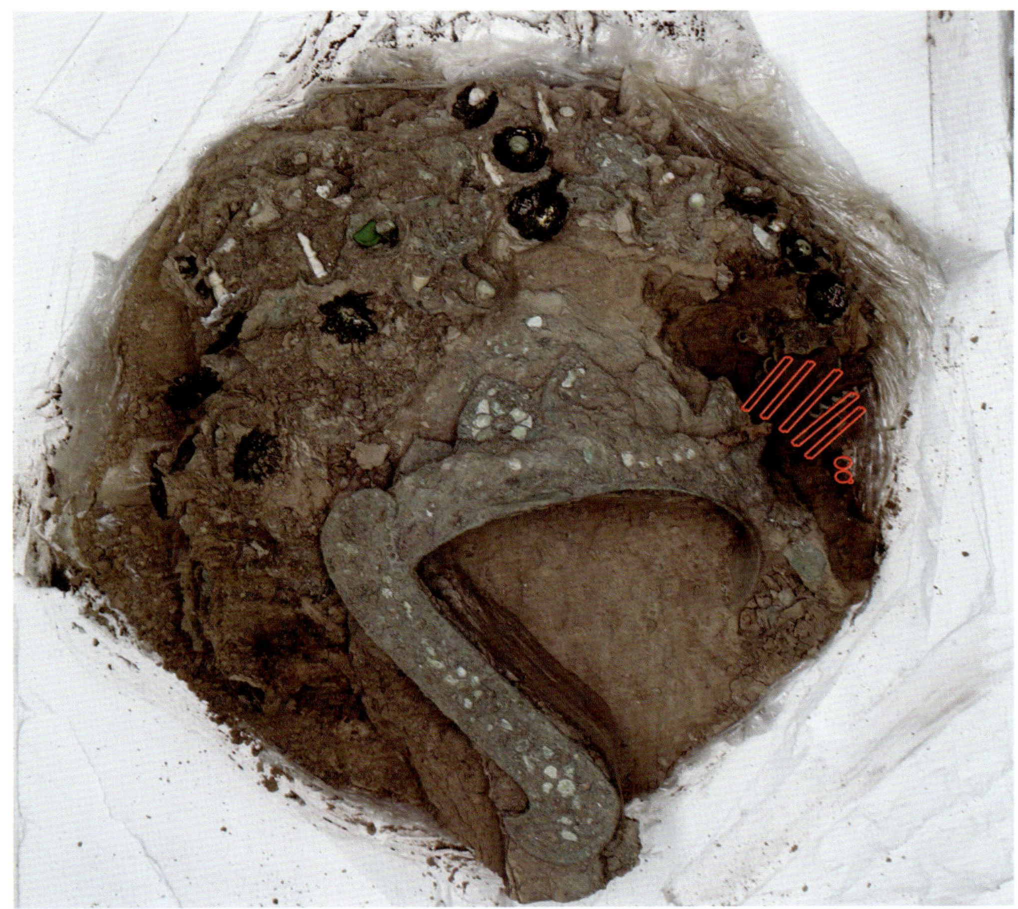

附图 1–55 Ⅳ区饰件（二十四）

附图 1-56　Ⅵ区饰件（八）

附图 1-57　Ⅴ区和Ⅵ区饰件（六）

附图 1-58 Ⅵ区饰件（九）

附图 1–59 Ⅴ区饰件（九）

附图 1-60 Ⅵ区饰件（十）

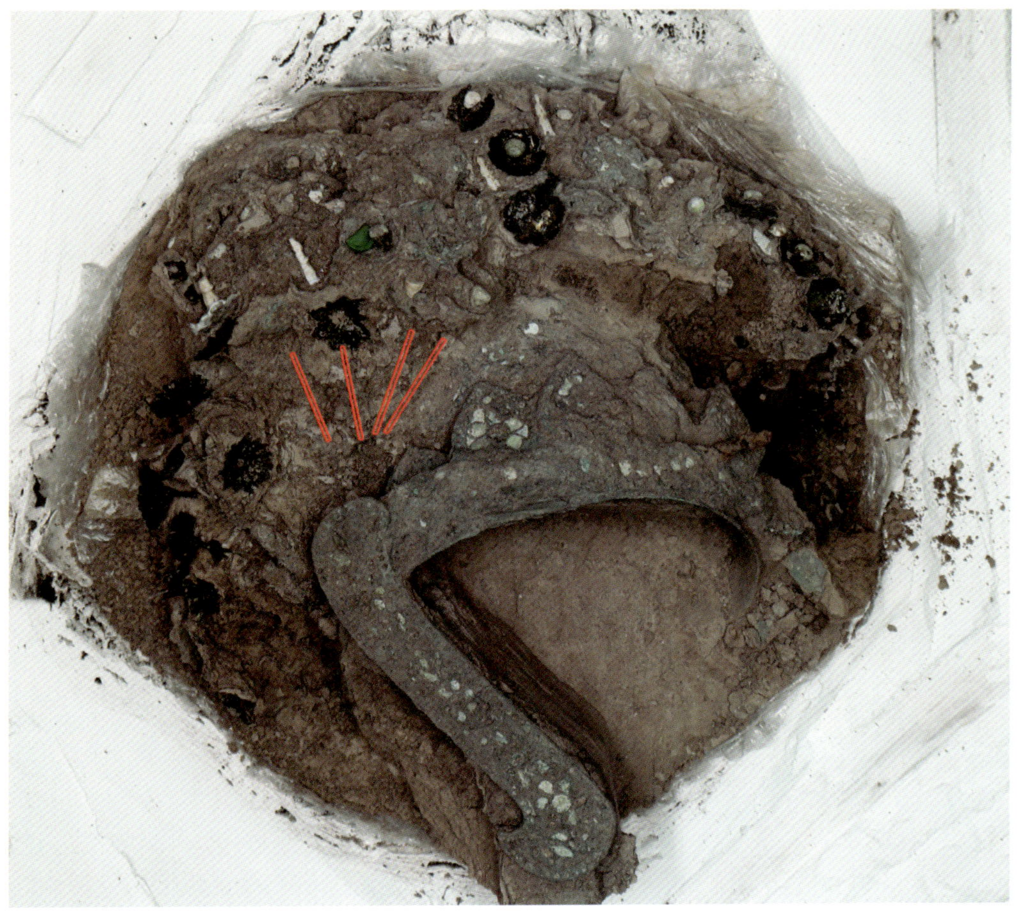

附图 1-61　V 区饰件（十）

附图 1-62 V区饰件（十一）

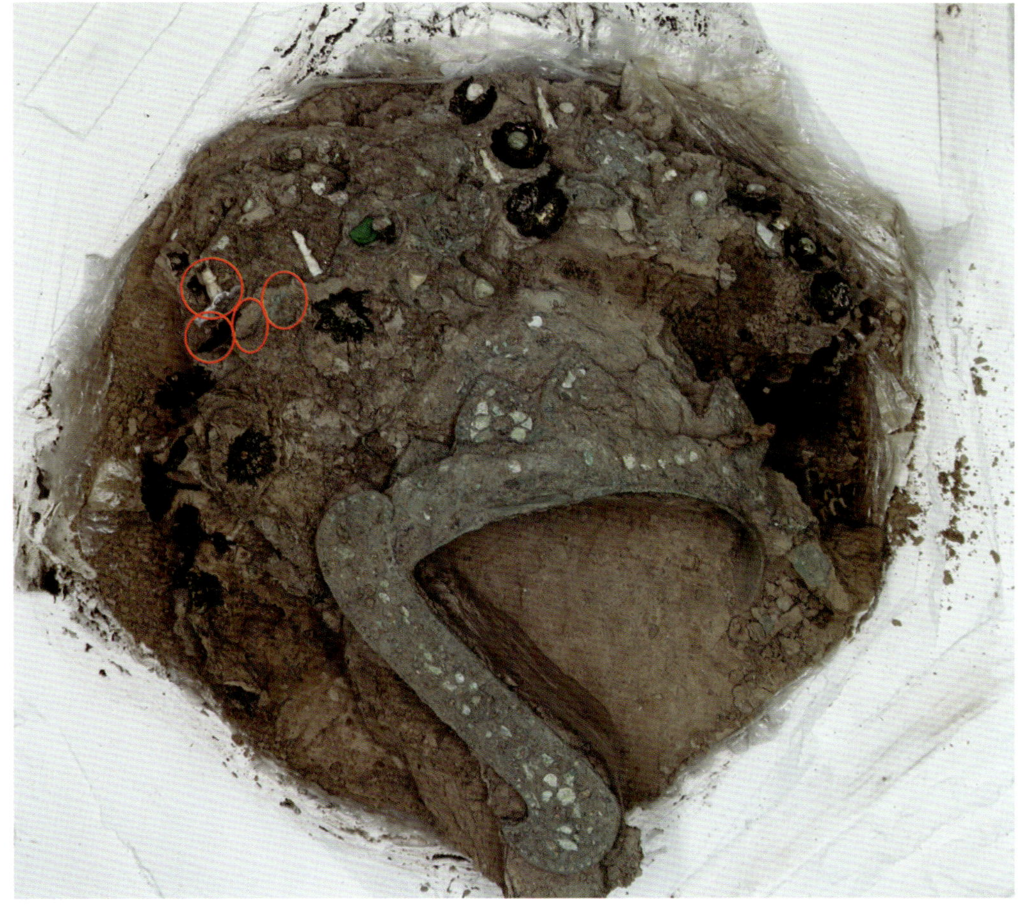

附图 1–63　V 区饰件（十二）

附图 1-64　Ⅳ区饰件（二十五）

附图 1–65　V 区饰件（十三）

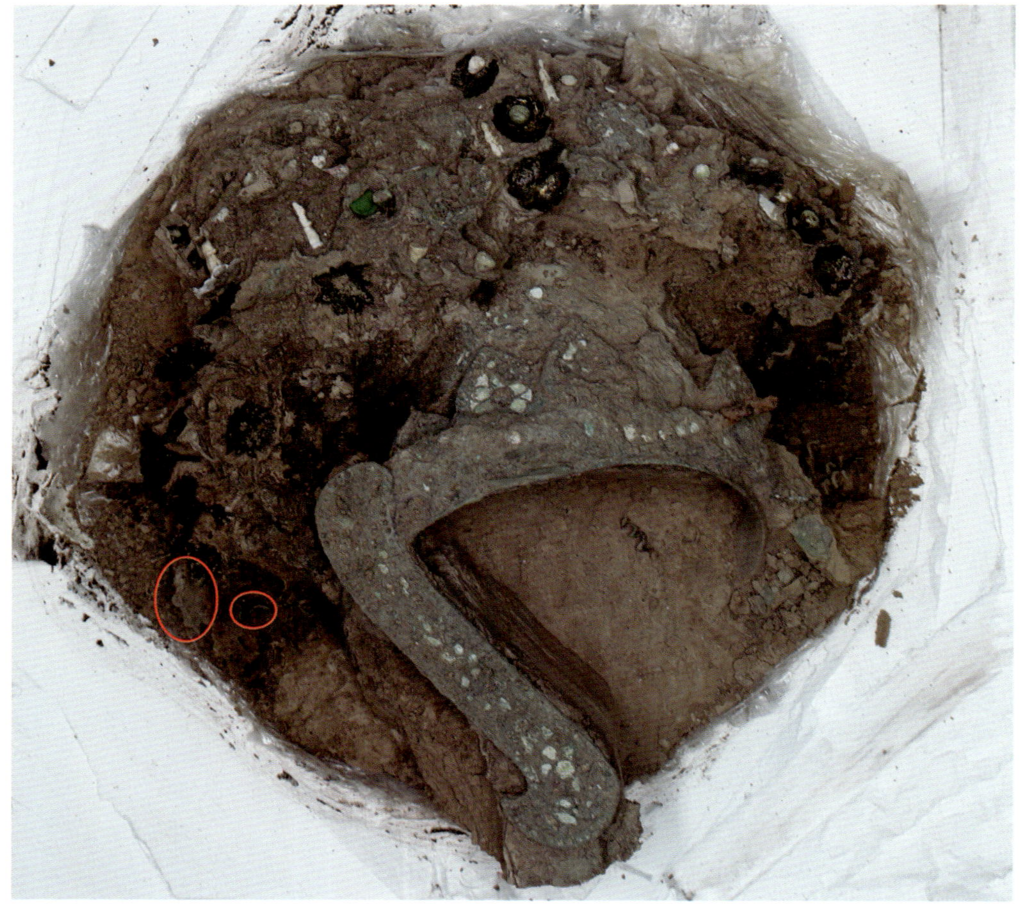

附图 1-66 Ⅵ区饰件（十一）

附图 1-67　Ⅵ区饰件（十二）

附图 1-68　Ⅵ区饰件（十三）

附图 1-69　Ⅳ区饰件（二十六）

附图 1–70 Ⅵ区饰件（十四）

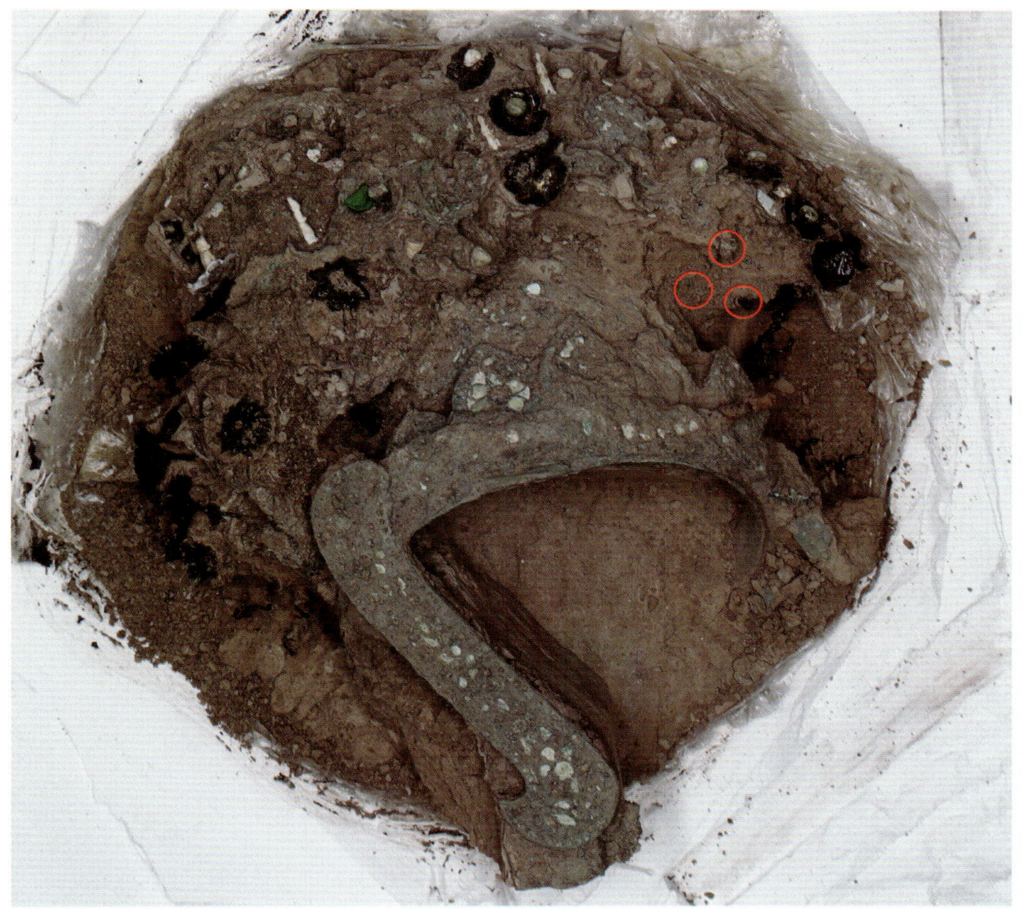

附图 1-71　Ⅳ区饰件（二十七）

附图 1-72 Ⅳ区饰件（二十八）

附图 1-73 Ⅳ区饰件（二十九）

附图 1-74 Ⅳ区饰件（三十）

附图 1–75 Ⅳ区饰件（三十一）

附图 1-76 Ⅵ区饰件（十五）

附图 1-77　Ⅵ区饰件（十六）

附图 1-78　V区饰件（十四）

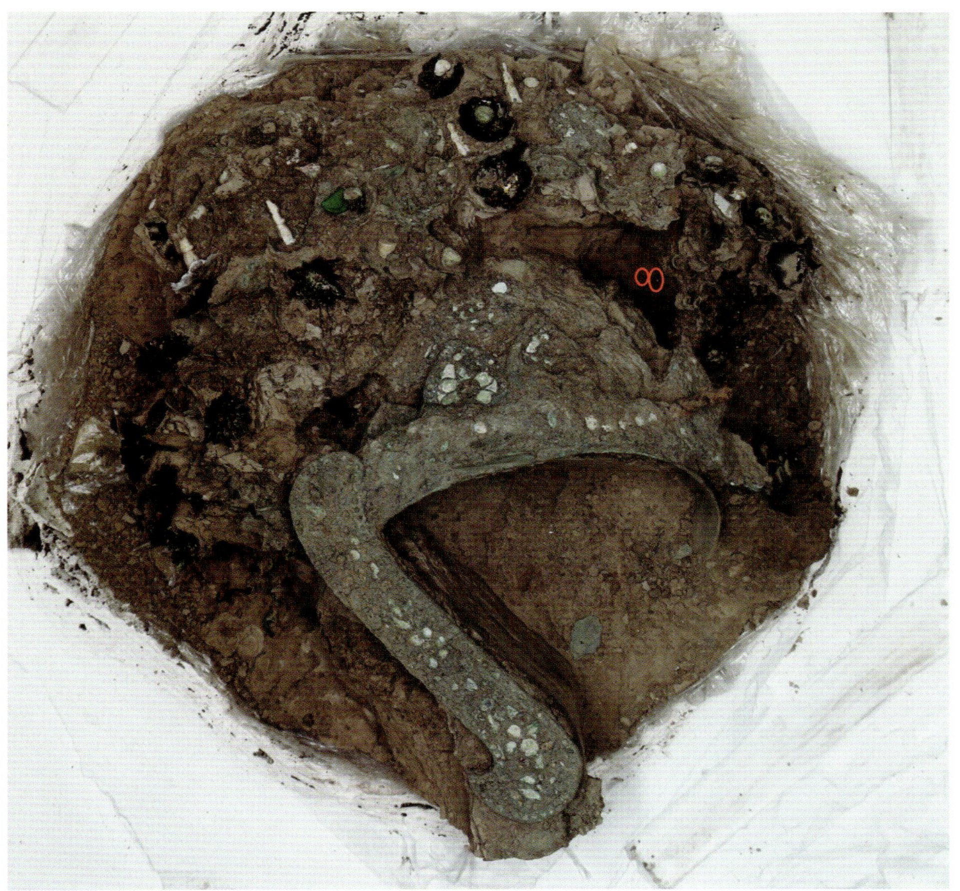

附图 1–79 Ⅳ区饰件（三十二）

附图 1-80 Ⅳ区饰件（三十三）

附图 1-81 Ⅵ区特殊土样

附图 1-82 Ⅳ区饰件（三十四）

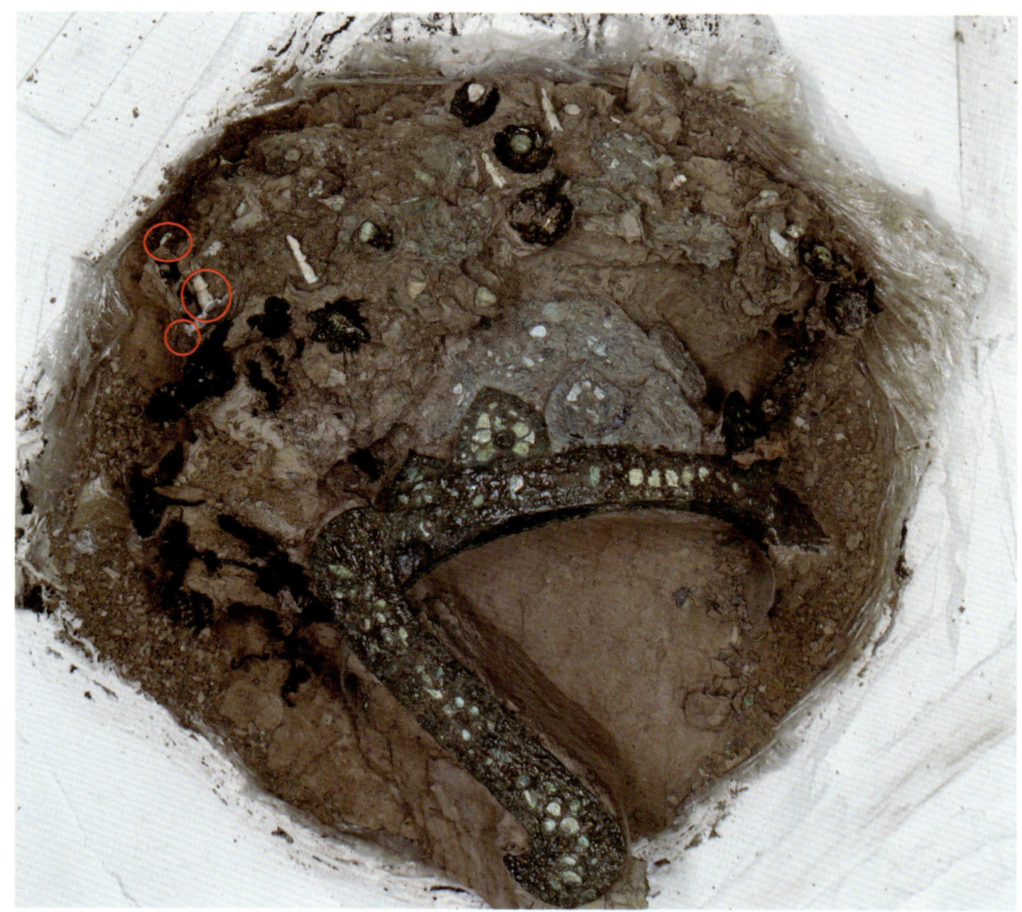

附图 1-83　V区饰件（十五）

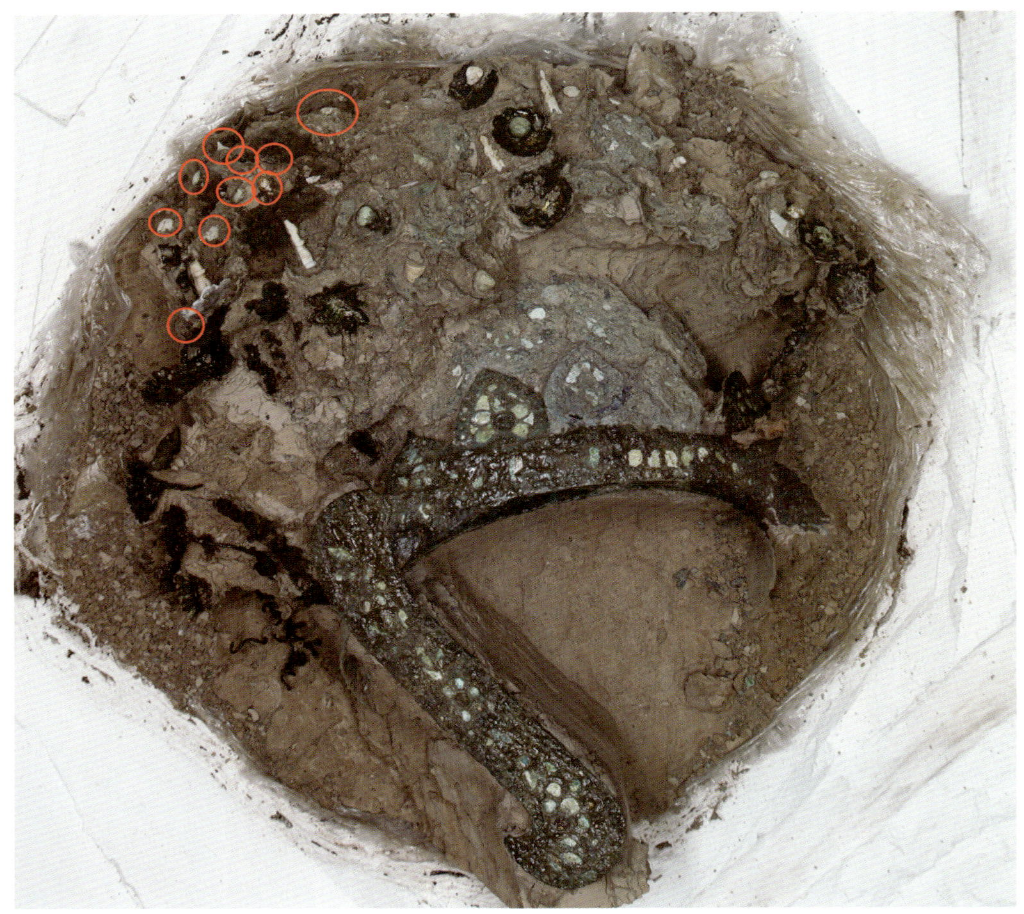

附图 1-84　V 区饰件（十六）

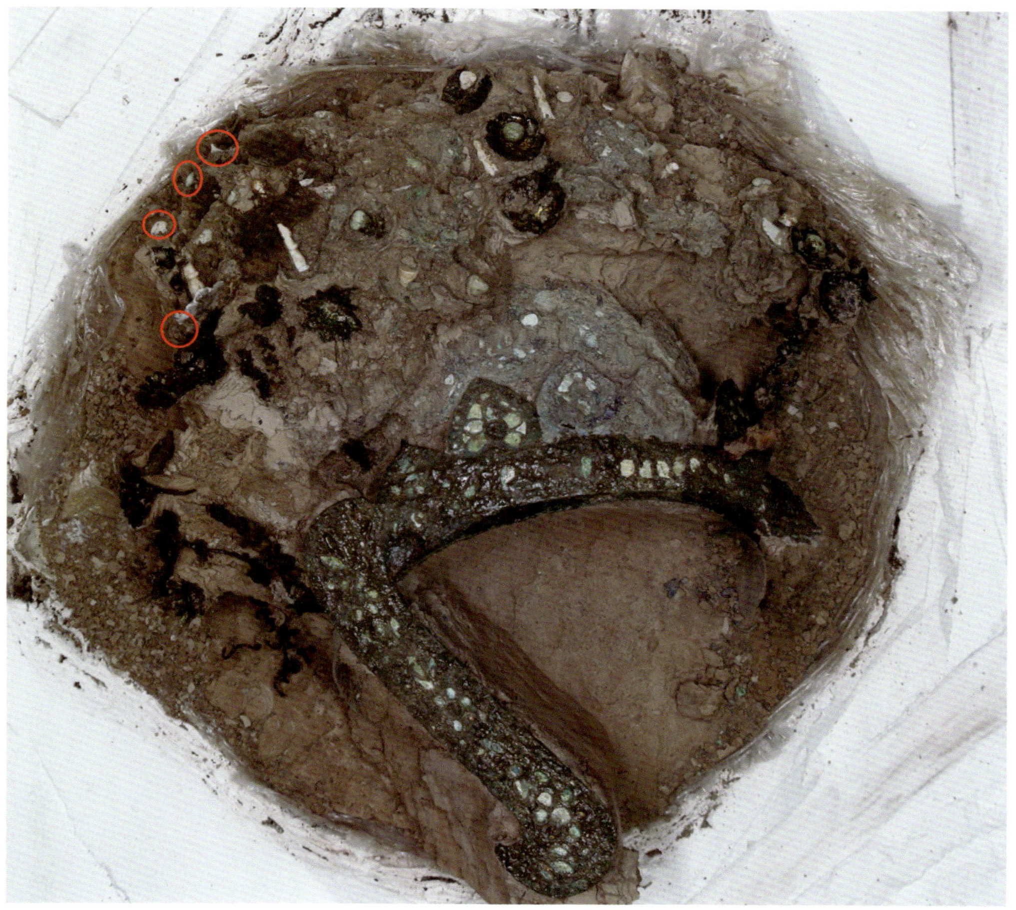

附图 1-85 V区饰件（十七）

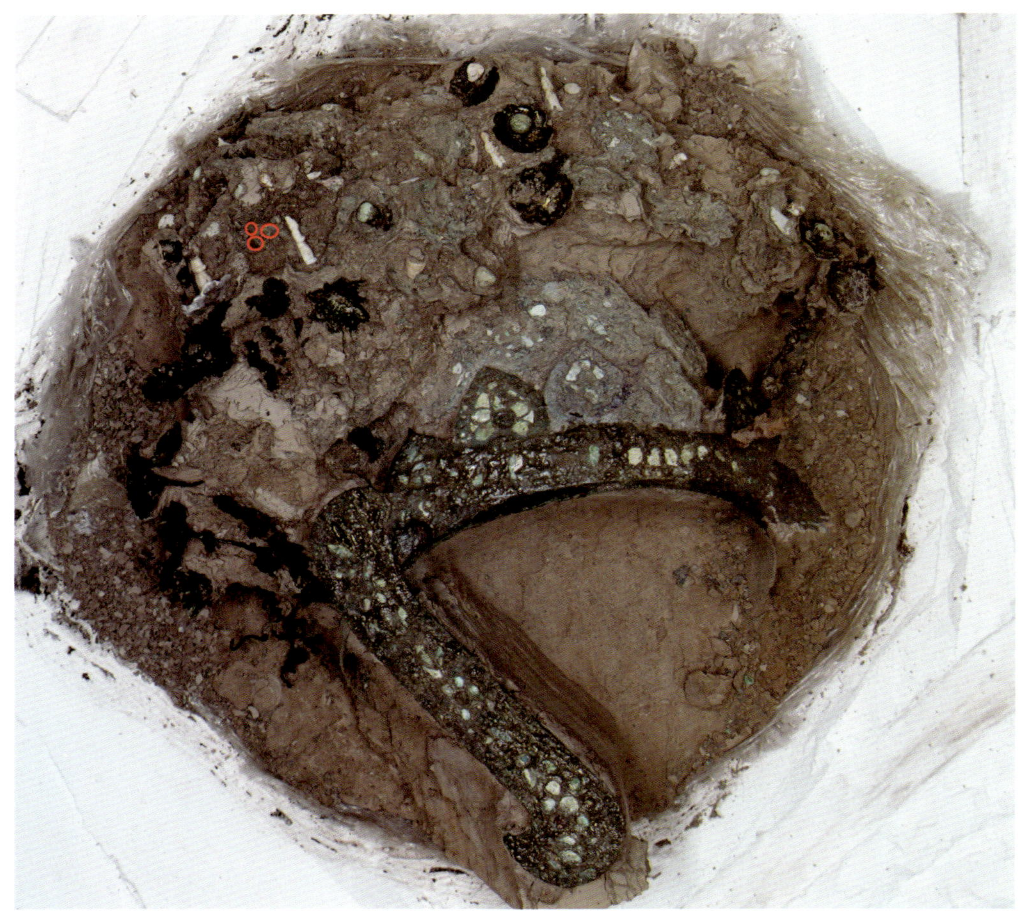

附图 1-86　V 区饰件（十八）

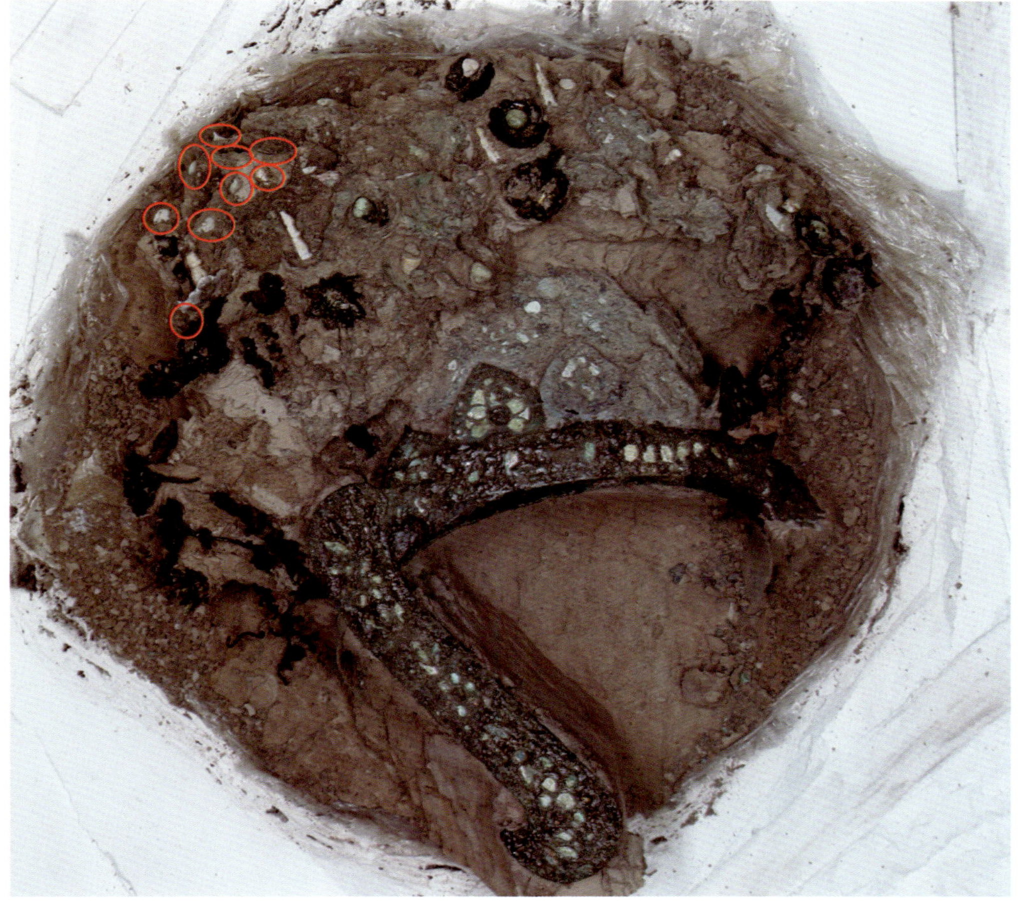

附图 1-87　V 区饰件（十九）

附图 1-88　V 区饰件（二十）

附图 1–89 Ⅳ饰件（三十五）

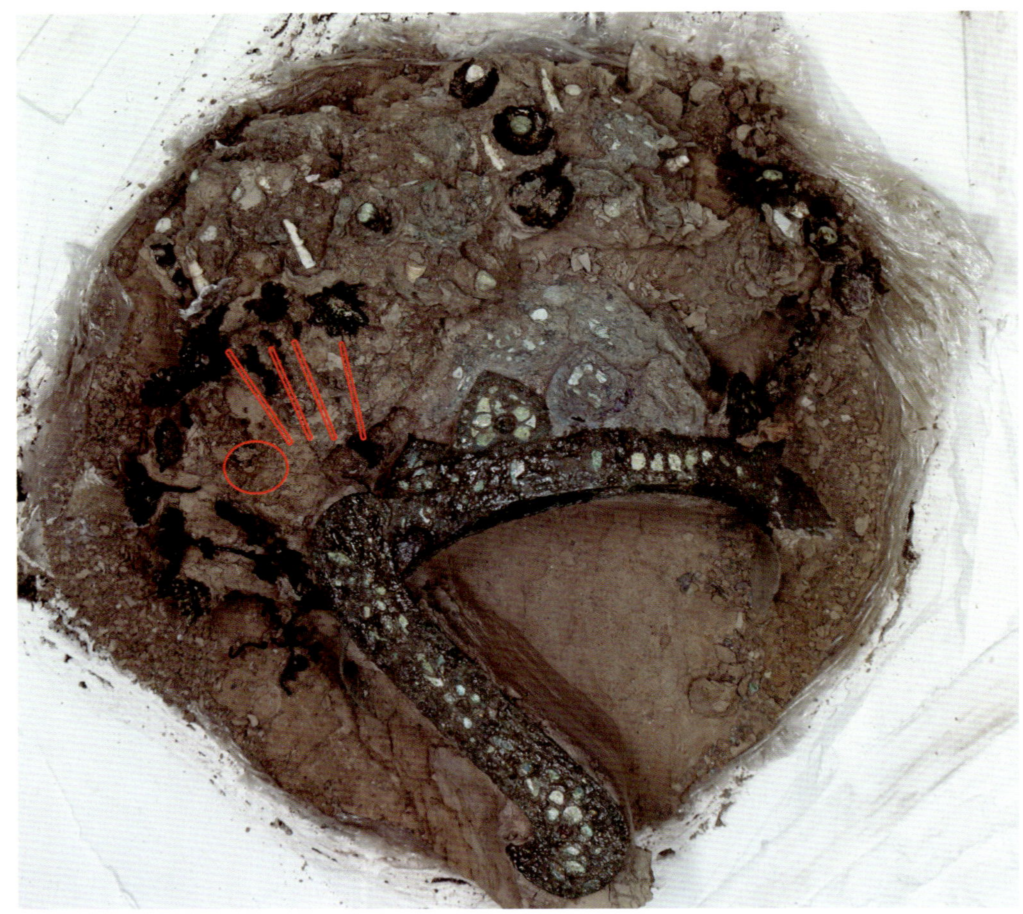

附图 1-90　V区饰件（二十一）

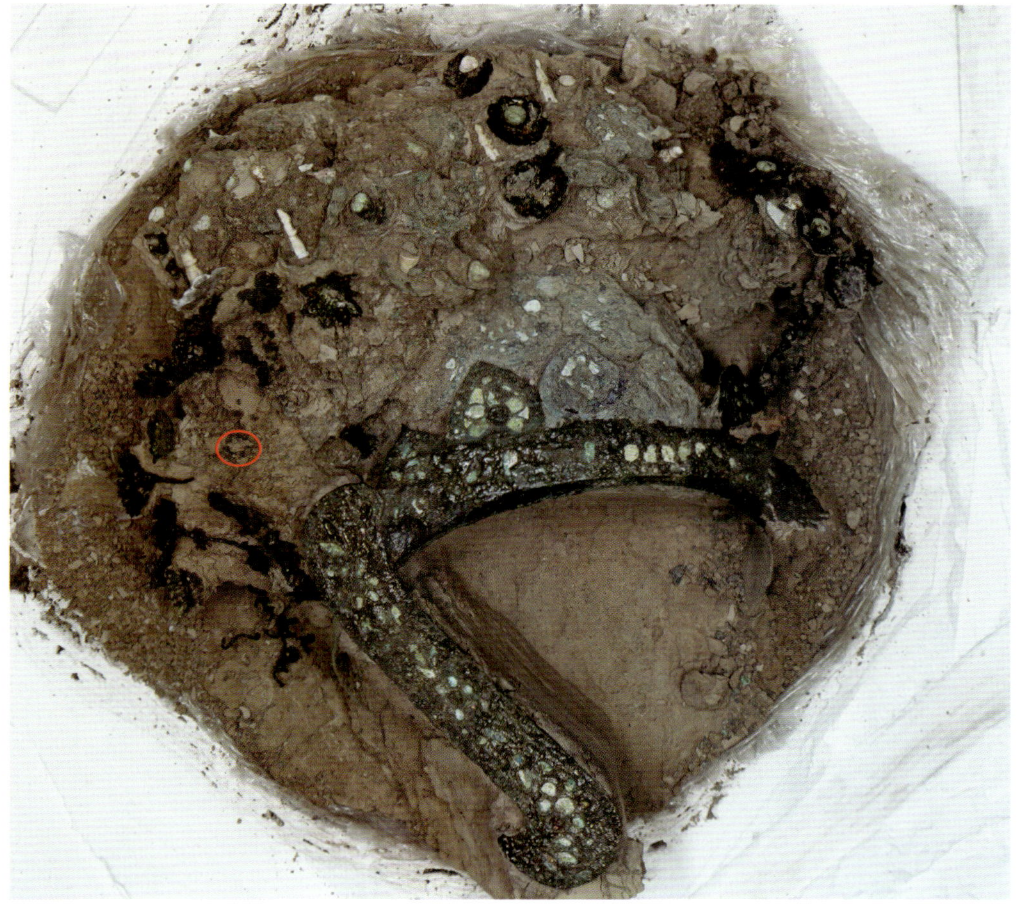

附图 1-91　V区饰件（二十二）

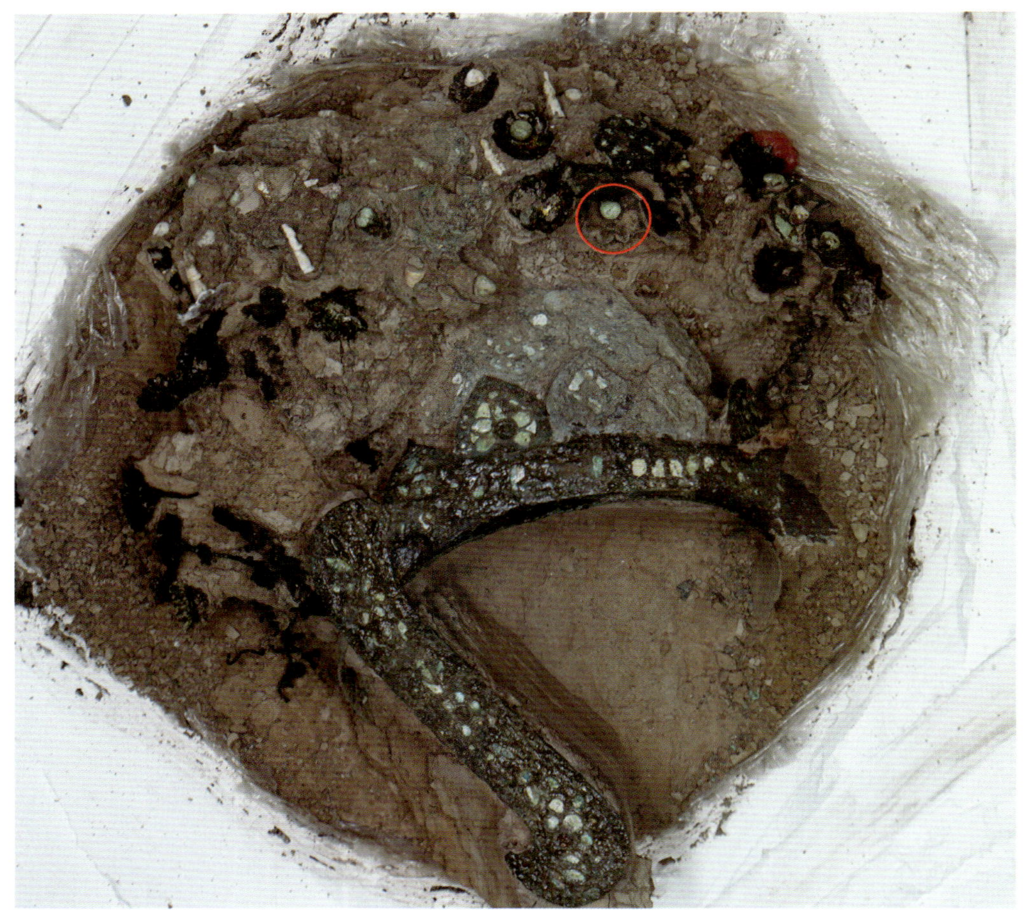

附图 1-92 Ⅳ区饰件（三十六）

附图 1-93　Ⅴ区饰件（二十三）

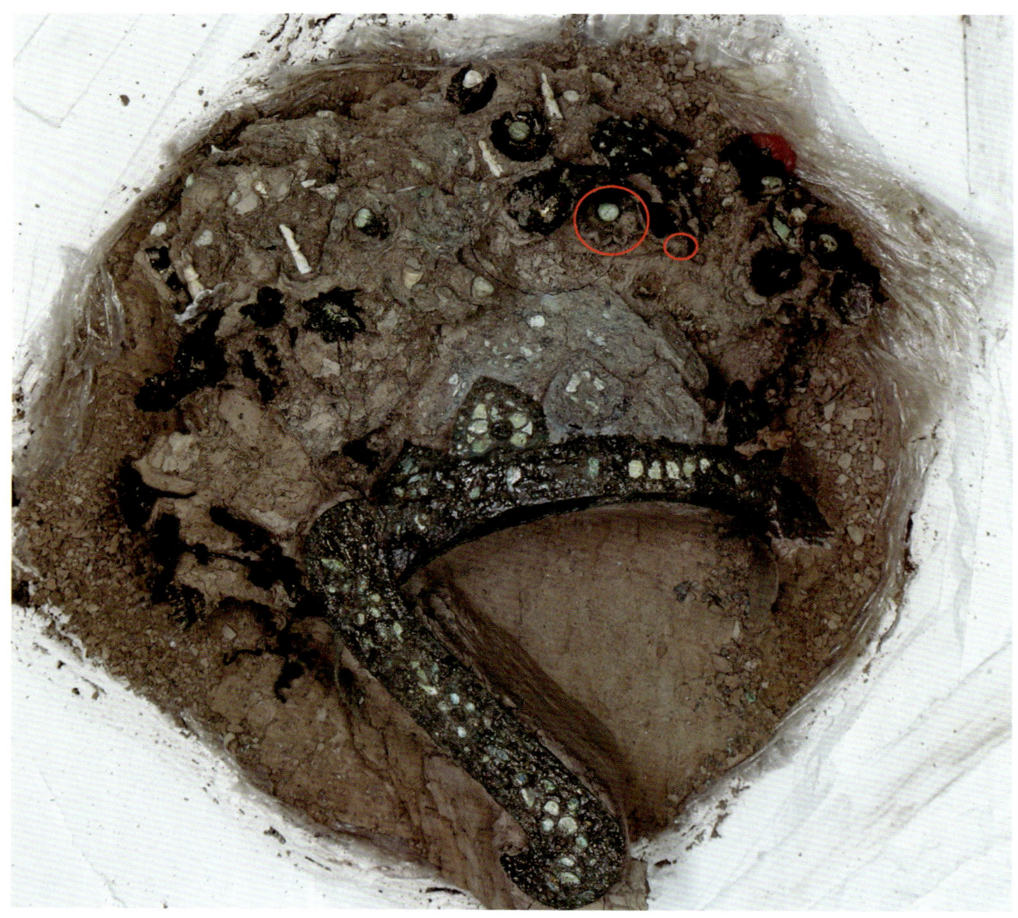

附图 1-94 Ⅳ区饰件（三十七）

附图 1-95　Ⅳ区饰件（三十八）

附图 1-96 Ⅳ区饰件（三十九）

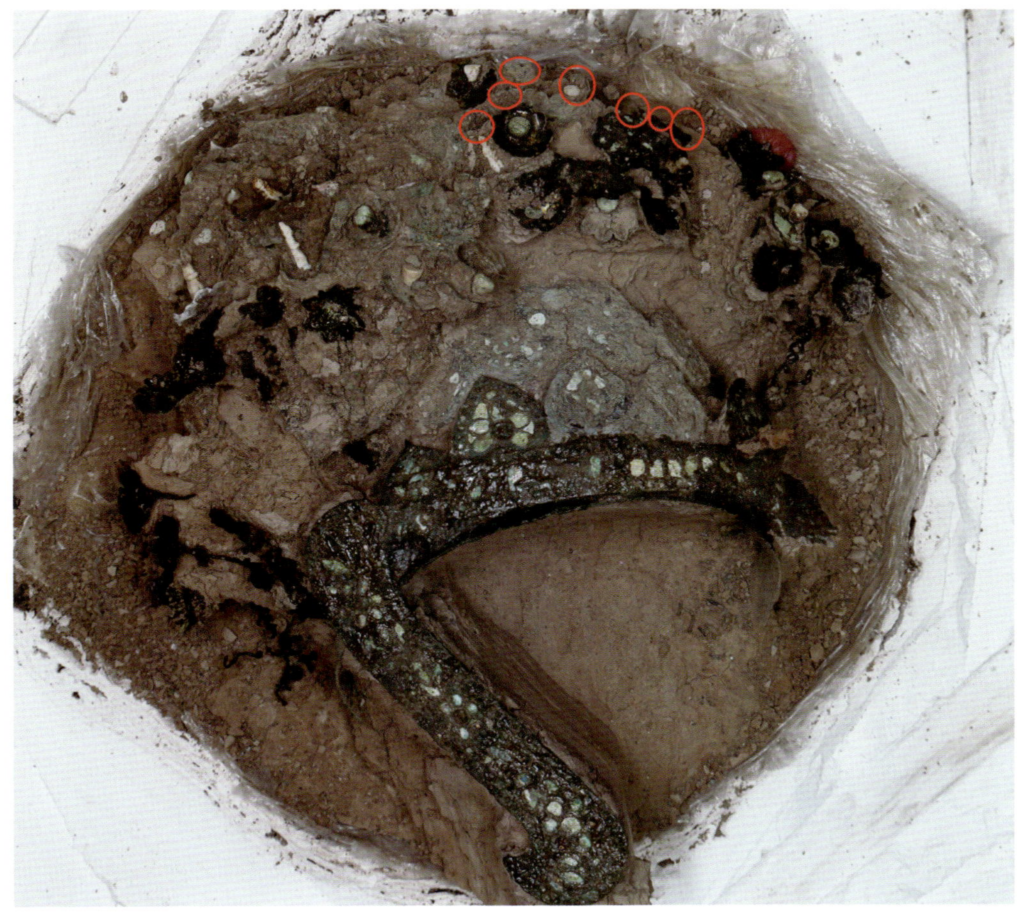

附图 1-97　Ⅳ区饰件（四十）

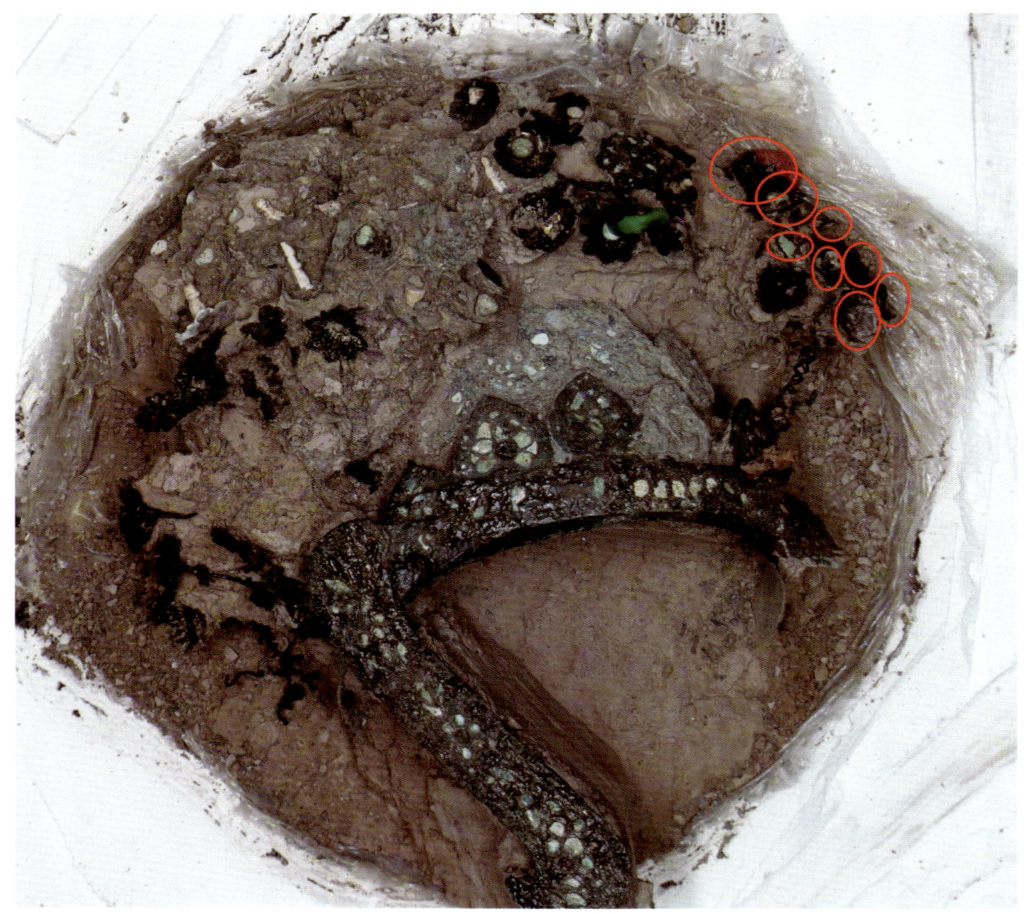

附图 1-98 Ⅳ区饰件（四十一）

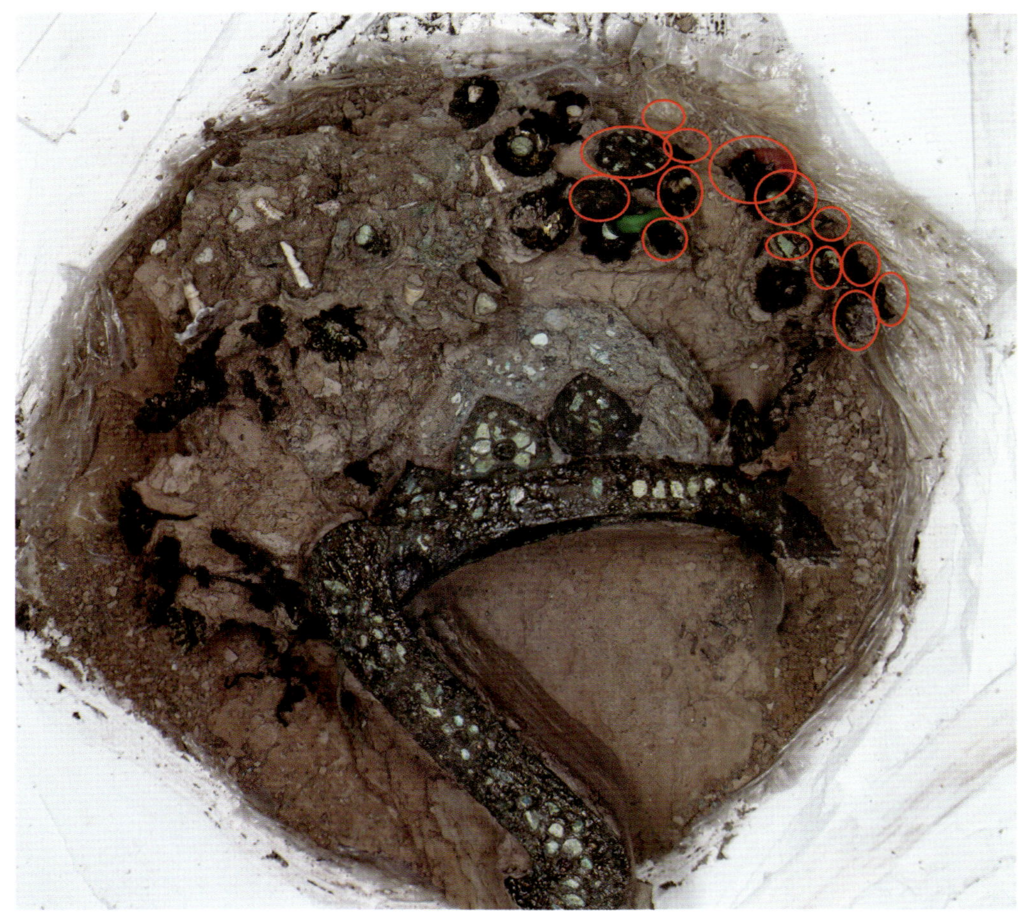

附图 1-99 Ⅳ区饰件（四十二）

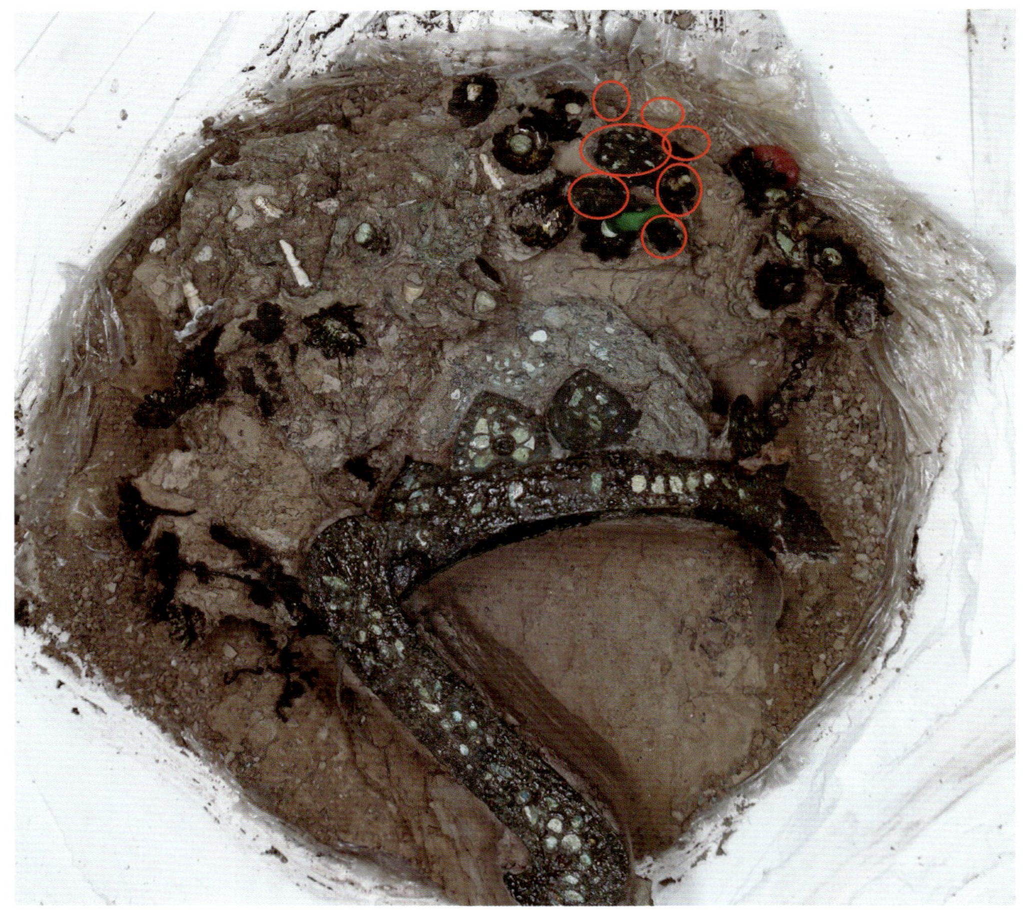

附图 1-100 Ⅳ区饰件（四十三）

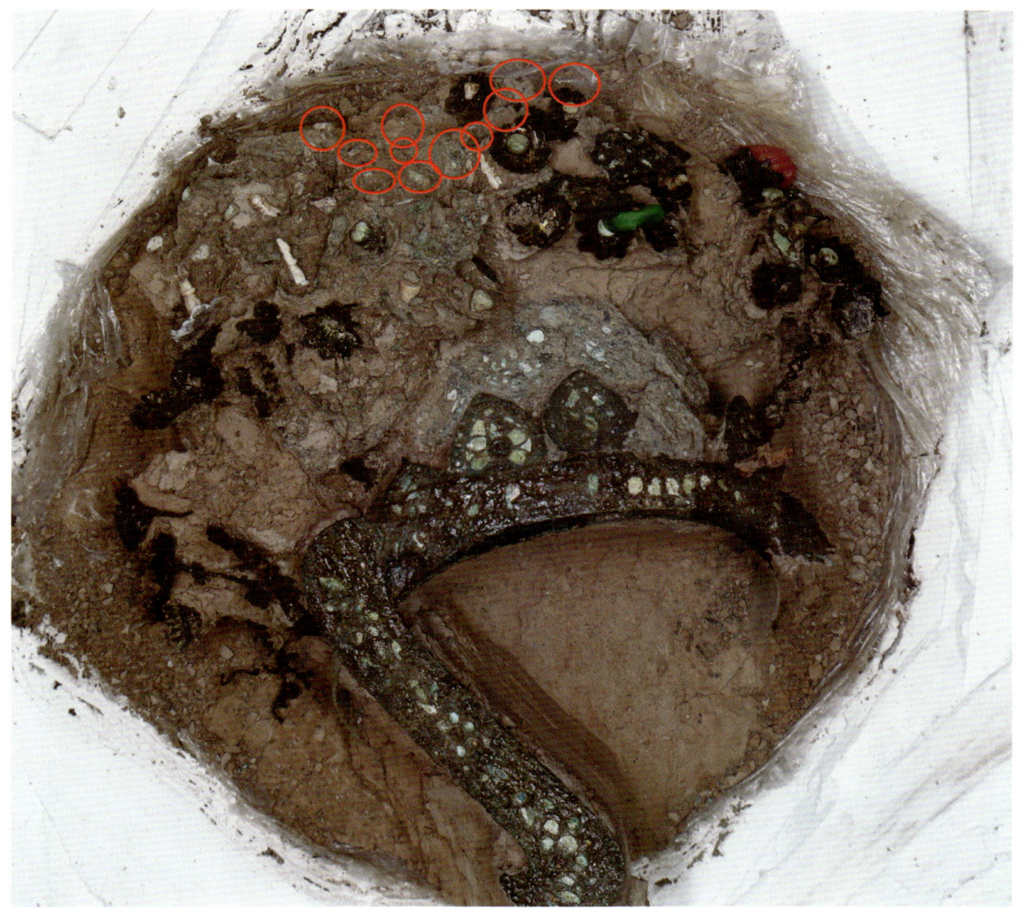

附图 1-101　Ⅳ区和Ⅴ区饰件（二）

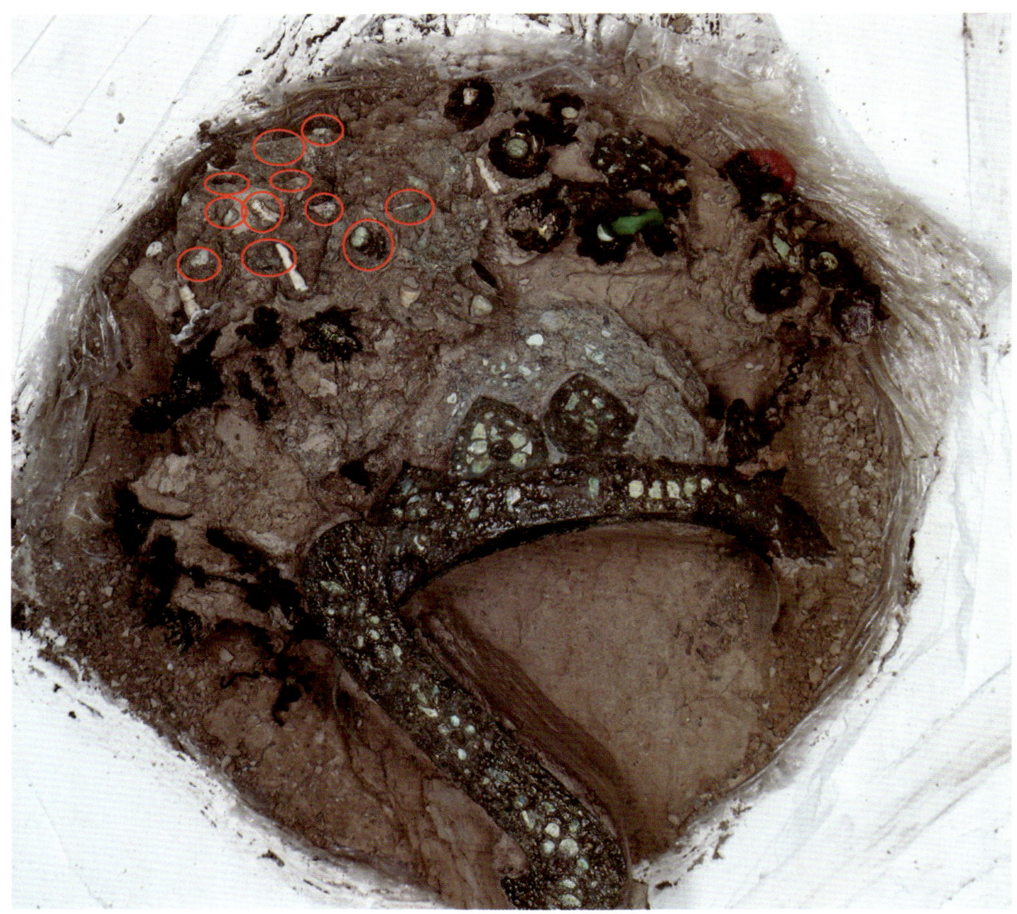

附图 1-102　V区饰件（二十四）

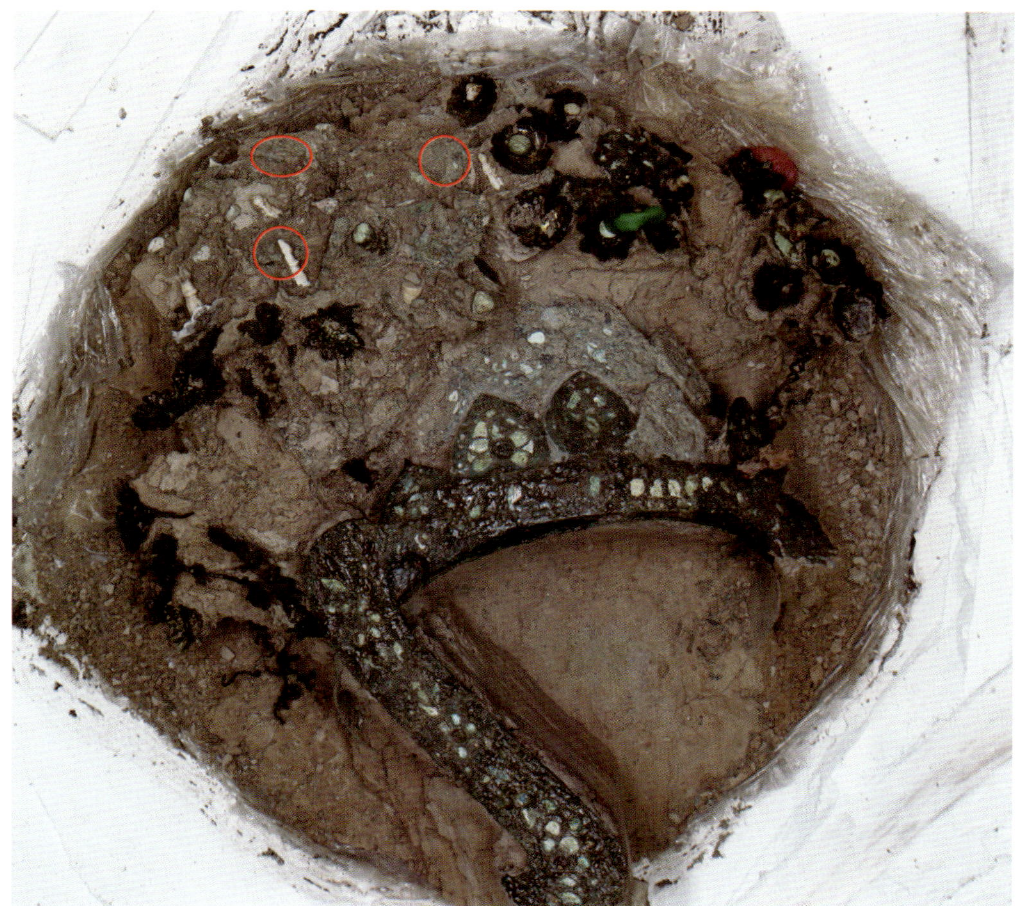

附图 1-103　Ⅳ区和Ⅴ区饰件（三）

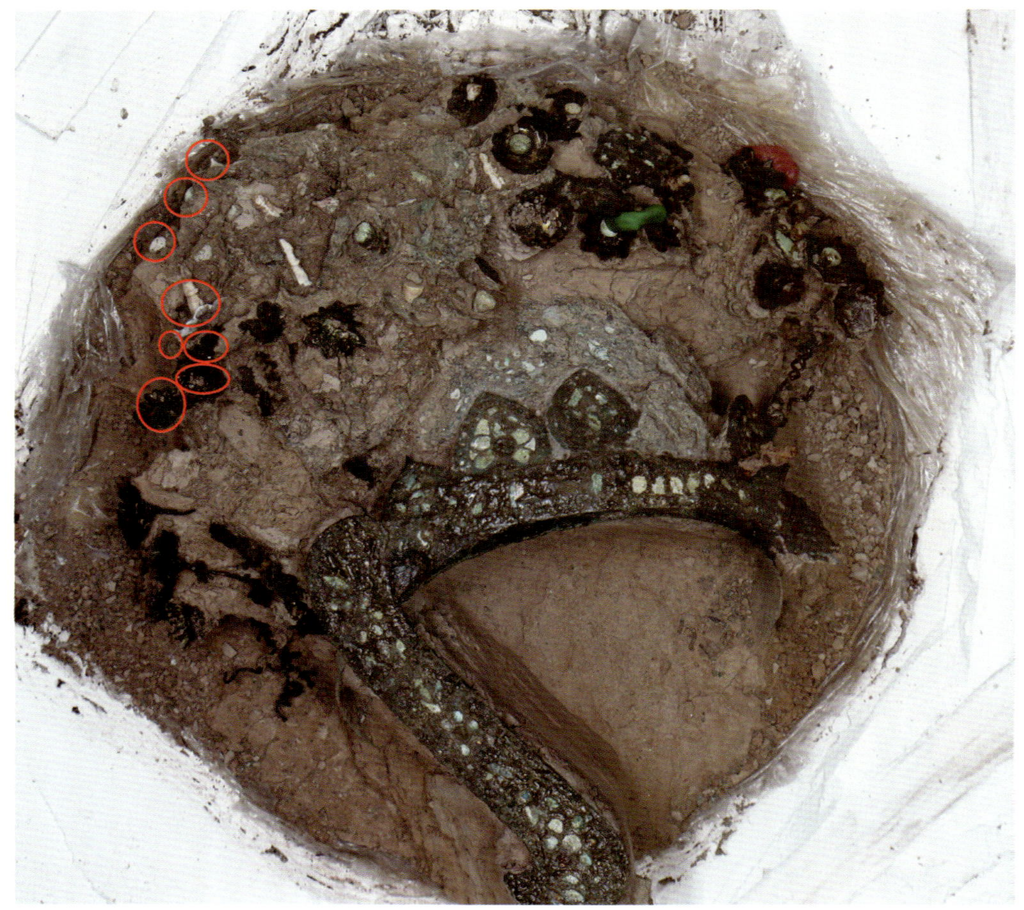

附图 1-104 V区饰件（二十五）

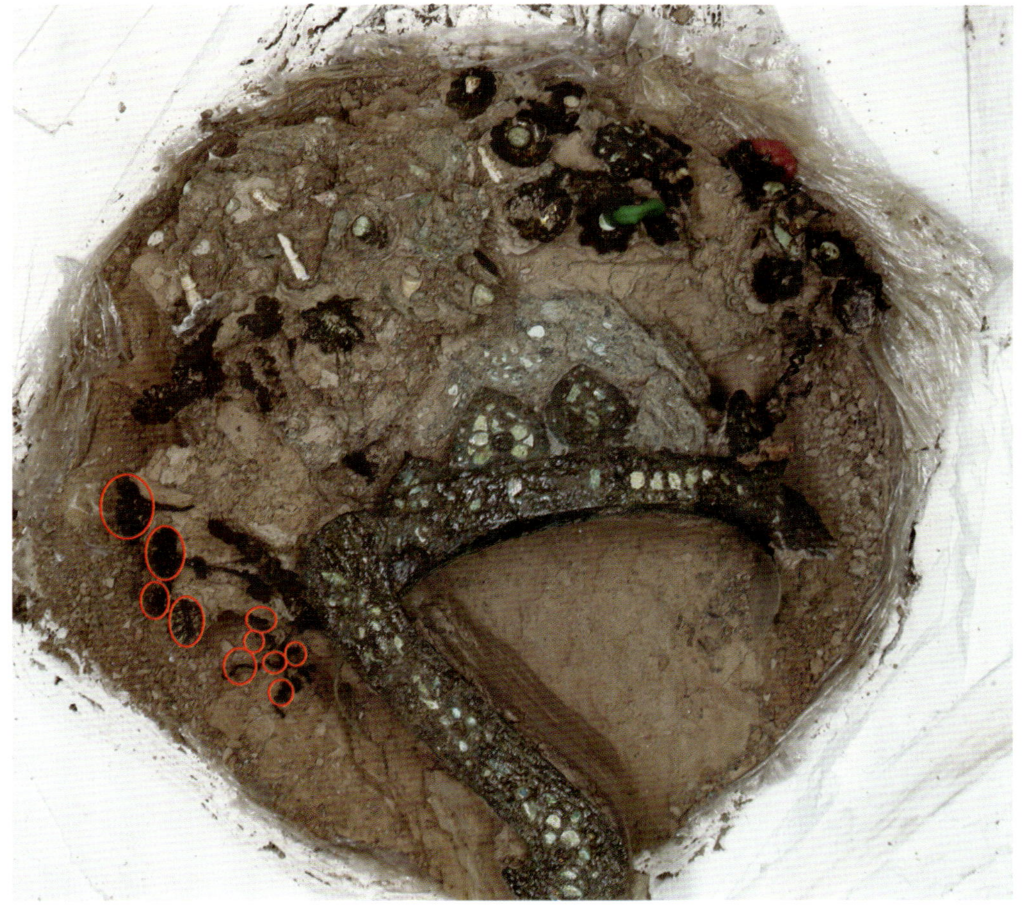

附图 1-105　Ⅵ区饰件（十七）

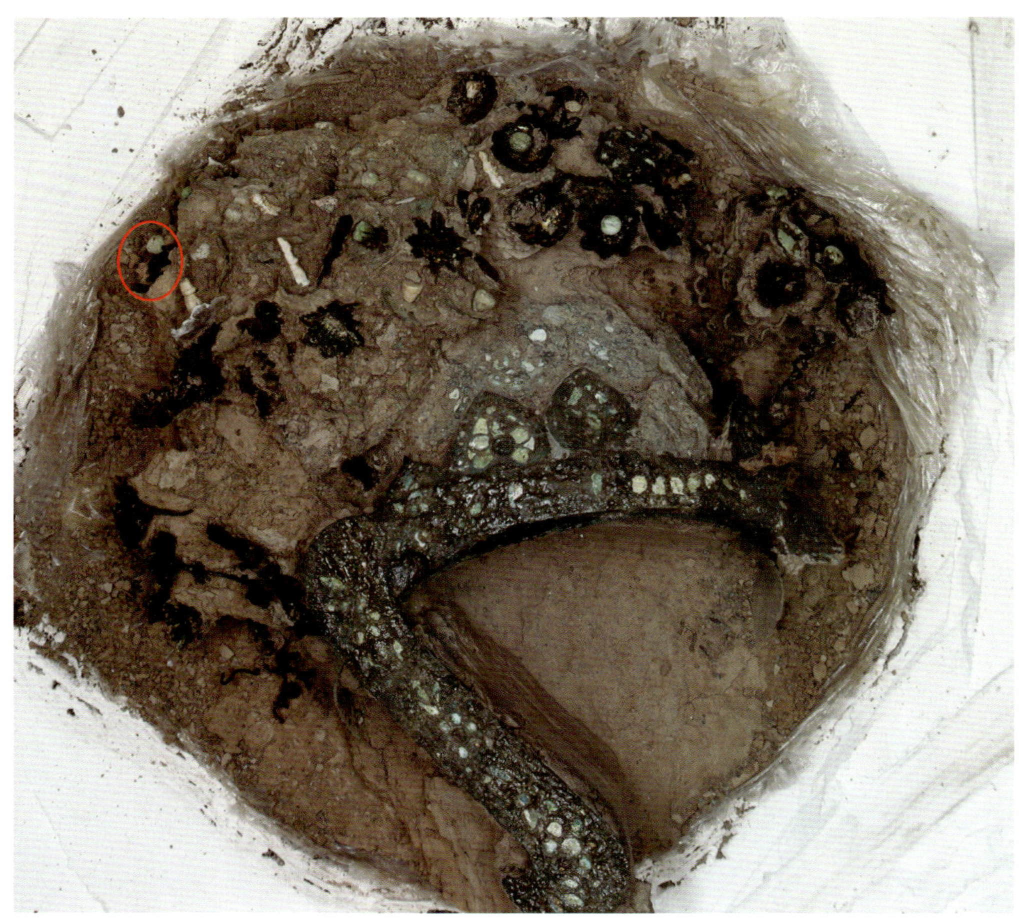

附图 1-106　V 区饰件（二十六）

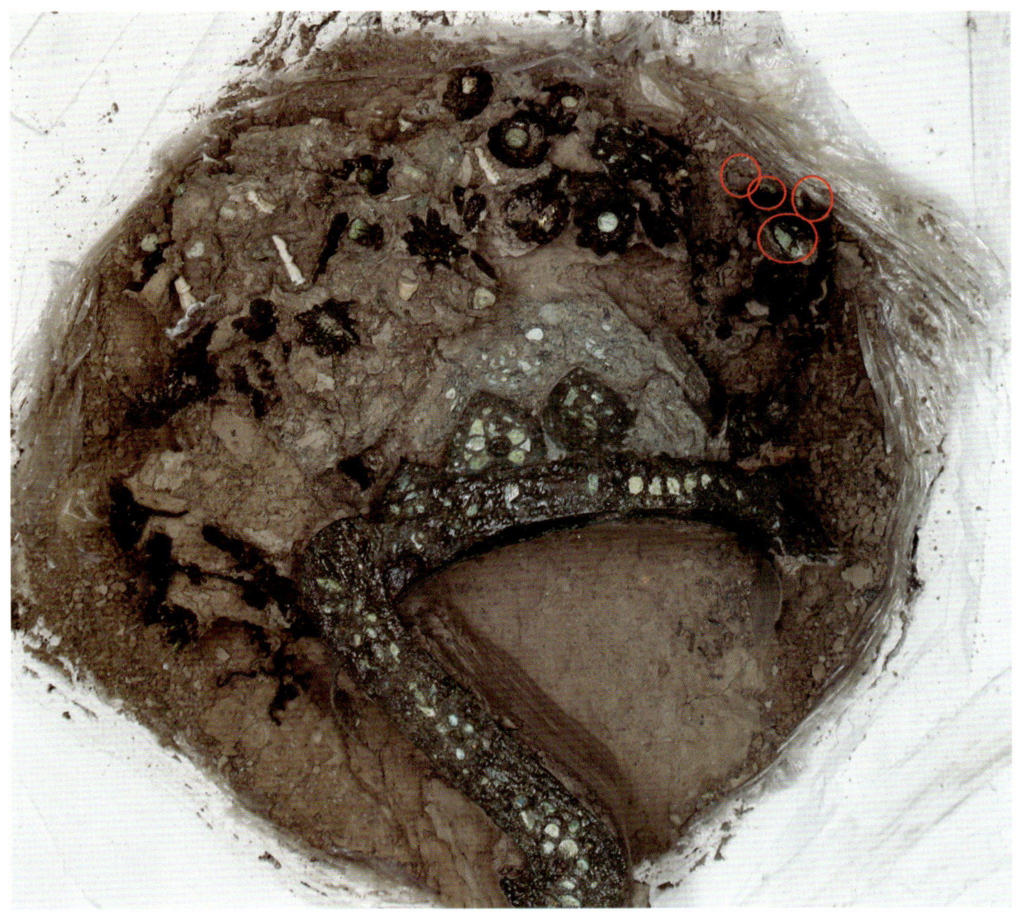

附图 1–107 Ⅳ区饰件（四十四）

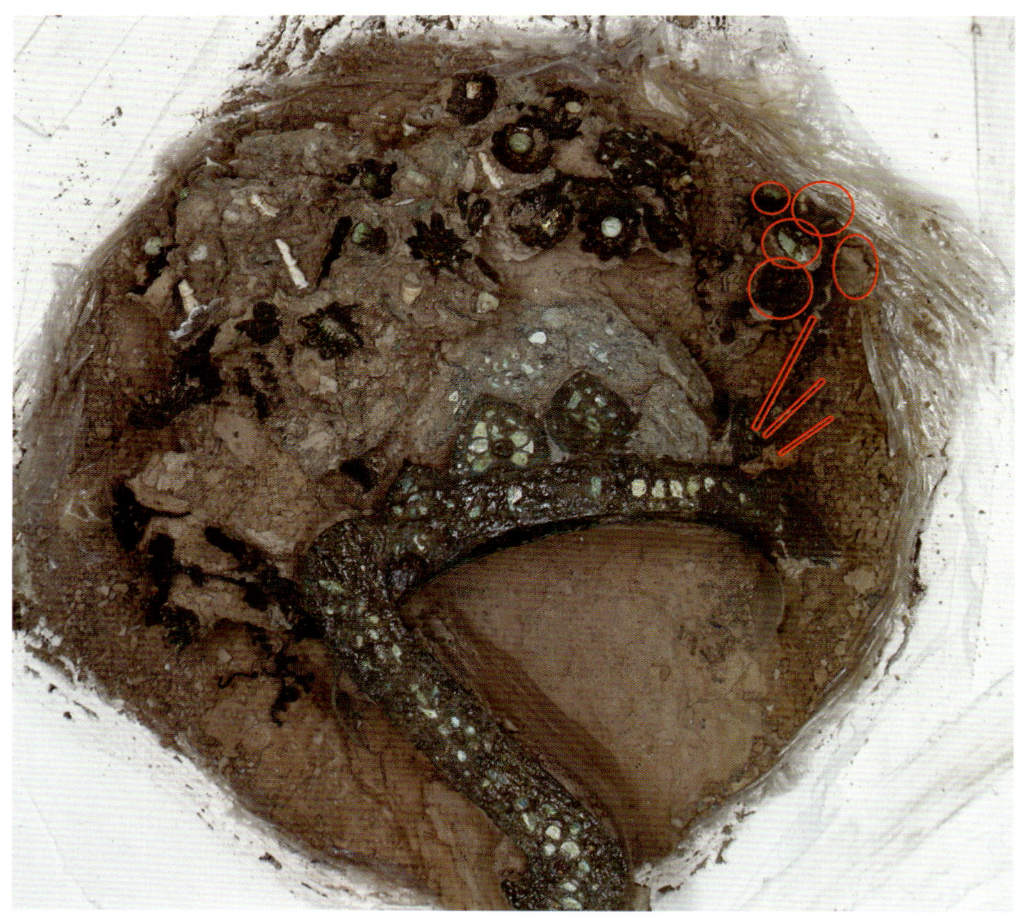

附图 1-108 Ⅳ区饰件（四十五）

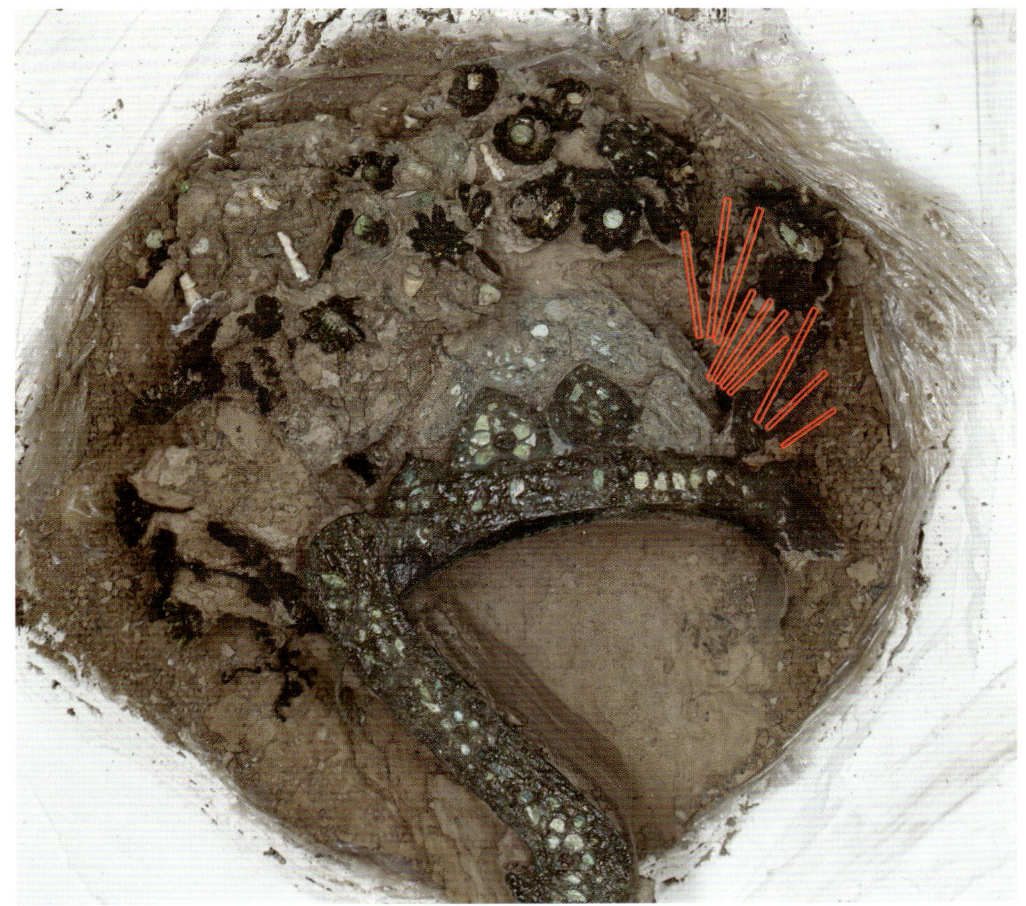

附图 1-109　Ⅳ区饰件（四十六）

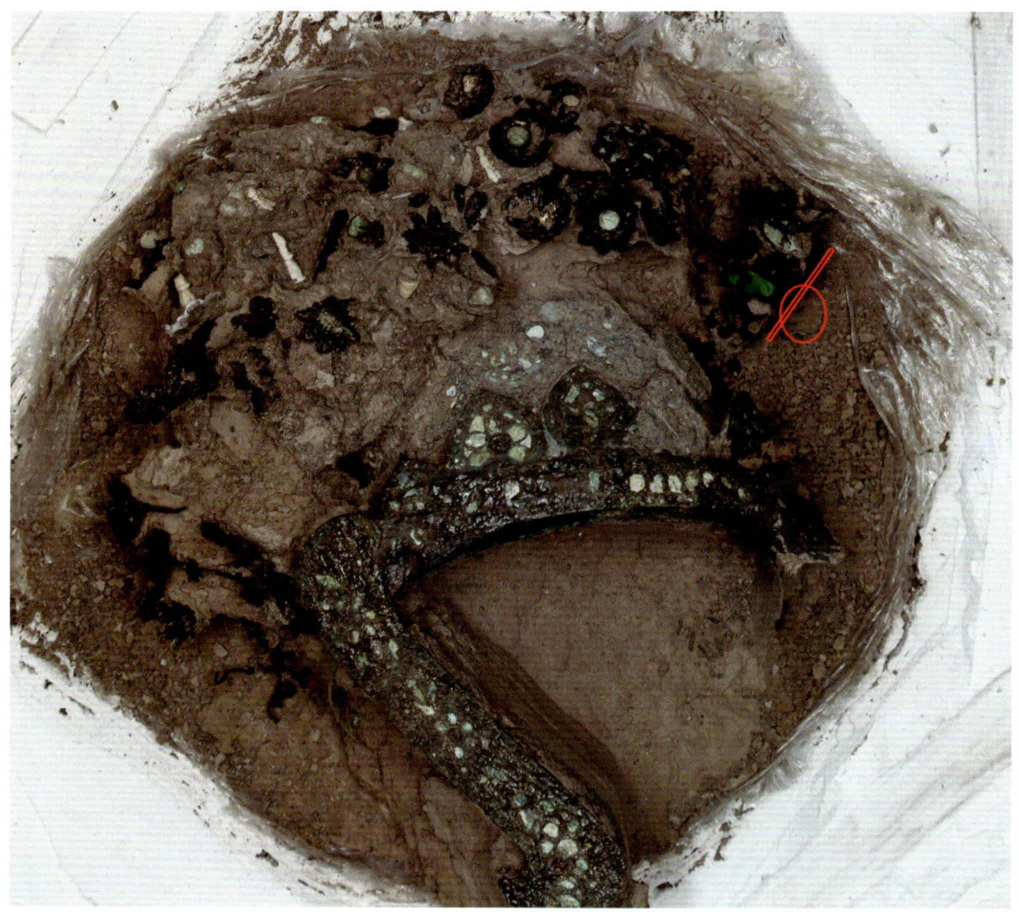

附图 1-110 Ⅳ区饰件（四十七）

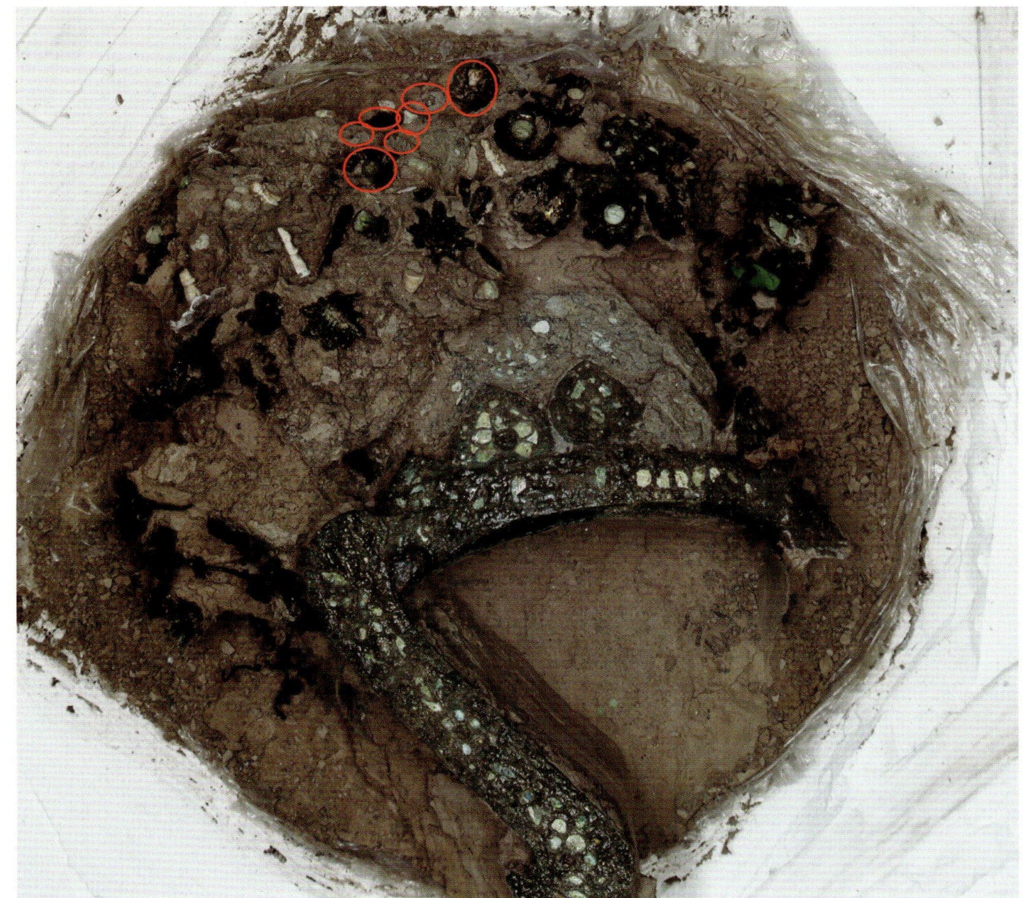

附图 1-111　Ⅳ区和Ⅴ区饰件（四）

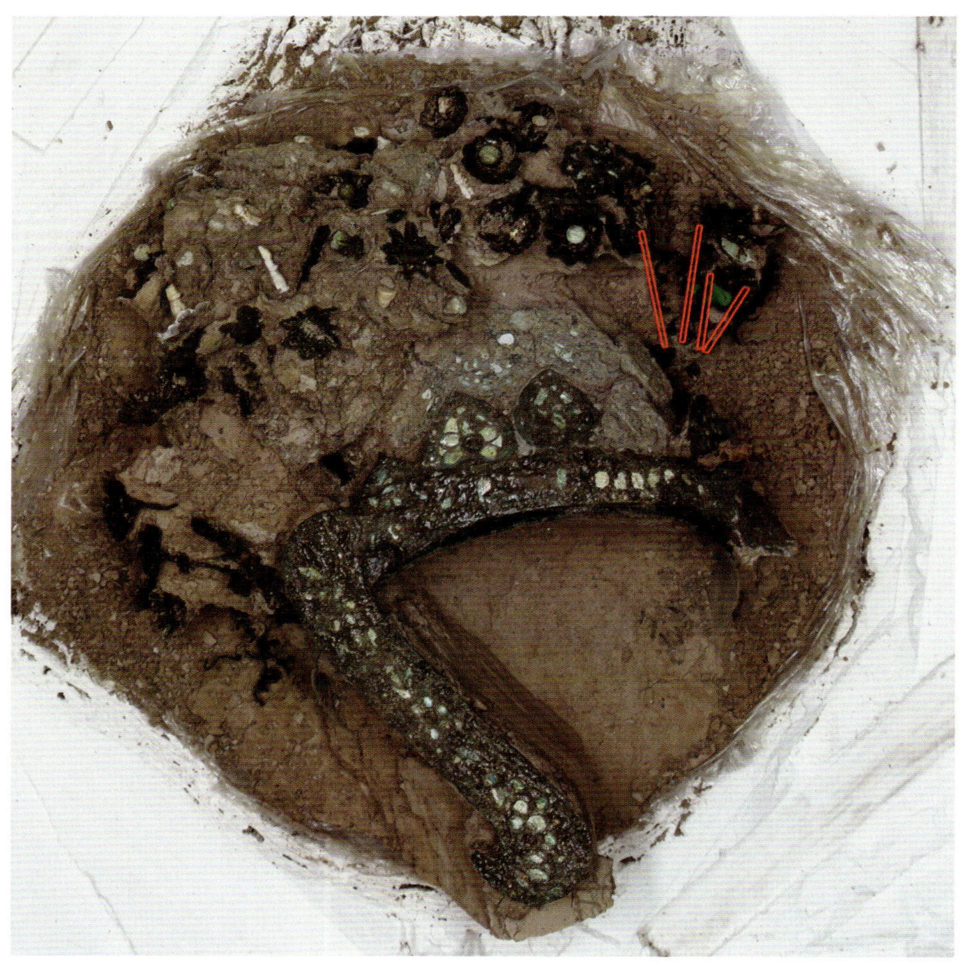

附图 1-112 IV 区饰件（四十八）

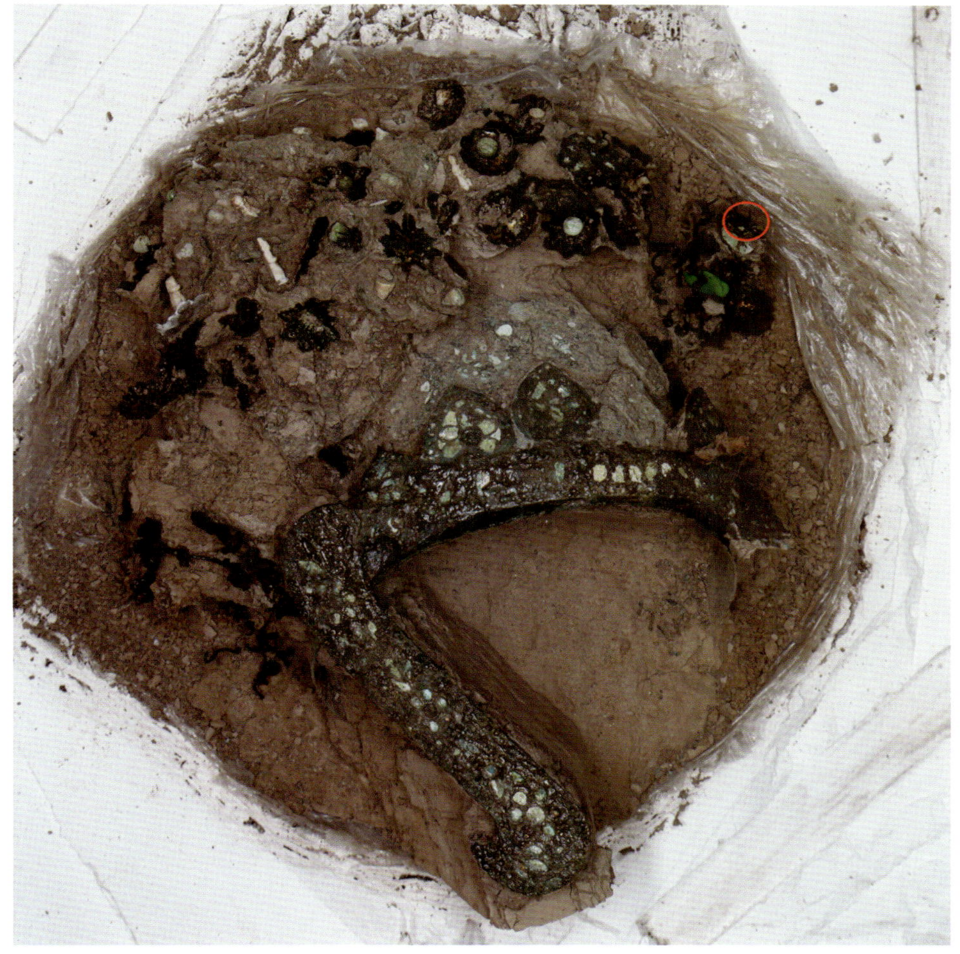

附图 1-113 IV 区饰件（四十九）

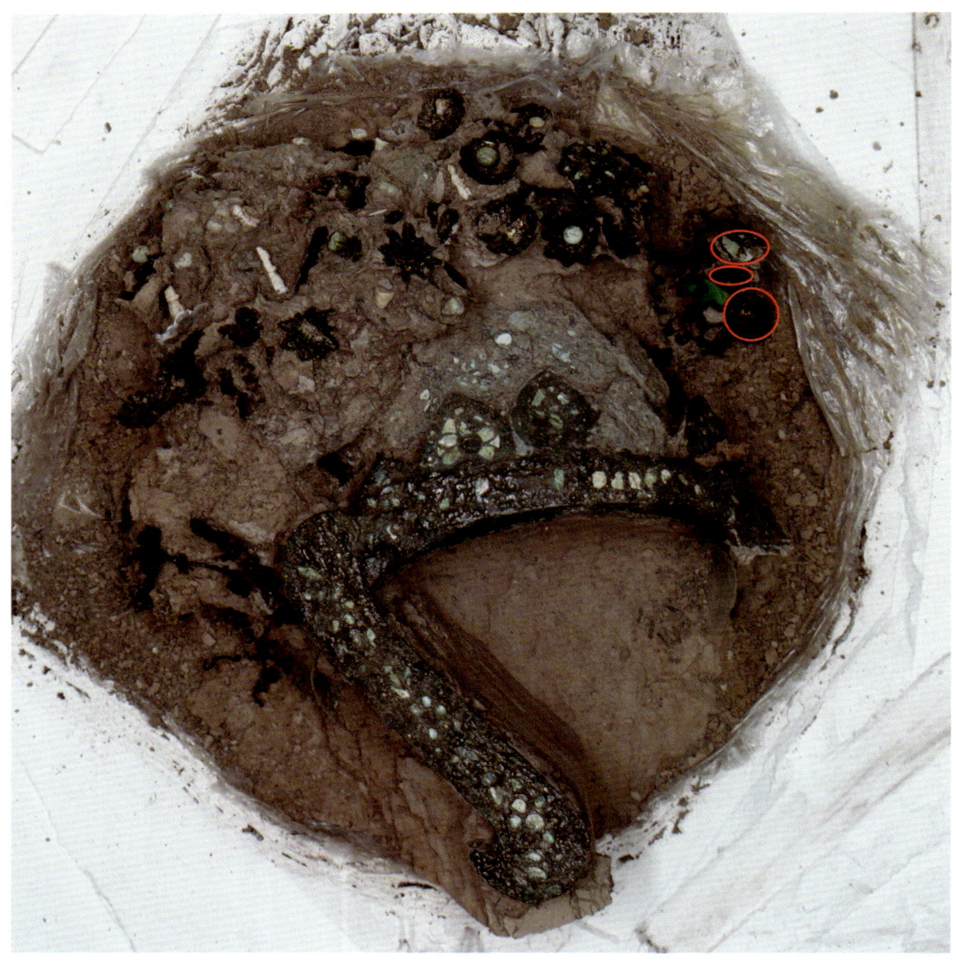

附图 1-114　IV 区饰件（五十）

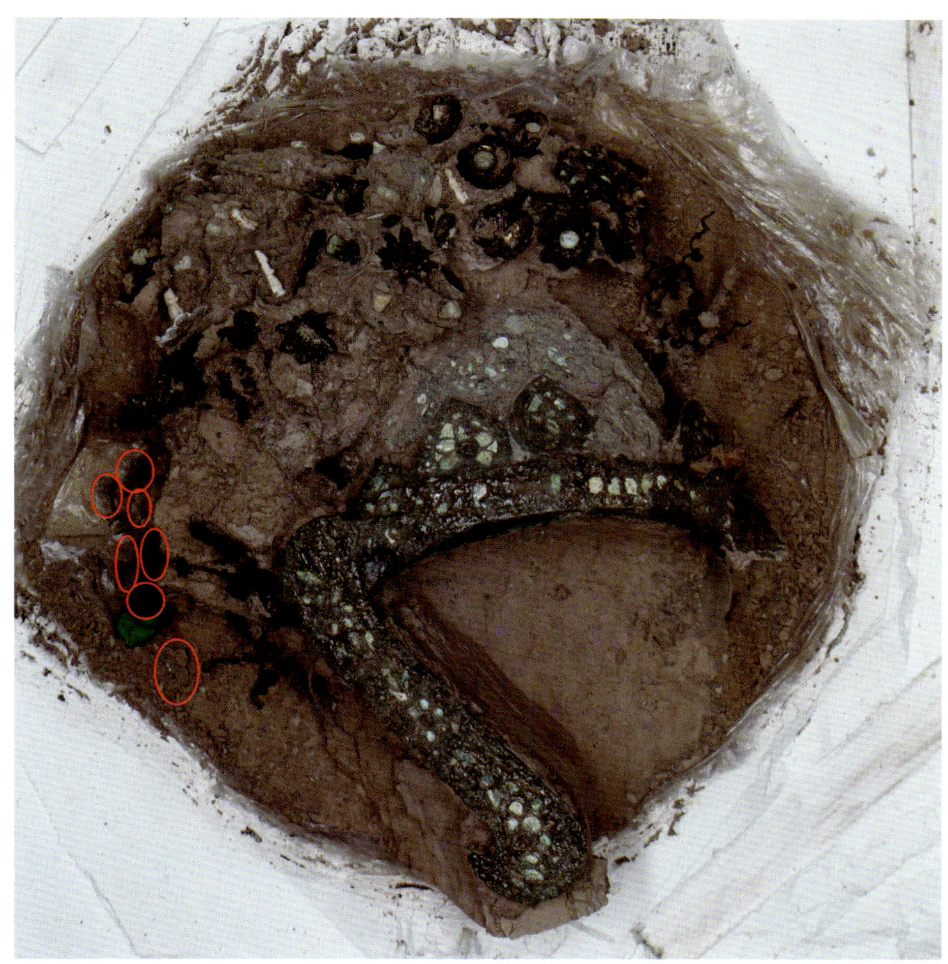

附图 1-115　V 区和 VI 区饰件（七）

附图 1-116 IV 区饰件（五十一）

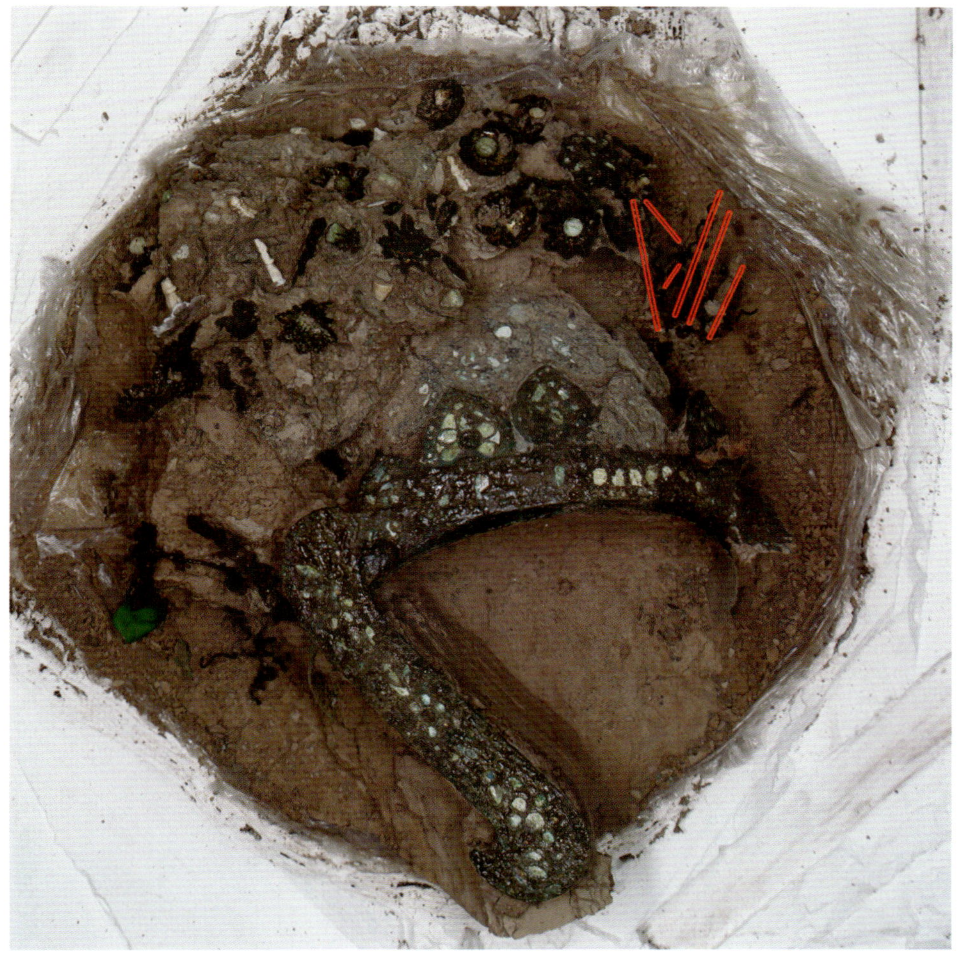

附图 1-117 IV 区饰件（五十二）

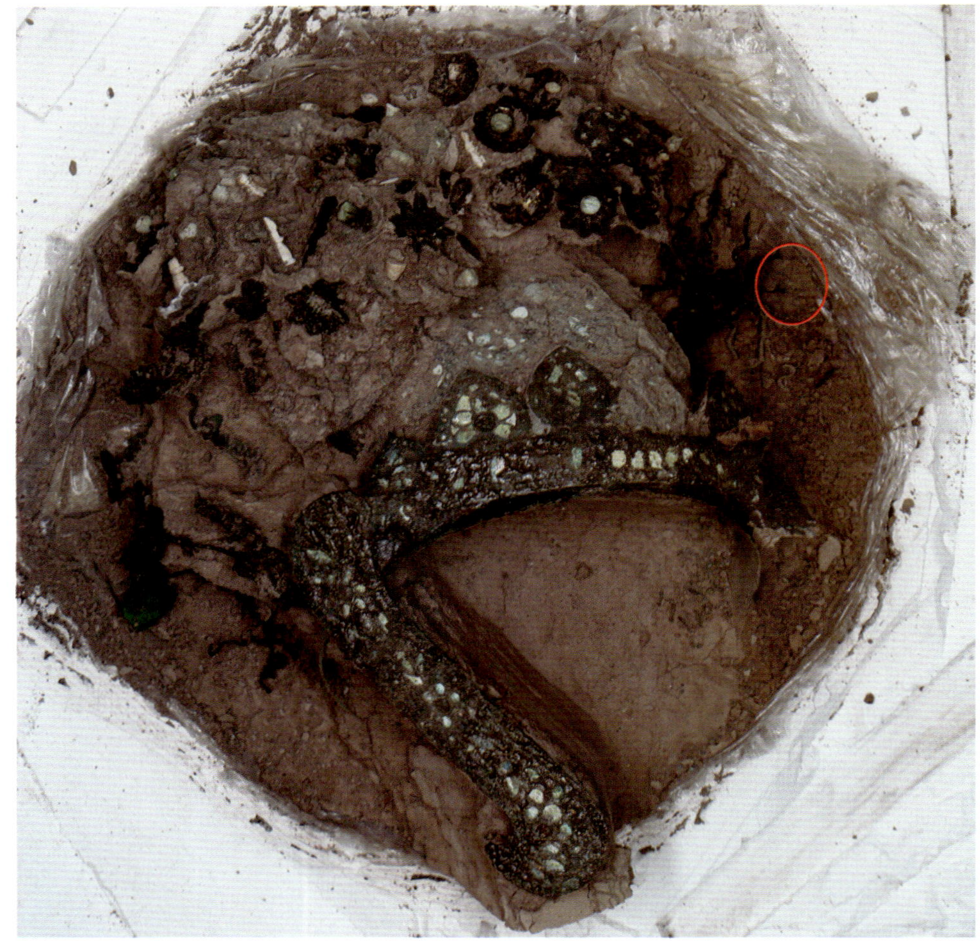

附图 1-118　IV 区饰件（五十三）

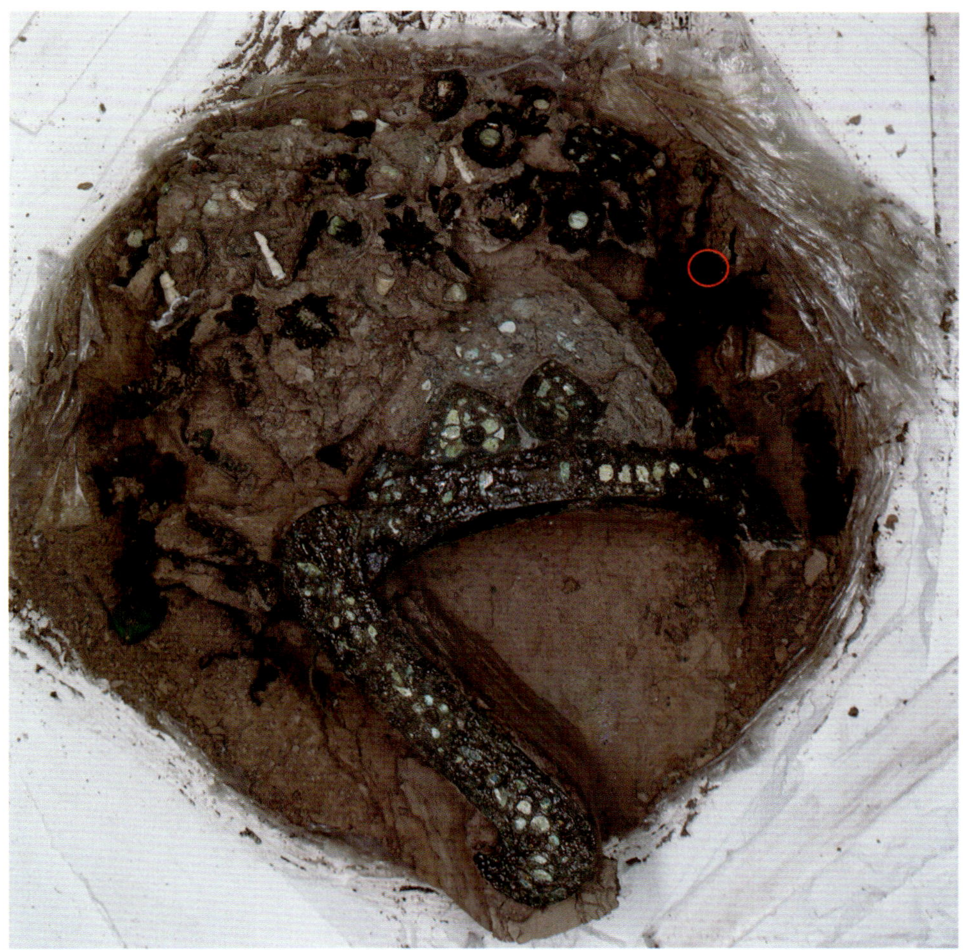

附图 1-119　铜泡钉

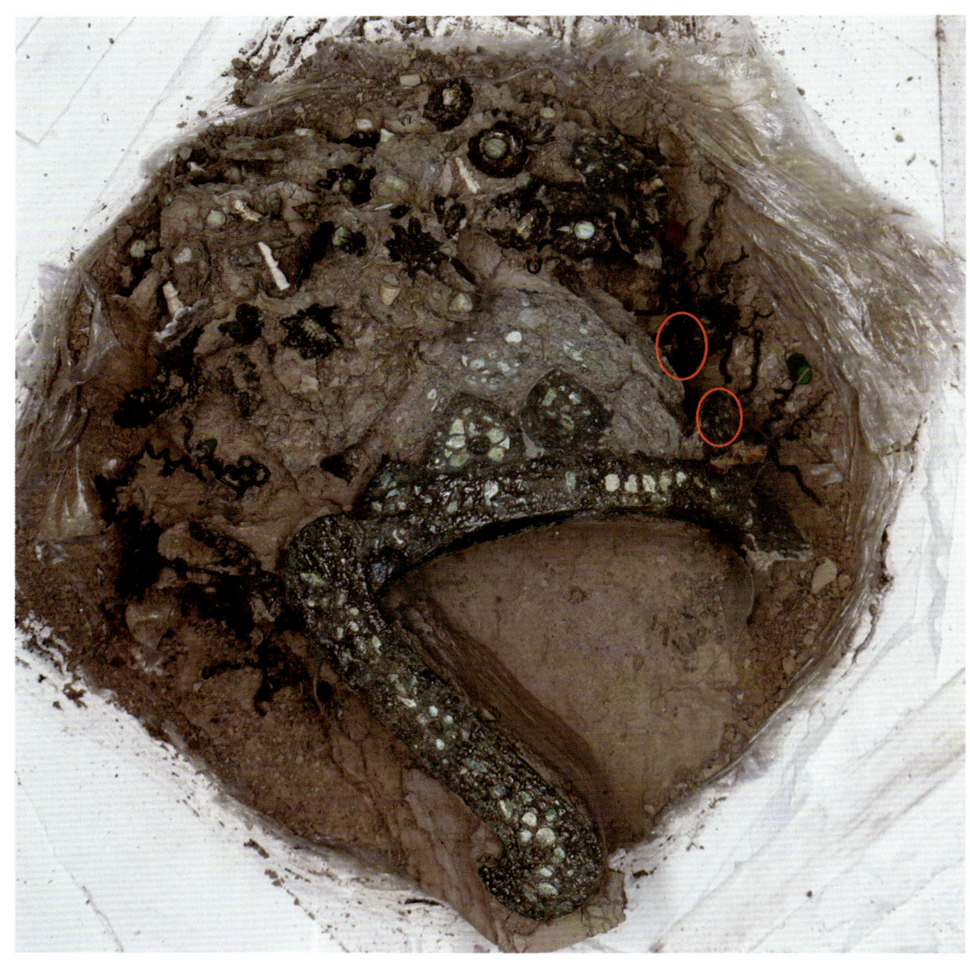

附图 1–120　花树根

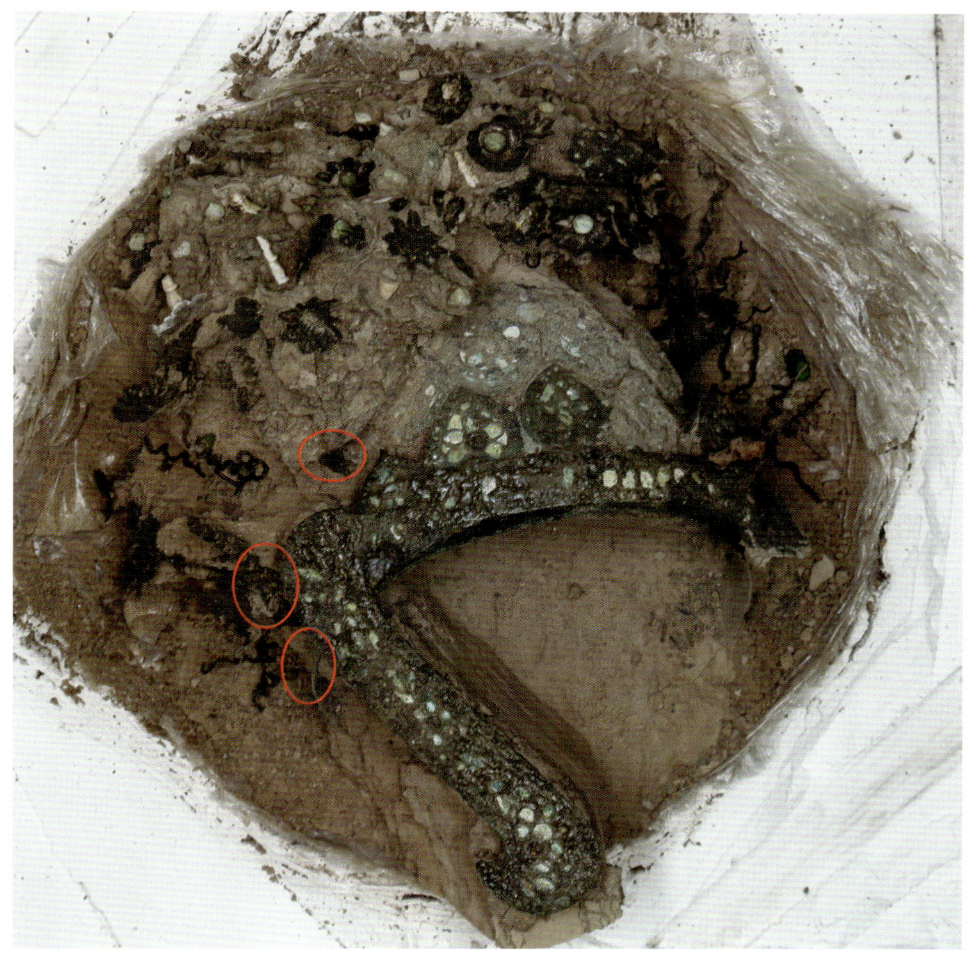

附图 1-121　花树根

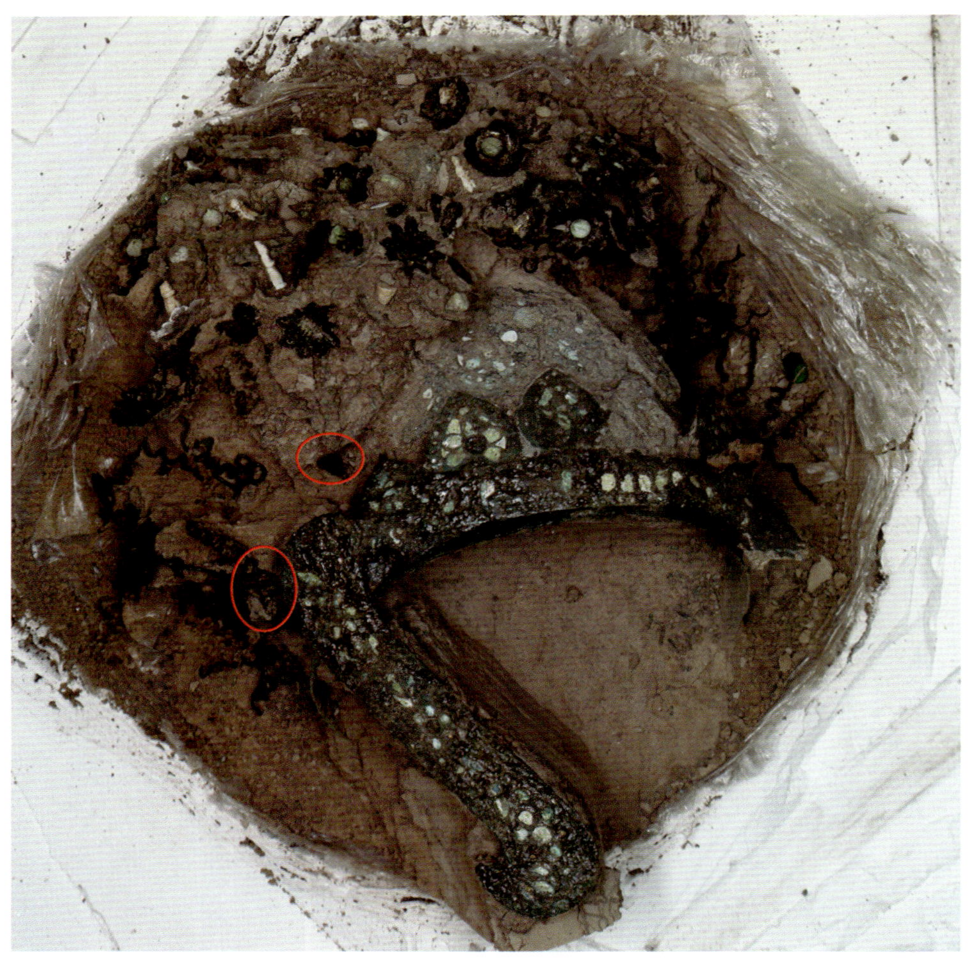

附图 1-122 花树根

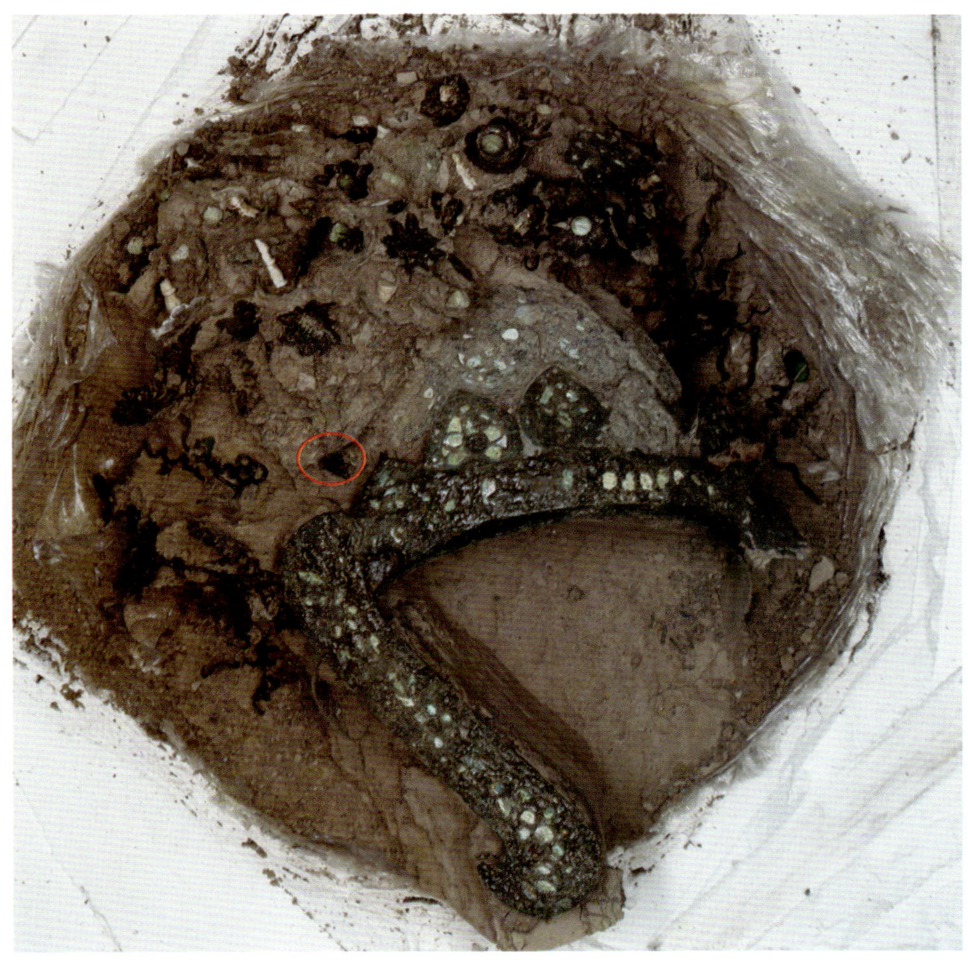

附图 1–123　花树根

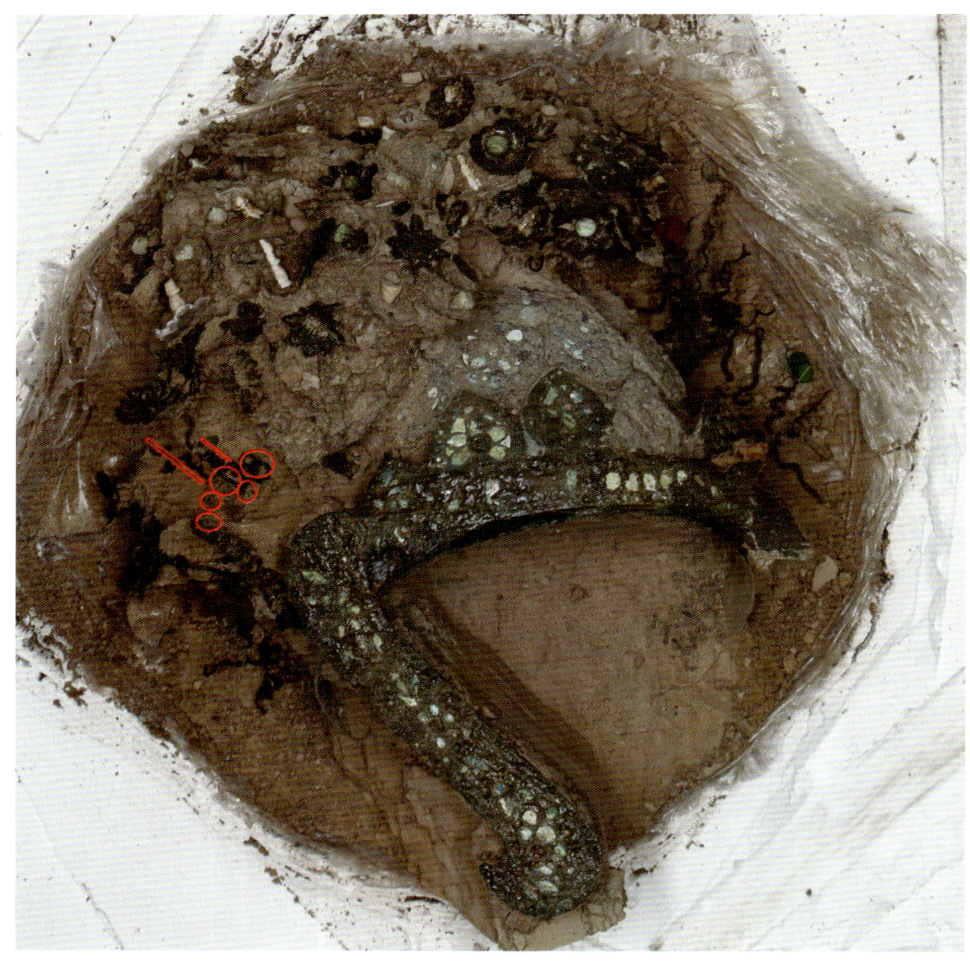

附图 1-124 V 区饰件（二十七）

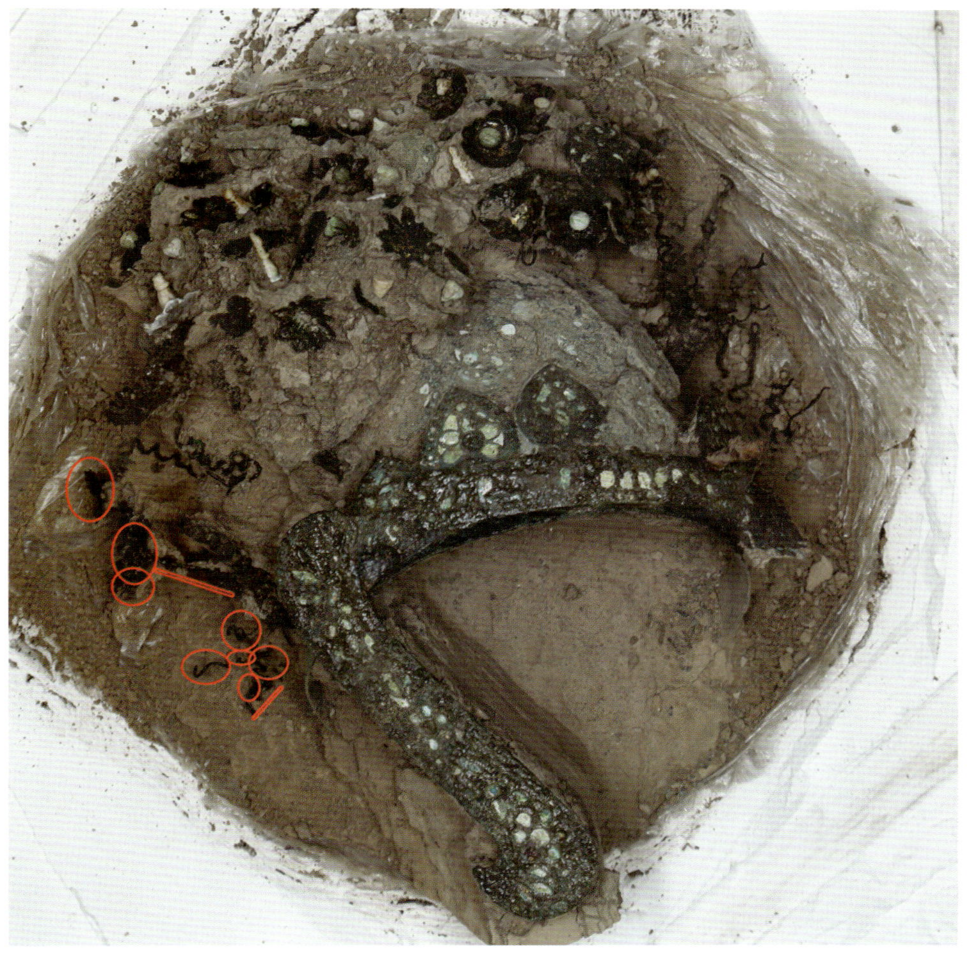

附图 1-125　V 区和 VI 区饰件（八）

附图 1-126 V 区饰件（二十八）

附图 1–127　V 区饰件（二十九）

附图 1-128 Ⅴ区饰件（三十）

附图 1-129 V 区饰件（三十一）

附图 1-130 V 区饰件（三十二）

附图 1-131　V 区饰件（三十三）

附图 1-132 V 区饰件（三十四）

附图 1-133 V 区饰件（三十五）

附图 1-134　VI 区饰件（十八）

附图 1–135　VI 区饰件（十九）

附图 1-138　IV 区和 V 区饰件（五）

附图 1-139　V 区饰件（三十七）

附图 1–140 Ⅳ区和Ⅴ区饰件（六）

附图 1-141　V 区饰件（三十八）

附图 1-142 V 区饰件（三十九）

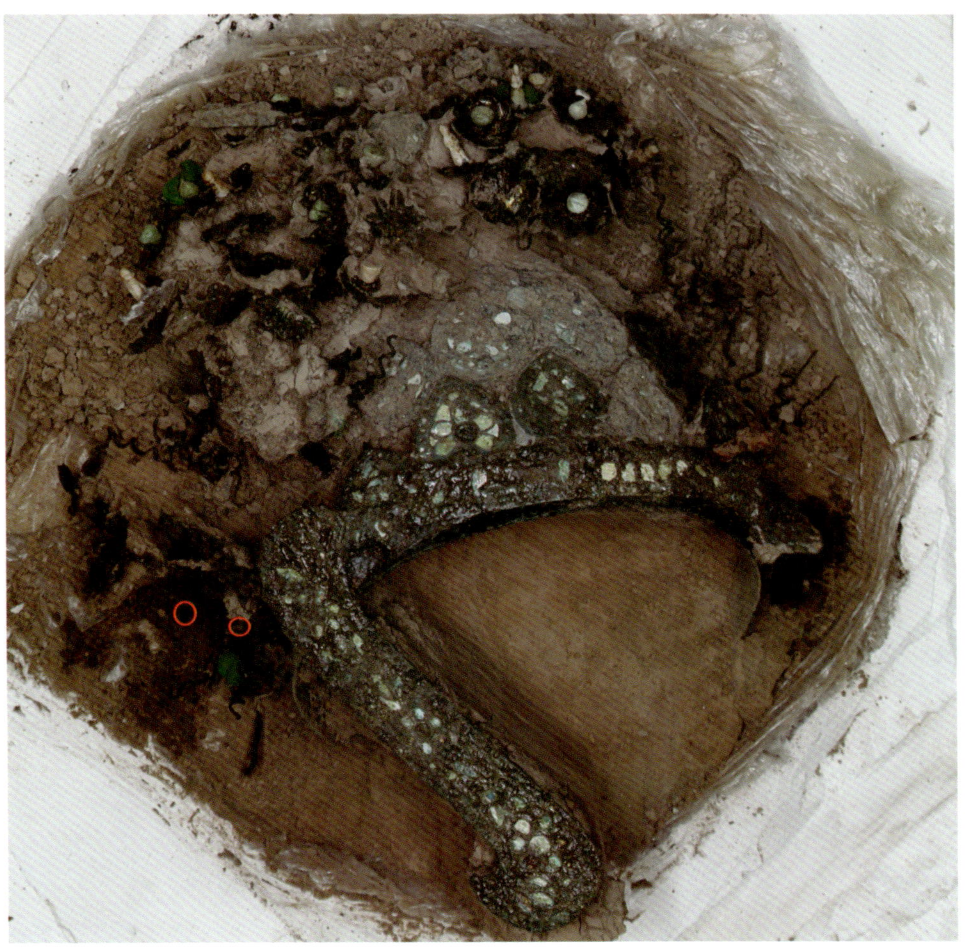

附图 1-143　VI 区饰件（二十一）

附图 1-144 VI 区饰件（二十二）

附图 1-145　VI 区饰件（二十三）

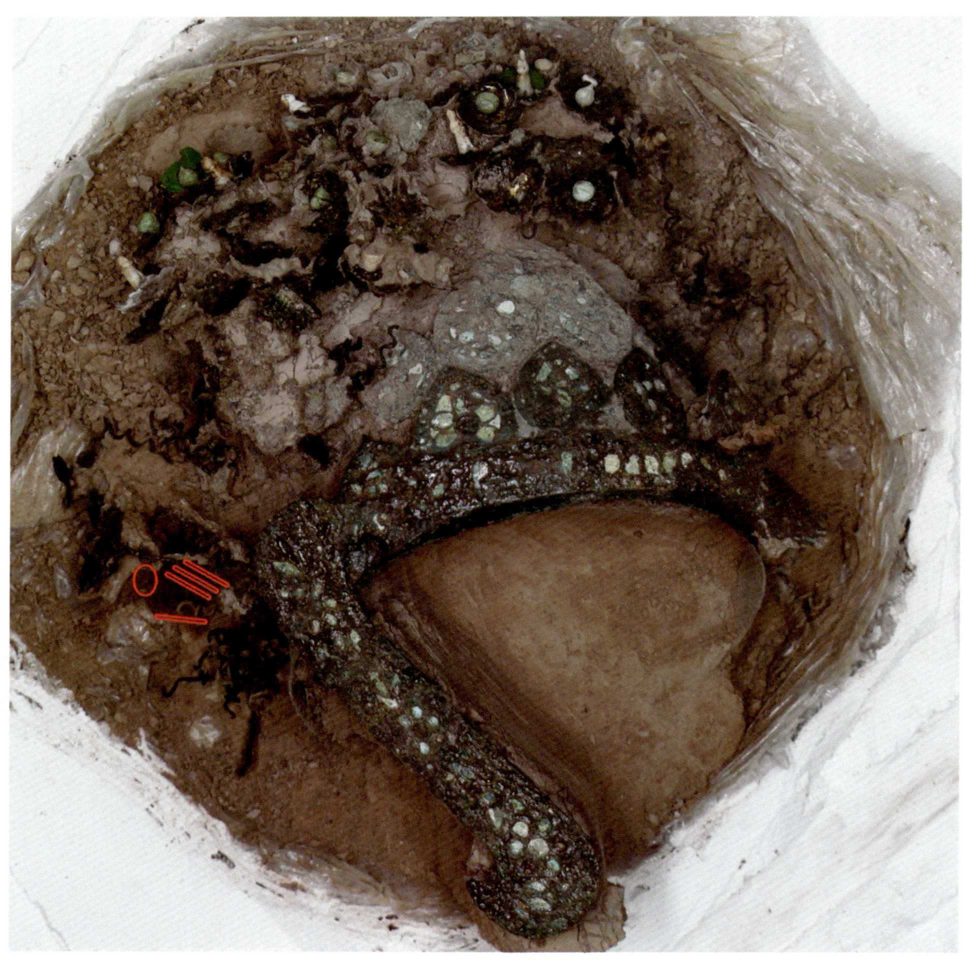

附图 1–146 VI 区饰件（二十四）

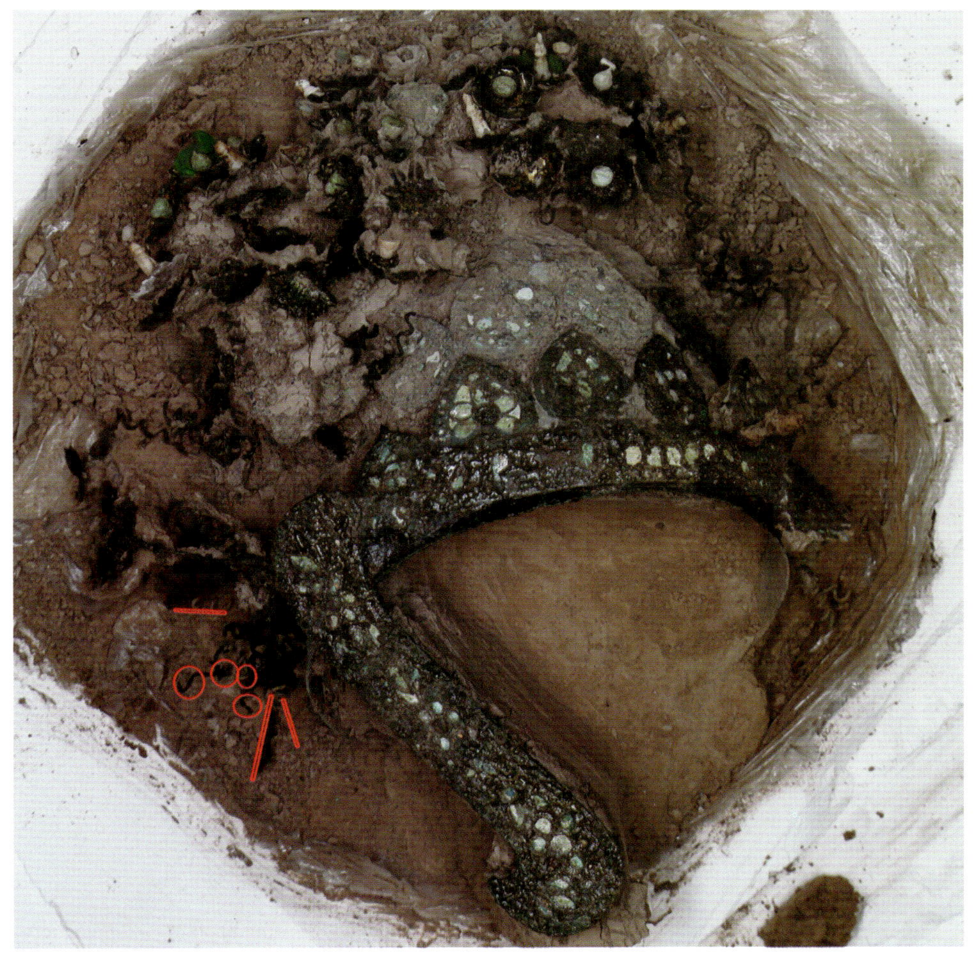

附图 1–147　VI 区饰件（二十五）

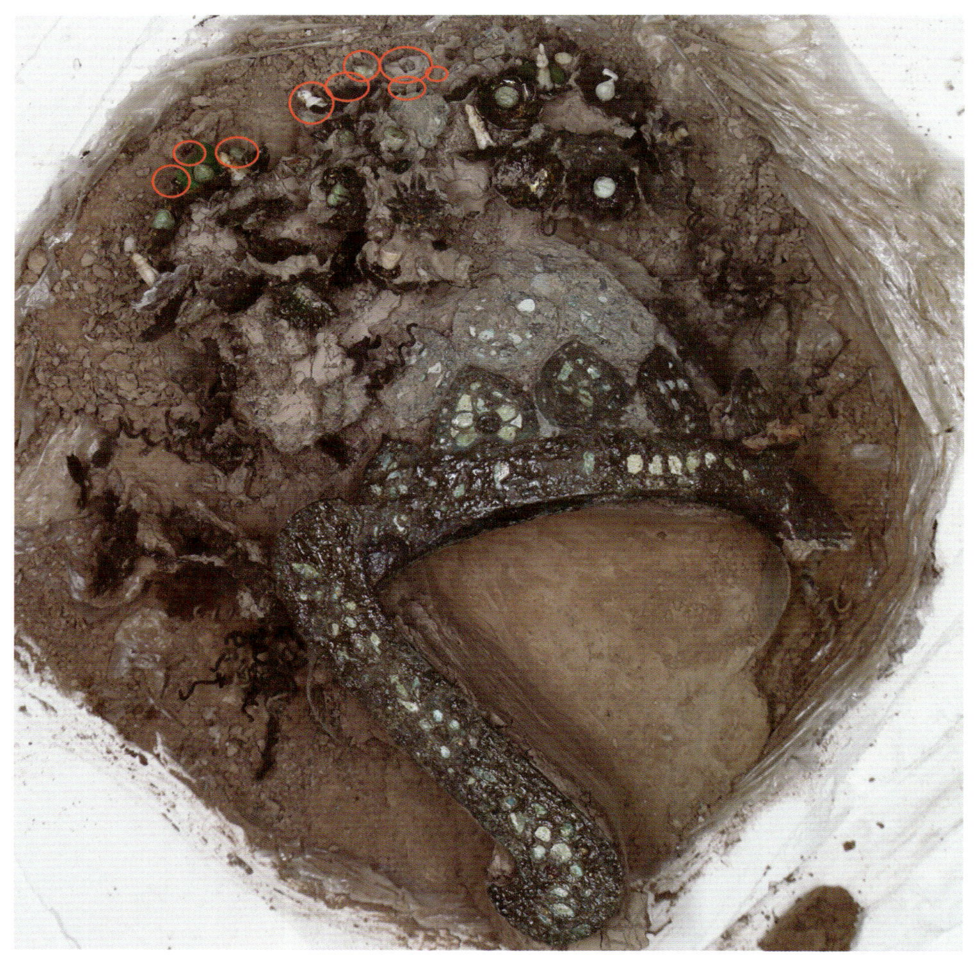

附图 1-148 Ⅳ区和Ⅴ区饰件（七）

附图 1-149 III 区花树

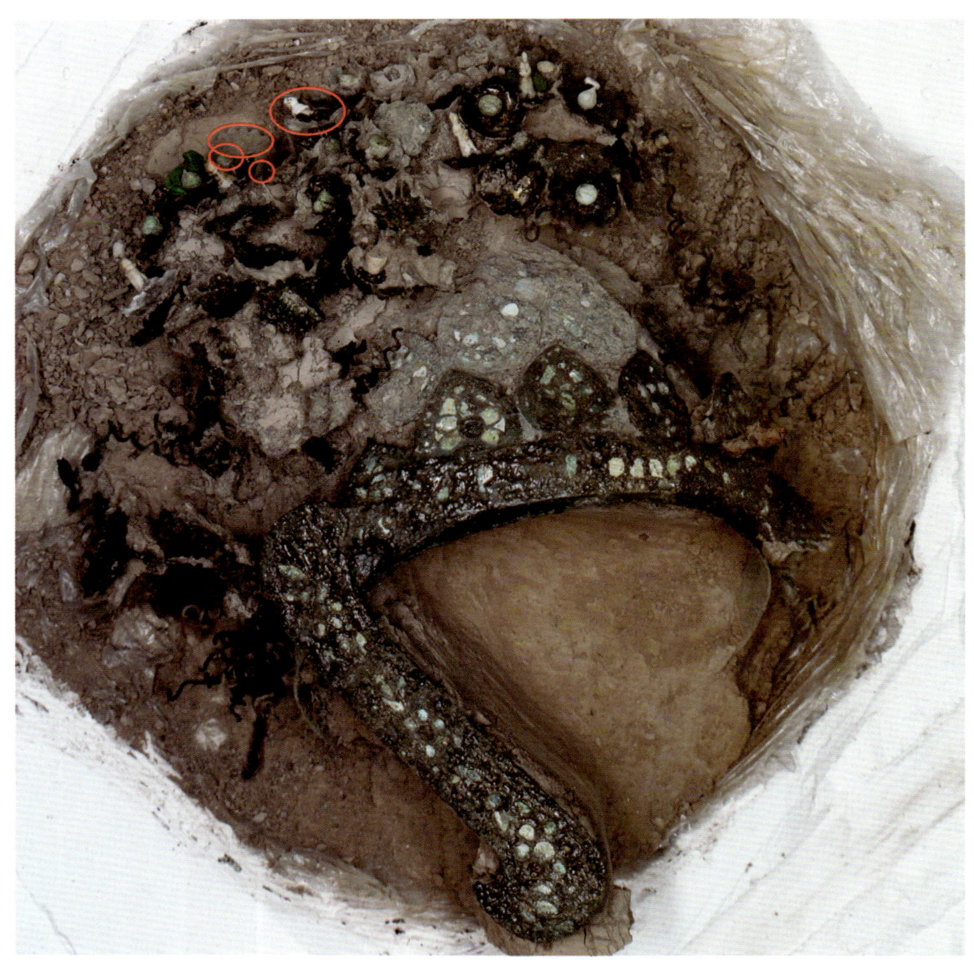

附图 1-150　V 区饰件（四十）

附图 1-151 V 区饰件（四十一）

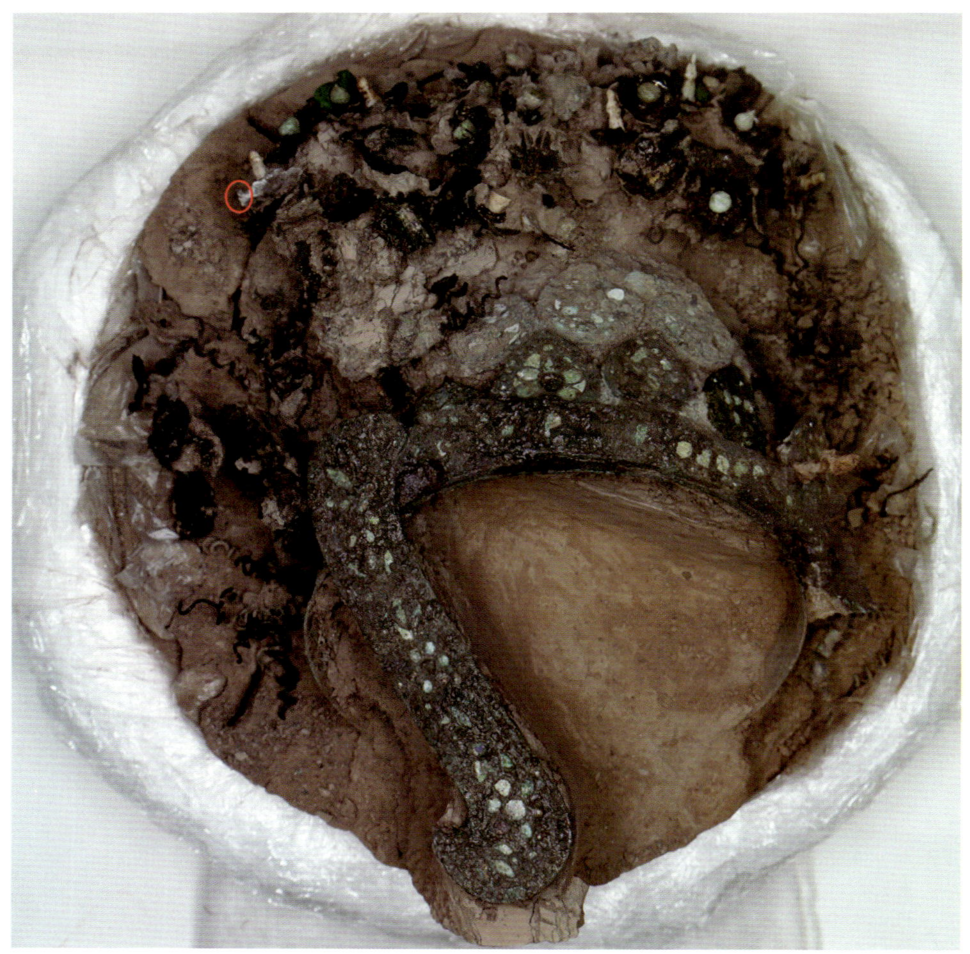

附图 1-152 V 区饰件（四十二）

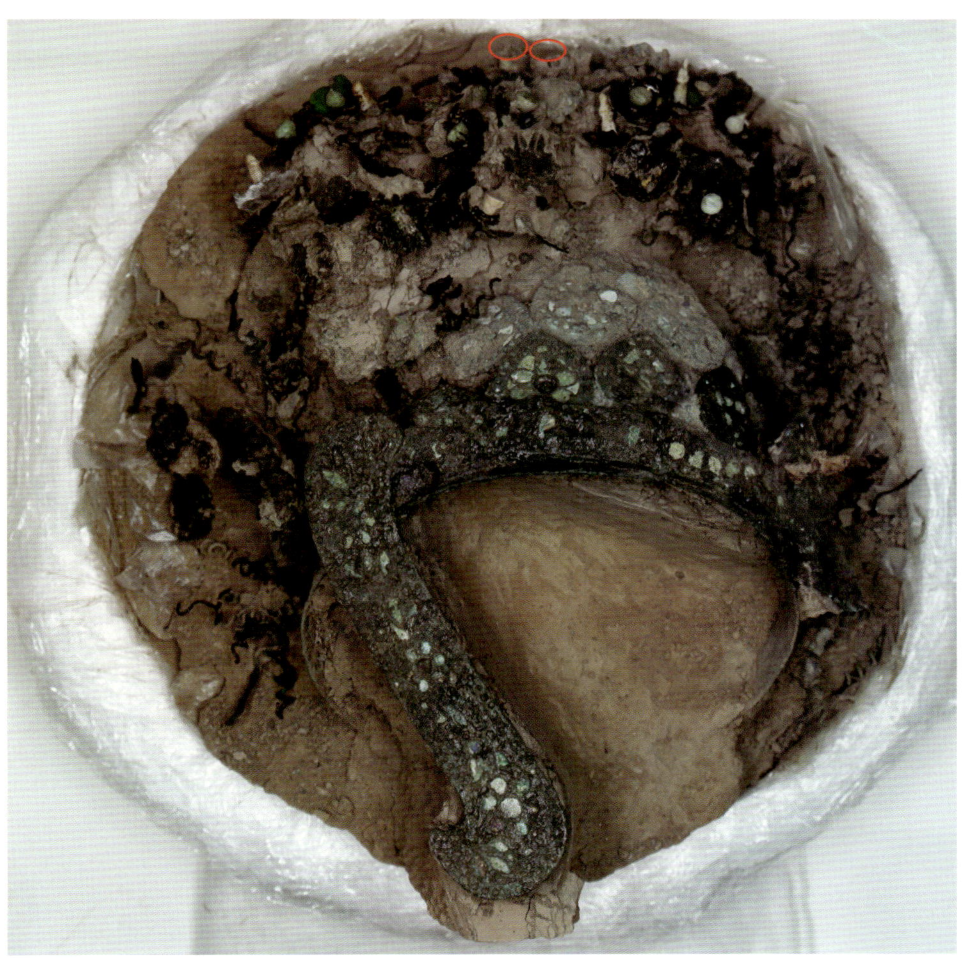

附图 1-153　V 区饰件（四十三）

附图 1-154 V 区饰件（四十四）

附图 1-155　V 区饰件（四十五）

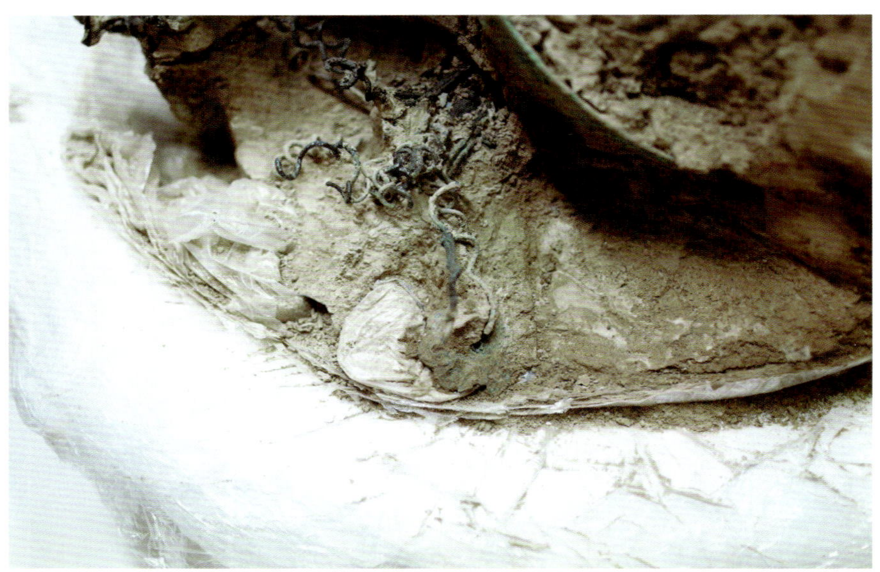

附图 1-156　VI 区饰件（二十六）

附图 1-157　V 区饰件（四十六）

附图 1-158 VI 区饰件（二十七）

附图 1-159　III 区饰件（一）

附图 1-160 III 区饰件（二）

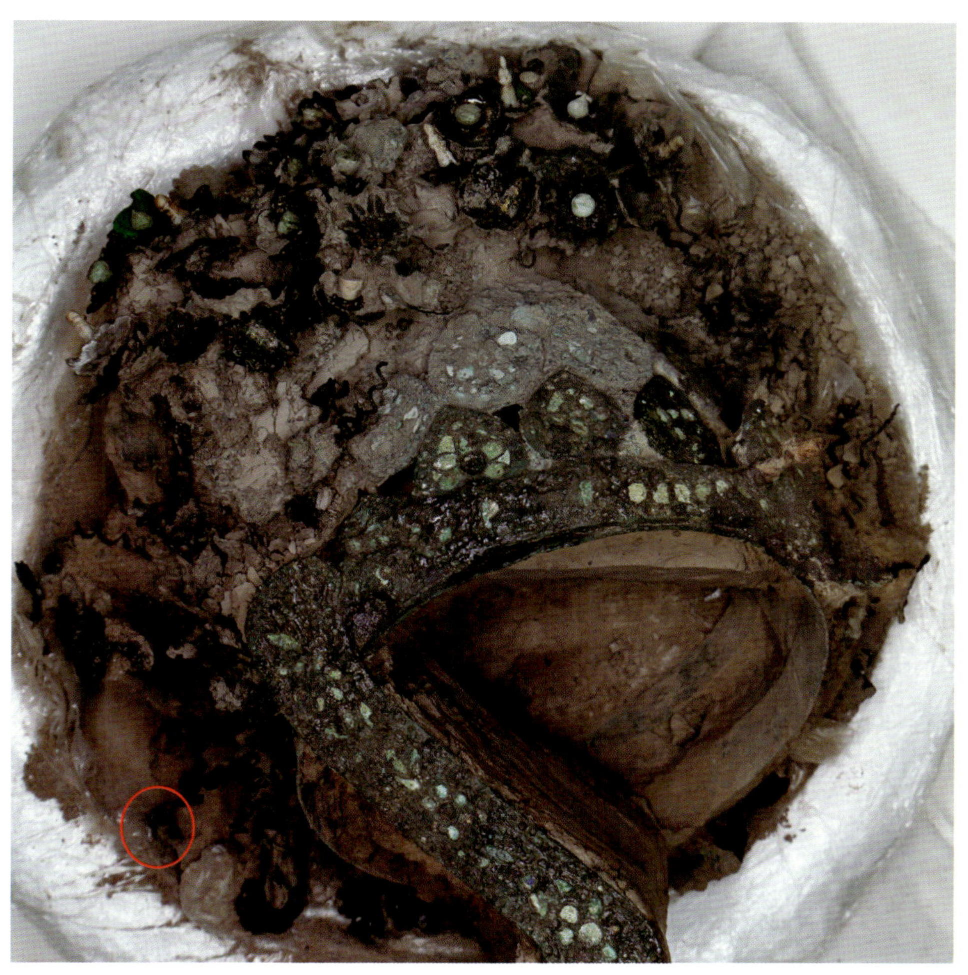

附图 1–161　VI 区饰件（二十八）

附图 1-162 III 区饰件（三）

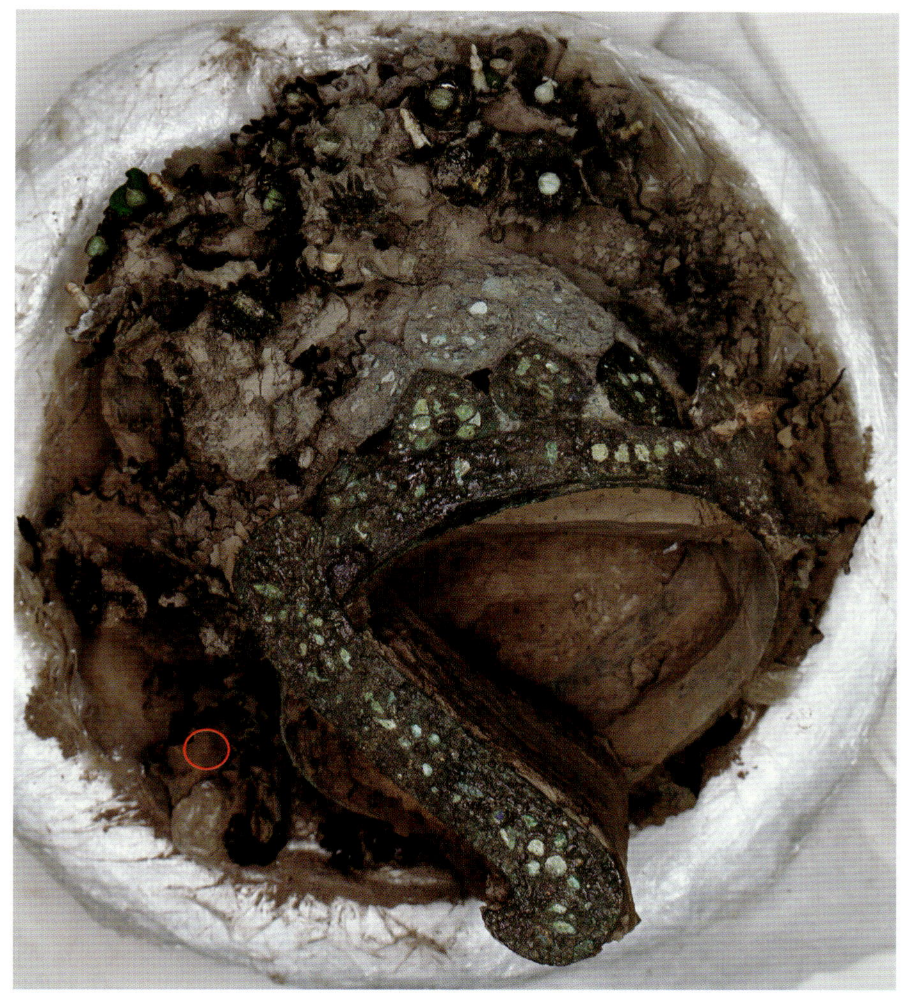

附图 1-163　VI 区饰件（二十九）

附图 1-164 IV 区饰件（五十四）

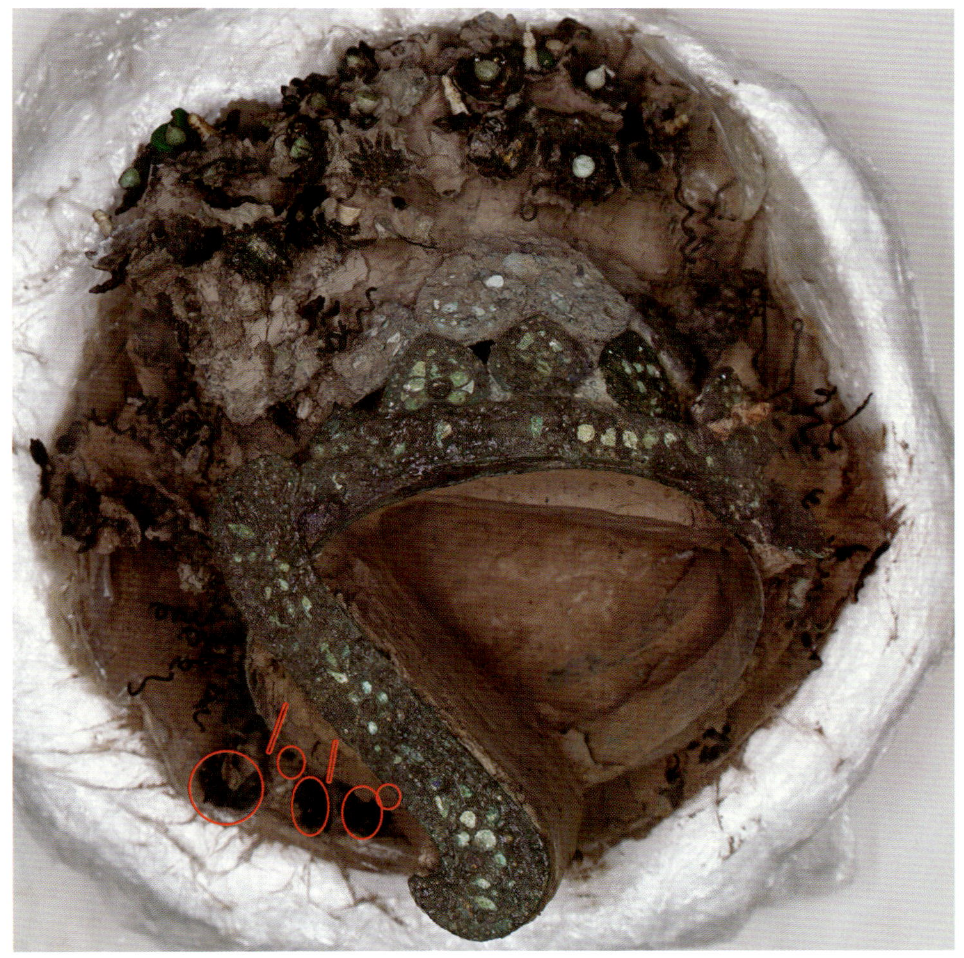

附图 1-165　VI 区饰件（三十）

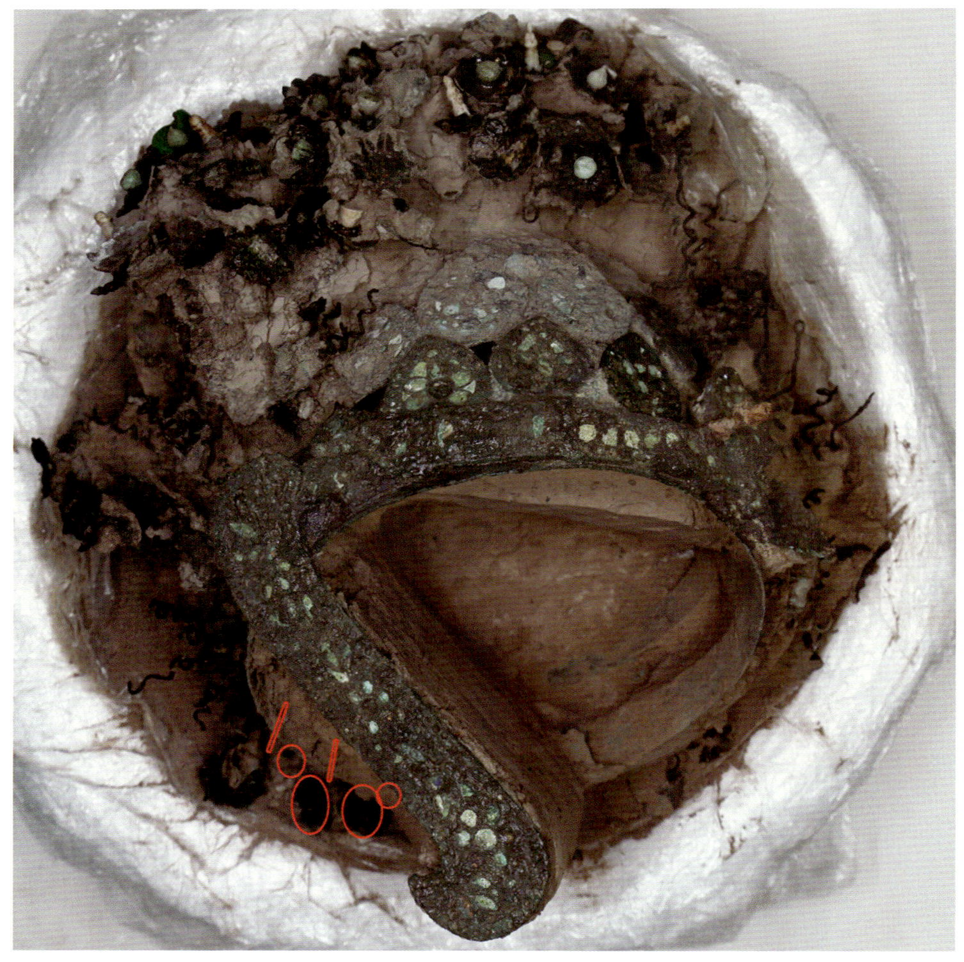

附图 1-166 VI 区饰件（三十一）

附图 1-167　VI 区饰件（三十二）

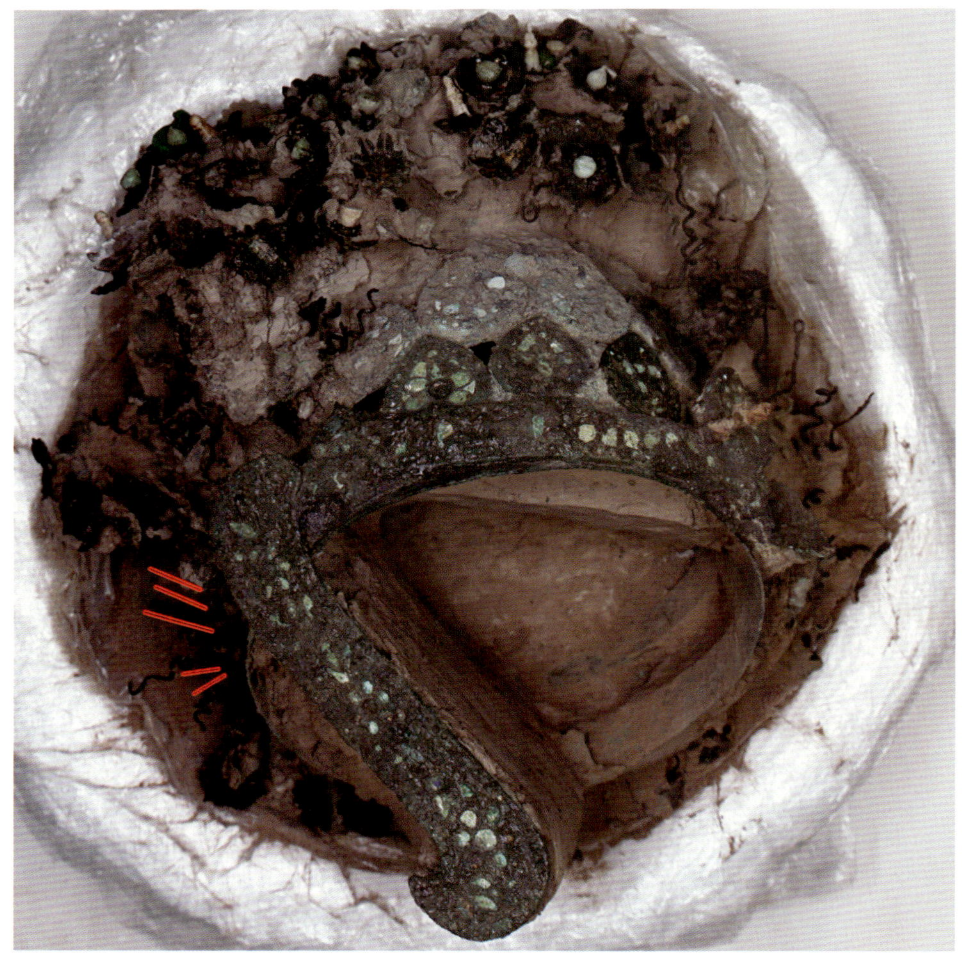

附图 1-168 VI 区饰件（三十三）

附图 1-169　III 区饰件（四）

附图 1-170 Ⅳ区饰件（五十五）

附图 1-171　IV 区饰件（五十六）

附图 1-172　IV 区饰件（五十七）

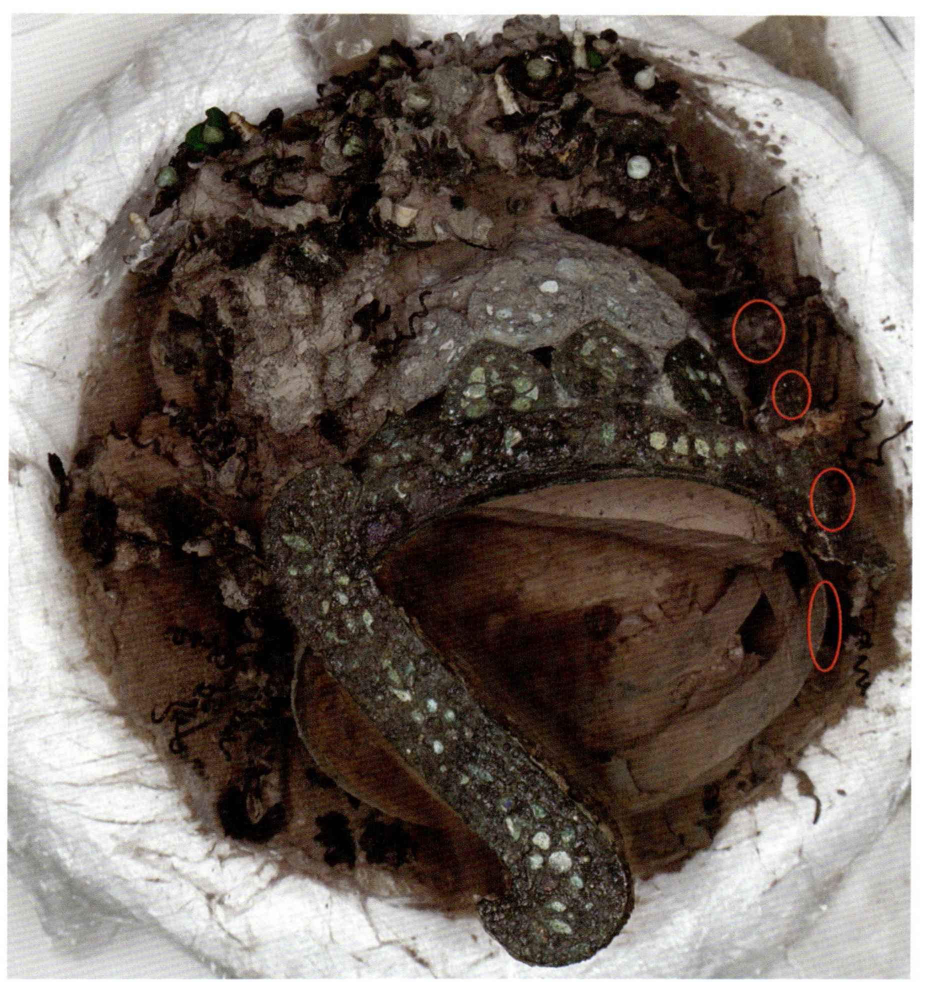

附图 1–173　花树根

附图 1-174　IV 区饰件（五十八）

附图 1-175　花树根

附图 1-176 Ⅲ区饰件（五）

附图 1-177　Ⅳ区和Ⅴ区饰件（八）

附图 1-178 Ⅳ区饰件（五十九）

附录二　隋炀帝萧后冠实验室考古样品编号清单

序号	样品编号	样品坐标	深度	样品描述	存放位置	发掘日期	箱号
1	CJB-1	T(-4，-1)	深约 0cm	金箔痕迹	放于 S1D1	2015.01.22	8 号箱
2	CJB-2	T(-5，-4)	深约 2cm	近圆形，有大量铜锈	放于尿样杯	2015.02.03	6 号箱
3	CJB-3	T(3.5，-1.5)	深约 0.5cm	木块上粘连的金箔残片	放于 S1C2	2015.02.04	8 号箱
4	CJB-4	T(7.5，5.5)	深约 2cm	金箔残片，近圆形	放于 M1C2	2015.03.11	30 号箱
5	CJB-5	T(5，7)	深约 1cm	残片，直径约 1mm，形状不规则	放于 S1A3	2015.03.27	8 号箱
6	CJB-6	T(10，8)	深约 2cm	位于博鬓上	放于 S1C3	2015.04.03	8 号箱
7	CJB-7	IV 区	深约 3— 4cm	残碎金箔片，由于数量较多，形状极不完整，没有分别记录的必要，因此统一收集	放于 S1B7	2015.06.08	8 号箱
8	CJB-8	T(-2.5，-5)	深约 4.5cm	残碎金箔	放于 S2A2	2015.07.02	8 号箱
9	CJB-9	T(-3，-0.5)	深约 5cm	HPD-29 小人的残金箔	放于 S2C2	2015.07.20	8 号箱
10	MY-1	T(-11，-2.5)	深约 1.5cm	木质痕迹	放于尿样杯	2015.01.16	26 号箱
11	MY-2	T(-5，-1)	深约 2cm	木质痕迹（3cm×2cm），木质痕迹下层为大面积粉化琉璃痕迹	放于尿样杯	2015.01.22	26 号箱
12	MY-3	T(-9.5，0)—T(-4.5，-2)	深约 2cm	棍状木质	放于尿样杯	2015.01.22	26 号箱
13	MY-4	T(-4.5，-5)	深约 2.5cm	裂成两半，厚约 2mm，半圆形，深色，质地硬	放于尿样杯	2015.01.27	26 号箱
14	MY-5	I 区	深约 3— 4cm	全部木质	放于 100ml 螺口瓶	2015.02.03	9 号箱
15	MY-6	T(6，5)—T(7，6)	深约 1cm	长条状，炭化	放于尿样杯	2015.03.30	26 号箱
16	MY-7	T(9，-2)，T(10，-1)，T(9，1)，T(8，0)	深约 2.5cm	木质痕迹，贴于博鬓上	放于尿样杯	2015.05.16	26 号箱

续表

序号	样品编号	样品坐标	深度	样品描述	存放位置	发掘日期	箱号
17	MY–8	T(7，–8)	深约 7cm	漆盒内的木质样品	中科大检测	2015.05.19	
18	MY–9	T(0，9)，T(4，9)，T(4，5)，T(1，5)	深约 1 — 2cm	木样	放于尿样杯	2015.06.07	26 号箱
19	MY–10	T(–3，–3)—T(–0.5，–5.5)	深约 3 — 2cm	长条状，炭化木质痕迹	放于螺口瓶	2015.06.23	20 号箱
20	MY–11	T(1，6.5)	深约 16cm	散落的木样	放于螺口瓶	2015.07.17	20 号箱
21	MY–12	T(–6，–8)	深约 2.5cm	直径约为 11mm 的圆形深色物，位于 L 型木盒边框旁边，清理木盒边框时提取	放于尿样杯	2015.01.27	7 号箱
22	CWJ–1	T(–6，3)，T(–5，4)，T(–5，3)区域	深约 3 — 4cm	2.1cm，未知金属，棍状，断面分层，铁锈色	放于螺口瓶	2015.01.30	21 号箱
23	CWJ–2	T(2，5)	深约 0cm	形状不规则，铁锈色，下部还有金属相连，已断裂，两部分	放于螺口瓶	2015.04.02	5 号箱
24	CJP–1	T(–4，–3)	深约 1cm	金属残片，铜绿色	放于 S1B2	2015.02.04	8 号箱
25	CJP–2	T(–4.5，1)	深约 1.5cm	金属残片	放于螺口瓶	2015.02.05	5 号箱
26	CJP–3	T(–5，0)	深约 1.5cm	金属残片	放于 S1E2	2015.02.06	8 号箱
27	CJP–4	T(–5，–1)	深约 2cm	花瓣形	放于 S1F2	2015.02.09	8 号箱
28	CJP–5	T(9.5，–6.5)	深约 14.5cm	提取小部分残片	放于 S2E5	2015.08.02	8 号箱
29	CJP–6	灯与冠之间	深约 3cm	金属片	放于 M1B2	2015.02.10	30 号箱
30	CJP–7	T(–5，–3)	深约 3cm	波浪状长条饰片，已残断	放于 M1E4，主体放于螺口瓶	2015.03.09	30 号箱 5 号箱
31	CJP–8	T(2，5)	深约 0cm	位于表面，六瓣花形，裂成几块	放于 S1B3	2015.04.01	8 号箱
32	CJP–9	T(0，6)—T(3，6) 区域内	深约 0.5cm	分为若干片，有花形，圆片形等，已残损变形	放于尿样杯	2015.04.17	7 号箱
33	CJP–10	T(–0.5，5.5)	深约 0.5cm	残金属片，花瓣形	放于 M1E2	2015.04.17	30 号箱

续表

序号	样品编号	样品坐标	深度	样品描述	存放位置	发掘日期	箱号
34	CJP-11	T(1，3)	深约 1cm	残金属片，花瓣形	放于 M1A3	2015.04.17	30 号箱
35	CJP-12	T(3，4)	深约 1cm	此有大量金箔，仅暂取一部分	放于 M1D3	2015.04.28	30 号箱
36	CJP-13	T(12，2)	深约 0cm	长条状，断成几截，贴金或鎏金	放于 M1A4	2015.05.15	30 号箱
37	CJP-14	T(-1，-7)	深约 2cm	花瓣形	放于 S1B4	2015.05.22	8 号箱
38	CJP-15	T(6.5，-7.5)	深约 10cm	HPD-74 花朵上的残金属片	放于 M3C1	2015.07.16	8 号箱
39	CJP-16	T(-1，-6.5)	深约 2cm	花瓣形	放于 M1C4	2015.05.22	30 号箱
40	CJP-17	T(-1，-6)	深约 1cm	近圆形，分成几块	放于 M1D4	2015.05.22	30 号箱
41	CJP-18	T(-2.5，-7)	深约 2cm	花瓣形	放于 S1D4	2015.05.23	8 号箱
42	CJP-19	T(4，-2)	深约 0cm	木质痕迹上	放于 S1E4	2015.05.23	8 号箱
43	CJP-20	T(-1，0)	深约 1cm	近圆形	放于 M1A5	2015.05.24	30 号箱
44	CJP-21	T(-1，-6)	深约 1cm	近圆形，片状	放于 M1B5	2015.05.24	30 号箱
45	CJP-22	T(0，-7)	深约 2cm	两件小六瓣花饰件的残片	放于 S1A5	2015.05.24	8 号箱
46	CJP-23	T(-2，-7)	深约 2cm	花瓣形残片	放于 S1B5	2015.05.24	8 号箱
47	CJP-24	T(-3，-1)，T(-3，0)，T(0，0)，T(0，-1)	深 1—2cm	残碎鎏金饰片	放于 M1D5	2015.05.27	30 号箱
48	CJP-25	T(0，0)	深约 1.5cm	花瓣残片，后可拼对	放于 M1E5	2015.05.29	30 号箱
49	CJP-26	T(-2，-1)	深约 1cm	残金属片	放于 M1A6	2015.05.31	30 号箱
50	CJP-27	T(-2，-1)	深约 1.5cm	残碎花瓣，可拼对	放于 M1B6	2015.05.31	30 号箱
51	CJP-28	T(-3，-1)	深约 1.5cm	残碎花瓣，可拼对	放于 S1E6	2015.05.31	8 号箱

续表

序号	样品编号	样品坐标	深度	样品描述	存放位置	发掘日期	箱号
52	CJP–29	T(–3，4)	深约 1.5cm	残损饰片，原物可能为圆形	放于 S1C8	2015.06.13	8 号箱
53	CJP–30	T(–3，1)	深约 1.5cm	残金属花瓣	放于 M1B7	2015.05.31	30 号箱
54	CJP–31	T(–4，5)	深约 2.5cm	残损饰片，花瓣形	放于 S1D8	2015.06.13	8 号箱
55	CJP–32	T(5，2)	深约 2cm	残碎鎏金或贴金饰片，形状不规则	放于 S1E7	2015.06.10	8 号箱
56	CJP–33	T(–1，7)	深约 1.5cm	近圆形，片状饰件，残损	放于 M3A5	2015.06.11	8 号箱
57	CJP–34	T(–1，–6.5)	深约 1.5cm	近圆形，片状饰件，残损	放于 M3B5	2015.06.11	8 号箱
58	CJP–35	T(–1，7)	深约 2.5cm，	残碎，有花瓣形状残片，位于 WZ–14 之下	放于 S1A8	2015.06.11	8 号箱
59	CJP–36	T(–4，1)	深约 2cm	残碎金属片，花瓣形，片状	放于 S1F8	2015.06.14	8 号箱
60	CJP–37	IV 区	深约 2— 4cm	散落金箔	放于 M1A10	2015.06.14	30 号箱
61	CJP–38	T(–2，3)	深约 4cm	残碎金属片，花瓣形	放于螺口瓶	2015.06.16	5 号箱
62	CJP–39	T(–6，0.5)	深约 4.5cm	残碎花瓣，两瓣	放于 M1C10	2015.06.16	30 号箱
63	CJP–40	T(–4.5，0)	深约 10cm	残碎金属片，形状不明	放于 M3B3	2015.06.16	8 号箱
64	CJP–41	T(–4.5，0)	深约 7cm	残碎金属片，形状不明	放于 M3C5	2015.06.16	8 号箱
65	CJP–42	T(–5，0)	深约 5cm	残金属片，似波浪状金属饰片头部	放于 M3D5	2015.06.16	8 号箱
66	CJP–43	VII	深约 4cm	残碎金属片	放于 M2A1	2015.06.17	31 号箱
67	CJP–44	T(2.5，–8)，T(5.5，–8)，T(2.5，–5)，T(5.5，–5)	深 1.5— 3cm	残碎金属片	放于 M2A2	2015.06.19	31 号箱
68	CJP–45	T(1，1)	深约 2cm	残碎金属片	放于 S1A9	2015.06.19	8 号箱
69	CJP–46	T(0，0)	深约 2cm	残碎花瓣	放于 S1D9	2015.06.21	8 号箱

续表

序号	样品编号	样品坐标	深度	样品描述	存放位置	发掘日期	箱号
70	CJP-47	T(-0.5，2)	深约 3cm	残碎花瓣	放于 S1F9	2015.06.21	8 号箱
71	CJP-48	T(-2，1)	深约 3cm	残断花瓣	放于 S1A10	2015.06.21	8 号箱
72	CJP-49	T(-1，3)	深约 3cm	残碎小花瓣	放于 S1B10	2015.06.21	8 号箱
73	CJP-50	T(-1，3)	深约 2.5cm	小六瓣花残片，较一般小六瓣花大	放于 S1C10	2015.06.21	8 号箱
74	CJP-51	T(-1.5，-4)	深约 2cm	残碎小六瓣花花瓣	放于 S1A11	2015.06.23	8 号箱
75	CJP-52	T(-1，-5)	深约 2cm	若干片小六瓣花花瓣，在 HPD-9 的小人脚下	放于 S1B11	2015.06.23	8 号箱
76	CJP-53	V 区	深约 2— 3cm	散落，残碎金属片，失去位置信息	放于 M2A4	2015.06.24	31 号箱
77	CJP-54	T(-3，-3)	深约 2cm	两片残金属片，花瓣形	放于 S1E11	2015.06.24	8 号箱
78	CJP-55	T(4，-5)	深约 2cm	月牙形金属片	放于 M2C4	2015.06.24	31 号箱
79	CJP-56	T(8.5，-5.5)	深约 15cm	残金属片，具体所属关系不明	放于 M2A6	2015.06.28	31 号箱
80	CJP-57	T(0，2.5)	深约 12cm	残金属片，具体所属关系不明	放于 S2B1	2015.06.30	8 号箱
81	CJP-58	T(-3，-6.5)	深约 7.5cm	两片散落花瓣，具体位置不明	放于 M2D8	2015.07.06	31 号箱
82	CJP-59	T(-2.5，4)	深约 11.5cm	残碎小六瓣花，在 HPD-93 石质花蕊的旁边	放于 S2E1	2015.07.06	8 号箱
83	CJP-60	T(-3.5，3.5)	深约 10.5cm	散落大花朵的两片花瓣，所属关系不明	放于螺口瓶	2015.07.08	5 号箱
84	CJP-61	T(-3.5，-6)	深约 5cm	HPD-38 花朵花蕊的残金片，锈蚀严重，已变形，看不出是什么	放于 M2E9	2015.07.09	31 号箱
85	CJP-62	T(7，-6.5)	深约 15cm	Ⅵ区残碎花片，所属关系不明	放于尿样杯	2015.07.13	7 号箱
86	CJP-63	T(-6，0)	深约 11.5cm	散落的残金属丝，在 HPD-100 的下方	放于 M2D10	2015.07.20	31 号箱

续表

序号	样品编号	样品坐标	深度	样品描述	存放位置	发掘日期	箱号
87	CJP–64	T(–1，–8)	深约 11.5cm	V 区散落的残金属丝	放于 S2B3	2015.07.20	8 号箱
88	CJP–65	T(–1.5，–6.5)	深约 6cm	残碎金属片	放于 S2B5	2015.08.01	8 号箱
89	CJP–66	T(3，1)	深约 4cm	框架内部残金片	放于 S2B6	2015.08.05	8 号箱
90	CJP–67	T(11.5，0.5)	深约 15.5cm	博鬓 BB–2 最外端土下方残金片，花瓣形	放于 M1D9	2015.08.05	30 号箱
91	CJP–68	T(6.5，5.5)	深约 15.5cm	残金属片，花瓣形	放于尿样杯	2015.08.11	7 号箱
92	CJP–69	T(3，5)	深约 16cm	残金属片，花瓣形	放于尿样杯	2015.08.11	7 号箱
93	CJP–70	T(–5.5，–2)	深约 12cm	HPD–116 花朵上的残花瓣，HPD–116 未提取	放于 S2A7	2015.08.24	8 号箱
94	CJP–71	T(–5.5，–3)	深约 11.5cm	HPD–111 花朵上的残花瓣，HPD–111 未提取	放于 M3C4	2015.08.24	8 号箱
95	CJP–72	T(–2.5，–5.5)	深约 5cm	HPD–41 花朵上的残金属片，HPD–41 未提取	放于 S2B7	2015.08.24	8 号箱
96	CJP–73	T(–3，4)	深约 4cm	HPT–9 上的残金属片，HPT–9 已包埋	放于 S2C7	2015.08.24	8 号箱
97	CJP–74	T(4.5，–8)	深约 6cm	HPD–52 花朵上的残花瓣，HPD–52 未提取	放于 S2C8	2015.08.24	8 号箱
98	CJP–75	T(0.5，–6.5)	深约 10.5cm	HPD–117 花朵上的残花瓣，HPD–117 未提取	放于 S2D8	2015.08.24	8 号箱
99	CJP–76	T(4，–7.5)	深约 12cm	HPD–76 花朵上的残金属片，HPD–76 未提取	放于 M1B10	2015.08.25	30 号箱
100	CJP–77	T(–1.5，–2.5)	深约 5.5cm	HPD–95 花朵上的残花瓣，HPD–95 未提取	放于 M3C3	2015.08.25	8 号箱
101	CJP–78	T(–0.5，–2)，T(–2，–1.5)，T(–0.5，–，1)，T(–3，–，1)	深约 3cm	HPD–10、HPD–11、HPD–12、HPD–67 表面的残金属片	放于 M2B3	2015.08.25	31 号箱

续表

序号	样品编号	样品坐标	深度	样品描述	存放位置	发掘日期	箱号
102	CJP–79	T(–5，0)	深约 11.5cm	HPD–101 花朵上的残花瓣，HPD–101 未提取	放于 M2E1	2015.08.25	31 号箱
103	CJP–80	T(–4，–4.5)	深约 10.5cm	HPD–115 旁的残金属片，所属关系不明	放于 S2D9	2015.08.31	8 号箱
104	CJP–81	T(–3，2.5)	深约 7.5cm	HPD–75 与 HPD–44 之间下面的残金属片，所属关系不明	放于 S2E9	2015.08.31	8 号箱
105	CJP–82	T(–1.5，–7.5)	深约 4cm	HPD–42 花朵上的残花瓣，HPD–42 未提取	放于 M1E8	2015.09.07	30 号箱
106	CJP–83	T(–4.5，–2.5)	深约 9cm	HPD–105 花朵上的残花瓣，HPD–105 未提取	放于 M1D8	2015.09.07	30 号箱
107	CJP–84	T(8，–7)	深约 10.5cm	HPD–62 花朵上的残花瓣	放于 M1B8	2015.09.07	30 号箱
108	CJP–85	T(–4，–6.5)	深约 9cm	HPD–92 花朵上的残花瓣	放于 M1B4	2015.09.07	30 号箱
109	CJP–86	T(3，9)	深约 9cm	HPD–1 花朵残金片，HPD–1 经拼对之后发现至少有两朵花组成，已拼成部分包埋，剩余部分编为 CJP–86	放于螺口瓶	2015.09.07	5 号箱
110	CJP–87	T(6.5，6.5)	深约 15.5cm	HPD–133 花朵上的残金属片	放于螺口瓶	2015.09.08	5 号箱
111	CJP–88	T(–1.5，–6.5)	深约 8cm	HPD–114 上的残碎花瓣	放于 M3B6	2015.09.21	8 号箱
112	CJP–89	T(0.5，5.5)	深约 9cm	HPD–84 上的残碎花瓣	放于 M3C6	2015.09.21	8 号箱
113	LL–1	T(1，5)	深约 1.5cm	圆片状，完全风化，保存状况较差	放于 M1D7	2015.06.09	30 号箱
114	LL–2	T(0.5，1)	深约 7cm	一面带有一层金箔	放于 S2F3	2015.07.16	8 号箱
115	LL–3	T(–4.5，2.5)	深约 13.5cm	桃形琉璃花蕊	放于螺口瓶	2015.07.16	5 号箱
116	LL–4	T(–3，1.5)	深约 3cm	圆片状，白色	已包埋	2015.06.18	25 号箱
117	CLL–1	T(5，–4)	深约 1cm	疑为玻璃残片，黄绿色，分为两部分	放于 S1D3	2015.05.15	8 号箱
118	CLL–2	第二枚博鬓表面	深约 1.5cm	清理掉落琉璃残样	放于 M1C6	2015.06.02	30 号箱

续表

序号	样品编号	样品坐标	深度	样品描述	存放位置	发掘日期	箱号
119	CLL-3	T(0，0)	深约 1cm	圆片状，表面有金箔，残损	放于 S1C7	2015.05.30	8 号箱
120	CLL-4	T(1，4)	深约 1cm	完全风化为粉末状，仅残留一圆形区域痕迹	放于 S1D7	2015.06.09	8 号箱
121	CLL-5	T(1.5，1)	深约 2cm	残碎琉璃片	放于 S1C9	2015.06.19	8 号箱
122	CLL-6	T(2.5，0)	深约 2cm	花瓣形琉璃片，残缺	放于 M2C2	2015.06.19	31 号箱
123	CLL-7	T(−1，1)	深约 3cm	残琉璃，形状不规则	放于 S1E9	2015.06.21	8 号箱
124	CLL-8	T(0，3)	深约 3cm	残琉璃片，形状不规则，风化严重，根据痕迹看，原来是圆片	放于 S1D10	2015.06.21	8 号箱
125	CLL-9	T(−3，−4.5)	深约 5cm	花瓣形，表面白色，内部浅绿色	放于 M2C1	2015.06.17	31 号箱
126	CLL-10	T(−1，−0.5)	深约 8cm	风化严重的残琉璃片	放于 S2C5	2015.08.12	8 号箱
127	CLL-11	T(8，−6)	深约 15cm	琉璃质，根据出土位置看应属于 HPD-134 花蕊处，因出土时已脱落，其与 HPD-134 的连接关系不明	放于螺口瓶	2015.08.05	5 号箱
128	WZ-1	T(−4.5，1.5)	深约 0.5cm	长条状，绿色，材质不明	放于 S1D2	2015.02.05	8 号箱
129	WZ-2	T(9，8)—T(10，9)	深约 0.5cm	长条状，类似 WZ-1，粘于疑似博鬓上	放于 M1D2	2015.04.03	30 号箱
130	WZ-3	T(−1，5)	深约 0.5cm	长条状，残断，类似 WZ-1、2	放于 M1B3	2015.04.18	30 号箱
131	WZ-4	T(3，6)	深约 0.5cm	疑似漆痕	放于尿样杯	2015.04.18	7 号箱
132	WZ-5	T(2.5，6)- T(4，6)	深约 0.5cm	与 WZ-1、2、3 类似	放于 M1C3，中科大检测	2015.04.18	
133	WZ-6	位于 T(2，−5) 的表面	深约 0cm	约呈球形，直径约 1mm 左右，铁锈色	放于 S1E3	2015.05.07	8 号箱
134	WZ-7	T(7，−3)，T(6，−2)	深约 0cm	长条状，类 WZ-1	放于 S1F3	2015.05.16	8 号箱
135	WZ-8	T(5，−12)	深约 1cm	铁质，长条状，两截，铁钉？	放于尿样杯	2015.05.16	7 号箱

续表

序号	样品编号	样品坐标	深度	样品描述	存放位置	发掘日期	箱号
136	WZ-9	T(1，1)—T(3，2)	深约 0 — 3cm	长条状，取下一部分，另一部分在两博鬓之间冠缘上未取下	放于 S1C12	2015.06.19	8 号箱
137	WZ-10	T(0，-7)	深约 1.5cm	圆锥形，似骨质或象牙类	放于尿样杯	2015.05.21	7 号箱
138	WZ-11	T(0，-7)	深约 1cm	形状不规则，残损，类骨质，是否与 WZ-10 有关?	放于螺口瓶	2015.05.23	20 号箱
139	WZ-12	T(-1，-7)	深约 1.5cm	球形，疑为玻璃珠，已破碎，直径约 2mm	放于 S1F4	2015.05.24	8 号箱
140	WZ-13	T(2，-2)	深约 1cm	长条状，象牙或骨质	放于 M1E6	2015.06.05	30 号箱
141	WZ-14	T(-1，7)—T(-1，6)	深约 2cm	长条状，骨质?	放于 M1A9	2015.06.11	30 号箱
142	WZ-15	T(-3，6)	深约 2cm	形状不规则，可能是金属	放于 M1B9	2015.06.11	30 号箱
143	WZ-16	T(-2，4)	深约 1.5cm	形状不规则，灰绿色痕迹，性质不明	放于 M1C9	2015.06.13	30 号箱
144	WZ-17	T(-1，4)—T(0，3)	深约 3cm	长条状，断裂，疑为骨质或象牙	放于 S1B9	2015.06.19	8 号箱
145	WZ-18	T(0，-4)	深约 2cm	位于 HPD-64 花瓣花蕊的位置，怀疑是珍珠	放于 S1A12	2015.06.24	8 号箱
146	WZ-19	T(-5，-0.5)	深约 10.5cm	位于 HPD-100 花瓣花蕊的位置，怀疑是珍珠	放于 S2B2	2015.07.07	8 号箱
147	WZ-20	V 区	深约 9cm	散落的未知物，疑为铜锈	放于 S2A4	2015.07.22	8 号箱
148	WZ-21	V 区	深约 7cm	散落的未知物，疑为铜锈	放于螺口瓶	2015.07.23	20 号箱
149	WZ-22	T(10，2.5)	深约 15cm	未知样品，椭圆形	放于 S2A6	2015.08.04	8 号箱
150	HK-1	I 区	深约 3 — 4cm	盒子金属边框的一部分，上有一木条相连，具体连接方法尚不明，另外还有一小截与主体断裂分离，可拼合		2015.02.05	14 号箱
151	HK-2			从 HK-1 上清理下来的土样	放于 100ml 螺口瓶	2015.03.20	9 号箱

续表

序号	样品编号	样品坐标	深度	样品描述	存放位置	发掘日期	箱号
152	PD–1	T(–4，7)	深约 1.5cm	铜泡钉，尾部缺失	放于尿样杯	2015.01.21	28 号箱
153	PD–2	T(–7.5，–0.5)	深约 1.5cm	铜泡钉，形貌完整	已做分析	2015.02.06	
154	PD–3	T(–3，7)	深约 1cm	满布绿锈，尾部形貌不清	放于尿样杯	2015.02.10	28 号箱
155	PD–4	T(–8，–1)	深约 2cm	位于灯上，尾部缺失	放于尿样杯	2015.02.10	28 号箱
156	PD–5	T(7，8)	深 3cm	基本完整，表面覆盖蓝绿色锈	放于尿样杯	2015.03.10	28 号箱
157	PD–6	T(10，6)	深约 1cm	铜泡钉，圆头向上	放于尿样杯	2015.03.27	28 号箱
158	PD–7	T(5，8)	深约 1cm	铜泡钉，较完整	放于尿样杯	2015.03.30	28 号箱
159	PD–8	T(9，6)	深约 3cm	尖端断裂	放于尿样杯	2015.03.30	28 号箱
160	PD–9	T(–3，7)	深约 2cm	整体形貌较完整	放于尿样杯	2015.04.17	28 号箱
161	PD–10	T(10，2)	深约 0cm	铜泡钉，满布绿锈，尾部缺失	放于尿样杯	2015.05.09	28 号箱
162	PD–11	T(–3，–8)	深约 1cm	南北向平躺，头朝北	放于尿样杯	2015.05.14	28 号箱
163	PD–12	T(3，–11)	深约 1.5cm	铜泡钉，满布绿锈，尖端缺失	放于尿样杯	2015.05.16	28 号箱
164	PD–13	T(–2，–9)	深约 2cm	泡钉一枚	放于尿样杯	2015.05.21	28 号箱
165	PD–14	T(–2，8)	深约 10cm	铜泡钉，满布绿锈，尾部缺失	放于尿样杯	2015.06.16	28 号箱
166	PD–15	T(–1.5，4)	深约 16cm	铜泡钉，尾部缺失	放于尿样杯	2015.07.15	28 号箱
167	PD–16	T(0，–6)	深约 14cm	铜泡钉，满布绿锈	未提取		
168	XL–1			香炉主体，五足尖顶，锈蚀严重，一侧已剥离，露出大面积绿色粉状锈。其上可见织物或羽毛的痕迹		2015.02.10	46 号箱

续表

序号	样品编号	样品坐标	深度	样品描述	存放位置	发掘日期	箱号
169	XL–2			香炉残块	放于尿样杯	2015.02.10	7 号箱
170	XL–3			提取香炉时，剩余的锈渣及土样	放于尿样杯	2015.02.10	7 号箱
171	XL–4			香炉上清理下来的锈	放于 100ml 螺口瓶	2015.03.05	9 号箱
172	XL–5			香炉上清理下来的土样，两瓶	放于 100ml 螺口瓶	2015.03.05	9 号箱
173	DT–1			灯台主体		2015.02.10	45 号箱
174	DT–2			灯台残块	放于尿样杯	2015.02.10	7 号箱
175	DT–3			灯台上清理下来的锈渣	放于 100ml 螺口瓶	2015.02.10	9 号箱
176	DT–4			灯台上清理下来的土样	放于 100ml 螺口瓶	2015.03.16	9 号箱
177	TY–1	T(–12.5，–7)，T(–3，–9)，T(–3，0)，T(–11.5，0)	I 区	土样	放于 500ml 螺口瓶	2015.01.19	32 号箱
178	TY–2	T(–11.5，0)，T(–3，0)，T(–3，8)，T(–11，6)	II 区	土样	放于 500ml 螺口瓶	2015.01.20	32 号箱
179	XH–TYI–1	T(–12.5，–7)，T(–3，–9)，T(–3，0)，T(–11.5，0)	I 区	土样	放于 100ml 螺口瓶	2015.01.19	9 号箱
180	XH–TYI–2	T(–12.5，–7)，T(–3，–9)，T(–3，0)，T(–11.5，0)	I 区	土样	放于 500ml 螺口瓶	2015.01.19	32 号箱
181	XH–TY Ⅱ –1	T(–11.5，0)，T(–3，0)，T(–3，8)，T(–11，6)	II 区	浅色土	放于 5ml 螺口瓶	2015.01.20	20 号箱
182	XH–TY Ⅱ –2	T(–11.5，0)，T(–3，0)，T(–3，8)，T(–11，6)	II 区	深色土	放于 500ml 螺口瓶	2015.01.20	33 号箱
183	TY–3a	T(4，2)，T(13，2)，T(4，9)，T(12，11)	深约 2cm 左右	土样	放于 500ml 螺口瓶	2015.03.30	33 号箱
184	TY–3b	T(4，2)，T(13，2)，T(4，9)，T(12，11)	深约 2—4cm	均为分层的匀质细土	放于 500ml 螺口瓶	2015.03.30	33 号箱

续表

序号	样品编号	样品坐标	深度	样品描述	存放位置	发掘日期	箱号
185	TY-3c	T(4，2)，T(13，2)，T(4，9)，T(12，11)	深 4—7cm	匀质黄土，细沙质	放于 500ml 螺口瓶	2015.03.31	34 号箱
186	TY-3d	T(4，2)，T(13，2)，T(4，9)，T(12，11)	深 7—10cm	匀质、匀净的黄土，细沙质，在此层发现一条金属框暴露，可能是冠饰框架	中科大检测	2015.03.31	
187	TY-3e	T(4，2)，T(13，2)，T(4，9)，T(12，11)	深 10—12cm	匀质、匀净的黄土	放于 250ml 螺口瓶	2015.04.01	34 号箱
188	TY-3f	T(4，2)，T(13，2)，T(4，9)，T(12，11)	深 12—14cm 以下	土样	放于 500ml 螺口瓶	2015.08.03	34 号箱
189	TY-3g	T(4，2)，T(13，2)，T(4，9)，T(12，11)	深 14cm 以下	土样	放于 500ml 螺口瓶	2015.08.03	35 号箱
190	TY-4a	T(4，9)，T(4，0)，T(-3，0)，T(-3，10)	深约 1cm	土样	中科大检测	2015.04.01	
191	TY-4b ①	T(0，9)，T(4，9)，T(4，5)，T(1，5)	深约 1—2cm	土样	放于 1000ml 螺口瓶	2015.06.07	36 号箱
192	TY-4b ②	T(0，9)，T(1，5)，T(-3，5)，T(-3，10)	深约 2cm 以下	土样	放于 1000ml 螺口瓶	2015.06.12	36 号箱
193	TY-4b ③	T(1，5)，T(1，0)，T(-3，0)，T(-3，5)	深约 2cm 以下	土样	放于 1000ml 螺口瓶	2015.06.21	37 号箱
194	TY-4b ④	T(1，5)，T(4，5) T(4，0)，T(1，0)	深约 2cm 以下	土样	放于 500ml 螺口瓶	2015.07.07	35 号箱
195	TY-5a	T(4，0)，T(-3，0)，T(-3，-7)，T(4，-7)	深约 1cm	土样	中科大检测	2015.05.07	
196	TY-5b	T(4，0)，T(-3，0)，T(-3，-7)，T(4，-7)	深 1—2cm	土样	放于 500ml 螺口瓶	2015.05.21	35 号箱
197	TY-5c	T(4，0)，T(-3，0)，T(-3，-7)，T(4，-7)	深约 2cm 以下	土样	放于 500ml 螺口瓶	2015.05.28	38 号箱
198	TY-6a	T(4，-7)，T(4，2)，T(12，2)，T(12，-7)	深约 1cm	土样	放于 1000ml 螺口瓶	2015.05.09	37 号箱
199	TY-6b	T(4，-7)，T(4，2)，T(12，2)，T(12，-7)	深 1—3cm	土样	放于 1000ml 螺口瓶	2015.05.15	39 号箱

续表

序号	样品编号	样品坐标	深度	样品描述	存放位置	发掘日期	箱号
200	TY-6c	漆盒探沟	3cm	土样	放于 500ml 螺口瓶	2015.05.19	38 号箱
201	TY-6d	漆盒探沟	深 3—7cm	土样	放于 1000m 螺口瓶	2015.06.10	39 号箱
202	TY-6e	T(4，-7)，T(4，2)，T(12，2)，T(12，-7)	深 7—10cm	土样	放于 500ml 螺口瓶	2015.06.26	38 号箱
203	TY-6f	T(4，-7)，T(4，2)，T(12，2)，T(12，-7)	深度 10—15cm	土样	放于 500ml 螺口瓶	2015.07.16	40 号箱
204	TY-6g	T(4，-7)，T(4，2)，T(12，2)，T(12，-7)	深度 15cm 以下	土样	放于 500ml 螺口瓶	2015.08.03	40 号箱
205	TY-7a	T(-3，-7)，T(13，-7) 以西部分，深约 1cm；T(-3，-7)，T(-3，-11)，T(6，-11)，T(6，-8) 区域	深度 3cm 以下	土样	放于 1000ml 螺口瓶	2015.05.12	41 号箱
206	TY-7b	T(-3，-7)，T(13，-7) 以西部分	深度 1—3cm	土样	放于 500ml 螺口瓶	2015.05.16	40 号箱
207	TY-7c	T(-3，-7)，T(6，-8)，T(13，-7) 区域	深度 3cm 以下	土样	放于 1000ml 螺口瓶	2015.06.19	41 号箱
208	TY-8	T(6，-11)，T(13，-11)，T(13，-7)，T(6，-7) 区域	深度 5.5cm 以下	漆盒下的土样	放于 500ml 螺口瓶	2015.06.19	42 号箱
209	TY-9	T(4，-3)，T(4，-2)，T(11，0)，T(11，2)	深度 0.5cm 以下	博鬓 BB-2 下的土样	放于 500ml 螺口瓶	2015.08.03	42 号箱
210	TY-10	T(3，-3)，T(3，6)，T(4，-3)，T(4，6)	深度 1—6cm	冠框架内的土样	放于 500ml 螺口瓶	2015.08.03	42 号箱
211	QP-1	T(0，8)	深约 1cm	长条形漆皮，褐色，长约 2cm，宽约 0.8cm	中科大检测	2015.04.01	
212	QP-2	T(0，8)— T(4，7)	深约 1cm	长条形漆皮，黄褐色，长约 7cm，宽约 0.8cm	放于螺口瓶	2015.04.01	4 号箱
213	QP-3	T(1，7)— T(-2，8)	深约 1cm	长条形漆皮，色深，长约 4cm，宽约 0.7cm	放于螺口瓶	2015.06.11	4 号箱
214	QP-4	T(-7，9)— T(7.5，-7.5)	深约 6cm	长条状，两段，色深，漆皮表面有纺织品痕迹	中科大检测	2015.06.19	
215	SJ-1	T(3，-3)	深约 1cm	石质，片状，白色	放于尿样杯	2015.05.15	28 号箱

续表

序号	样品编号	样品坐标	深度	样品描述	存放位置	发掘日期	箱号
216	SJ–2	T(–1，–7)	深约 2cm	人形石饰件	放于 M1C5	2015.05.24	30 号箱
217	SJ–3	T(–1，0)	深约 1.5cm	三件石片饰件，其一件完整，形似玉珩	已包埋	2015.05.28	2 号箱
218	SJ–4	T(–4.5，–1.5)	深约 1cm	白色，锥形，尖端央有孔，未贯穿	放于螺口瓶	2015.02.04	5 号箱
219	SJ–5	T(–4，2)	深约 2cm	白色石质，形状像小人，是否为大花瓣的花蕊暂时未知	已包埋	2015.06.14	2 号箱
220	SJ–6	T(–3，–5.5)	深约 4cm	石质，白色，近圆形	放于 M2D1	2015.06.17	31 号箱
221	SJ–7	T(3，2)	深约 4.5cm	冠框架内部石质花蕊，圆锥柱形	放于螺口瓶	2015.08.03	20 号箱
222	SJ–8	T(–3.5，3.5)	深约 8cm	石质，小人头部位置，后经拼对，发现为 HPD–57 小人头部	已回粘	2015.06.18	
223	SJ–9	T(2，–3)	深约 1cm	白色不透明，近球形，直径约 5mm 左右	放于 M1E3	2015.05.15	30 号箱
224	QH	T(14，–4)，T(10，–12)，T(7，–11)，T(9，–5)	深约 3—6.5cm	大片漆皮痕迹，黑褐色，长方形，横向分成均匀三条，上有木箱搭扣		2015.05.16	43 号箱
225	QH–1	T(6.5，–8)，T(8，–8)，T(11.5，–5)，T(8.5，–4) 区域内	深约 5—7cm	冠饰西北角的小漆盒残块	中科大检测	2015.05.16	
226	QH–2	T(6.5，–8)，T(8，–8)，T(11.5，–5)，T(8.5，–4) 区域内	深约 5—7cm	漆盒提取后残留的金属搭扣	放于弹性膜盒	2015.06.21	10 号箱
227	XZ–1	T(4，–8)	深约 2cm	圆珠，似铁质，直径约 2mm	放于 S1A4	2015.05.19	8 号箱
228	XZ–2	T(1，–4.5)	深约 1cm	圆球，直径约 1mm，似铁质，铁锈色，其旁边不远还有一更小圆球（右下），一并收入 XZ–2	放于 S1C5	2015.05.26	8 号箱
229	XZ–3	T(0，–2)	深约 1cm 花瓣上	直径小于 1mm 与 XZ–2 类似	放于 S1D5	2015.05.27	8 号箱
230	XZ–4	T(–1，–2)	深约 1.5cm 花瓣上	（与 XZ–3 同一朵花）	放于 S1E5	2015.05.27	8 号箱
231	XZ–5	T(–2，0)	深约 1.5cm	位于一有孔石片残片区域，同 XZ–3	放于 S1F5	2015.05.27	8 号箱

续表

序号	样品编号	样品坐标	深度	样品描述	存放位置	发掘日期	箱号
232	XZ-6	T(-1，0)	深约 1cm	位于 SJ-3 发现区域	放于 S1A6	2015.05.28	8 号箱
233	XZ-7	T(-3，-1)—T(0，-1) 区域内	深约 1.5cm	铁锈色小珠	放于 S1F6	2015.05.31	8 号箱
234	XZ-8	T(9，-2)	深约 1.5cm	博鬓上的小珠	放于 S1C6	2015.06.01	8 号箱
235	XZ-9	T(11，-2)	深约 1.5cm	博鬓尾部上的小珠	放于 S1D6	2015.06.01	8 号箱
236	XZ-10	Ⅳ区	深约 8cm	散落小珠	放于 S1A7	2015.06.07	8 号箱
237	XZ-11	T(-2，-3)	深约 2cm	花朵上散落的小珠	放于 S1D11	2015.06.24	8 号箱
238	XZ-12	T(2.5，-6)	深约 3cm	铁锈色小珠	放于 S1F11	2015.06.24	8 号箱
239	XZ-13	Ⅴ区	深约 4.5cm	JS-40 与 JS-39 之间散落的小珠	放于 S2E3	2015.07.21	8 号箱
240	XZ-14	T(-2.5，-6.5)	深约 11cm	小珠	放于 S2B4	2015.07.24	8 号箱
241	XZ-15	T(-3.5，-4.5)	深约 14cm	HPD-115 花朵上的小珠	放于 S2F4	2015.07.28	8 号箱
242	HPY-1	T(1，5)	深约 1cm	近圆形饰片，边缘略有缺损，已加固直径约 1cm	放于 M1C7	2015.06.08	30 号箱
243	HPY-2	T(-1，7)	深约 2cm	水滴形饰片，尖端部有一孔，完整	放于 M1C8	2015.06.11	30 号箱
244	HPY-3	T(0，-5)	深约 1cm	水滴形饰片	放于 M3D3	2015.06.15	8 号箱
245	HPY-4	T(-5，1)	深约 2cm	水滴形饰片，鎏金或贴金，完整	放于 M1E9	2015.06.14	30 号箱
246	HPY-5	T(1，3)	深约 2cm	水滴形饰片，完整	放于 M2B2	2015.06.19	31 号箱
247	HPY-6	T(0，1)	深约 2cm	水滴形饰片，边缘略有残损，尖端有小孔	放于 M2D2	2015.06.21	31 号箱
248	HPY-7	T(-1，3)	深约 2cm	近圆形饰片，边缘残碎	放于 M2E2	2015.06.21	31 号箱
249	HPY-8	T(0，3)	深约 3cm	水滴形饰片，残损	放于 M2A3	2015.06.21	31 号箱

续表

序号	样品编号	样品坐标	深度	样品描述	存放位置	发掘日期	箱号
250	HPY–9	T(–2，–5)	深约 4cm	近圆形，残损	放于 M2C8	2015.07.02	31 号箱
251	HPD–1	T(3，9)	深约 9cm	经拼对后发现，HPD–1 由至少两朵花组成，已拼成的花朵编为 HPD–1，剩余部分编为 CJP–86	已包埋	2015.06.07	1 号箱
252	HPD–2	T(3，3)	深约 2cm	大花片，圆锥柱石质花蕊，残损，与 SJ–4 相连，菊花形	已包埋	2015.06.10	15 号箱
253	HPD–3	T(5，–2)	深约 2cm	位于冠饰底缘边框与第二枚博鬓交叉下方，残损，可拼对，梅花形，花蕊白色石质小人，上身缺失，风化严重，形状不明	放于尿样杯	2015.06.11	6 号箱
254	HPD–4	T(0，6)	深约 2cm	大花片中心有一琉璃质圆锥形花蕊，八瓣，圆瓣，从部断为两半	已包埋	2015.06.12	15 号箱
255	HPD–5	T(2，–9)	深约 2cm	大花朵，完整，已用纸加固，中心有孔	已包埋	2015.06.15	16 号箱
256	HPD–6	T(0，–6.5)	深约 1.5cm	大花朵，未见花蕊，中心有孔	未提取		
257	HPD–7	T(–0.5，–6.5)	深约 2cm	大花朵，花蕊为石质小人，上身缺失	未提取		
258	HPD–8	T(0，–5.5)	深约 1.5cm	大花朵，未见花蕊，中心有孔	未提取		
259	HPD–9	T(–1.5，–5)	深约 2cm	大花朵，花蕊为石质小人，小人脚下有 HPT–13 波浪形条形饰件	未提取		
260	HPD–10	T(–0.5，–2)	深约 2.5cm	大花朵，圆锥柱石质花蕊	未提取		
261	HPD–11	T(–2，–1.5)	深约 2.5cm	大花朵，未见花蕊，中心有孔	未提取		
262	HPD–12	T(–0.5，–1)	深约 2.5cm	大花朵，圆锥形琉璃花蕊	未提取		
263	HPD–13	T(–2，4)	深约 3.5cm	残碎大花片，圆瓣	放于尿样杯	2015.06.13	6 号箱
264	HPD–14	T(0.5，7.5)	深约 6cm	花蕊为圆锥柱石质，八瓣花，花瓣内壁蓝绿掺杂，花瓣完整，已加固	已包埋	2015.06.18	16 号箱
265	HPD–15	T(0，8)	深约 7cm	大花朵，花瓣完整，间未见花蕊，中心有孔	已包埋	2015.06.25	17 号箱

续表

序号	样品编号	样品坐标	深度	样品描述	存放位置	发掘日期	箱号
266	HPD-16	T(-0.5，8)	深约 8.5cm	大花朵，花瓣完整，桃形琉璃花蕊	已包埋	2015.06.25	17 号箱
267	HPD-17	T(-0.5，7)	深约 5cm	大花朵，残缺一瓣花瓣，桃形琉璃花蕊	已包埋	2015.06.26	17 号箱
268	HPD-18	T(-1.5，6.5)	深约 5cm	大花朵，花瓣完整，未见花蕊，中心有金属丝	已包埋	2015.06.26	17 号箱
269	HPD-19	T(-2.5，5.5)	深约 6cm	七瓣花，花瓣完整，圆锥形琉璃质花蕊	HPD-19、HPD-20、HPD-33、HPD-34、HPD-35、HPD-84、HPD-86、JS-52、JS-81 一同包埋	2015.07.10	44 号箱
270	HPD-20	T(-3，5)	深约 6cm	大花朵，花蕊位置有琉璃圆盘，之上有圆锥柱石质和小六瓣花，与 JS-81 相连	HPD-19、HPD-20、HPD-33、HPD-34、HPD-35、HPD-84、HPD-86、JS-52、JS-81 一同包埋	2015.07.13	44 号箱
271	HPD-21	T(-2，4)	深约 5cm	大花朵，花瓣完整，九瓣花，桃形琉璃花蕊，HPT-10 一端在花蕊下方，九瓣花	已包埋	2015.06.25	17 号箱
272	HPD-22	T(-3.5，4.5)	深约 7cm	大花朵，花瓣完整，九瓣花，未见花蕊，中心有金属丝，已加固	已包埋	2015.06.30	16 号箱
273	HPD-23	T(-4，5)	深约 8cm	花蕊为圆锥形琉璃质，表面微微泛绿，大花瓣完整，已加固，十五瓣花	已包埋	2015.06.18	16 号箱
274	HPD-24	T(-4，5)	深约 11cm	大花朵，八瓣花，花瓣基本完整，部分有残缺，未见花蕊，中心有金属丝	已包埋	2015.07.09	15 号箱
275	HPD-25	T(-4.5，3)	深约 10cm	大花朵，九瓣花，花瓣完整，未见花蕊，与金属丝相连	已包埋	2015.07.17	3 号箱
276	HPD-26	T(-5，1)	深约 8cm	大花朵，花瓣完整，圆锥柱石质花蕊	未提取		
277	HPD-27	T(-4.5，0.5)	深约 7cm	大花朵，花瓣完整，花蕊为石质小人	未提取		
278	HPD-28	T(-4，0)	深约 5cm	大花朵，花瓣完整，圆锥形琉璃花蕊	未提取		
279	HPD-29	T(-3，-0.5)	深约 5cm	大花朵，花瓣完整，花蕊为石质小人	未提取		

续表

序号	样品编号	样品坐标	深度	样品描述	存放位置	发掘日期	箱号
280	HPD–30	T(–3，–2)	深约 4cm	大花朵，花瓣完整，圆锥形琉璃花蕊	未提取		
281	HPD–31	T(–5.5，–1)	深约 7cm	大花朵，花瓣完整，圆锥柱石质花蕊	已包埋	2015.07.27	1 号箱
282	HPD–32	T(–1，5)	深约 5cm	大花朵，花瓣完整，花蕊为近圆形琉璃片，琉璃片上的中心有两片残损小花瓣和一小段金属丝	已包埋	2015.06.26	16 号箱
283	HPD–33	T(–1，7)	深约 7.5cm	大花朵，花瓣完整，表面有部分鎏金层，圆锥形琉璃花蕊，石质尾部有金属丝痕迹	HPD–19、HPD–20、HPD–33、HPD–34、HPD–35、HPD–84、HPD–86、JS–52、JS–81 一同包埋	2015.07.10	44 号箱
284	HPD–34	T(–1.5，7.5)	深约 9.5cm	大花朵，花瓣有残缺，花蕊为石质小人，风化严重，已风化剩下下半身	HPD–19、HPD–20、HPD–33、HPD–34、HPD–35、HPD–84、HPD–86、JS–52、JS–81 一同包埋	2015.07.10	44 号箱
285	HPD–35	T(–2，7)	深约 8.5cm	大花朵，花瓣有黑色土样	HPD–19、HPD–20、HPD–33、HPD–34、HPD–35、HPD–84、HPD–86、JS–52、JS–81 一同包埋	2015.07.10	44 号箱
286	HPD–36	T(–4，–4)	深约 7.5cm	大花朵，花瓣完整，圆锥形琉璃花蕊	HPD–36 与 HD–6 一起包埋	2015.07.24	17 号箱
287	HPD–37	T(–3.5，–5)	深约 5cm	大花朵，未见花蕊，花瓣已残缺不全	放于螺口瓶	2015.07.24	5 号箱
288	HPD–38	T(–3.5，–6)	深约 5cm	大花朵，花瓣完整，未见花蕊，中心有金属丝	已包埋	2015.07.24	3 号箱
289	HPD–39	T(–2.5，–7.5)	深约 4.5cm	大花瓣内壁表面有大面积贴金或鎏金，花蕊为圆锥柱石质，已与花瓣脱落，完整	已包埋	2015.06.18	15 号箱
290	HPD–40	T(–3，–5)	深约 5cm	大花朵，花瓣完整，花蕊为石质小人	未提取		
291	HPD–41	T(–2.5，–5.5)	深约 5cm	大花朵，花瓣完整，桃形琉璃花蕊	未提取		

续表

序号	样品编号	样品坐标	深度	样品描述	存放位置	发掘日期	箱号
292	HPD-42	T(-1.5，-7.5)	深约 4cm	大花朵，花瓣边缘部分残缺，内壁有鎏金，琉璃质圆锥形花瓣	未提取	2015.07.17	
293	HPD-43	T(-3.5，5.5)	深约 9cm	大花朵，花瓣完整，圆锥形琉璃花蕊	HPD-43、HPD-93 一起包埋	2015.07.13	2 号箱
294	HPD-44	T(-3，3.5)	深约 6cm	花瓣完整，裂为两半，桃形琉璃花蕊	已包埋	2015.07.01	15 号箱
295	HPD-45	T(6，-7.5)	深约 5cm	大花朵，未见花蕊，边缘残缺，内壁有鎏金，中心有孔	已包埋	2015.06.28	1 号箱
296	HPD-46	T(3.5，-8.5)	深约 6cm	大花朵，花瓣完整，未见花蕊，中心有孔	已包埋	2015.07.13	3 号箱
297	HPD-47	T(2.5，-8)	深约 5cm	大花朵，未见花蕊，边缘残缺，内壁有鎏金，中心有孔	已包埋	2015.07.06	16 号箱
298	HPD-48	T(1.5，-7.5)	深约 4.5cm	大花朵，花瓣完整，未见花蕊，中心有孔	已包埋		17 号箱
299	HPD-49	T(1，-7)	深约 4.5cm	大花朵，花瓣完整，未见花蕊，中心有孔	已包埋		17 号箱
300	HPD-50	T(-2.5，-0.5)	深约 4.5cm	大花朵，花瓣完整，HPT-10 的一端在花蕊的位置，花蕊有黑色土样，怀疑有有机质	未提取		
301	HPD-51	T(-1，2.5)	深约 4cm	完整九瓣花，花蕊有黑色土样，怀疑有有机质，断裂，已加固	已包埋	2015.06.25	1 号箱
302	HPD-52	T(4.5，-8)	深约 6cm	大花朵，花瓣完整，未见花蕊，中心有金属丝	未提取		
303	HPD-53	T(5，-7)	深约 3cm	花瓣已残损，只剩下小面积，已加固	已包埋	2015.06.28	1 号箱
304	HPD-54	T(2.5，-7)	深约 3.5cm	大花朵，未见花蕊	放于尿样杯	2015.06.21	6 号箱
305	HPD-55	T(8.5，-6.5)	深约 7.5cm	大花朵，部分已残碎，未见花蕊	HPD-74 与 HPD-55 一起包埋，残样放于 M3D1	2015.06.28	17 号箱 8 号箱
306	HPD-56	T(11，-2.5)	深约 5.5cm	大花片，锈蚀严重，仅存鎏金层	已包埋	2015.06.21	16 号箱

续表

序号	样品编号	样品坐标	深度	样品描述	存放位置	发掘日期	箱号
307	HPD–57	T(–3.5，3.5)	深约 7.5cm	九瓣花，花瓣完整，花蕊为石质小人，小人头部缺失，后经拼对，SJ–8 为缺失部分，已粘回	已包埋	2015.08.14	3 号箱
308	HPD–58	T(–4.5，–1.5)	深约 8cm	大花朵，九瓣花，花瓣完整，桃形琉璃花蕊	未提取		
309	HPD–59	T(–2，2.5)	深约 6cm	大花朵，八瓣花，花瓣完整，未见花蕊，中心有金属丝	未提取		
310	HPD–60	T(–5，–1.5)	深约 9.5cm	大花朵，九瓣花，花瓣完整，圆锥柱石质花蕊	未提取		
311	HPD–61	T(–3，–4)	深约 3cm	大花朵，花瓣完整，桃形琉璃花蕊	未提取		
312	HPD–62	T(8，–7)	深约 10.5cm	大花朵，残损，未见花蕊	HPD–62 与 HPD–63 一起包埋	2015.06.28	17 号箱
313	HPD–63	T(8.5，–7)	深约 13cm	大花朵，已残断，未见花蕊	HPD–62 与 HPD–63 一起包埋	2015.06.28	17 号箱
314	HPD–64	T(0，–4)	深约 2cm	大花朵，花瓣完整，花蕊有珍珠壳和小六瓣花	未提取		
315	HPD–65	T(–2.5，–2.5)	深约 3cm	大花朵，九瓣花，花瓣完整，圆锥形琉璃花蕊，花瓣上有一小六瓣花	未提取		
316	HPD–66	T(–3，–2)	深约 3cm	大花朵，花瓣完整，圆锥柱石质花蕊	未提取		
317	HPD–67	T(–3，–1)—T(–3.5，–1)	深约 3cm	大花朵，锈蚀严重，已碎裂，上有波浪状条形饰件，已残碎	放于螺口瓶	2015.07.16	5 号箱
318	HPD–68	T(1.5，–6)	深约 4.5cm	大花朵，半片已残断，未见花蕊，中心有孔	已包埋	2015.06.30	15 号箱
319	HPD–69	T(2.5，–5.5)	深约 4.5cm	大花朵，边缘残损，未见花蕊，中心有孔	已包埋	2015.06.30	18 号箱
320	HPD–70	T(3，–8.5)	深约 12cm	大花朵，边缘残损，未见花蕊，中心有孔	未提取		
321	HPD–71	T(4.5，–9)	深约 18cm	大花朵，残损，表面鎏金或贴金，中心有孔	已包埋	2015.06.25	16 号箱
322	HPD–72	T(4.5，–8)	深约 14cm	大花朵，未见花蕊，中心有金属丝	已包埋	2015.08.01	1 号箱

续表

序号	样品编号	样品坐标	深度	样品描述	存放位置	发掘日期	箱号
323	HPD-73	T(0，-5.5)	深约 4.5cm	大花朵，花瓣完整，花蕊有琉璃质圆盘和小六瓣花	未提取		
324	HPD-74	T(6.5，-7.5)	深约 10cm	大花朵，花瓣有一部分残损，圆锥柱石质花蕊	HPD-74 与 HPD-55 一起包埋	2015.06.28	17 号箱
325	HPD-75	T(-2，3.5)	深约 8cm	大花朵，断裂，花蕊有黑色土样，怀疑是有机质，花朵已加固	已包埋	2015.07.06	16 号箱
326	HPD-76	T(4，-7.5)	深约 12cm	大花朵，花瓣边缘残损，未见花蕊	未提取		
327	HPD-77	T(5，-7.5)	深约 14— 12cm	大花朵，一瓣缺损，与 JS-104 相连，花蕊位置的金属丝呈环形	已包埋	2015.07.16	1 号箱
328	HPD-78	T(5.5，-7)	深约 9.5cm	大花朵，一半残碎，一半完整，内壁有鎏金，未见花蕊	已包埋	2015.07.13	1 号箱
329	HPD-79	T(1.5，7.5)	深约 13cm	大花朵，花瓣有一部分残缺，未见花蕊	放于尿样杯	2015.06.27	6 号箱
330	HPD-80	T(0，7)	深约 12cm	大花朵，花瓣有一部分残缺，未见花蕊	放于尿样杯	2015.06.27	6 号箱
331	HPD-81	T(-3，-5.5)	深约 9cm	大花朵，花瓣完整，圆锥形琉璃花蕊	未提取		
332	HPD-82	T(3.5，-8)	深约 11.5cm	大花朵，花瓣有一部分残缺，未见花蕊	未提取		
333	HPD-83	T(6.5，-7)	深约 13.5cm	大花朵，半片花瓣，未见花蕊	已包埋	2015.06.28	15 号箱
334	HPD-84	T(0.5，5.5)	深约 9cm	大花朵，出土时倒置，未见花蕊，花瓣断裂，已拼接加固	HPD-19、HPD-20、HPD-33、HPD-34、HPD-35、HPD-84、HPD-86、JS-52、JS-81 一同包埋	2015.06.29	44 号箱
335	HPD-85	T(1.5，7)	深约 14cm	大花朵，未见花蕊，边缘残损，与 JS-68 相连	已包埋	2015.06.29	15 号箱
336	HPD-86	T(-2，3.5)	深约 10cm	大花朵，未见花蕊，JS-52 穿过花瓣边缘	HPD-19、HPD-20、HPD-33、HPD-34、HPD-35、HPD-84、HPD-86、JS-52、JS-81 一同包埋	2015.07.13	44 号箱

续表

序号	样品编号	样品坐标	深度	样品描述	存放位置	发掘日期	箱号
337	HPD-87	T(5.5，6.5)	深约 15.5cm	大花朵，花瓣残碎，未见花蕊	放于尿样杯	2015.06.30	6 号箱
338	HPD-88	T(-0.5，5.5)	深约 14.5cm	大花朵，花瓣完整，未见花蕊，内壁有鎏金，中心有孔	已包埋	2015.07.13	15 号箱
339	HPD-89	T(-0.5，-6.5)	深约 8cm	九瓣花，内壁有鎏金，未见花蕊，中心有孔	已包埋	2015.07.27	1 号箱
340	HPD-90	T(-2.5，-7)	深约 9cm	大花朵，花瓣完整，圆锥形琉璃花蕊，花蕊旁有小六瓣花 HPX-13，花瓣侧面有一条形饰件 HPT-16	HPD-90、HPX-13、HPT-16 一起包埋	2015.07.23	17 号箱
341	HPD-91	T(-3，-7)	深约 9cm	大花朵，花瓣基本完整，小部分脱落，圆锥形琉璃花蕊	HPD-91、HPD-92 一起包埋	2015.07.24	2 号箱
342	HPD-92	T(-4，-6.5)	深约 9cm	大花朵，花瓣基本完整，小部分脱落，桃形琉璃花蕊	HPD-91、HPD-92 一起包埋	2015.07.24	2 号箱
343	HPD-93	T(-2.5，4)	深约 11.5cm	大花朵，花瓣完整，石质小人花蕊	HPD-43、HPD-93 一起包埋	2015.07.13	2 号箱
344	HPD-94	T(-2，1)	深约 8cm	大花朵，九瓣花，花瓣完整，圆锥形琉璃花蕊	未提取		
345	HPD-95	T(-1.5，-2.5)	深约 5.5cm	大花朵，花瓣有一瓣脱落，未见花蕊，中心有金属丝	未提取		
346	HPD-96	T(-1，-1.5)	深约 6.5cm	大花朵，花瓣完整，花蕊为琉璃质圆盘	已包埋	2015.08.31	1 号箱
347	HPD-97	T(-2，2.5)	深约 9.5cm	大花朵，花瓣完整，未见花蕊，中心有孔	已包埋	2015.07.17	1 号箱
348	HPD-98	T(-4，-1.5)	深约 8cm	大花朵，花瓣完整，未见花蕊，中心有金属丝	未提取		
349	HPD-99	T(-4.5，-0.5)	深约 9.5cm	大花朵，花瓣完整，花蕊有黑色土质，HPT-15 的一端在花蕊	未提取		
350	HPD-100	T(-5，-0.5)	深约 10.5cm	大花朵，花瓣完整，花蕊有琉璃质圆盘、小六瓣花和珍珠	未提取		
351	HPD-101	T(-5，0)	深约 11.5cm	大花朵，花瓣边缘残损，未见花蕊，花蕊有黑色土质和金属丝	未提取		

续表

序号	样品编号	样品坐标	深度	样品描述	存放位置	发掘日期	箱号
352	HPD–102	T(–4.5，1.5)	深约 13.5cm	大花朵，未见花蕊，花蕊有黑色土质和金属丝	HPD–102 与 HD–8 一起包埋	2015.08.12	2 号箱
353	HPD–103	T(–4，–3)	深约 7cm	大花朵，花瓣完整，圆锥形琉璃花蕊	未提取		
354	HPD–104	T(–3.5，–3.5)	深约 7cm	大花朵，花瓣完整，桃形琉璃花蕊，有小段残损的条形饰件	未提取		
355	HPD–105	T(–4.5，–2.5)—T(–4.5，–3)	深约 9cm	大花朵，花瓣残损，花蕊有桃形琉璃花蕊和条形饰件	未提取		
356	HPD–106	T(–4.5，–3.5)	深约 8.5cm	大花朵，花瓣完整，花蕊为石质小人	未提取		
357	HPD–107	T(–5.5，–1.5)	深约 9.5cm	大花朵，花瓣完整，花蕊有黑色土质，，HPD–107 为 HPD–119 的花蕊，未提取	未提取		
358	HPD–108	T(–5，–2.5)	深约 10cm	大花朵，花瓣完整，未见花蕊，中心有金属丝	未提取		
359	HPD–109	T(–3，4)	深约 14cm	大花朵，花瓣残碎，未见花蕊	放于尿样杯	2015.07.10	6 号箱
360	HPD–110	T(–2，5)	深约 13cm	大花朵，花瓣完整，未见花蕊，中心有孔	已包埋	2015.07.13	3 号箱
361	HPD–111	T(–5.5，–3)	深约 11.5cm	大花朵，花瓣一瓣脱落，桃形琉璃花蕊	未提取		
362	HPD–112	T(2.5，–7.5)	深约 13cm	大花朵，花瓣完整，未见花蕊，中心有金属丝	未提取		
363	HPD–113	T(–0.5，5.5)	深约 15cm	大花朵，花瓣完整，未见花蕊，中心有孔	已包埋	2015.07.15	1 号箱
364	HPD–114	T(–1.5，–6.5)	深约 8cm	大花朵，已断裂，花瓣内壁有鎏金	已包埋	2015.07.23	1 号箱
365	HPD–115	T(–3.5，–4.5)	深约 10.5cm	大花朵，花瓣完整，未见花蕊，中心有孔	未提取		
366	HPD–116	T(–5.5，–2)	深约 12cm	大花朵，花瓣完整，未见花蕊，花蕊有黑色土质	未提取		
367	HPD–117	T(0.5，–6.5)	深约 10.5cm	大花朵，花瓣完整，花瓣倒置，是否有花蕊不明	未提取		

续表

序号	样品编号	样品坐标	深度	样品描述	存放位置	发掘日期	箱号
368	HPD-118	T(8.5，-4.5)	深约 14.5cm	大花朵，花瓣残碎，未见花蕊	放于尿样杯	2015.07.22	6 号箱
369	HPD-119	T(-5，-1.5)	深约 9.5cm	大花朵，HPD-119 是 HPD-107 的花托	未提取		
370	HPD-120	T(-1.5，-6.5)	深约 10cm	大花朵，花瓣完整，未见花蕊，中心有孔	未提取		
371	HPD-121	T(-2，-6)	深约 12cm	大花朵，花瓣完整，未见花蕊，中心有孔	未提取		
372	HPD-122	T(-2.5，-4)	深约 9cm	大花朵，花瓣完整，未见花蕊，中心有金属丝	未提取		
373	HPD-123	T(-0.5，-3)	深约 3cm	大花朵，花瓣完整，未见花蕊，中心有孔	未提取		
374	HPD-124	T(-1.5，-6.5)	深约 12cm	大花朵，花瓣断裂，已拼对加固，未见花蕊	已包埋	2015.08.01	1 号箱
375	HPD-125	T(-5，-2)	深约 14.5cm	花瓣已残碎，花蕊为石质小人，小人的上半身已缺失	放于尿样杯	2015.08.01	6 号箱
376	HPD-126	T(-4.5，-1.5)	深约 13.5cm	大花朵，花瓣完整，花蕊有琉璃质圆盘	未提取		
377	HPD-127	T(2.5，-7.5)	深约 14cm	大花朵，花瓣完整，未见花蕊，中心有金属丝	已回填	2015.08.02	
378	HPD-128	T(9.5，-6.5)	深约 14.5cm	大花朵，花瓣残损，花瓣倒置，是否有花蕊不明	未提取	2015.08.02	
379	HPD-129	T(-4.5，-2.5)	深约 15cm	大花朵，花瓣风化严重，留有鎏金层	未提取		
380	HPD-130	T(10.5，2)	深约 13.5cm	大花朵，花瓣完整，未见花蕊，中心有金属丝	未提取		
381	HPD-131	T(5.5，6.5)	深约 15cm	大花朵，花瓣完整，圆锥形琉璃花蕊	HPD-131 与 HPD-133 一起包埋	2015.08.10	2 号箱
382	HPD-132	T(4，6.5)	深约 14.5cm	大花朵，花瓣缺损，未见花蕊，中心有孔	已包埋	2015.08.04	1 号箱
383	HPD-133	T(6.5，6.5)	深约 15.5cm	大花朵，花瓣缺损，石质花蕊，风化严重，已无法识别形状	HPD-131 与 HPD-133 一起包埋	2015.08.10	2 号箱

续表

序号	样品编号	样品坐标	深度	样品描述	存放位置	发掘日期	箱号
384	HPD–134	T(8，–6)	深约 15cm	大花朵，花瓣缺损	已包埋	2015.08.05	1 号箱
385	HPD–135	T(10，2.5)	深约 16.5cm	大花朵，已残碎，未见花蕊	放于尿样杯	2015.08.05	6 号箱
386	HPD–136	T(9，3.5)	深约 16.5cm	大花朵，花瓣缺损，因花朵倒置，无法确定是否有花蕊	未提取		
387	HPD–137	T(8，4)	深约 16.5cm	大花朵，花瓣缺损，因花朵倒置，无法确定是否有花蕊	未提取		
388	HPD–138	T(7，–5)	深约 15.5cm	大花朵，已断裂，未见花蕊	已包埋	2015.08.05	1 号箱
389	HPD–139	T(0.5，4.5)	深约 16cm	大花朵，花瓣缺损，锈蚀严重，几乎只剩下鎏金层	已包埋	2015.08.05	3 号箱
390	HPD–140	T(8.5，–2.5)	深约 16.5cm	大花朵，花瓣完整，因花朵倒置，无法确定是否有花蕊	未提取		
391	HPD–141	T(9，–2)	深约 16cm	大花朵，花瓣完整，因花朵倒置，无法确定是否有花蕊	未提取		
392	HPD–142	T(9.5，–1.5)	深约 16cm	大花朵，花瓣完整，因花朵倒置，无法确定是否有花蕊	未提取		
393	HPD–143	T(3，6.5)	深约 15cm	大花朵，半片花瓣，未见花蕊，中心有孔	已包埋	2015.08.10	1 号箱
394	HPD–144	T(4，6.5)	深约 15cm	大花朵，花瓣已破碎，未见花蕊	放于尿样杯	2015.08.10	6 号箱
395	HPD–145	T(–1.5，–8)	深约 12cm	大花朵，花瓣缺损，内壁有鎏金，未见花蕊，中心有孔	已包埋	2015.08.01	1 号箱
396	HPD–146	T(6，6.5)	深约 16cm	大花朵，花瓣缺损，未见花蕊	已包埋	2015.08.10	1 号箱
397	HPD–147	T(–4.5，–0.5)	深约 12cm	大花朵，花瓣缺损，未见花蕊	未提取		
398	HPX–1	T(–1，–7)	深约 2cm	一六瓣花形饰片，直径约 8mm，鎏金或贴金	已包埋	2015.05.21	18 号箱
399	HPX–2	T(–1，7)	深约 2cm	小朵六瓣花，有一瓣脱落	已包埋	2015.06.11	18 号箱

续表

序号	样品编号	样品坐标	深度	样品描述	存放位置	发掘日期	箱号
400	HPX–3	T(–1，7)	深约 2cm	小朵六瓣花，完整，部有裂痕	已包埋	2015.06.11	18 号箱
401	HPX–4	T(–2，7)	深约 2cm	小朵六瓣花，完整	已包埋	2015.06.11	18 号箱
402	HPX–5	T(–1.5，4)	深约 1.5cm	小朵六瓣花，一瓣脱落	已包埋	2015.06.13	25 号箱
403	HPX–6	T(–3，2.5)	深约 3.5cm	小朵六瓣花，完整	已包埋	2015.06.18	18 号箱
404	HPX–7	T(–3，–4.5)	深约 3cm	小六瓣花，基本完整	已包埋	2015.06.23	25 号箱
405	HPX–8	T(0，–4)	深约 2cm	小六瓣花，残缺，叠压在 HPD–64 上	已包埋	2015.06.24	25 号箱
406	HPX–9	T(–2.2，–2.6)	深约 5cm	小六瓣花，完整	已包埋	2015.07.02	18 号箱
407	HPX–10	T(–2，–5.5)	深约 5cm	小六瓣花，断裂	已包埋	2015.07.02	18 号箱
408	HPX–11	T(–2.5，–5)	深约 5cm	两半小六瓣花残片	放于 S2C1	2015.07.02	8 号箱
409	HPX–12	T(–2.5，–4.5)	深约 5cm	残碎小六瓣花	放于 S2D1	2015.07.02	8 号箱
410	HPX–13	T(–2，–7.5)	深约 8cm	完整小六瓣花	HPD–90、HPX–13、HPT–16 一起包埋	2015.07.23	17 号箱
411	HPX–14	T(–5，–1)	深约 9.5cm	HPD–107 花蕊旁的小六瓣花，已残碎	放于 S2E2	2015.07.20	8 号箱
412	HPT–1	T(3，–8)—T(4.5，–8.5)	深约 2.5cm	波浪状条形饰件，断裂，已用纱布加固	已包埋	2015.06.15	19 号箱
413	HPT–2	T(–0.5，–2)—T(0.5，–0.5)	深约 2cm	波浪状条形饰件，已用纱布加固	已包埋	2015.06.15	19 号箱
414	HPT–3	T(–3.5，–1.5)—T(–2.5，–1)	深约 2cm	波浪状条形饰件，已用纱布加固	已包埋	2015.06.15	19 号箱
415	HPT–4	T(–4，0)—T(–3，1)	深约 2cm	波浪状条形饰件，断裂，已用纱布加固	已包埋	2015.06.15	19 号箱
416	HPT–5	T(2，1.5)—T(2，3)	深约 2cm	波浪状条形饰件，完整，断裂，已用纱布加固	已包埋	2015.06.15	19 号箱

续表

序号	样品编号	样品坐标	深度	样品描述	存放位置	发掘日期	箱号
417	HPT-6	T(-4，3)	深约 4.5cm	波浪状条形饰件，断成两截	已包埋	2015.06.13	19 号箱
418	HPT-7	T(-3.5，4)	深约 4cm	波浪状条形饰件	已包埋	2015.06.13	19 号箱
419	HPT-8	T(-3，1)—T(-3，3)	深约 2cm	波浪状条形饰件，完整	已包埋	2015.06.14	19 号箱
420	HPT-9	T(-3，4)	深约 4cm	波浪状条形饰件，断裂，表面鎏金或贴金	已包埋	2015.06.15	19 号箱
421	HPT-10	T(-2.5，4.5)—T(-3.5，4.5)	深约 5cm	波浪状条形饰件，完整，细尖端与 HPD-21 的石质花蕊下端似有一定的连接	已包埋	2015.06.25	17 号箱
422	HPT-11	T(-1.5，-8.5)—T(-0.5，-7)	深约 4.5cm	波浪状条形饰件，完整，细尖端与 HPD-7 的石质花蕊下端似有一定的连接	已包埋	2015.07.07	19 号箱
423	HPT-12	T(-2.5，-0.5)—T(-3.5，0.5)	深约 4—4.5cm	波浪状条形饰件	未提取		
424	HPT-13	T(-2.5，-4)—T(-0.5，-4.5)	深约 2cm	波浪状条形饰件	已包埋		2 号箱
425	HPT-14	T(-3，-5)—T(-2，-7)	深约 3—4cm	波浪状条形饰件，已断裂	已包埋	2015.06.24	2 号箱
426	HPT-15	T(-5.5，-1)—T(-4.5，-0.5)	深约 9.5—8.5cm	波浪状条形饰件，其较窄端叠压在较宽端下面，位于 HPD-99 花蕊处	放于螺口瓶	2015.09.15	5 号箱
427	HPT-16	T(-2，-7)—T(-1.5，-8)	深约 7.5—8.5cm	波浪状条形饰件，位于 HPD-90 花瓣的侧面	HPD-90、HPX-13、HPT-16 一起包埋	2015.07.23	17 号箱
428	TT-1	T(-8.5，0)	深约 2cm	土块，形貌特殊，呈小球状颗粒堆积	中科大检测	2015.01.21	
429	TT-2	T(-2，-1)	深约 1.5cm	花朵上中心位置一圆形区域内土样，色深，质地较周边疏松，边界明显，怀疑有纺织品	中科大检测	2015.06.01	
430	TT-3	T(-2.5，-0.5)	深约 2cm	描述同 TT-2，被 TT-2 所属花朵叠压	中科大检测	2015.06.01	
431	TT-4	T(5，-4)，T(5，-2)，T(10，0)，T(10，2)	深约 0—0.5cm	第二枚博鬓表面，清理土样	中科大检测	2015.06.02	
432	TT-5	T(4，-4)	深约 1cm	博鬓头部土样，上有紫红色不明痕迹	放于 M1D6，中科大检测	2015.06.05	

续表

序号	样品编号	样品坐标	深度	样品描述	存放位置	发掘日期	箱号
433	TT-6	T(2，-2)，T(2，3)，T(4，-2)，T(4，3)	深约 1cm	位于冠饰主体框架边缘的土样，含有木质，也可能含有冠饰装饰物的残留	中科大检测	2015.06.05	
434	TT-7	T(0，-2)，T(0，4)，T(4，-2)，T(4，4)	深约 1cm	两博鬓之间边框表面及四周	中科大检测	2015.06.09	
435	TT-8	T(-1，-7)	深约 6cm	大花片央花芯的灰黑色土样，可能含有有机物	放于 S1B8，中科大检测	2015.06.12	
436	TT-9	T(2.5，-11)，T(4，-11)，T(2.5，-10)，T(4，-10) 区域	深约 3.5cm	层状匀质土样	放于尿样杯	2015.06.13	29 号箱
437	TT-10	T(-4，1)	深约 2—4cm	层状土样	放于尿样杯	2015.06.14	29 号箱
438	TT-11	T(-2，7)	深约 9cm	土包含有黑色物质	放于 M2B1，中科大检测	2015.06.17	
439	TT-12	T(-4，-5)，T(-3.5，-5.5)，T(-3，-4.5)，T(-3.5，-3) 区域	深约 5.5cm	部分呈匀质层状，部分含黑色夹杂物	中科大检测	2015.06.17	
440	TT-13	T(-4.5，2.5)	深约 8.5cm	花蕊的土样，内部空洞，内壁呈灰黑色	中科大检测	2015.06.18	
441	TT-14	T(0，-10.5)，T(3，-10.5)，T(3，-9.5)，T(1，-9.5) 区域	深约 3.5—7.5cm	质硬，色深，黑褐色	中科大检测	2015.06.18	
442	TT-15	T(2.5，-10.5)，T(5，-10.5)，T(2.5，-9)，T(5，-9) 区域	深约 3.5—7.5cm	质硬，土含有黑褐色物质	中科大检测	2015.06.18	
443	TT-16	T(0，0)，T(2.5，0)，T(-0.5，5)，T(2.5，5) 区域	深约 2—7cm	两博鬓之间的冠饰边缘的三片水滴形饰件表面的土样	放于尿样杯	2015.06.19	29 号箱
444	TT-17	T(-2，1)	深约 4cm	位于 HPD-50 花朵上的土样，呈颗粒状，中心有一近圆形灰黑色区域	中科大检测	2015.06.21	
445	TT-18	T(-1，4)	深约 4cm	位于 HPD-51 花朵上的土样，中心有一近圆形灰黑色区域	中科大检测	2015.06.21	
446	TT-19	T(0，0)	深约 4.5cm	怀疑土样有有机物	放于 M2C3，中科大检测	2015.06.21	

续表

序号	样品编号	样品坐标	深度	样品描述	存放位置	发掘日期	箱号
447	TT–20	T(–2，2)	深约 4.5cm	怀疑土样有有机物	放于 M2D3，中科大检测	2015.06.21	
448	TT–21	T(–2.5，2.5)	深约 5.5cm	位于花朵的中心土样	中科大检测	2015.06.21	
449	TT–22	T(2，–3)	深约 2cm	怀疑土样有有机物	放于 M2E3，中科大检测	2015.06.21	
450	TT–23	T(3，–8.5)	深约 12cm	HPD–70 花蕊的土样	放于 M2B4	2015.06.25	31 号箱
451	TT–24	T(–0.5，7)	深约 5cm	位于 HPD–17 花朵的琉璃珠花蕊周围的土样，浅紫红色	放于 M2D4，中科大检测	2015.06.26	
452	TT–25	T(–0.5，7)—T(–1.5，6.5)	深约 5cm	HPD–15、HPD–16 花蕊及周围的土样，其含有紫红色土样	中科大检测	2015.06.26	
453	TT–26	T(–1，5)	深约 5cm	HPD–32 花朵上的土样	放于 M2E4	2015.06.26	31 号箱
454	TT–27	T(6，–6)，T(7，–6)，T(7，–7)，T(6，–7)	深约 11.5cm	怀疑含有有机质	放于尿样杯	2015.06.28	29 号箱
455	TT–28	T(2，–4.5)	深约 6cm	JS–44 周围的土样	放于尿样杯	2015.06.28	29 号箱
456	TT–29	T(1.5，5.5)	深约 13cm	Ⅳ区花树周围土样，怀疑有木质	放于尿样杯	2015.06.29	29 号箱
457	TT–30	T(7.5，–3.5)，T(7.5，–2.5)，T(8.5，–2.5)，T(8.5，–1)	深约 8.5—11cm	怀疑含有有机质	放于尿样杯	2015.06.30	29 号箱
458	TT–31	T(–2，3.5)	深约 8cm	HPD–75 花蕊的土样	放于 M2A8	2015.07.01	31 号箱
459	TT–32	T(–0.5，5.5)	深约 14.5cm	HPD–88 花蕊的特殊土样	放于 M2B8	2015.07.01	31 号箱
460	TT–33	T(2，–6)，T(2，–5)，T(3，–5)，T(3，–6)	深约 8cm	怀疑含有有机质	放于尿样杯	2015.07.06	29 号箱
461	TT–34	T(–5，0)	深约 11.5cm	HPD–101 花蕊的特殊土样	放于 M2D9	2015.07.07	31 号箱
462	TT–35	T(–4.5，1.5)	深约 13.5cm	HPD–102 花蕊的特殊土样，上有纺织品痕迹	放于螺口瓶	2015.07.07	5 号箱

续表

序号	样品编号	样品坐标	深度	样品描述	存放位置	发掘日期	箱号
463	TT–36	T(11，–2.5)	深约 7cm	HPD–56 花朵下的土样	放于尿样杯	2015.07.10	29 号箱
464	TT–37	T(2，–2)，T(4，–2)，T(2，4)，T(4，4)	深约 1—2cm	框架周围的土样	放于尿样杯	2015.07.10	29 号箱
465	TT–38	T(–5.5，–2)	深约 12cm	HPD–116 花蕊的土样	放于尿样杯	2015.07.21	29 号箱
466	TT–39	T(–2.5，–5.5)	深约 10cm	有布纹的土样	放于螺口瓶	2015.07.23	20 号箱
467	TT–40	T(–1.5，–5)	深约 2cm	HPD–9 的小人的土样	放于 M3A1	2015.07.24	8 号箱
468	TT–41	T(–3，–4.5)	深约 10cm	TT–39 布纹周围的土样，怀疑有织物	放于尿样杯	2015.07.24	29 号箱
469	TT–42	T(–5，–2)	深约 17cm	HPD–125 的土样	放于尿样杯	2.15.08.01	29 号箱
470	TT–43	T(10.5，2)	深约 13.5cm	HPD–130 花蕊的土样	放于螺口瓶	2.15.08.03	21 号箱
471	TT–44	T(5.5，6.5)	深约 15cm	HPD–131 花蕊旁的土样	放于螺口瓶	2.15.08.04	20 号箱
472	TT–45	T(0，–6)	深约 17.5cm	PD–15 周围的特殊土样	放于螺口瓶	2.15.08.06	20 号箱
473	TT–46	T(5.5，5)	深约 11cm	S6 树根周围的特殊土样	放于尿样杯	2015.08.10	29 号箱
474	TT–47	T(3，3.5)	深约 15cm	S7 树根周围的特殊土样	放于尿样杯	2015.08.14	29 号箱
475	TT–48	T(–3.5，–6)	深约 5cm	HPD–38 花蕊的土样	放于尿样杯	2015.08.24	7 号箱
476	TT–49	T(–2.5，–2.5)	深约 3cm	HPD–65 花蕊的土样	放于尿样杯	2015.08.24	7 号箱
477	TT–50	T(6.5，–4)	深约 12cm	S3 花树树根上的土样	放于尿样杯	2015.08.24	7 号箱
478	TT–51	T(5，–4)	深约 6cm	S4 花树树根周围的土样	放于尿样杯	2015.08.24	7 号箱
479	TT–52	T(6.5，–7.5)	深约 12.5cm	HD–3 上清理下的土样	放于 M3F5	2015.09.16	8 号箱

续表

序号	样品编号	样品坐标	深度	样品描述	存放位置	发掘日期	箱号
480	JS-1	T(-2.5，-0.5)	深约 2cm	TT-3 包裹的一段金属丝，可能是固定丝绒花芯的部分	放于 S1B6	2015.06.01	8 号箱
481	JS-2	T(3，9)	深约 10cm	残断金属丝，一端绕成环形，可能与 CJP-29 有关	放于 M1A7	2015.06.07	30 号箱
482	JS-3	T(2，8)	深约 9cm	残断金属丝，长约 1.5cm	放于 M1E7	2015.06.10	30 号箱
483	JS-4	T(1，7)	深约 8cm	残断金属丝，长约 3.3cm	放于 M1A8	2015.06.10	30 号箱
484	JS-5	T(-2，4)	深约 3.5cm	HPD-13 下面的残断金属丝，顶端弯成环状	放于 S1E8	2015.06.13	8 号箱
485	JS-6	T(-4.5，0)	深约 7cm	螺旋状金属丝	未提取		
486	JS-7	T(-1，4)	深约 4cm	位于 HPD-51 花朵上的中心位置，将花朵的 TT-18 取样后显露出来，穿过花朵中心	放于 S1E10	2015.06.21	8 号箱
487	JS-8	T(-2.5，2.5)	深约 5.5cm	位于花朵的中心，位于 TT-21 下	放于 S1F10	2015.06.21	8 号箱
488	JS-9	Ⅳ区	深约 5cm	HPD-32 旁边的散落金属丝，具体位置不明	放于 S1B12	2015.06.26	8 号箱
489	JS-10	T(1.5，4.5)—T(1，4.5)	深约 7.5—9.5cm	螺旋状金属丝	放于 M2A5	2015.06.27	31 号箱
490	JS-11	T(2，5)—T(0.5，6)	深约 7.5—9.5cm	螺旋状金属丝，从位置关系上看，看似与 HPD-17 相连	放于 M2B5	2015.06.27	31 号箱
491	JS-12	T(2，5.5)—T(1，7)	深约 8—9.5cm	螺旋状金属丝，从位置关系上看，看似与 HPD-15 相连	放于螺口瓶	2015.06.27	21 号箱
492	JS-13	T(2.5，5)—T(2.5，5.5)	深约 8.5—9.5cm	螺旋状金属丝，一端缠有一段属于 JS-12 的金属丝	放于螺口瓶	2015.06.27	21 号箱
493	JS-14	T(2.5，5.5)—T(1.5，7)	深约 10—11.5cm	螺旋状金属丝	已回粘	2015.06.29	
494	JS-15	T(0.5，4)—T(-1，4)	深约 8.5cm	螺旋状金属丝，已断裂	放于 M3F4	2015.06.27	8 号箱
495	JS-16	T(-1，4)	深约 7.5—11.5cm	残金属丝，从位置关系上看，看似 JS-16 与 HPD-32 相连	放于螺口瓶	2015.06.29	21 号箱

续表

序号	样品编号	样品坐标	深度	样品描述	存放位置	发掘日期	箱号
496	JS-17	T(1.5，5)—T(0.5，5.5)	深约 8.5—11.5cm	只取了部分残金属丝，主体未取出，后将剩余部分提取出来，与 HPD-84 相连，主体未提取	放于 M2C6	2015.06.28 2015.07.10	31 号箱
497	JS-18	T(2.5，5.5)—T(1，7)	深约 10.5—11.5cm	螺旋状金属丝	已回粘	2015.06.29	
498	JS-19	T(4，-5.5)	深约 5.5cm	残断螺旋状金属丝	放于 M2C5	2015.06.27	31 号箱
499	JS-20	T(7.5，-5)	深约 10.5cm	残断螺旋状金属丝	放于 S1D12	2015.06.27	8 号箱
500	JS-21	T(1.5，4.5)—T(1，5.5)	深约 11.5cm	只取了部分残金属丝，主体未取出，后将剩余部分提取出来，与 HD-7 相连	已回粘	2015.06.28	31 号箱
501	JS-22	T(3，5).—T(2.5，7)	深约 12cm	螺旋状金属丝	已回粘	2015.07.10	
502	JS-23	T(4.5，6.5).—T(4，7)	深约 12.5cm	螺旋状金属丝	放于螺口瓶	2015.06.29	21 号箱
503	JS-24	T(4，7)—T(3.5，7.5)	深约 13.5cm	螺旋状金属丝	放于 M2D5	2015.08.25	31 号箱
504	JS-25	T(5，-6.5)—T(5，-4.5)	深约 6.5cm	残断金属丝，与 S4 树根相连	放于 M2B10	2015.06.27	31 号箱
505	JS-26	T(1，5)	深约 11cm	从位置关系上看，JS-26 为 JS-10、JS-11、JS-12、JS-13、JS-15 的发出端	放于 M2E5	2015.06.29	31 号箱
506	JS-27	T(6，-5.5)	深约 10cm	残断金属丝，提取部分	放于 M2E6	2015.06.27	31 号箱
507	JS-28	T(6.5，-4.5)	深约 11cm	螺旋状金属丝	放于螺口瓶	2015.06.28	20 号箱
508	JS-29	T(7，-5.5)	深约 12cm	残金属丝，具体所属关系不明	放于 M2A7	2015.07.16	31 号箱
509	JS-30	T(2，-5)	深约 6cm	残金属丝，具体所属关系不明	放于 S1E12	2015.08.01	8 号箱
510	JS-31	T(1.5，-4.5)	深约 6cm	残金属丝，具体所属关系不明	放于 S2A1	2015.06.28	8 号箱
511	JS-32	T(5.5，-5.5)—T(5.5，-7)	深约 9.5—11cm	残断螺旋状金属丝	放于 M2D7	2015.06.28	31 号箱
512	JS-33	T(6.5，-5.5)	深约 12.5cm	螺旋状金属丝	未提取	2015.06.28	

续表

序号	样品编号	样品坐标	深度	样品描述	存放位置	发掘日期	箱号
513	JS–34	T(7，–5.5)	深约 13cm	残断金属丝	放于 M3B4	2015.06.29	8 号箱
514	JS–35	T(7，–5)	深约 14cm	螺旋状金属丝	未提取		
515	JS–36	T(6.5，–4.5)—T(7.5，–5.5)	深约 13cm	残断金属丝，提取部分，主体未提取	放于 M2B7	2015.06.28	31 号箱
516	JS–37	T(–0.5，–4.5)—T(2.5，–3.5)	深约 4.5—6.5cm	螺旋状金属丝	未提取		
517	JS–38	T(0，–3.5)—T(2.5，–3.5)	深约 4—6.5cm	螺旋状金属丝，提取部分，主体未提取	放于 M3A2	2015.06.28	8 号箱
518	JS–39	T(–0.5，–2.5)—T(2.5，–3.5)	深约 4—6.5cm	螺旋状金属丝，提取部分，主体未提取	放于 M3B2	2015.07.21	8 号箱
519	JS–40	T(0.5，–2)—T(2.5，–3.5)	深约 5—6.5cm	螺旋状金属丝，提取部分，主体未提取	放于 M3C2	2015.07.21	8 号箱
520	JS–41	T(–0.5，–1.5)—T(2.5，–3.5)	深约 6.5cm	螺旋状金属丝	未提取		
521	JS–42	T(4.5，6)—T(3.5，6)	深约 11.5cm	螺旋状金属丝	放于螺口瓶	2015.07.21	5 号箱
522	JS–43	T(4.5，6)—T(4.6，5)	深约 11.5cm	螺旋状金属丝	放于螺口瓶	2015.08.25	5 号箱
523	JS–44	T(2，–4.5)	深约 6cm	残金属丝	放于 M2D6	2015.08.25	31 号箱
524	JS–45	T(7，–6.5)	深约 14.5cm	残断金属丝，提取部分	放于 M2C9	2015.06.28	31 号箱
525	JS–46	T(2，4.5)—T(1.5，5.5)	深约 11.5cm	螺旋状金属丝	已回粘	2015.07.10	
526	JS–47	T(2.5，5.5)—T(0，6)	深约 11.5—12cm	螺旋状金属丝	已回粘	2015.06.29	
527	JS–48	T(6，–4)—T(6.5，–5)	深约 14—13.5cm	螺旋状金属丝，属于 S3	放于 M3A3	2015.07.28	8 号箱
528	JS–49	T(0，3)	深约 10.5cm	残金属丝，具体所属关系不明	放于 M2C7	2015.06.29	31 号箱
529	JS–50	T(0.5，4)—T(0.5，4.5)	深约 8.5—12cm	螺旋状金属丝	放于螺口瓶		5 号箱

续表

序号	样品编号	样品坐标	深度	样品描述	存放位置	发掘日期	箱号
530	JS-51	T(-1.5，4)—T(1，3)	深约 7—13cm	螺旋状金属丝，与 HPD-22 相连	放于螺口瓶		4 号箱
531	JS-52	T(-1，5)—T(1，3)	深约 8.5—13cm	螺旋状金属丝，JS-52 穿过 HPD-86 花瓣边缘	HPD-19、HPD-20、HPD-33、HPD-34、HPD-35、HPD-84、HPD-86、JS-52、JS-81 一同包埋		44 号箱
532	JS-53	T(0，4.5)—T(1，3)	深约 11—13cm	螺旋状金属丝	未提取		
533	JS-54	T(-0.5，5.5)—T(1，3)	深约 11—13cm	螺旋状金属丝	未提取		
534	JS-55	T(0，5)—T(-2，5)	深约 12.5—13cm	金属丝与 HPD-110 相连	放于螺口瓶	2015.07.13	5 号箱
535	JS-56	T(4，-5)—T(5.5，-4.5)	深约 5—7cm	螺旋状金属丝	未提取		
536	JS-57	T(3.5，-5.5)—T(5.5，-4.5)	深约 5.5—7cm	螺旋状金属丝	未提取		
537	JS-58	T(3.5，-6)—T(5.5，-4.5)	深约 6—7cm	螺旋状金属丝	未提取		
538	JS-59	T(3.5，-6)—T(5.5，-4.5)	深约 8.5—7cm	螺旋状金属丝	未提取		
539	JS-60	T(5.5，-5)—T(5.5，-7)	深约 10.5—9.5cm	残断金属丝，与 HPD-78 相连	放于 S2C6	2015.08.26	8 号箱
540	JS-61	T(3.5，-6.5)	深约 8cm	残断金属丝，具体位置不明	放于 M2E8	2015.07.06	31 号箱
541	JS-62	T(0，3)	深约 11.5cm	螺旋状金属丝	放于 S2F9	2015.08.031	8 号箱
542	JS-63	T(1，3)—T(-2，5.5)	深约 13—13.5cm	螺旋状金属丝	放于螺口瓶	2015.07.13	5 号箱
543	JS-64	T(5.5，5)—T(6.5，5.5)	深约 11cm	螺旋状金属丝，只提取一部分，主体未提取	放于 M2E7	2015.06.30	31 号箱
544	JS-65	T(5.5，5)—T(5.5，6)	深约 11—14cm	螺旋状金属丝	未提取		
545	JS-66	T(5.5，5)—T(4，6.5)	深约 11—13.5cm	螺旋状金属丝，顶端金属丝呈麻花形	未提取		

续表

序号	样品编号	样品坐标	深度	样品描述	存放位置	发掘日期	箱号
546	JS-67	T(5.5，5)—T(3.5，6)	深约 11—13cm	条形金属丝	未提取		
547	JS-68	T(3，3.5)—T(1，6.5)	深约 15—12.5cm	螺旋状金属丝	未提取		
548	JS-69	T(3，3.5)—T(-0.5，4.5)	深约 15—14cm	螺旋状金属丝，顶端金属丝呈环形	未提取		
549	JS-70	T(0，-5)—T(2.5，-3.5)	深约 5.5—6.5cm	螺旋状金属丝，只提取一部分，主体未提取	放于 S2F7	2015.08.24	8 号箱
550	JS-71	T(-0.5，-4.5)—T(2.5，-3.5)	深约 4—6.5cm	螺旋状金属丝	未提取		
551	JS-72	T(2.5，-6)	深约 8cm	残断金属丝，所属关系不明	放于 M2A9	2015.07.06	31 号箱
552	JS-73	T(-3，3.5)	深约 6cm	残断金属丝，与 HPD-44 相连	放于 S2F1	2015.07.06	8 号箱
553	JS-74	T(-2，3)	深约 10cm	残断金属丝，所属关系不明	放于 M2B9	2015.07.07	31 号箱
554	JS-75	T(-1.5，3.5)—T(-2，3.5)	深约 11.5—10.5cm	螺旋状金属丝	放于螺口瓶	2015.07.13	21 号箱
555	JS-76	T(-2，3)—T(-2，3.5)	深约 11—12.5cm	螺旋状金属丝	放于 M3E3	2015.07.13	8 号箱
556	JS-77	T(1，3)—T(-3，3)	深约 13—9cm	螺旋状金属丝	未提取		
557	JS-78	T(1，3)—T(-3，4.5)	深约 13—10cm	螺旋状金属丝	未提取		
558	JS-79	T(1，3)—T(-2.5，5)	深约 13—11.5cm	螺旋状金属丝，与 HPD-93 相连	已回粘		
559	JS-80	T(1，3)—T(-3，4)	深约 13—12.5cm	螺旋状金属丝，与 HPD-109 相连	放于螺口瓶	2015.07.13	5 号箱
560	JS-81	T(1，3)—T(-2.5，4.5)	深约 13—9cm	螺旋状金属丝，与 HPD-20 相连	HPD-19、HPD-20、HPD-33、HPD-34、HPD-35、HPD-84、HPD-86、JS-52、JS-81 一同包埋		44 号箱
561	JS-82	T(-1.5，4.5)—T(-2.5，4.5)	深约 12—11.5cm	螺旋状金属丝	放于 M2A10	2015.07.13	31 号箱

续表

序号	样品编号	样品坐标	深度	样品描述	存放位置	发掘日期	箱号
562	JS-83	T(1，3)—T(-1.5，4)	深约 13—12cm	螺旋状金属丝，提取部分	放于 M3A4	2015.07.13	8 号箱
563	JS-84	T(-1，3.5)—T(-2，4)	深约 14.5cm	螺旋状金属丝	放于 M3F3	2015.07.14	8 号箱
564	JS-85	T(1，3)—T(-1.5，3.5)	深约 13—11.5cm	条形金属丝	未提取		
565	JS-86	T(1，3)—T(-2.5，3.5)	深约 13—15cm	螺旋状金属丝	未提取		
566	JS-87	T(1，3)—T(-3.5，2)	深约 13—14cm	螺旋状金属丝	未提取		
567	JS-88	Ⅵ区	深约 13—14cm	散落金属丝，具体位置不明	放于 M2C10	2015.07.16	31 号箱
568	JS-89	T(2，-5)—T(2.5，-4.5)	深约 9—9.5cm	螺旋状金属丝	未提取		
569	JS-90	T(2，-6)—T(2.5，-4.5)	深约 8—9.5cm	螺旋状金属丝	未提取		
570	JS-91	T(1，-6.5)—T(2.5，-4.5)	深约 8—9cm	条形金属丝	未提取		
571	JS-92	T(1.5，-7)—T(2.5，-5.5)	深约 12.5—10.5cm	螺旋状金属丝	未提取		
572	JS-93	T(3，-8.5)—T(2.5，-5)	深约 12—9cm	残断金属丝	未提取		
573	JS-94	T(3.5，-6.5)—T(2.5，-5)	深约 10—9cm	残断金属丝，主体未提取	放于 S2A8	2015.08.24	8 号箱
574	JS-95	T(-4，-1.5)	深约 8cm	HPD-98 花蕊的金属丝	放于 S2D2	2015.07.20	8 号箱
575	JS-96	T(2.5，-5)	深约 8.5cm	残断金属丝	放于 S2F2	2015.07.20	8 号箱
576	JS-97	T(3.5，-4.5)	深约 10cm	散落的残断金属丝	放于 S2A3	2015.07.20	8 号箱
577	JS-98	T(-1.5，-8.5)	深约 11.5cm	Ⅴ区散落的残金属丝	放于 S2C3	2015.07.20	8 号箱
578	JS-99	T(-1.5，-2)	深约 5.5cm	HPD-11 与 HPD-12 之间下面的金属丝	放于 S2D3	2015.07.20	8 号箱
579	JS-100	T(2.5，-4.5)—T(-1，-3.5)	深约 7.5—4.5cm	螺旋状金属丝，提取部分	放于 M3D2	2015.07.21	8 号箱

续表

序号	样品编号	样品坐标	深度	样品描述	存放位置	发掘日期	箱号
580	JS–101	T(2.5，–4.5)—T(–1.5，–2.5)	深约 7.5—5.5cm	螺旋状金属丝，提取部分，与 HPD–95 相连	放于 M3E2	2015.07.21	8 号箱
581	JS–102	T(2，–5)—T(0.5，–6.5)	深约 11—8cm	螺旋状金属丝，提取部分，主体未提取	放于 M2E10	2015.07.21	31 号箱
582	JS–103	T(2，–5)—T(1，–6.5)	深约 11—9cm	螺旋状金属丝	未提取		
583	JS–104	T(4，–7.5)—T(6，–5)	深约 11.5—12.5cm	螺旋状金属丝，与 HPD–77 相连	放于螺口瓶	2015.07.16	21 号箱
584	JS–105	T(2，–5)—T(0.5，–5.5)	深约 11—10cm	螺旋状金属丝	未提取		
585	JS–106	T(6.5，–5.5)—T(4.5，–7)	深约 12—11.5cm	螺旋状金属丝，可能与 HPD–72 相连	放于螺口瓶	2015.07.27	20 号箱
586	JS–107	T(6.5，–4)—T(5，–6.5)	深约 12—14cm	螺旋状金属丝，提取部分	放于 S2D5	2015.08.03	8 号箱
587	JS–108	T(6.5，–4)—T(7.5，–5.5)	深约 12—12.5cm	螺旋状金属丝，提取部分	放于 M3E1	2015.07.27	8 号箱
588	JS–109	T(6.5，–4)—T(9.5，–7.5)	深约 12—12.5cm	螺旋状金属丝	未提取		
589	JS–110	T(–3.5，–6)—T(–2.5，–6)	深约 10—10.5cm	螺旋状金属丝	放于 M3B1	2015.07.24	8 号箱
590	JS–111	T(5.5，–4.5)	深约 14.5cm	残断金属丝	放于 M3F1	2015.07.27	8 号箱
591	JS–112	T(6.5，–4)—T(7，–5)	深约 12—11.5cm	残断金属丝，属于 S3	放于 S2C4	2015.07.28	8 号箱
592	JS–113	T(6.5，–4)—T(4，–6)	深约 12—10cm	螺旋状金属丝	未提取		
593	JS–114	T(5，–6)	深约 11cm	残断金属丝，属于 S3	放于 S2D4	2015.07.28	8 号箱
594	JS–115	T(6.5，–4)—T(4，–5.5)	深约 12—11cm	螺旋状金属丝，提取一部分，属于 S3，主体未提取	放于 S2E4	2015.07.28	8 号箱
595	JS–116	T(6.5，–4)—T(4.5，–5.5)	深约 12cm	螺旋状金属丝	未提取		
596	JS–117	T(6.5，–4)—T(7.5，–4.5)	深约 12—13cm	螺旋状金属丝	未提取		
597	JS–118	T(6.5，–4)—T(9.5，–4)	深约 12—14.5cm	提取小部分残金属丝，主体未提取	放于 S2F5	2015.08.02	8 号箱

续表

序号	样品编号	样品坐标	深度	样品描述	存放位置	发掘日期	箱号
598	JS-119	T(-3.5，-5.5)	深约 10cm	HPD-81 花蕊旁的金属丝，穿过花瓣	放于 S2A5	2015.07.28	8 号箱
599	JS-120	T(4.5，-8)	深约 6cm	HPD-52 后的金属丝，	已回粘	2015.08.01	
600	JS-121	T(6.5，-4)—T(5.5，-5.5)	深约 12—15.5cm	残断金属丝，提取部分	放于 S2F6	2015.08.11	8 号箱
601	JS-122	T(6.5，-4)—T(5.5，-4.5)	深约 12—15.5cm	螺旋状金属丝	未提取		
602	JS-123	T(6.5，-4)—T(7.5，-4)	深约 12—13cm	螺旋状金属丝	未提取		
603	JS-124	T(6.5，-4)—T(7.5，-5)	深约 12—13cm	螺旋状金属丝，已加固	放于螺口瓶	2015.08.20	20 号箱
604	JS-125	T(8，-2)—T(8.5，-3)	深约 17cm	螺旋状金属丝	未提取		
605	JS-126	T(8.5，-0.5)—T(9.5，-1.5)	深约 17cm	螺旋状金属丝	未提取		
606	JS-127	T(8.5，0)—T(9.5，0)	深约 17cm	残断金属丝，提取部分	放于 S2D6	2015.08.07	8 号箱
607	JS-128	T(6，-5)，T(7，-5)T(6，-7)，T(7，-7)	深约 16.5cm	Ⅵ区散落金属丝	放于 S2E6	2015.08.07	8 号箱
608	JS-129	T(3，3.5)—T(4.5，5)	深约 15—16cm	螺旋状金属丝	未提取		
609	JS-130	T(3，3.5)—T(4.5，5.5)	深约 15—17cm	螺旋状金属丝	未提取		
610	JS-131	T(3，3.5)—T(4.5，6)	深约 15—17cm	螺旋状金属丝	未提取		
611	JS-132	T(3，3.5)—T(4，5.5)	深约 15—15.5cm	螺旋状金属丝	未提取		
612	JS-133	T(3，3.5)—T(3.5，5)	深约 15—15.5cm	条形金属丝	未提取		
613	JS-134	T(3，3.5)—T(3，5)	深约 15—15.5cm	条形金属丝	未提取		
614	JS-135	T(3，3.5)—T(2，6)	深约 15—16.5cm	螺旋状金属丝	未提取		
615	JS-136	T(3，3.5)—T(2.5，4.5)	深约 15—15.5cm	条形金属丝	未提取		

续表

序号	样品编号	样品坐标	深度	样品描述	存放位置	发掘日期	箱号
616	JS–137	T(3，3.5)—T(2，4)	深约 15—16cm	条形金属丝	未提取		
617	JS–138	T(3，3.5)—T(1.5，4)	深约 15—16.5cm	螺旋状金属丝	未提取		
618	JS–139	T(3，3.5)—T(1，3.5)	深约 15—16cm	螺旋状金属丝	未提取		
619	JS–140	T(3，3.5)—T(1，5.5)	深约 15—12.5cm	螺旋状金属丝	未提取		
620	JS–141	T(3，3.5)—T(0.5，4.5)	深约 15—13cm	螺旋状金属丝	未提取		
621	JS–142	T(3，3.5)—T(0，4)	深约 15—14cm	螺旋状金属丝，顶端金属丝呈环形	未提取		
622	JS–143	T(–0.5，–5.5)	深约 1.5cm	HPD–8 后的残断金属丝，HPD–8 未提取	放于 S2D7	2015.08.24	8 号箱
623	JS–144	T(0，–6.5)	深约 1.5cm	HPD–6 后的残断金属丝，HPD–6 未提取	放于 S2E7	2015.08.24	8 号箱
624	JS–145	T(6.5，–4)	深约 12cm	S3 花树树根周围散落金属丝，具体位置不明	放于 M3D4	2015.08.24	8 号箱
625	JS–146	T(2.5，–5.5)	深约 4.5cm	HPD–69 后的金属丝	放于 S2B8	2015.08.24	8 号箱
626	JS–147	T(3，–8.5)	深约 12cm	HPD–70 后的残断金属丝，HPD–70 未提取	放于 M3E4	2015.08.24	8 号箱
627	JS–148	T(5.5，5)	深约 11cm	S6 花树树根上的残碎金属丝	放于 M3E5	2015.08.25	8 号箱
628	JS–149	T(6，6.5)	深约 15.5cm	HPD–133 后的残断金属丝	放于 S2E8	2015.08.25	8 号箱
629	JS–150	T(7，–5)	深约 15.5cm	HPD–138 后的残断金属丝	放于 S2F8	2015.08.26	8 号箱
630	JS–151	T(–0.5，2.5)	深约 16.5cm	残断金属丝，所属关系不明	放于 S2A9	2015.08.31	8 号箱
631	JS–152	T(–1.5，–2)	深约 9cm	残断金属丝，所属关系不明	放于 S2B9	2015.08.31	8 号箱
632	JS–153	T(–4，–4.5)	深约 10.5cm	残断金属丝，所属关系不明	放于 S2C9	2015.08.31	8 号箱
633	JS–154	T(7.5，4.5)	深约 15cm	螺旋状金属丝	未提取		

续表

序号	样品编号	样品坐标	深度	样品描述	存放位置	发掘日期	箱号
634	JS-155	T(6.5，4)—T(6.5，5)	深约 15.5cm	螺旋状金属丝	未提取		
635	JS-156	T(6.5，4)—T(6.5，5.5)	深约 15.5—16cm	螺旋状金属丝	未提取		
636	JS-157	T(-2.5，-0.5)—T(-3，-1)	深约 9—5.5cm	螺旋状金属丝	未提取		
637	JS-158	T(-3，-0.5)	深约 9cm	螺旋状金属丝	未提取		
638	JS-159	T(-2.5，-0.5)—T(-3，1.5)	深约 9—6.5cm	螺旋状金属丝	未提取		
639	JS-160	T(-2.5，-0.5)—T(-3，2.5)	深约 9—6cm	螺旋状金属丝	未提取		
640	JS-161	T(-4.5，3)	深约 10cm	HPD-25 花朵后金属丝	放于 S1C4	2015.09.01	8 号箱
641	JS-162	T(-1，-1.5)	深约 6.5cm	HPD-96 花朵后金属丝	放于 S1C11	2015.09.01	8 号箱
642	JS-163	T(-0.5，5.5)	深约 15cm	HPD-113 花朵后金属丝	放于 S1B1	2015.09.01	8 号箱
643	JS-164	T(6.5，-7.5)	深约 12.5cm	HD-3 后面的金属丝，两根金属丝拧成麻花形	放于 M3A6	2015.09.16	8 号箱
644	FM-1	T(-5，-1)	深约 1cm	一片约 2×3cm 的白灰色粉末	放于 M1A2	2015.02.04	30 号箱
645	FM-2	T(-0.5，6.5)	深约 1.5cm	白色粉末，疑似方解石	放于 S1F7	2015.06.11	8 号箱
646	HD-1	T(-3.5，1)	深约 5cm	六瓣钿花，两花瓣之间有一圆环，共六个	未提取		
647	HD-2	T(-4.5，2)	深约 6.5cm	六瓣钿花，两花瓣之间有一圆环，共六个	放于弹性膜盒	2015.07.20	10 号箱
648	HD-3	T(6.5，-7.5)	深约 12.5cm	六瓣钿花，两花瓣之间有一圆环，共六个	放于弹性膜盒	2015.06.28	10 号箱
649	HD-4	T(-4.5，-2.5)	深约 7cm	六瓣钿花，两花瓣之间有一圆环，共六个	未提取		
650	HD-5	T(-2.5，-5)	深约 5.5cm	六瓣钿花，两花瓣之间有一圆环，共六个	未提取		
651	HD-6	T(-4.5，-5)	深约 8cm	六瓣钿花，两花瓣之间有一圆环，共六个	HPD-36 与 HD-6 一起包埋	2015.07.24	17 号箱

续表

序号	样品编号	样品坐标	深度	样品描述	存放位置	发掘日期	箱号
652	HD–7	T(–1.5，6)	深约 14cm	与 JS–21 相连，六瓣钿花，两花瓣之间有一圆环，共六个	放于弹性膜盒	2015.07.10	10 号箱
653	HD–8	T(–3.5，2)	深约 14cm	六瓣钿花，两花瓣之间有一圆环，共六个	HPD–102 与 HD–8 一起包埋	2015.08.12	2 号箱
654	HD–9	T(3.5，–8.5)	深约 12.5cm	六瓣钿花，两花瓣之间有一圆环，共六个	未提取		
655	FC–1	T(–10，–7)，T(–5，–6)，T(–5，–5.5)，T(–12，–6)	深约 2cm	无钗头，两个钗脚均有断裂	放于弹性膜盒	2015.01.20	23 号箱
656	FC–2	T(–5，–3)，T(–12，–3.5)，T(–5，–2)，T(–12，–2.5)	深约 2cm	钗头基本完整，保存完整，钗脚有断裂	放于弹性膜盒	2015.01.22	13 号箱
657	FC–3	T(–4，–2)，T(–11，–2)，T(–6，–1)，T(–11，–1)	深约 2cm	钗头基本完整，钗脚缺失、断裂	放于弹性膜盒	2015.01.28	13 号箱
658	FC–4	T(–3.5，0)，T(–10.5，0)，T(–3.5，1)，T(–10.5，1)	深约 2cm	钗头基本完整，钗脚断裂、缺失	放于弹性膜盒	2015.01.30	12 号箱
659	FC–1 锈			土和铜绿锈	放于 S3A1	2015.03.27	27 号箱
660	FC–1 棉			钗头与钗脚连接处发现少量棉花	放于 S3A2，已做分析	2015.03.27	27 号箱
661	FC–1 土样			钗上清理下来的土样	放于尿样杯	2015.04.25	26 号箱
662	FC–2 XQ1			钗头处	放于 S3A3	2015.03.27	27 号箱
663	FC–2 XQ2			钗头处	放于 S3A4	2015.04.05	27 号箱
664	FC–2 XQ3			散落在土里，位置不确定	放于 S3A5	2015.04.05	27 号箱
665	FC–2 清理			钗上清理下来的土样	放于尿样杯	2015.05.06	26 号箱
666	FC–3 木 1			左钗脚残断处	放于 S3A6	2015.4.10	27 号箱
667	FC–3 木 2			左钗脚残断处	放于 S3A7	2015.4.11	27 号箱

续表

序号	样品编号	样品坐标	深度	样品描述	存放位置	发掘日期	箱号
668	FC-3 棉花			钗头与钗脚连接处发现少量棉花	放于 S3A8，已做分析	2015.4.12	27 号箱
669	FC-3 XQ1			散落在土里，位置不确定	放于 S3A9	2015.4.15	27 号箱
670	FC-3 XQ2			散落在土里，位置不确定	放于 S3A10	2015.04.18	27 号箱
671	FC-3 XQ3			钗头处	放于 S3A11	2015.04.18	27 号箱
672	FC-3 土样			钗上清理下来的土样	放于尿样杯	2015.06.10	26 号箱
673	FC-4 XQ1			钗头处	放于 S3A12	2015.05.10	27 号箱
674	FC-4 XQ2			钗头处	放于 S3B1	2015.05.10	27 号箱
675	FC-4 土样			钗上清理下来的土样	放于尿样杯	2015.06.29	26 号箱

样品编号说明

1.CJB：残金箔
2.MY：木样
3.CWJ：残未知金属
4.CJP：残金属片
5.LL：琉璃片
6.CLL：残琉璃片
7. WZ：未知样品
8.HK：盒框
9. PD：铜泡钉
10. XL：香炉
11.DT：灯台
12.XH-TY：萧后冠土样
13. TY：土样
14. QP：漆皮
15. SJ：石质饰件
16.QH：漆盒
17. XZ：小珠
18.HPY：圆形饰件
19.HPD：大花朵
20.HPX：小花朵
21.HPT：条形饰件
22.TT：特殊土样
23. JS：金属丝
24.FM：粉末
25.HD：钿花
26.FC：发钗

附录三　隋炀帝萧后冠及典型饰件X光探查分析报告

送检单位	“三秦学者”岗位	检测日期	2014年9月至2015年9月
文物名称	隋炀帝萧后冠及典型饰件	文物年代	隋唐
文物编号	2013YCM2:238	文物材质	铜/鎏金/玻璃/汉白玉/泥土等
文物状况	隋炀帝萧后冠饰饰件所用材料包括铜、鎏金铜、玻璃、汉白玉，以及漆、木、珍珠痕迹等，整体保存状况较差。在考古发掘现场用石膏整体打包，搬运到实验室进行实验室考古清理与保护		
检测目的	①石膏包内文物分布、结构及材质特征等； ②严重腐蚀铜质饰件的保存状况及结构、纹饰特征等		
分析仪器	意大利GILARDONI公司生产ART-GIL350/6型探伤仪，工作电压范95—350KV，最大电流5mA。此检测为无损检测		
成像系统	传统成像	胶片是爱克发C4.14×17英寸，显影定影液是天津普尔感光材料技术有限公司X线胶片常温槽式手显浓缩冲洗套液	
	数字化成像	德国DUERR公司CRNet/HD-CR 35 NDT Plus成像系统，IP板型号为HD-IP Plus，图像像素大小25 μm	

技　术　参　数

X光片编号	曝光参数				冲洗参数（或IP板型号）	
	电压（KV）	电流（mA）	时间（min）	距离（cm）	显影（min）	定影（min）
图1.1	350	5.0	5	75	HD-IP Plus 35×42cm	
图1.2	350	5.0	7.5	75	HD-IP Plus 35×42cm	
图1.3	350	6.0	7.5	75	HD-IP Plus 35×42cm	
图1.4	350	5.0	7.5	75	HD-IP Plus 35×42cm	
图1.5	350	4.25	12.5	75	HD-IP Plus 35×42cm	
图2.1	90	4.25	4	70	1.5	5
图2.2	90	4.25	4	70	1.5	5
图2.3	90	4.25	4	70	1.5	5
图3.1	130	4.25	4	70	2	5
图4.1	200	4.25	4	70	1.5	5
图4.2	260	4.25	5	70	1.5	5
图5.1	260	4.25	5	70	1.5	5
图5.2	260	4.25	5	70	1.5	5
图5.3	250	4.25	4	70	1.5	5

续表

X 光片编号	曝光参数				冲洗参数（或 IP 板型号）	
	电压（KV）	电流（mA）	时间（min）	距离（cm）	显影（min）	定影（min）
图 6.1	90	4.25	4	70	1.5	5
图 6.2	90	4.25	4	70	1.5	5
图 6.3	90	4.25	4	70	1.5	5
图 6.4	90	4.25	4	70	1.5	5
图 6.5	90	4.25	4	70	2.5	5
图 6.6	90	4.25	4	70	2.5	5
图 6.7	90	4.25	4	70	2.5	5
图 6.8	90	4.25	4	70	2.5	5
图 7.1	260	4.25	4	70	2.0	5
图 8.1	330	4.25	4	70	2.0	5
图 9.1	300	4.25	4	70	2.0	5
图 10.1	200	4.25	3	75	HD-IP Plus 35 × 42cm	
图 10.2	160	4.25	3	75	HD-IP Plus 35 × 42cm	
图 10.3	170	4.25	3	75	HD-IP Plus 35 × 42cm	
图 10.4	150	4.25	5	75	HD-IP Plus 35 × 42cm	
图 11.1	100	4.25	2	70	HD-IP Plus 10 × 24cm	
图 12.1	90	4.25	1.5	70	HD-IP Plus 35 × 42cm	
图 13.1	90	4.25	1.25	70	HD-IP Plus 35 × 42cm	
图 14.1	120	4.25	2.5	70	HD-IP Plus 35 × 42cm	
图 15.1	110	4.25	2.5	70	HD-IP Plus 35 × 42cm	
图 16.1	210	4.25	3	75	HD-IP Plus 35 × 42cm	
图 16.2	160	4.25	3	75	HD-IP Plus 35 × 42cm	
图 16.3	170	4.25	3	75	HD-IP Plus 35 × 42cm	
图 16.4	180	4.25	3	75	HD-IP Plus 35 × 42cm	
图 16.5	190	4.25	2	75	HD-IP Plus 35 × 42cm	
图 16.6	100	4.25	3	75	HD-IP Plus 35 × 42cm	
图 16.7	115	4.25	3	75	HD-IP Plus 35 × 42cm	
图 17.1	110	4.25	2	75	HD-IP Plus 35 × 42cm	
检 测 结 果						
见 X 光图片及其分析结果						

分析人：相建凯（陕西省文物保护研究院）

附图 3-1　萧后冠石膏包

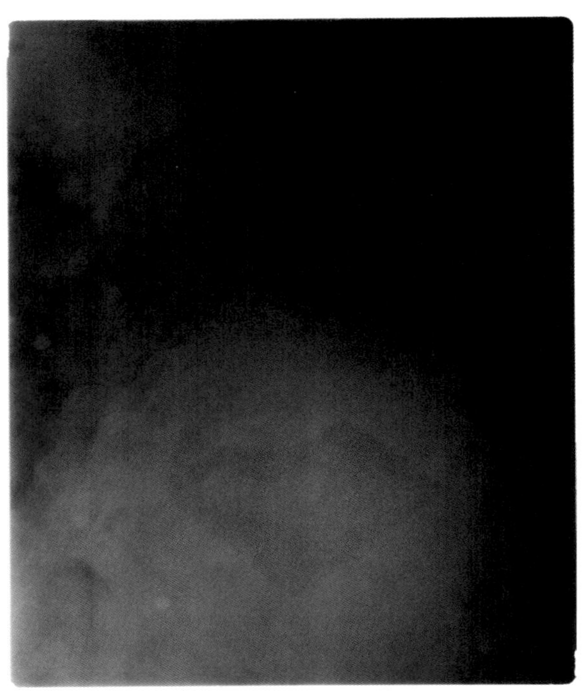

附图 3-2　萧后冠石膏包 X 光图片之一
可见萧后冠大体的框架及一些饰件的分布情况，比如下部的 1 个圆形环带，环带内侧局部可见有齿状物分布，其中间部位有 1 花瓣，上部的 1 条或 2 条不规则球形的带状饰件似乎是部分的框架；在最上面还可见 2 个六瓣花形饰件；其他部位可见数颗圆形饰件等

附图 3-3　萧后冠石膏包 X 光图片之二
可见萧后冠大体的框架及一些饰件的分布情况，比如下部的圆形环带更为清晰，环带内侧局部有齿状物分布，中间部位的是六瓣花朵，上部是 1 条或 2 条不规则球形的带状饰件；上面可见很多圆斑形饰件，大约有 20 颗之多

附图 3-4 萧后冠石膏包 X 光图片之三
这张 X 光图片，可见上部的环带有 2 条，还可见 1 花瓣及很多圆斑形饰件

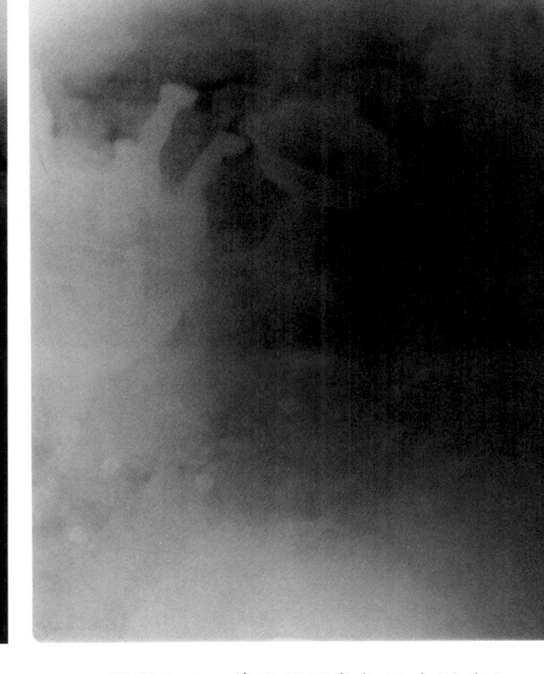

附图 3-5 萧后冠石膏包 X 光图片之四
可见萧后冠上面 1 灯台与 4 只钗的形状，以及冠顶部很多圆斑形饰件，大约有 20 余颗

附图 3-6 萧后冠石膏包 X 光图片之五
萧后冠德框架比较清楚：2 环带形箍和 1 环带形梁

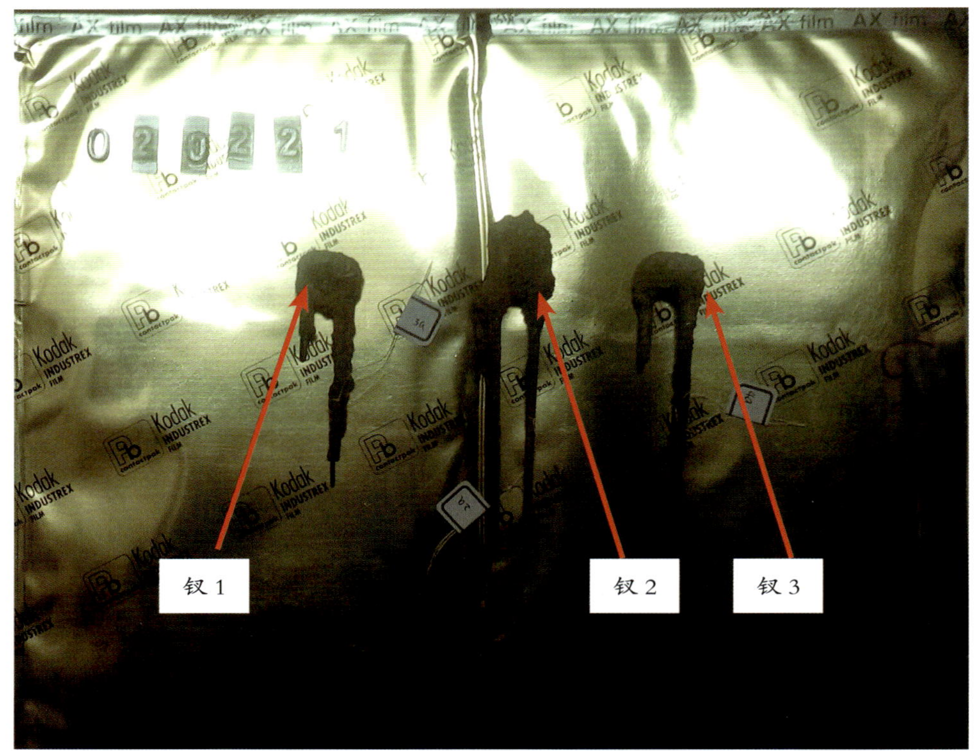

附图 3-7 三只铜钗

三支铜钗均腐蚀严重，表面均为土锈覆盖，土锈掩盖了表面信息及纹饰特征

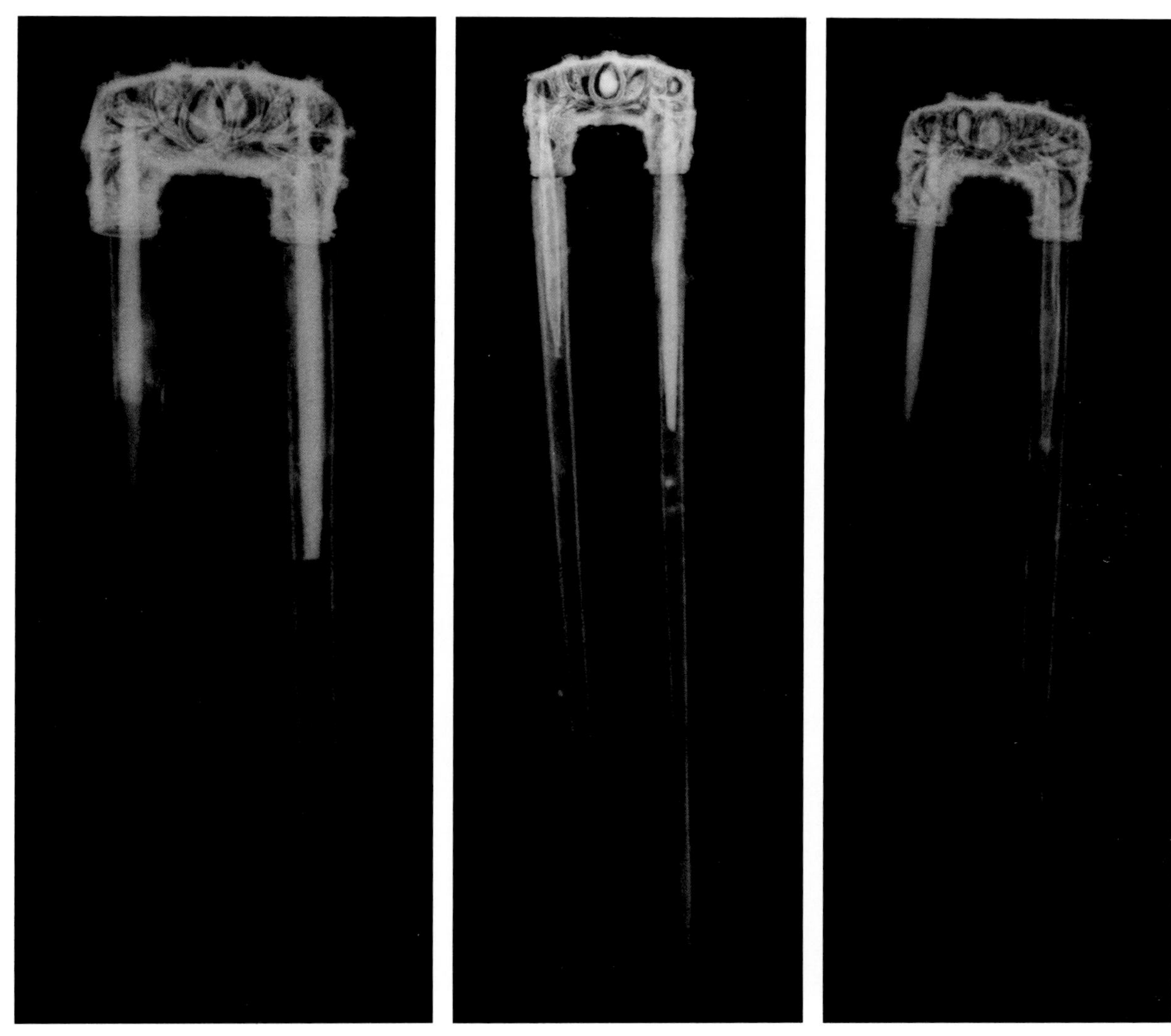

附图 3-8　钗 1 的 X 光片　　附图 3-9　钗 2 的 X 光片　　附图 3-10　钗 3 的 X 光片

三件铜钗的 X 光片均清楚显示了铜钗的基本结构及钗首的纹饰特征：① 钗首与钗脚均为中空；② 钗首与钗脚中间有 1 销（销的形状像牙签），以实现钗首与钗脚的连接；③ 钗首前后两面均有纹饰，且纹饰中间有镶嵌物

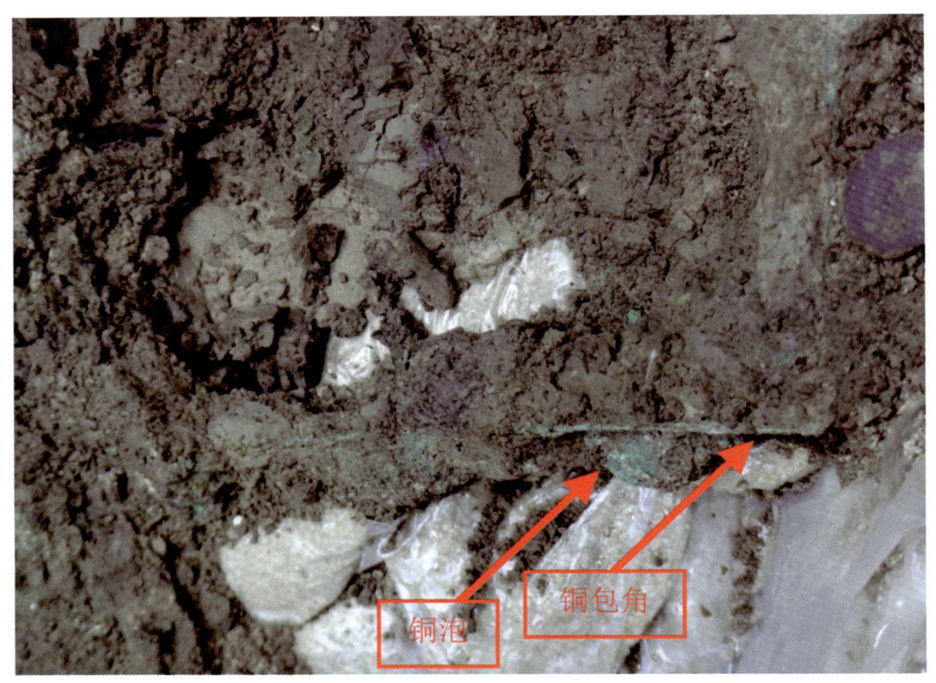

附图 3-11 木箱的铜质包角残块
铜质包角残块腐蚀严重，表面被土锈完全覆盖

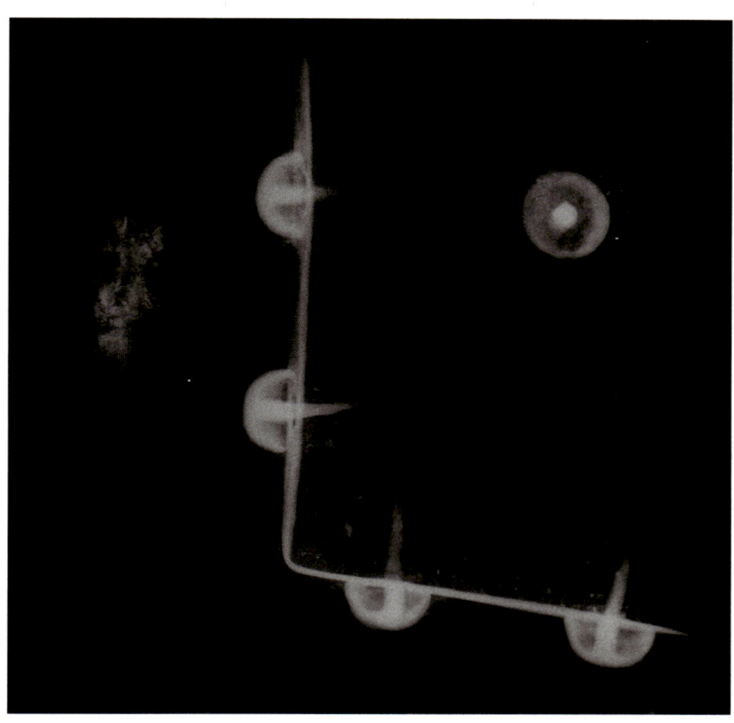

附图 3–12　铜包角的 X 光片

铜包角 X 光片清楚地显示了包角及其中的铜泡钉的结构特征，通过 X 光片也可测量铜包角的壁厚、泡钉的长度、泡钉帽的尺寸等

附图 3–13　腐蚀严重的铜灯台，为土锈完全覆盖

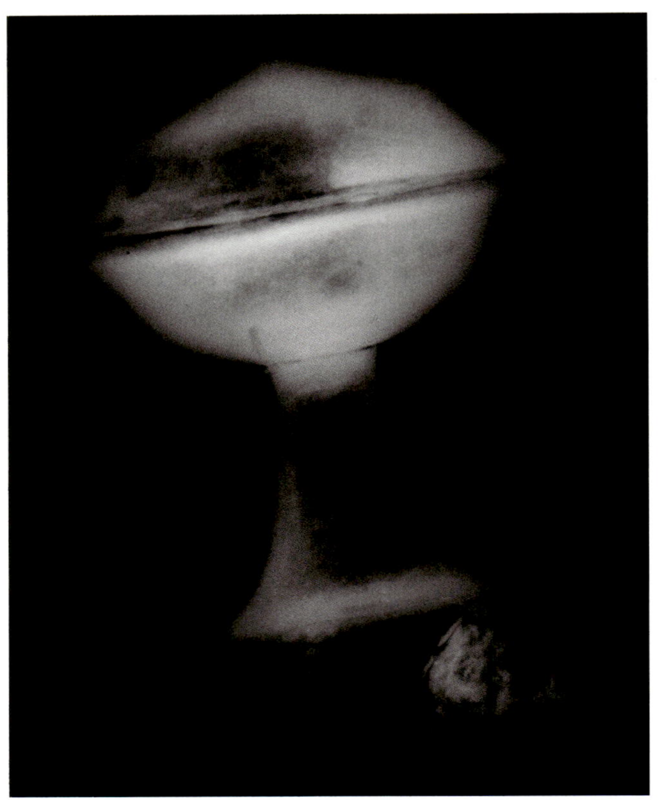

附图 3-14 土锈完全覆盖铜灯台的侧视 X 光片之一，清楚显示了灯台的形状

附图 3-15 铜灯台侧视 X 光片之二，清楚显示了灯台的形状

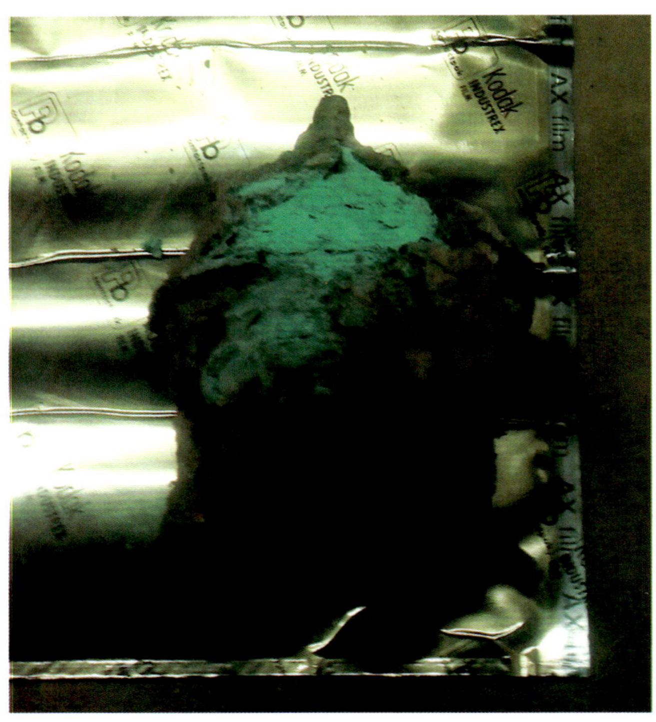

附图 3-16 铜五足香炉，香炉遭到严重腐蚀，表面为土锈所覆盖，掩盖了纹饰

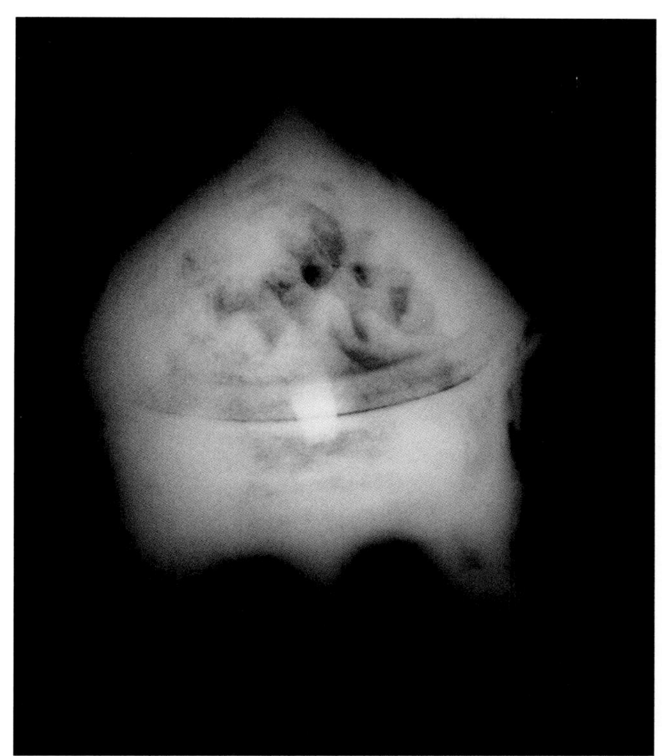

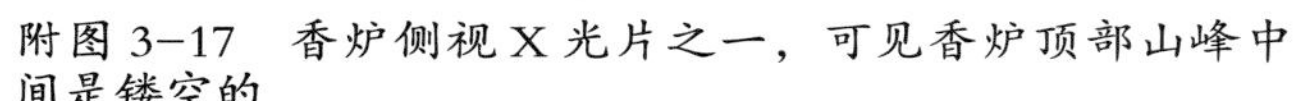

附图 3–17　香炉侧视 X 光片之一，可见香炉顶部山峰中间是镂空的

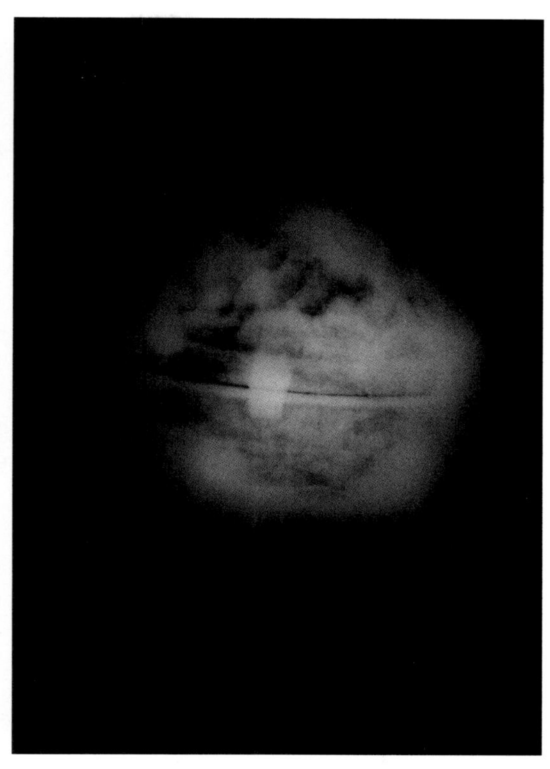

附图 3–18　香炉侧视 X 光片之二，可见盖在香炉口沿处有扣

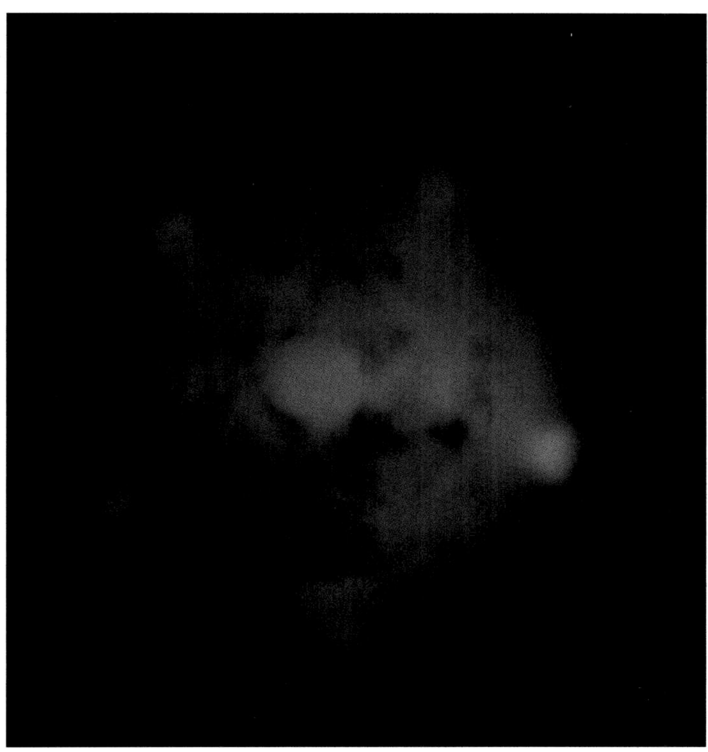

附图 3–19　香炉俯视 X 光片，可见香炉顶山峰中间是镂空的

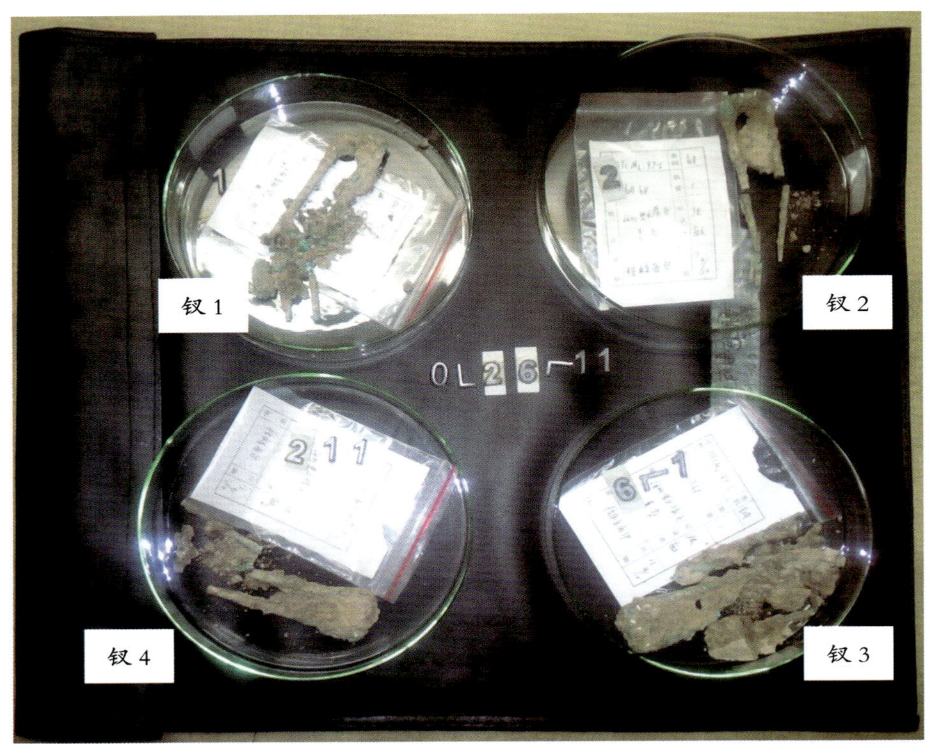

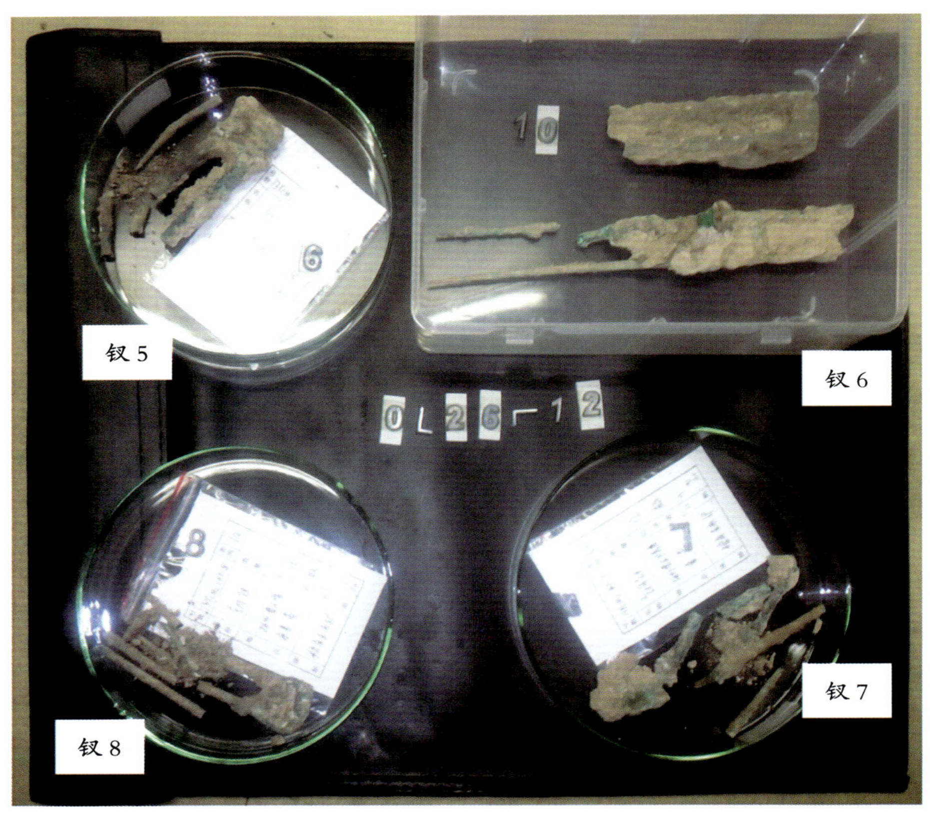

附图 3-20　八件铜钗
铜钗都遭到严重腐蚀，表面为土锈覆盖，而且断成数段，保存状况极差

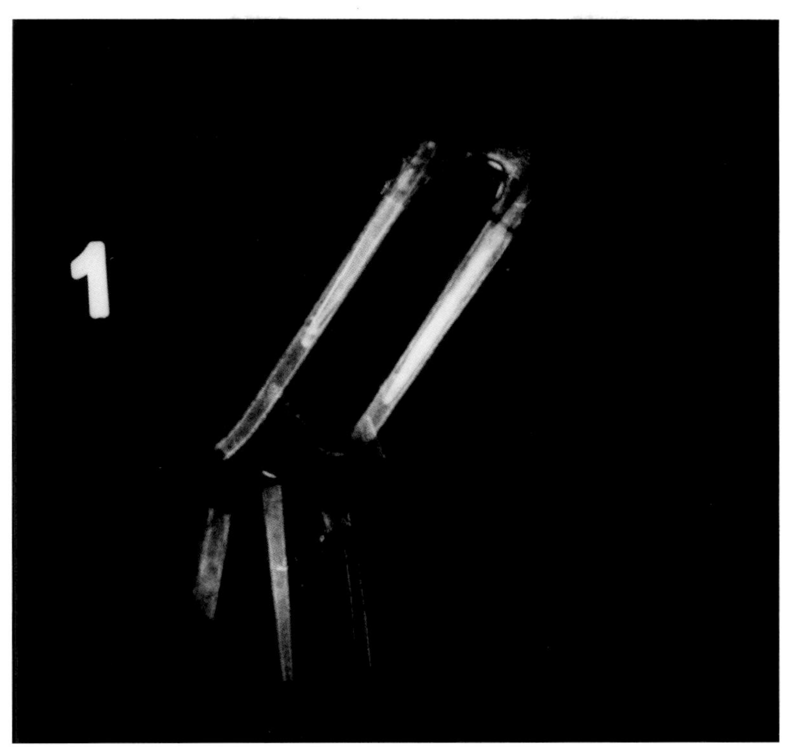

附图 3-21 钗 1 的 X 光片。可见保存状况极差，但可见残留钗首表面有纹饰；钗首、钗脚均中空，并由一“牙签”状木销连接

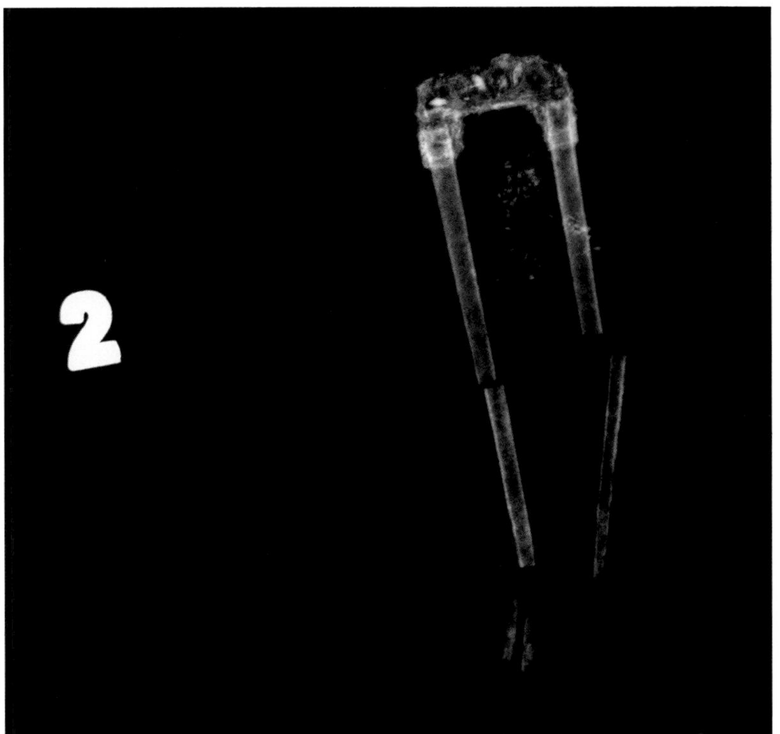

附图 3-22 钗 2 的 X 光片。保存状况极差，但可见残留钗首表面有纹饰；钗首、钗脚均中空，但未见“牙签”状木销连接

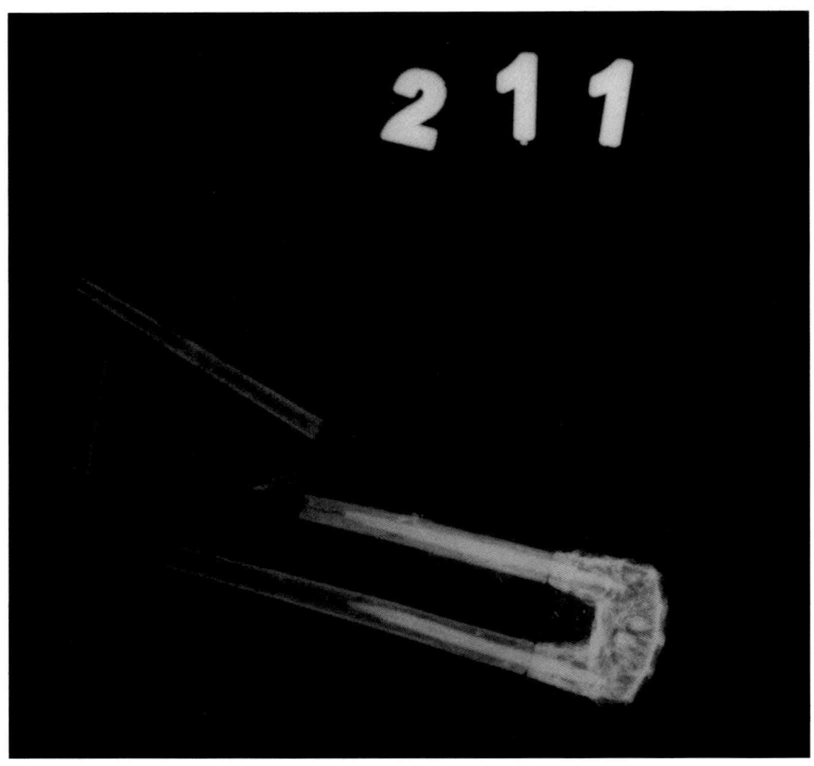

附图 3-23 钗 3 的 X 光片。保存状况极差，可见钗首表面有纹饰；钗首、钗脚均中空，并由一“牙签”状木销连接

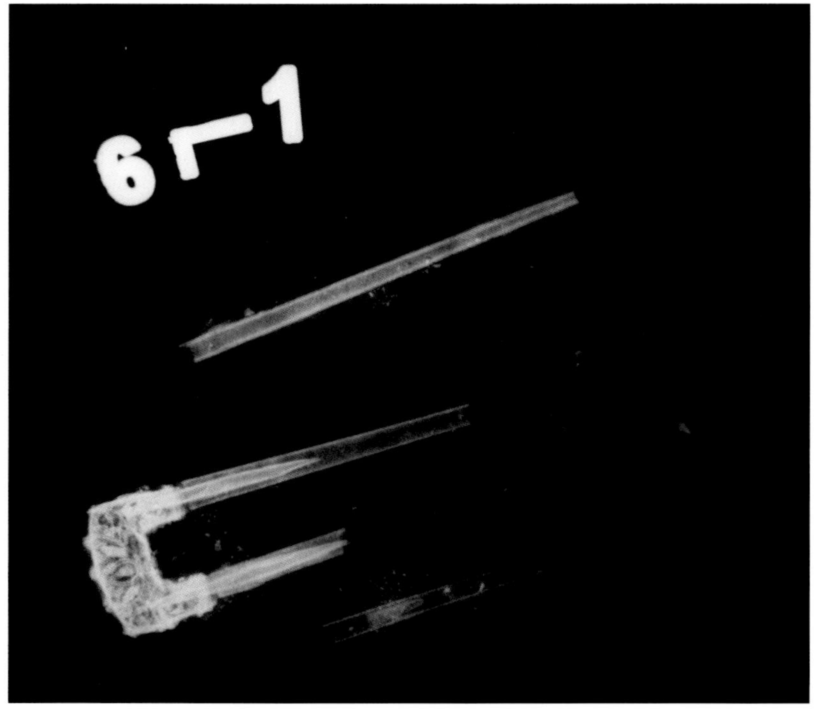

附图 3-24 钗 4 的 X 光片。保存状况极差，可见钗首表面有纹饰；钗首、钗脚均中空，并由一“牙签”状木销连接

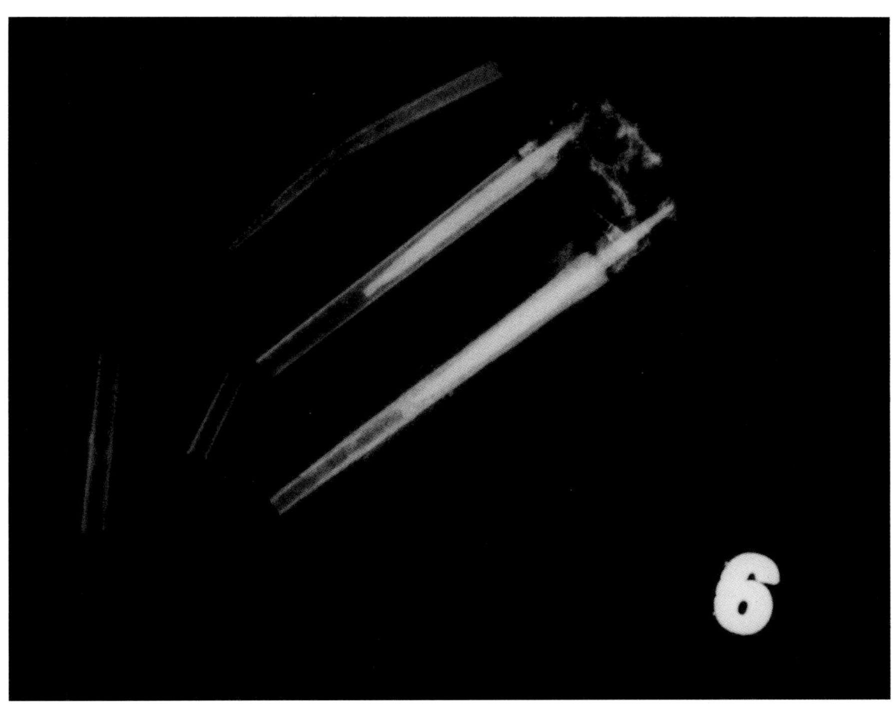

附图 3-25　钗 5 的 X 光片。保存状况极差，可见钗首表面有纹饰；钗首、钗脚均中空，并由一“牙签”状木销连接

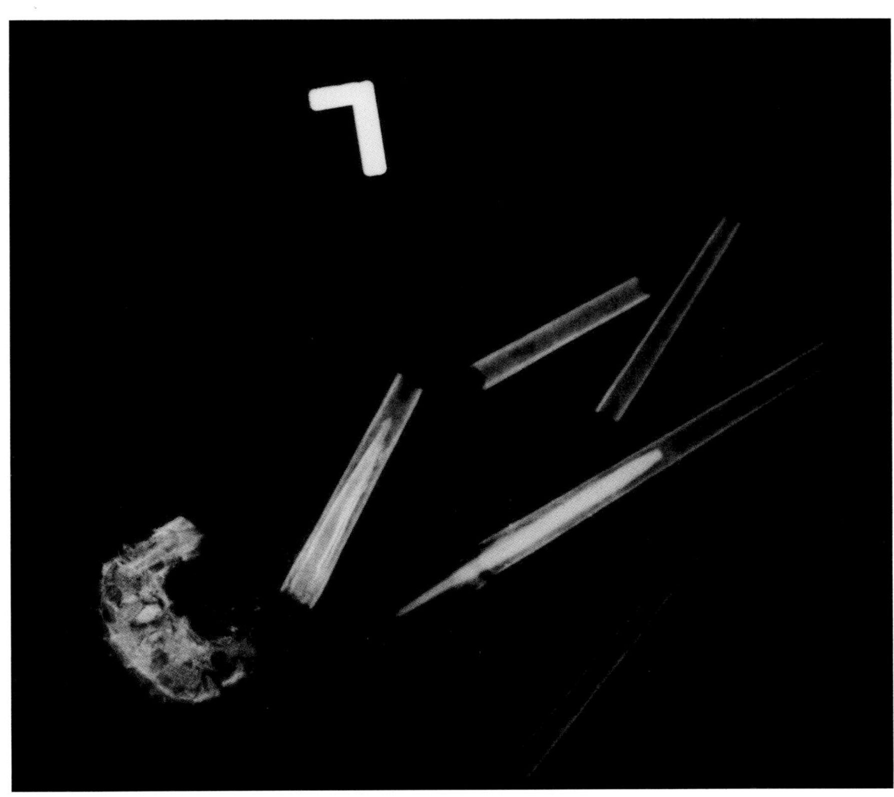

附图 3-26　钗 6 的 X 光片。保存状况极差，可见钗首表面有纹饰；钗首、钗脚均中空，并由一“牙签”状木销连接

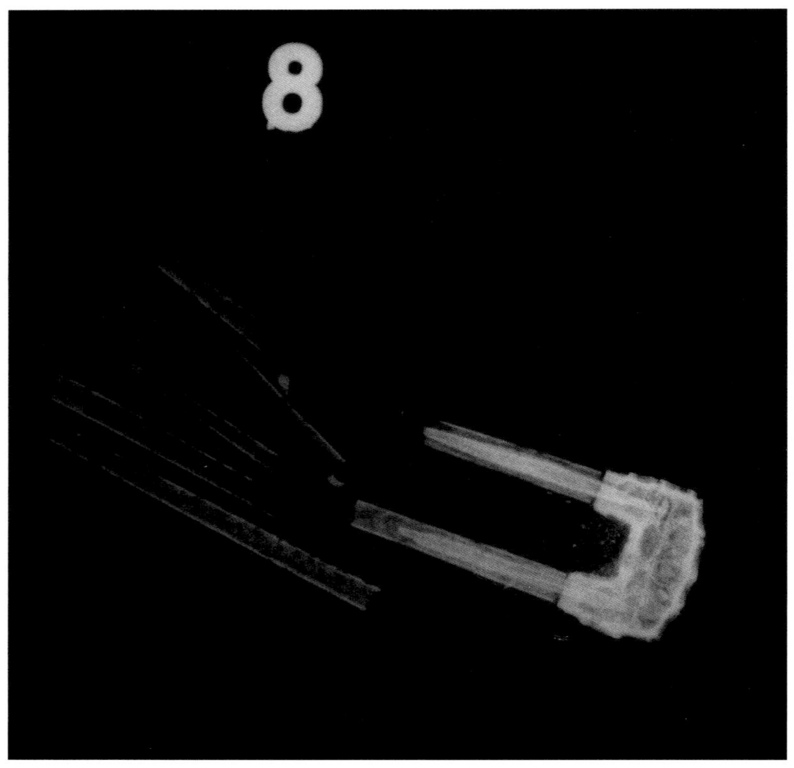

附图 3-27 钗 7 的 X 光片。保存状况极差，可见钗首表面有纹饰；钗首、钗脚均中空，并由一“牙签”状木销连接

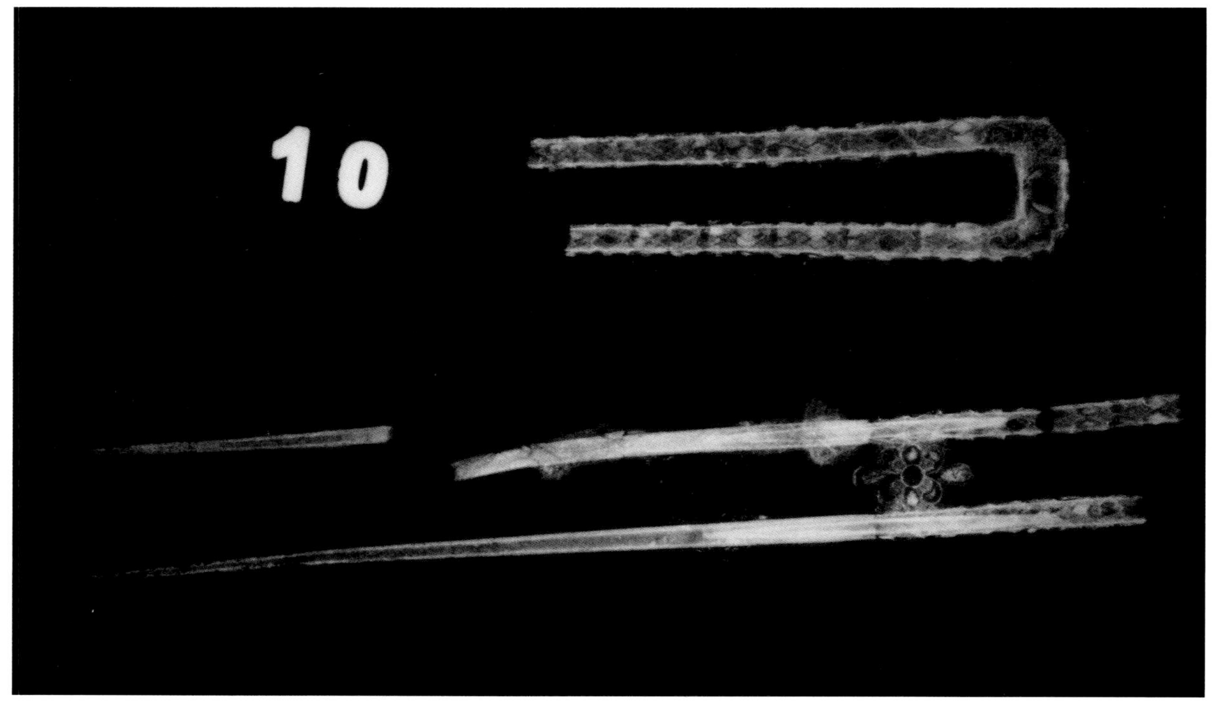

附图 3-28 钗 8 的 X 光片。保存状况极差，可见钗首表面有纹饰；钗首、钗脚均中空，并由一“牙签”状木销连接

附图 3-29　铜灯台

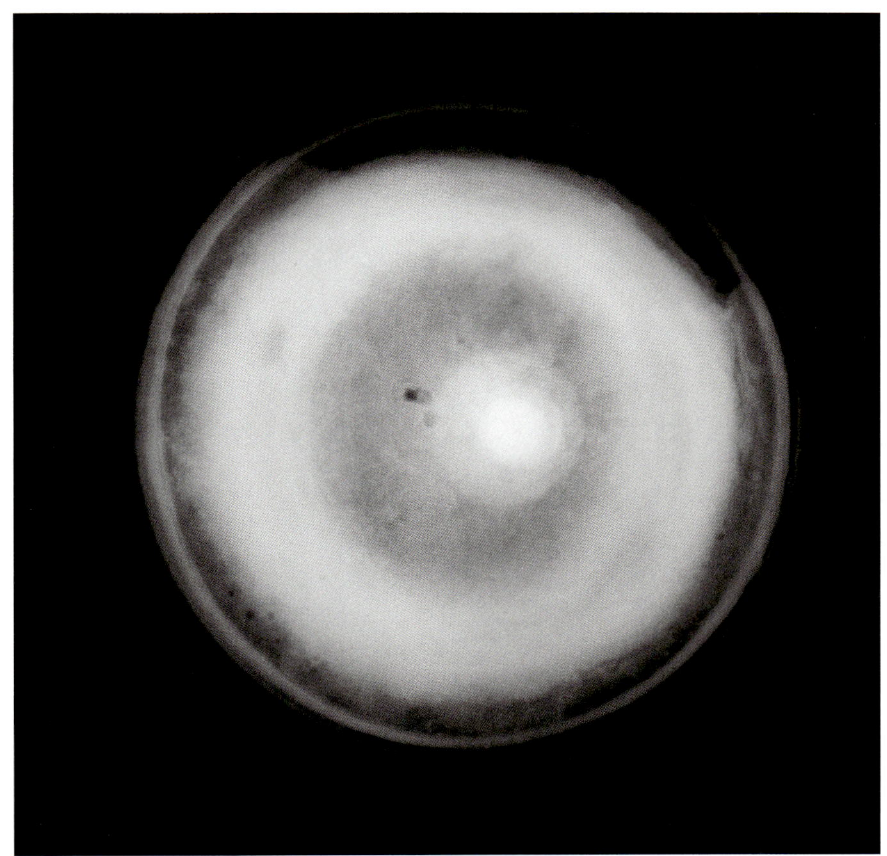

附图 3-30　铜灯台的 X 光片

附图 3-31　铜五足香炉（俯视）

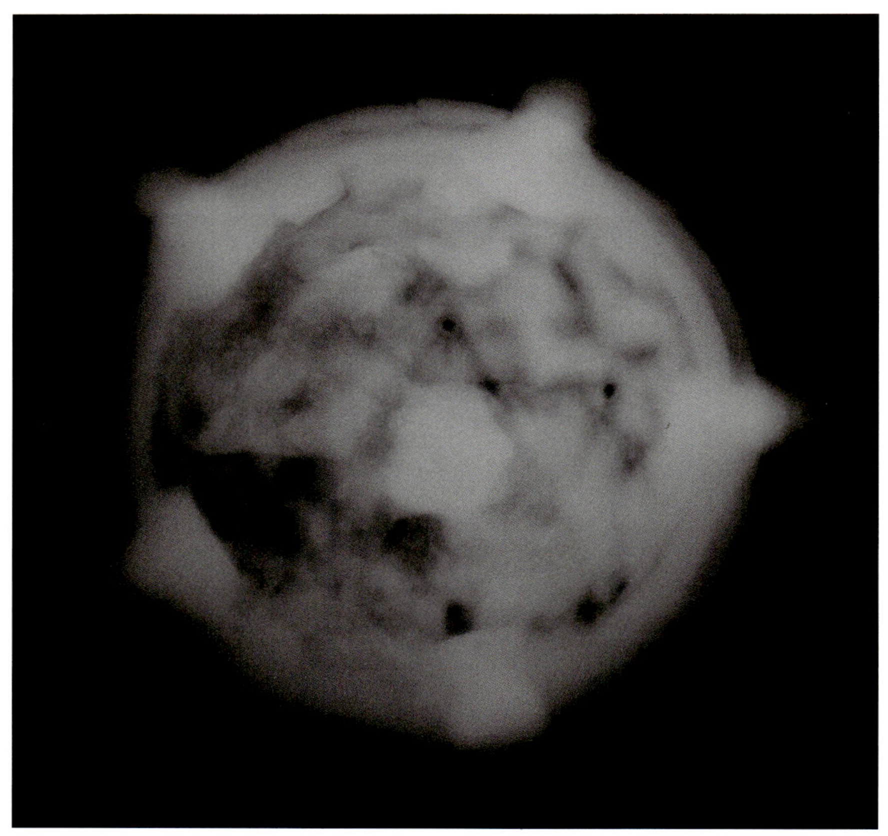

附图 3-32　铜香炉（俯视）的 X 光片

附图 3-33　铜五足香炉（侧视）照片

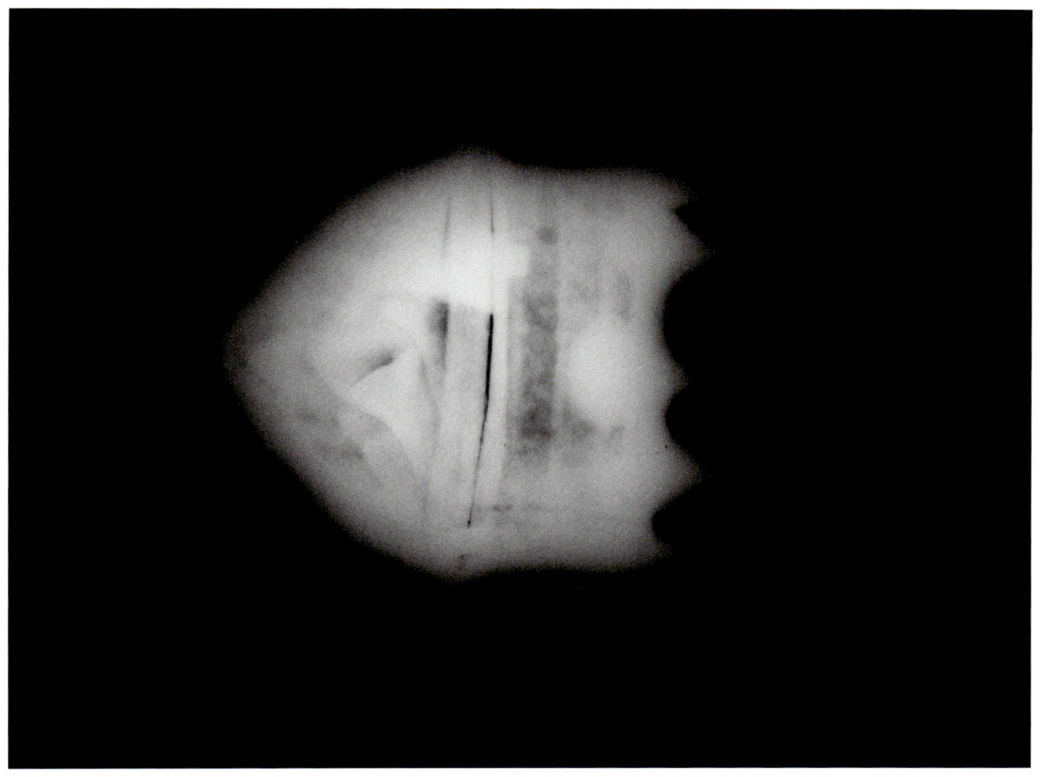

附图 3-34　铜五足香炉（侧视）的 X 光片

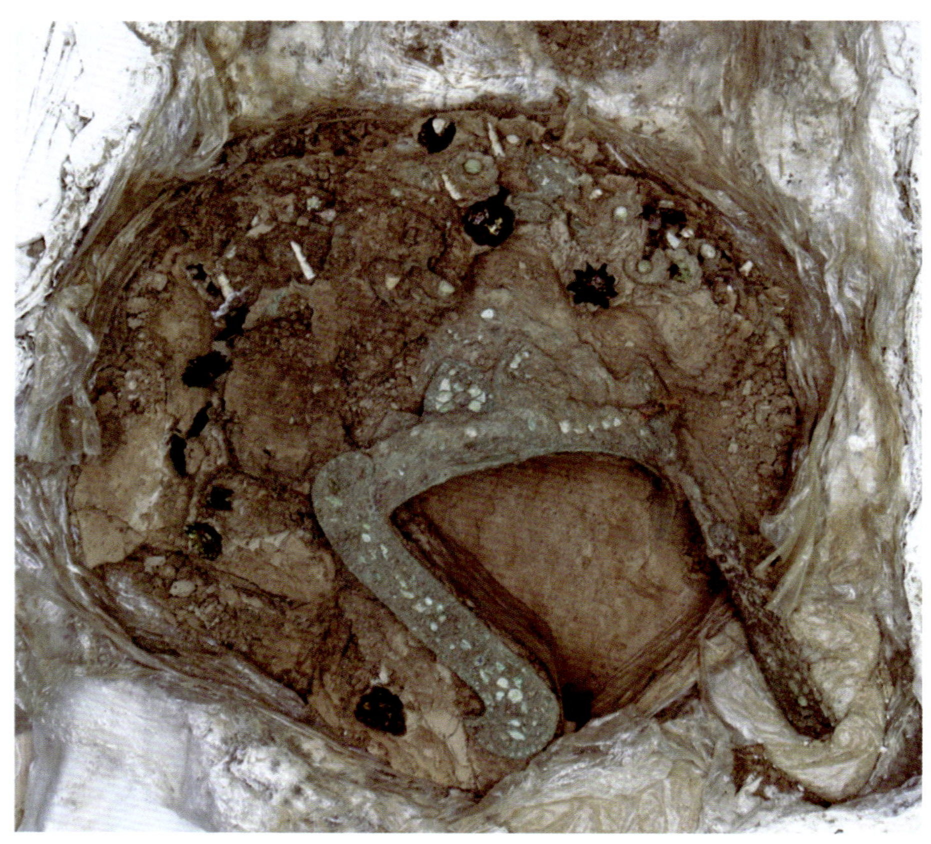

附图 3-35　清理过程中的萧后冠（2105 年 6 月 25 日）

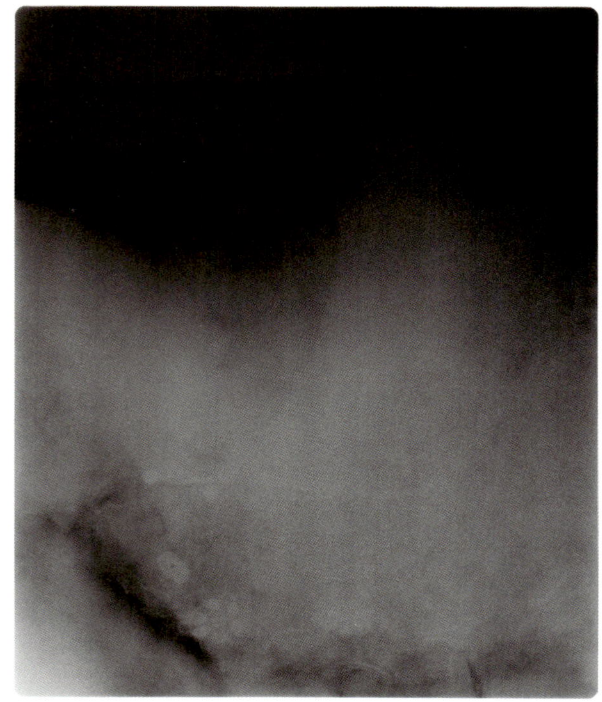

附图 3-36　萧后冠 X 光片之一

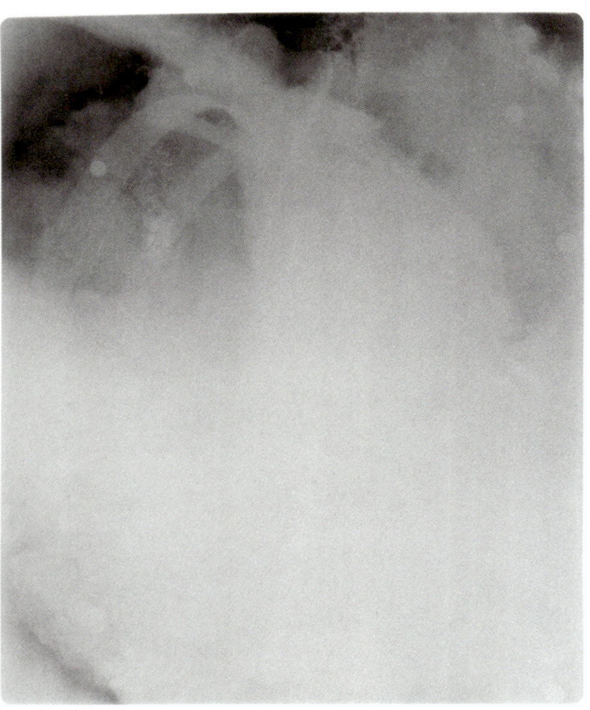

附图 3-37　萧后冠 X 光片之二

附图 3-38　萧后冠 X 光片之三

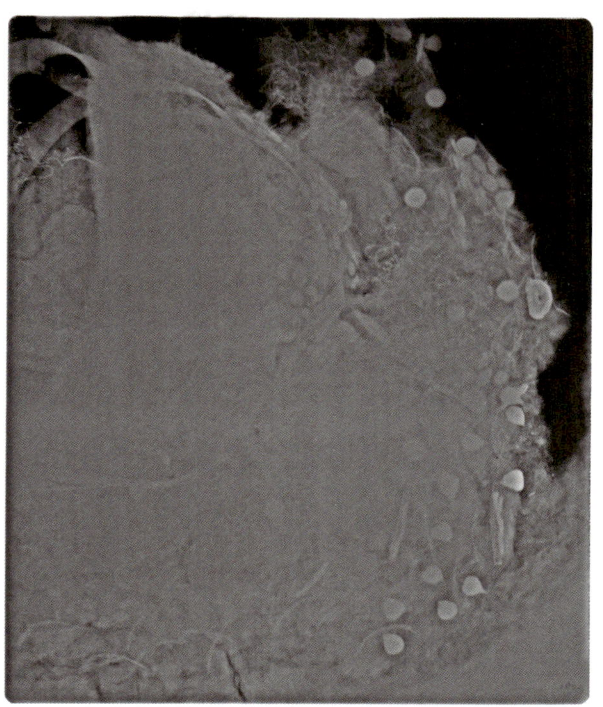
附图 3-39　萧后冠 X 光片之四

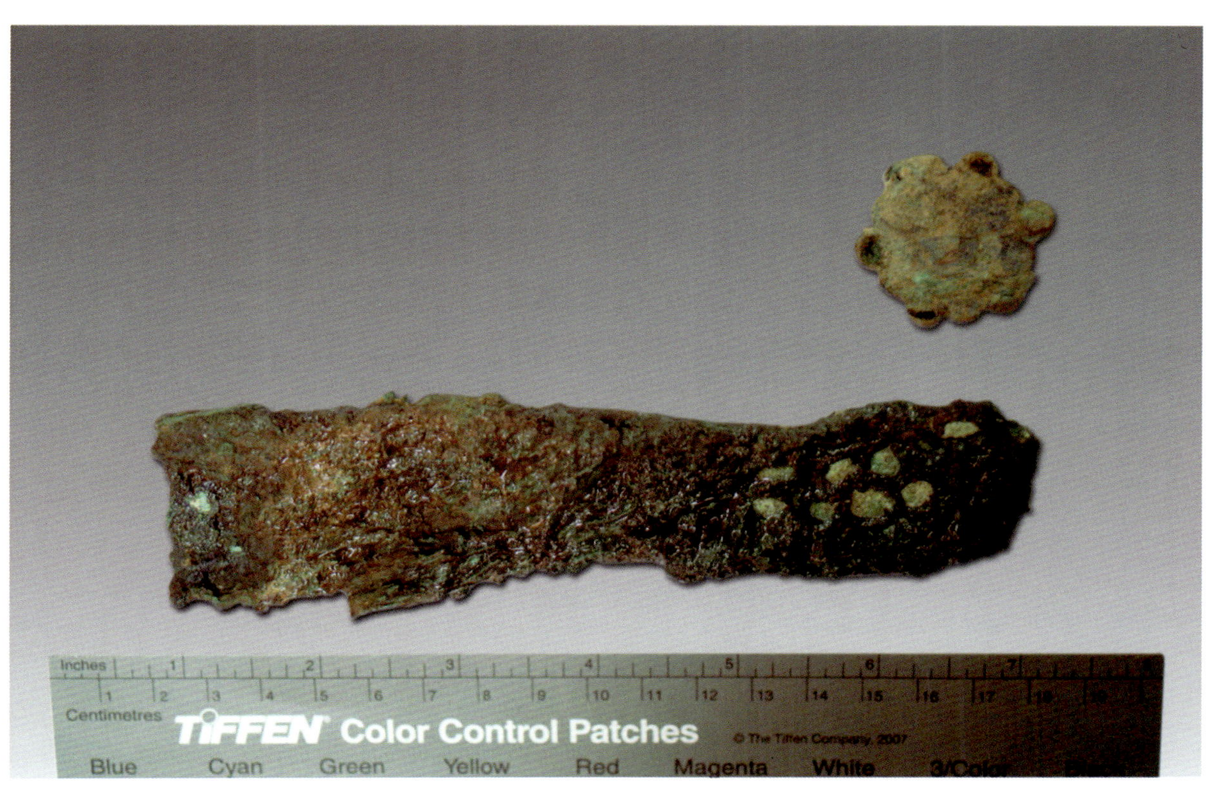

附图 3-40　严重腐蚀的博鬓及一钿花

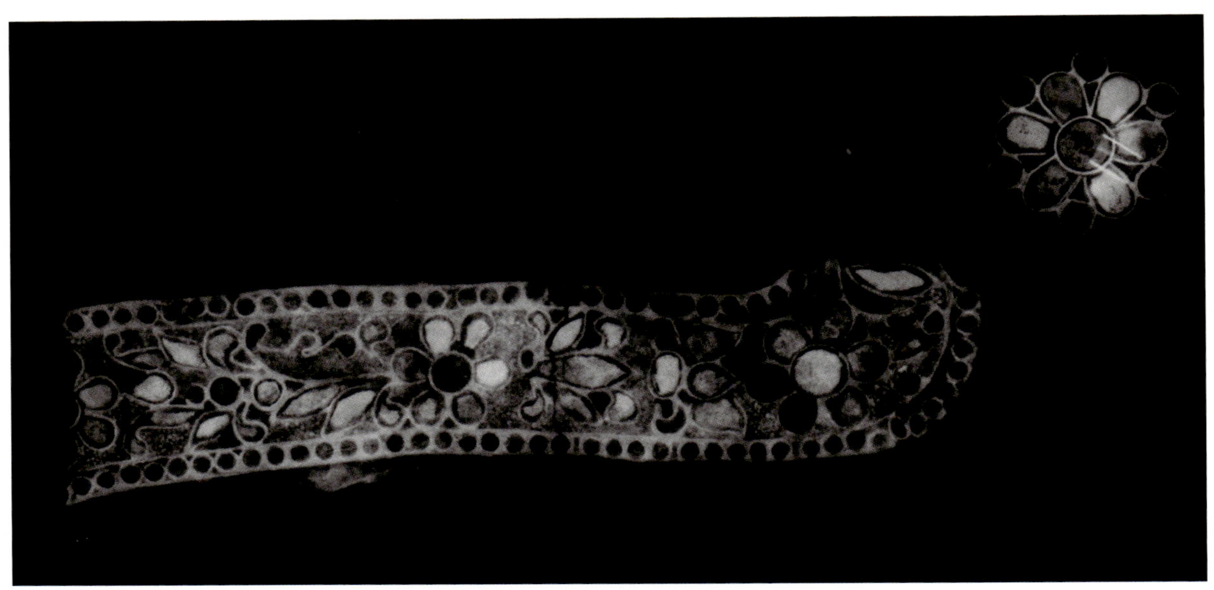

附图 3-41 严重腐蚀的博鬓以及钿花的 X 光片，清楚显示出了其表面的纹饰及其特征：博鬓与钿花的纹饰均为掐丝镶嵌制成，博鬓有 3 朵花，均为六瓣花，还有花叶；钿花同样为六瓣

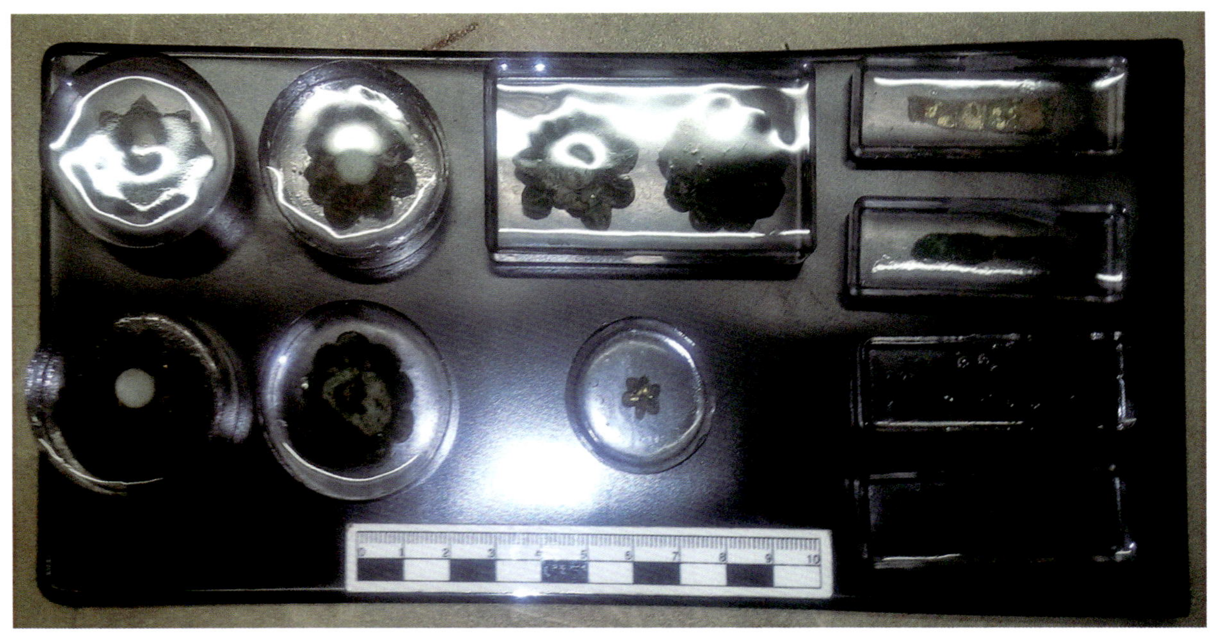

附图 3-42 鎏金铜花瓣和“领带形”鎏金铜饰片

附图 3-43　鎏金铜饰件的 X 光片

附图 3-44　鎏金铜花瓣及玉璜饰件

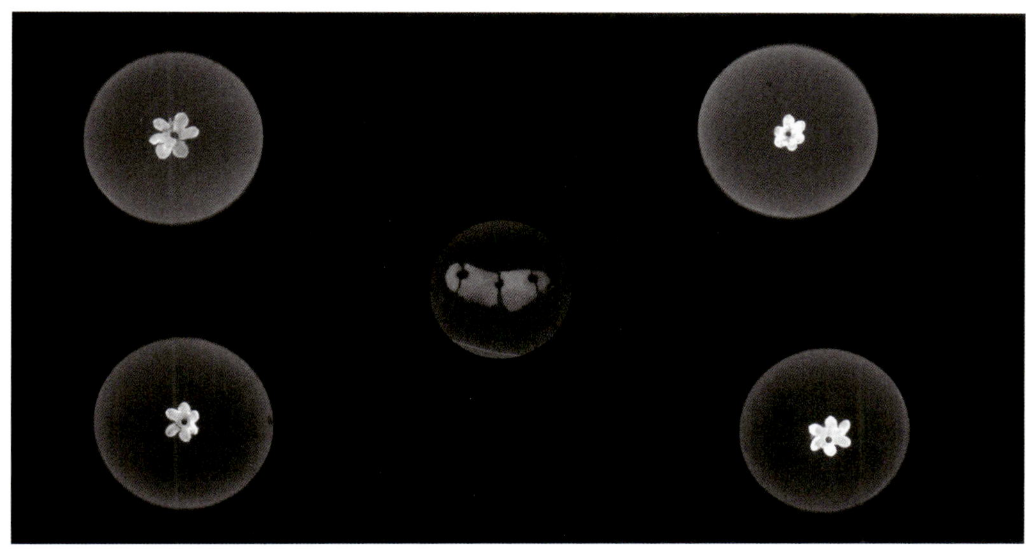

附图 3-45　鎏金铜花瓣与玉璜饰件的 X 光片

附图 3-46 阎识微裴氏铜饰件

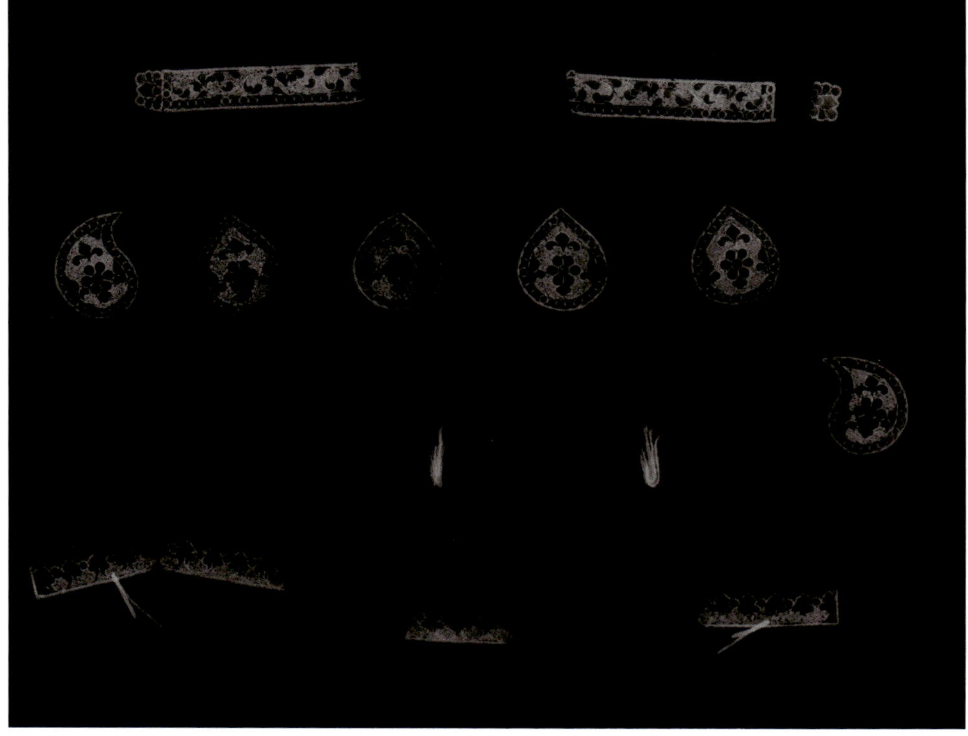

附图 3-47 阎识微裴氏铜饰件的 X 光片

附图 3-48 萧后冠和裴氏冠铜饰件

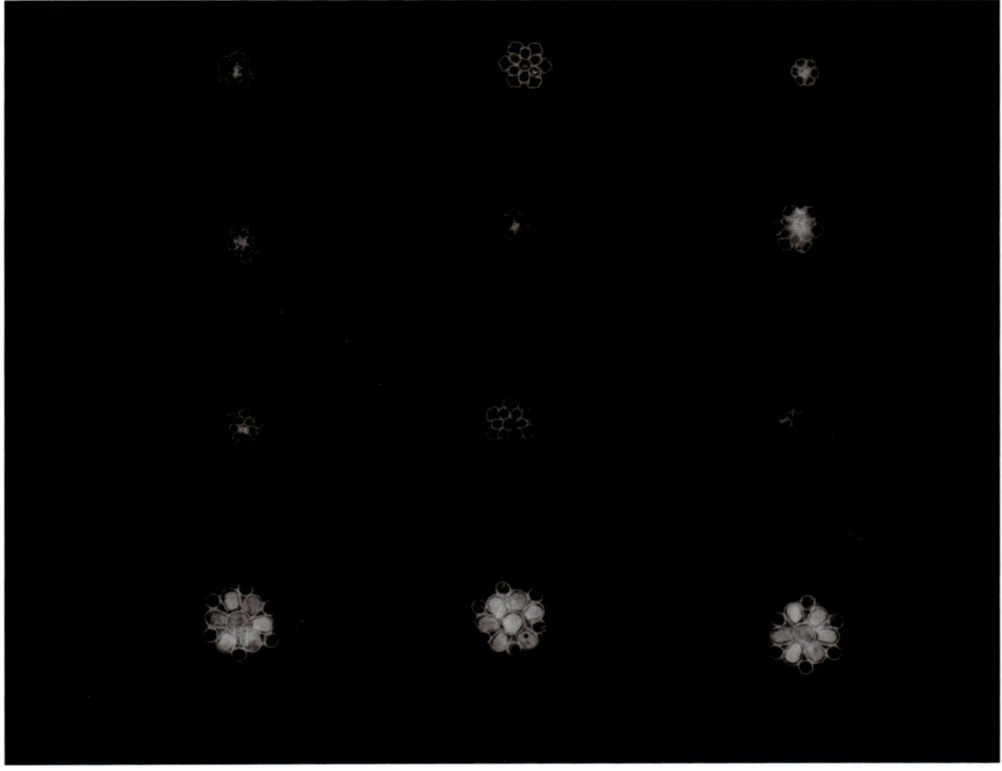

附图 3-49 萧后冠和裴氏冠铜饰件 X 光探查

附图 3-50　萧后冠的清理现状

附图 3-51　萧后冠的 X 光片（对应附图 3-50）

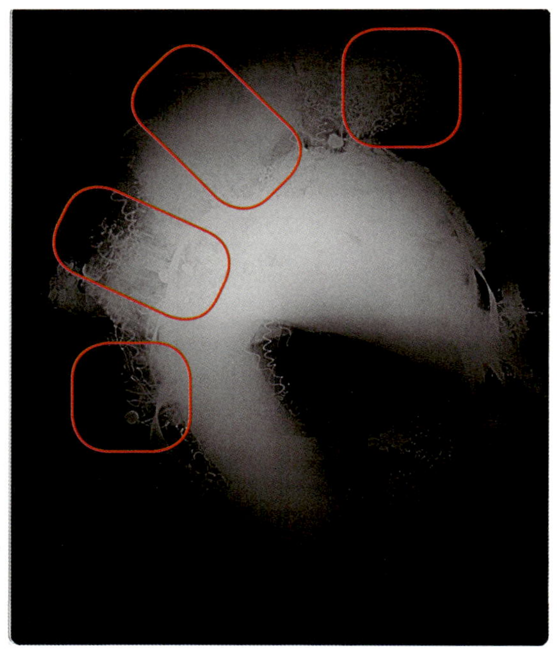

附图 3-52　花树分布

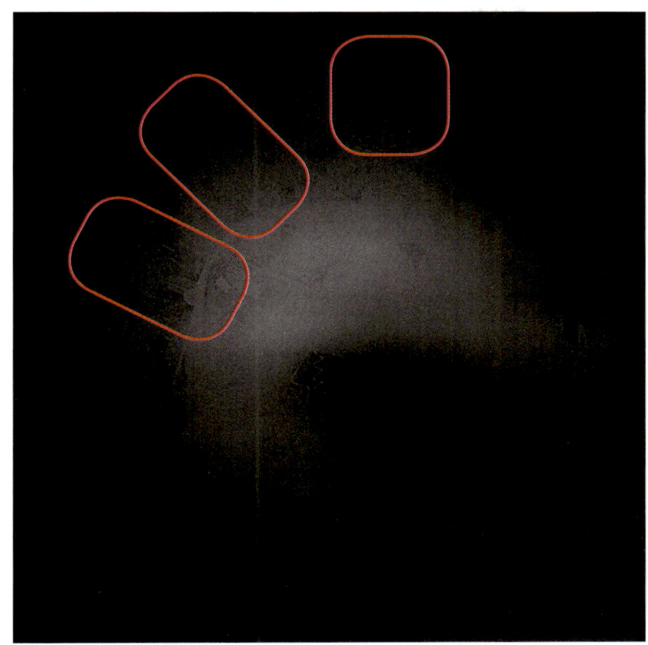

附图 3-53 花树分布

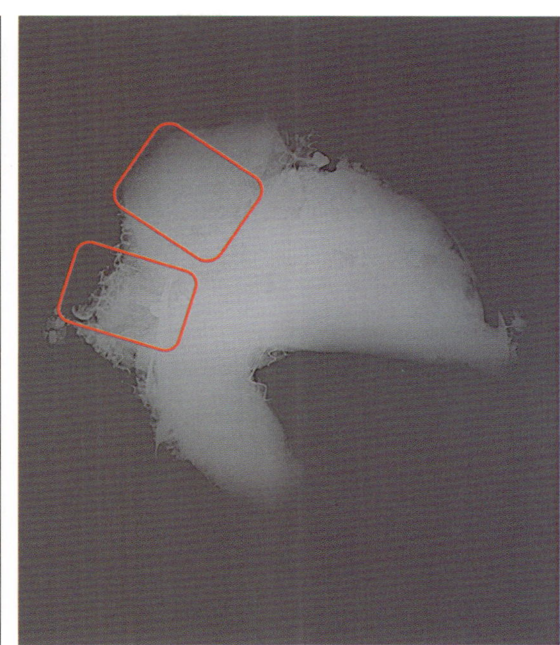

附图 3-54 花树分布

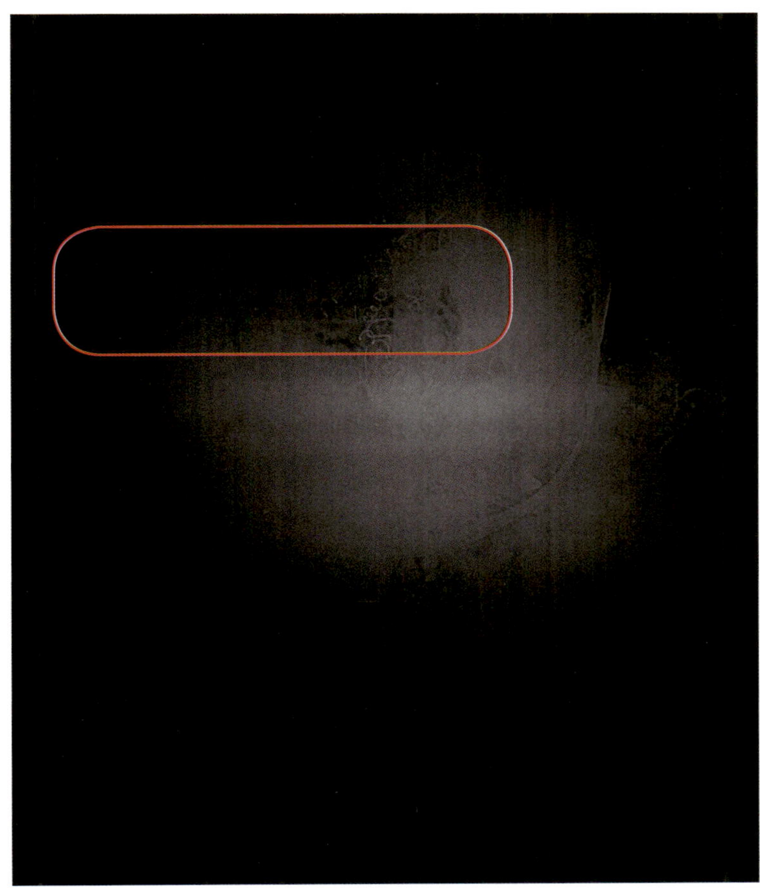

附图 3-55 X 光清楚显示了加饰带的纹饰特征

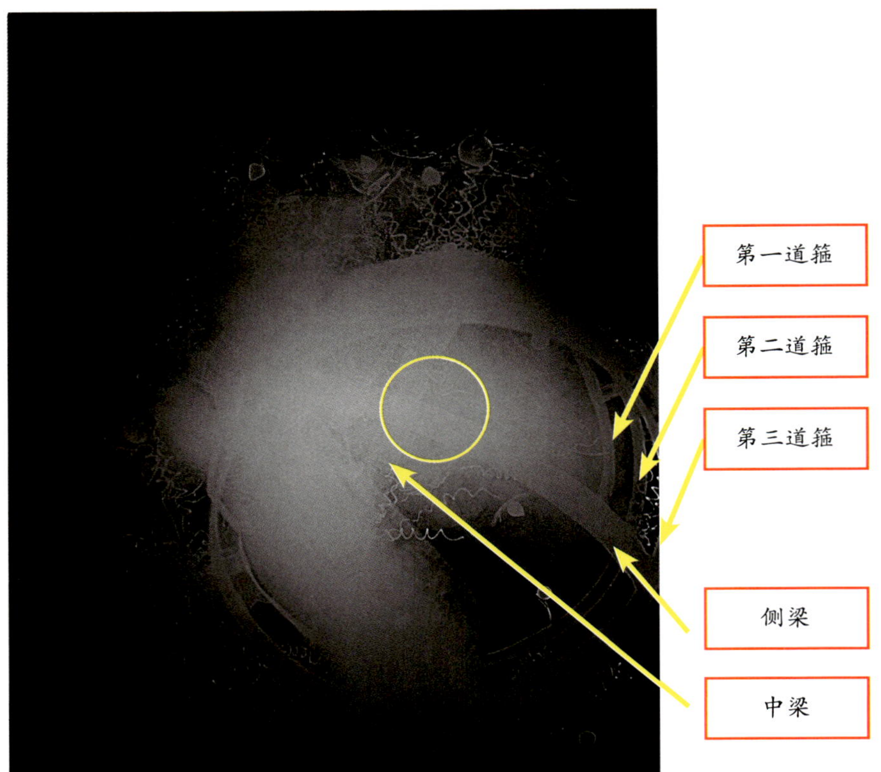

附图 3-56 明确了花树数量及其特征

附图 3-57 明确框架结构与花树的分布

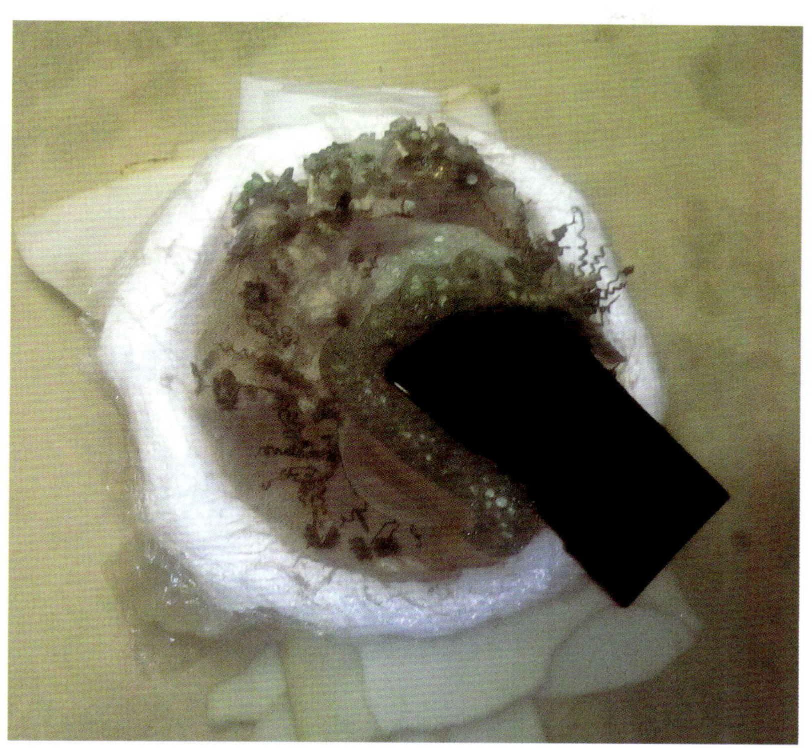

附图 3-58 萧后冠局部

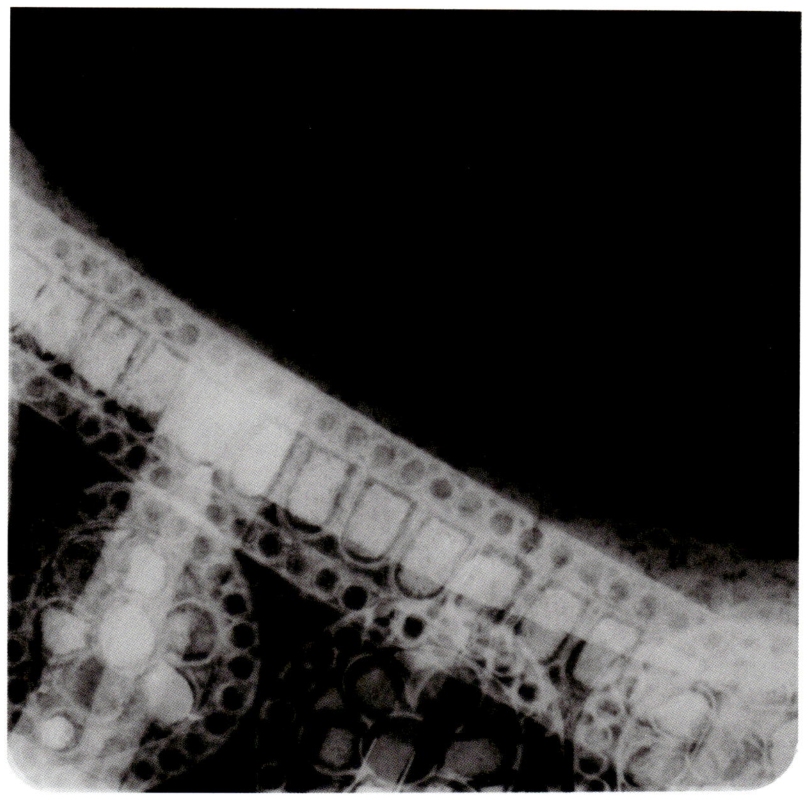

附图 3-59 萧后冠局部的 X 光片，清楚显示了局部饰件的纹饰特征

通过实验室考古清理并结合无损的 X 光探查，明确了萧后冠的框架结构及花树的分布，这里用制作的模型示意，如下图所示。

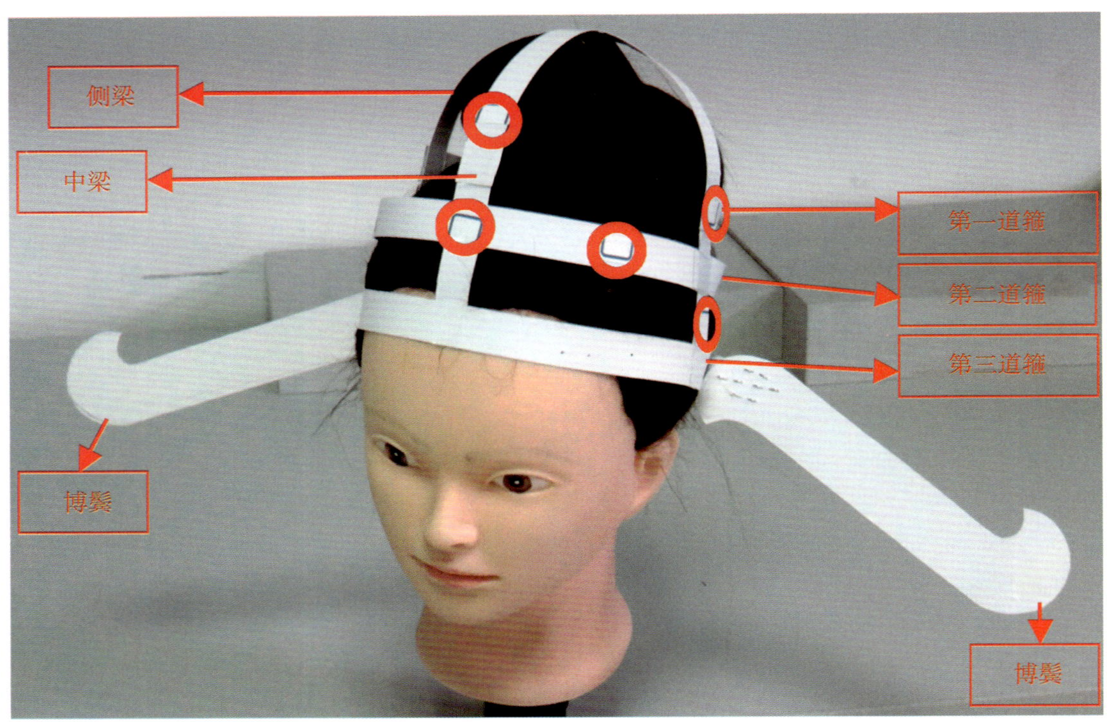

附图 3-60 萧后冠的框架由 2 博鬓、呈十字交叉的 2 道梁和呈圆环带的 3 道箍组成，两道梁是中梁和侧梁，三道箍的第一道是最上面的半个圆环带，第二道和第三道均是完整的圆环带，第三道箍应该位于额的上部。红圈标明的是花树所在位置

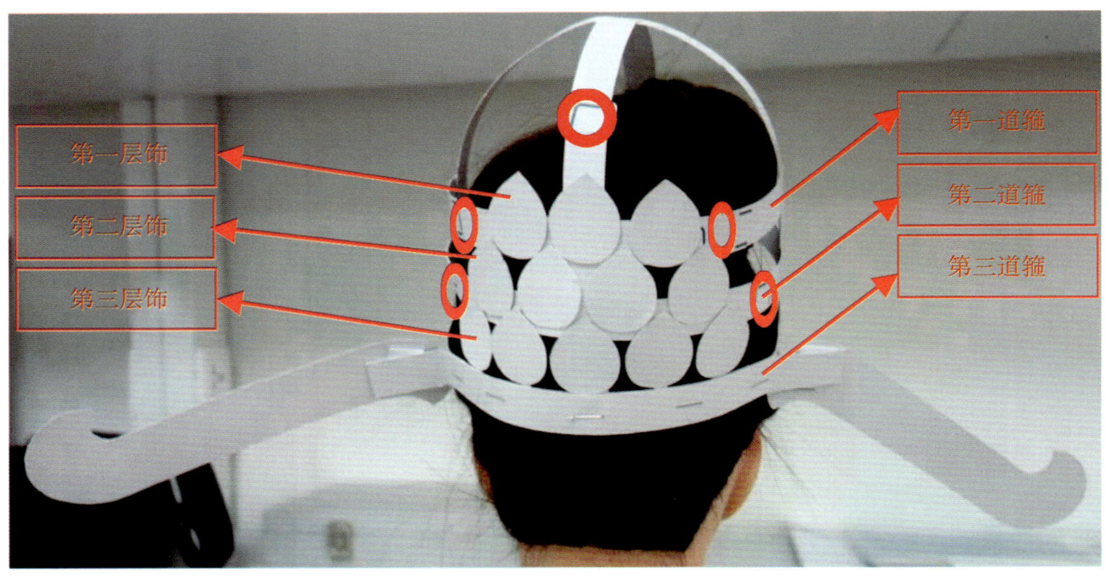

附图 3-61 红圈标明的是花树所在位置，花树共 13 颗，在中梁上有 3 颗，前额上部 2 颗，脑后上部 1 颗，其他 10 颗呈对称分布在冠的左右两侧；后脑下部有 12 块“水滴形”饰，呈 3、4、5 分布，有三层

附录四　隋炀帝萧后冠饰纺织品残留物分析报告

测试单位：中国科学技术大学

负责人：龚德才

测试人：刘　峰

一、分析测试

1. 样品的形貌观察

实验仪器：超景深三维显微光学系统。

本项分析测试通过超景深三维显微光学系统观察各样品的形貌。

2. 纤维分子生物学材质分析

实验仪器：LTQ-Orbitrap XL 多级质谱仪。

多肽氨基酸序列生物信息学分析软件（Proteome Discover 1.2）。

本研究将纤维片段或可能残留有纤维的土壤样品进行溶解，提取并纯化样品中的纤维原料，获取纤维原料浓缩液。再经限制性酶切处理后进行多级质谱分析，将得到一系列分子离子信息经生物信息学软件分析后，即可明确蛋白类纤维材料的种类。

二、实验分析

1. 样品形态分析结果

1.1 XH012

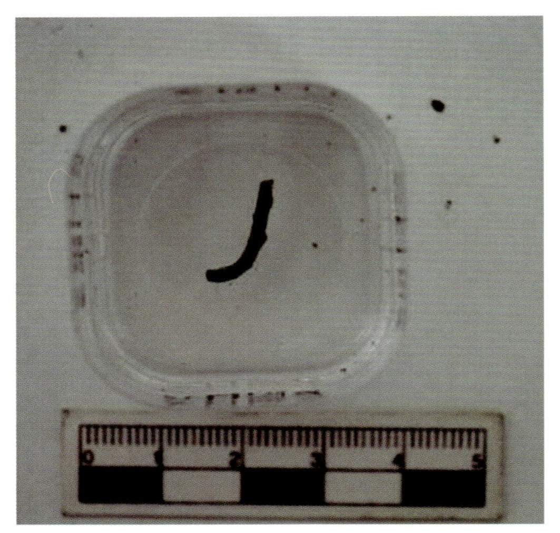

附图 4-1 样品照片

附图 4-2 100 × 超景深三维显微照片

附图 4-3 200 × 超景深三维显微照片

附图 4-4 300 × 超景深三维显微照片

附图 4-5　500 × 超景深三维显微照片

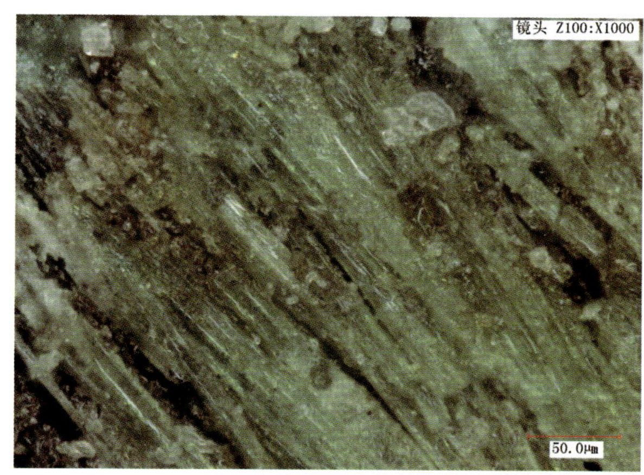

附图 4-6　1000 × 超景深三维显微照片

1.2　XH013

附图 4-7　样品照片

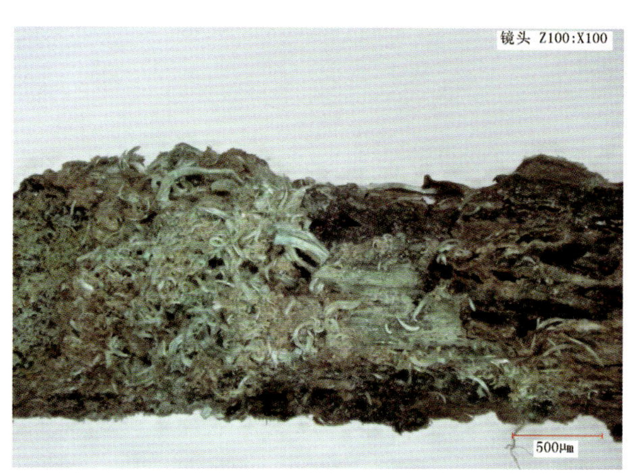

附图 4-8　100 × 超景深三维显微照片

附图 4-9　100 × 超景深三维显微照片

附图 4-10　100 × 超景深三维显微照片

附图 4-11　200 × 超景深三维显微照片

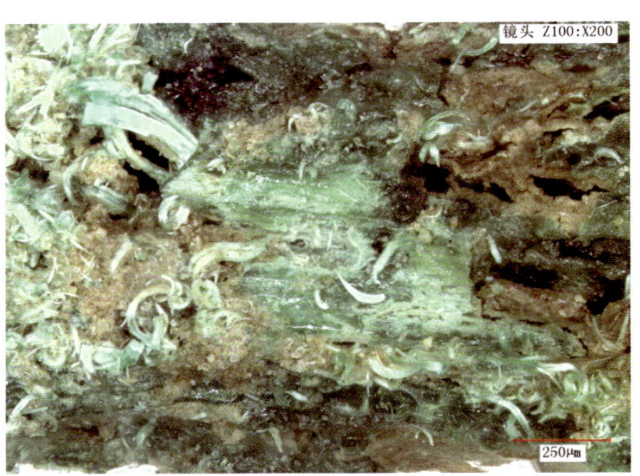

附图 4-12　200 × 超景深三维显微照片

附图 4-13　500 × 超景深三维显微照片

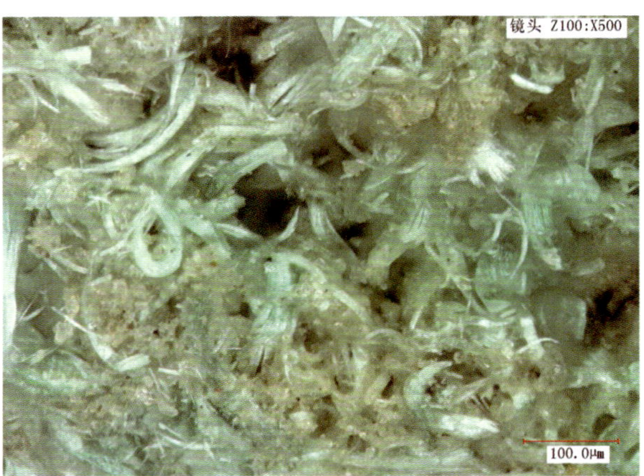

附图 4-14　500 × 超景深三维显微照片

1.3　XH014

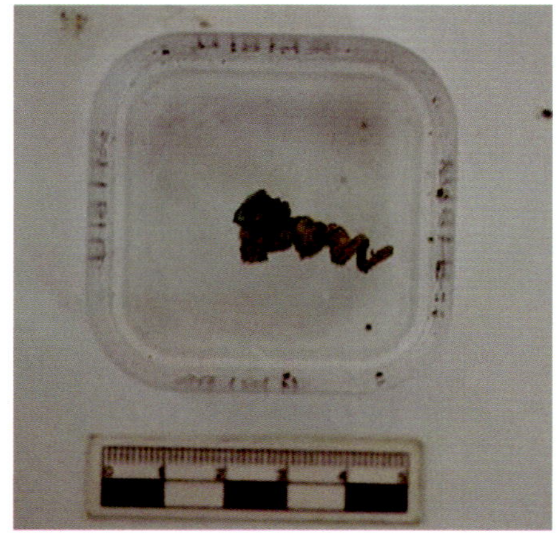
附图 4-15　样品照片

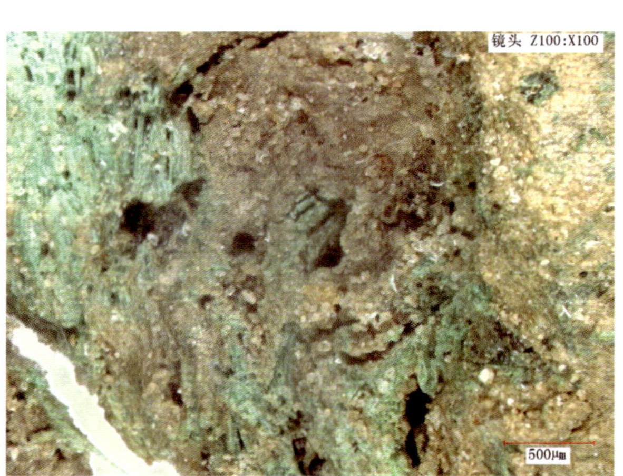

附图 4-16　100 × 超景深三维显微照片

附图 4-17　100 × 超景深三维显微照片

附图 4-18　100 × 超景深三维显微照片

附图 4-19　100 × 超景深三维显微照片

附图 4-20　100 × 超景深三维显微照片

附图 4-21　100 × 超景深三维显微照片

附图 4-22　200 × 超景深三维显微照片

附图 4-23 500 × 超景深三维显微照片

1.4 XH018

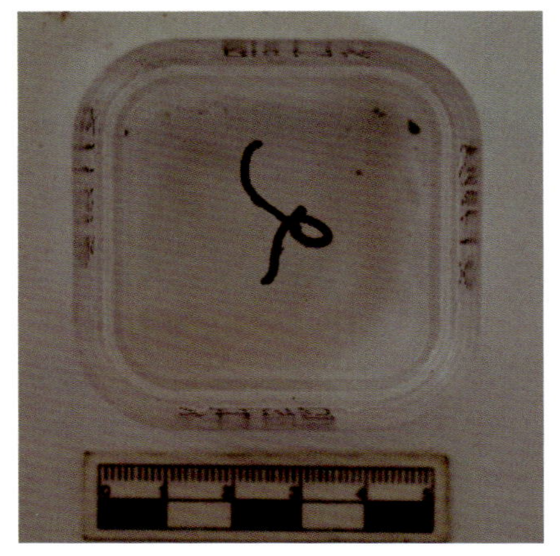

附图 4-24 样品照片

附图 4-25 100 × 超景深三维显微照片

附图 4-26 100 × 超景深三维显微照片

附图 4-27 200 × 超景深三维显微照片

1.5 BYZ-3

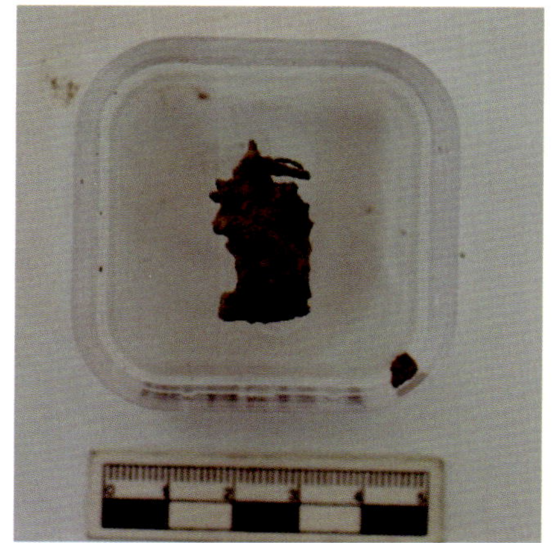

附图 4-28 样品照片

附图 4-29 100 × 超景深三维显微照片

附图 4-30 200 × 超景深三维显微照片

附图 4-31 200 × 超景深三维显微照片

通过超景深三维显微观察后可以看出，在这些冠饰上散落的铜丝上面均发现纺织品矿化后留下的印痕。特别是在低倍视频显微镜下，通过调整光照的角度，可以较为明显地观察到纺织品印痕的一些纹路和特征。在放大至 500 倍时，样品的矿物特征更加明显。推测可能原先缠绕在铜丝表面的丝织品经历了生物矿化过程，纺织纤维已被含铜化合物取代。而且，如附图 4-29 所示在 BYZ-3 样品的土壤中发现了一些金色小颗粒，推测可能为冠饰上掉落的金粉。通过光学显微镜所获取的信息很有限，具体的纤维类型需要进行纤维的蛋白质组学检测。

2. 蛋白质组学检测结果

2.1 TY-3d、4a、5a 和 XH012 样品

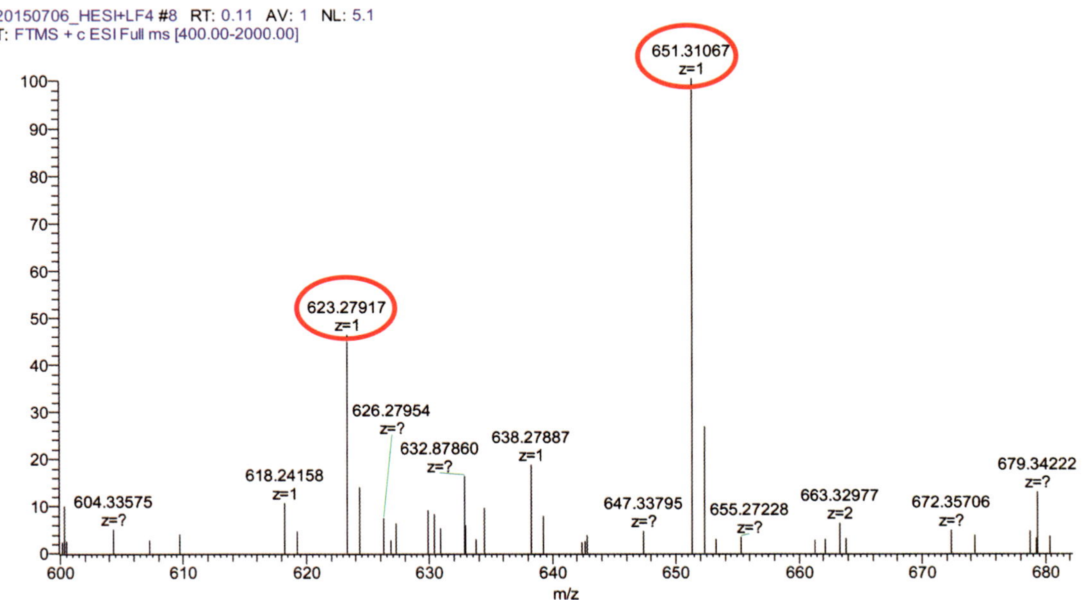

附图 4-32　新鲜桑蚕丝限制性酶切后质谱特征肽段

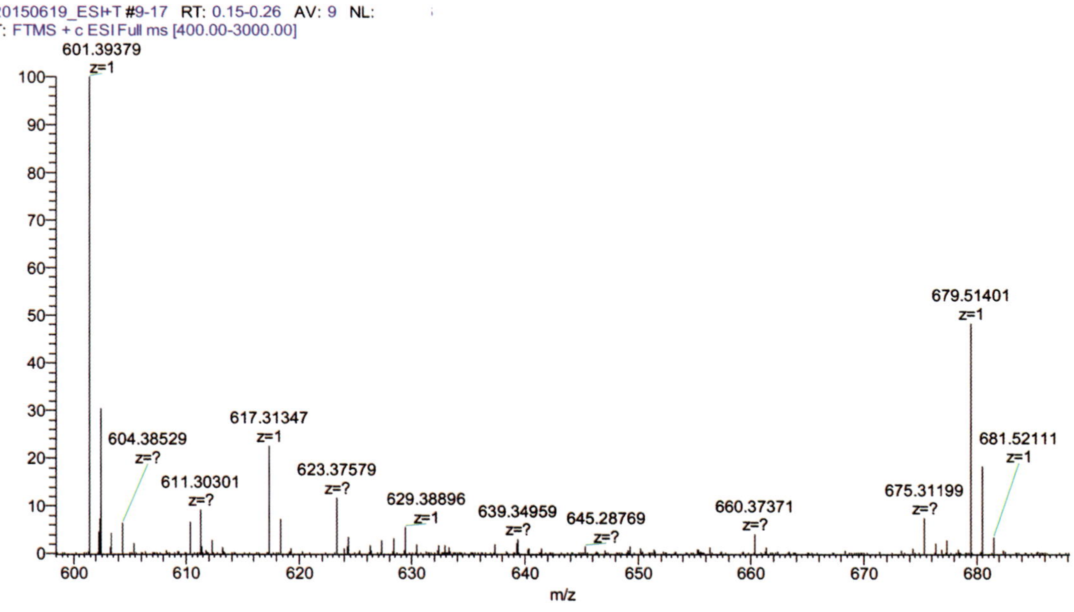

附图 4-33　XH012 样品限制性酶切后的质谱结果

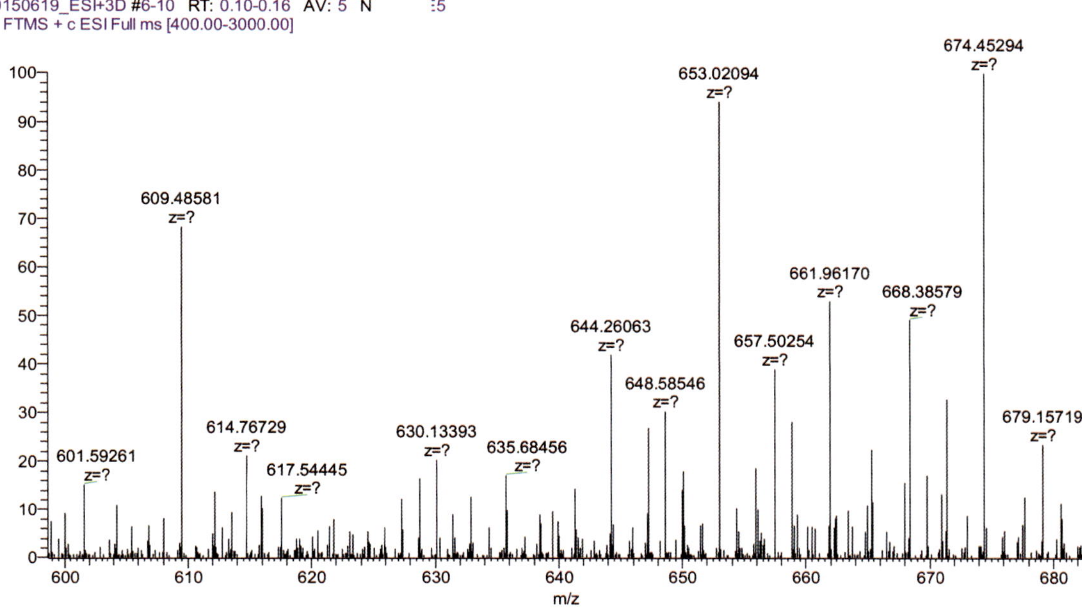

附图 4-34 TY-3d 样品限制性酶切后的质谱结果

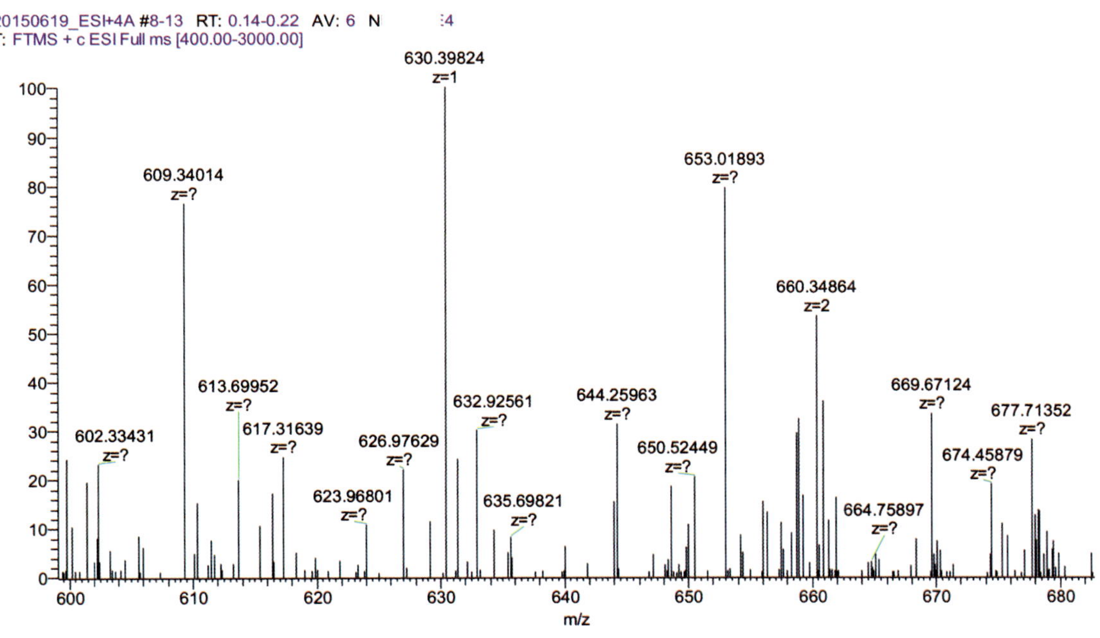

附图 4-35 TY-4a 样品限制性酶切后的质谱结果

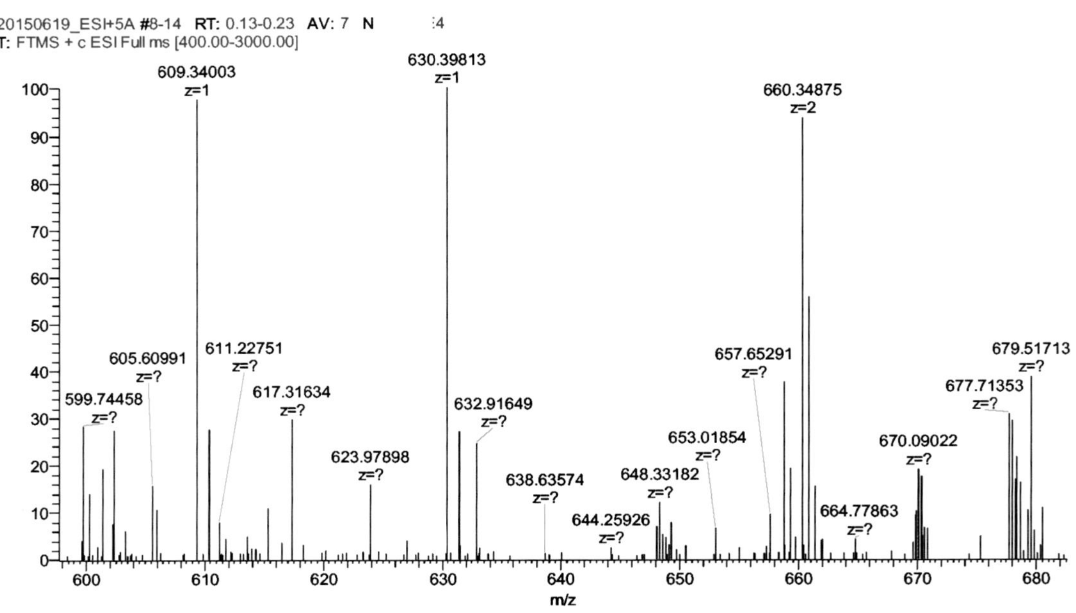

附图 4-36 TY-5a 样品限制性酶切后的质谱结果

蛋白质组学主要用于高通量检测复杂体系中某一特定蛋白或一系列特定蛋白。纺织品的纤维原料中主要包括植物纤维和动物纤维。而动物纤维的主要成分为纤维状蛋白质(即丝心蛋白)。这里我们试图通过蛋白质组学的检测技术对样品中可能残留的蚕丝丝素蛋白残留物进行检测。

丝素蛋白是蚕丝的骨架也是其含量最高、结构最稳定的组成部分。其主要由 18 种氨基酸构成,序列长度超过 5000 个氨基酸,分子量高达 370kDa。丝素蛋白有着极高的序列特异性,这使得其经过限制性内切酶水解后的特征片段具有较高的生物标示性。在一份子的丝素蛋白酶切结果中可以获得很多序列相同的肽段(无漏切)。

限制性酶切后氨基酸序列	数量
GAGAGAGY	51
GAGVGAGY	31
GAGAGVGY	11
GAGAGSGAASGAGAGAGAGAGTGSSGF	10
VANGGY	7
GAGAGAGAGAGY	6

上表中列出了限制性酶切后获得数量最多的多肽片段。表中可以清晰地看出，水解一分子的丝素蛋白所得到的特征片段中含量最高的为 GAGAGAGY、GAGVGAGY 和 GAGAGVGY（G 为甘氨酸、A 为丙氨酸、V 为缬氨酸、Y 为酪氨酸）。因此，这三个多肽片段可以看作蚕丝蛋白检测过程中的特征标志物，如附图 4-32 所示，新鲜蚕丝经水解后可以检测到质荷比约为 623（GAGAGAGY）和 651（GAGVGAGY 和 GAGAGVGY）的两处特征峰。

而纵观 TY-3d、4a、5a 三个土壤样品和 XH012 金属丝表面丝状印痕的检测结果，均未能检测到质荷比 623（GAGAGAGY）和质荷比 651（GAGVGAGY 和 GAGAGVGY）两处特征峰。因此，我们推测，TY-3d、4a、5a 土壤样品和 XH012 金属丝表面丝状印痕中可能均不包含丝蛋白或者丝蛋白的含量极低很难被机器检测到。TY-3d、4a、5a 可能是由于土壤采集位置选择问题。XH012 可能由于在长时间的矿化作用过程中，周围环境所提供的高浓度铜离子以附着于其表面的纺织品为模板发生了生物矿化过程，形成了具有纺织品形态特征的含铜矿物骨架。而随着时间的推移，骨架内部的纤维逐渐降解，有机成分很难保存下来。

2.1 TT-2、TT-3 混合样品（由于单个样品量过少，无法单独测试，所以将两个样品混合后一起测试）

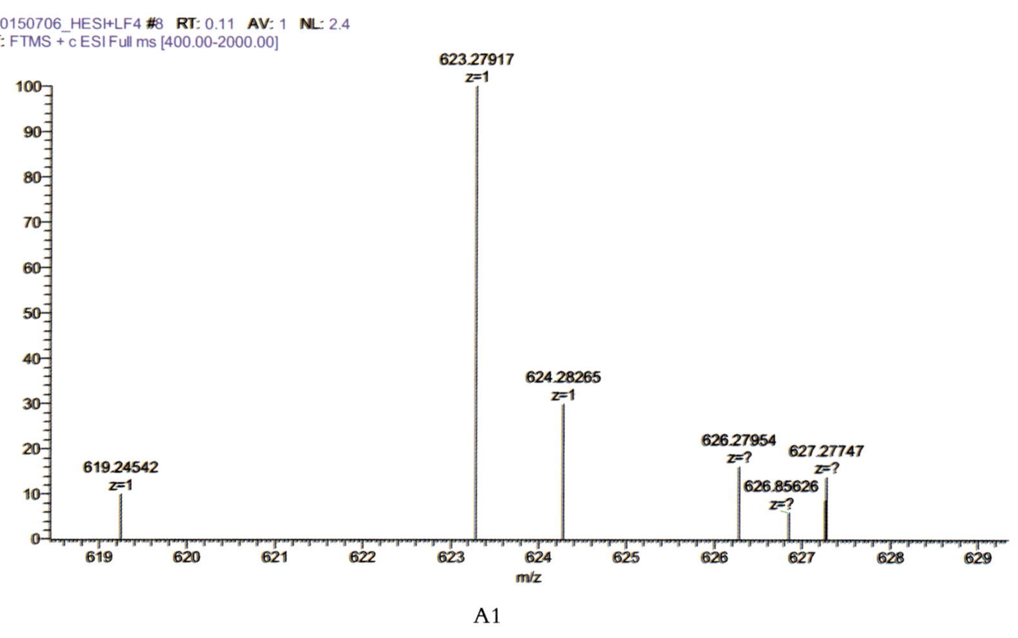

A1

附图 4-37　TT-2、TT-3 混合土壤样品质谱检测结果（1）
A 为肽段 GAGAGAGY 质谱图（A1 为现代桑蚕丝蛋白）

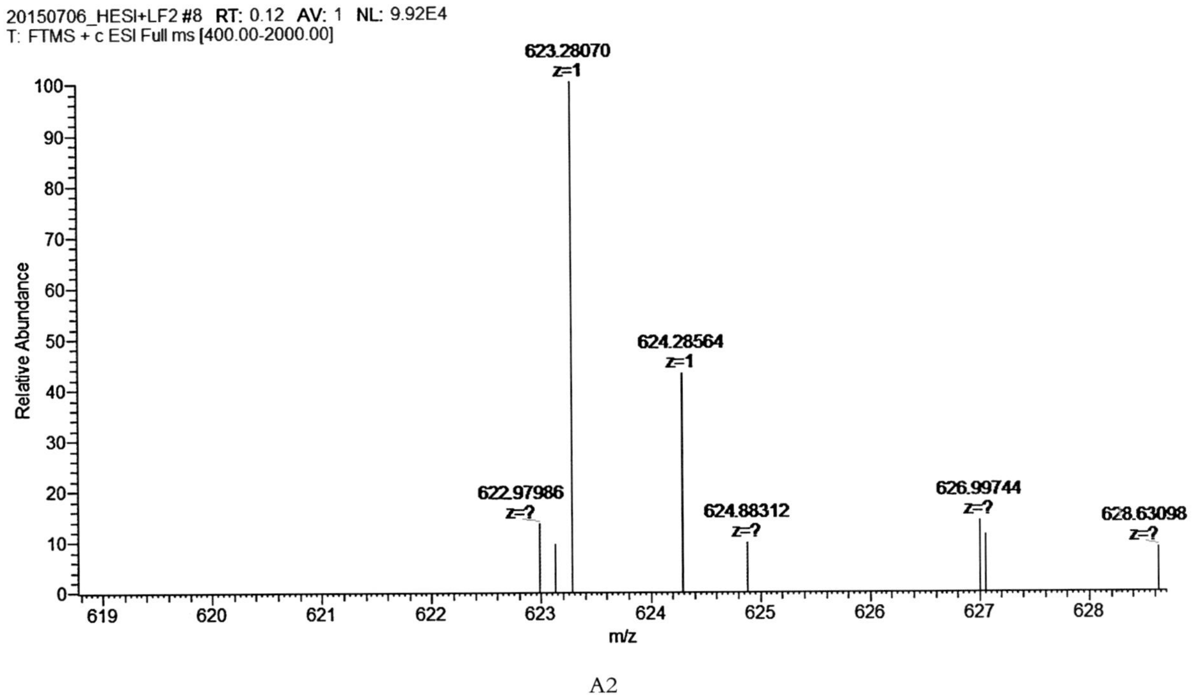

A2

附图 4–38 TT–2、TT–3 混合土壤样品质谱检测结果（2）
A 为肽段 GAGAGAGY 质谱图（A2 为 TT–2、TT–3 混合土壤样品）

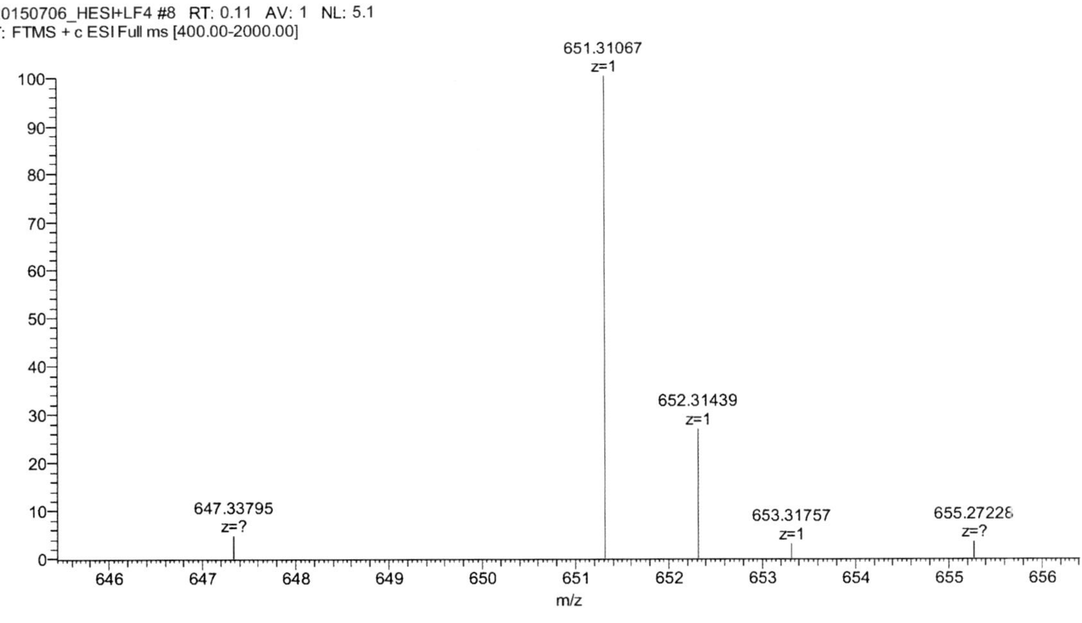

B1

附图 4–39 TT–2、TT–3 混合土壤样品质谱检测结果（3）
B 为肽段 GAGAGVGY 或 GAGVGAGY 质谱图（B1 为现代桑蚕丝蛋白）

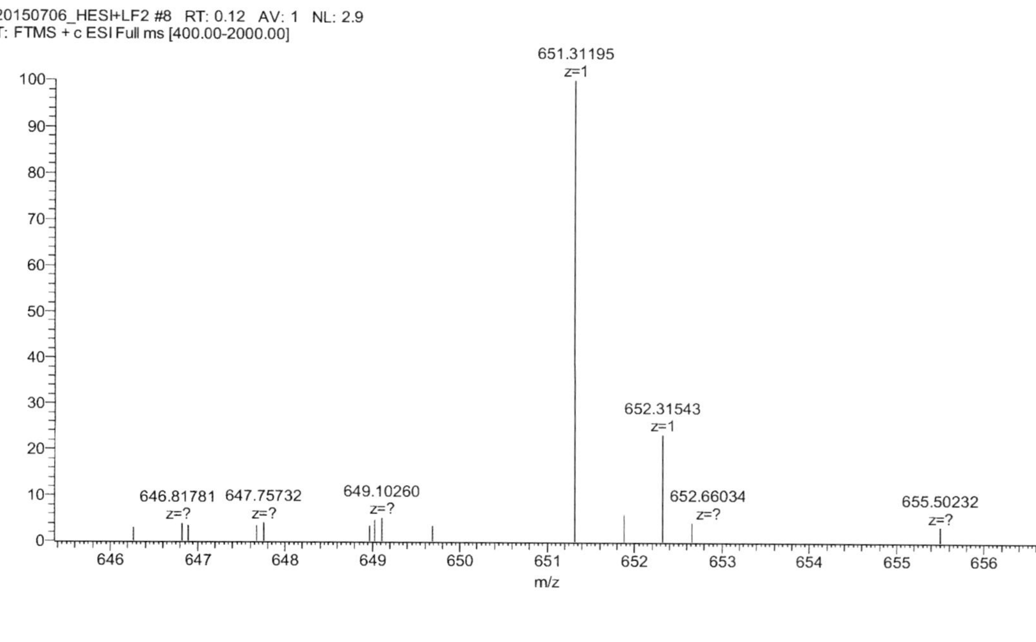

B2

附图 4-40　TT-2、TT-3 混合土壤样品质谱检测结果（4）
B 为肽段 GAGAGVGY 或 GAGVGAGY 质谱图（B2 为 TT-2、TT-3 混合土壤样品）

TT-2、TT-3 样品采集于冠饰装饰金属花朵中心区域土壤，我们通过对 TT-2、TT-3 样品中的蛋白残留物进行提取和初步质谱分析后，成功检测到了桑蚕丝丝素蛋白的 2 个特征肽段。如附图 4-37 至附图 4-40 所示，TT-2、TT-3 样品中检测到了质荷比在 623 和 651 的两个特征肽段。通过与新鲜桑蚕丝的检测结果对比可以初步判断，TT-2、TT-3 样品中存在桑蚕丝特征肽段，也就是说，TT-2、TT-3 样品中包含桑蚕丝蛋白或其降解产物。但是，目前由于仪器原因，还没有进行下一步更为精确的蛋白质组学鉴定，只能初步判断样品中包含桑蚕丝蛋白或其降解产物。更为精确的鉴定结果还有待进一步分析。

三、实验结论

1. 经过超景深三维显微观察结果和质谱检测结果可以初步确定，TT-2、TT-3 样品中包含桑蚕丝蛋白或其降解产物，即在冠饰周围土壤中发现丝绸残留物，说明当初冠饰上很可能使用丝绸进行装饰。

2. 在冠饰上散落的铜丝上面均发现纺织品矿化后留下的印痕。特别是在低倍视频显微镜下，通过调整光照的角度,可以较为明显地观察到纺织品印痕的一些纹路和特征。在放大至500倍时，样品的矿物特征更加明显。推测可能原先缠绕在铜丝表面的丝织品经历了生物矿化过程，纺织纤维已被含铜化合物取代。

3. 对三处墓葬土壤样品（TY-3d、4a、5a）、金属丝表面丝状印痕样品（XH012）进行蛋白质组学检测后，均未发现蚕丝蛋白残留物。这一结果表明样品中均未包含丝蛋白或者丝蛋白的含量极低很难被机器检测到。XH012样品可能由于在长时间的矿化作用过程中，周围环境所提供的高浓度铜离子以附着于其表面的纺织品为模板发生了生物矿化过程，形成了具有纺织品形态特征的含铜矿物骨架。而随着时间的推移，骨架内部的纤维逐渐降解，使得有机成分很难保存下来。

附录五　隋炀帝萧后冠饰样品测试分析报告

样品提供单位：陕西省文物保护研究院

样品测试单位：中国科学院上海光学精密机械研究所科技考古中心

测试时间：2015 年 5 月 15 日至 16 日

测试地点：陕西省文物保护研究院

1. 实验方法

1.1 能量色散型 X 射线荧光光谱分析技术（pXRF）

化学成分分析采用高性能便携式能量色散型 X 射线荧光光谱分析仪（pXRF），仪器型号为 OURSTEX 100FA。该设备采用金属钯（Pd）作为 X 射线源，X 射线管的激发电压最高可达 40 kV，最大功率为 50 W，辐照到样品表面的 X 射线焦斑直径约为 2.5 mm。设备主要由四个单元组成：探测器单元、高压单元、控制单元和数据处理单元（PC）。其中，探测器单元又包括低真空探测单元和大气探测单元。数据处理单元主要包括控制软件及定性、定量分析软件。附图 5-1 为 OURSTEX 100FA 型 pXRF 光谱仪实物图。仪器相关参数及定量分析方法请参阅相关文献[1]。此设备已经成功应用于新疆、广西、湖北、浙江等地出土的古代玻璃器和瓷器研究[2][3][4]。

[1] Liu, Q. H. Li, F. X. Gan, P. Zhang. *Characterization of some ancient glass vessels fragments found in Xinjiang, China, using a portable energy dispersive XRF pectrometer*, X-Ray Spectrom., 2011, 40, 364 - 375.

[2] S. Liu, Q. H. Li, F. X. Gan, P. Zhang, J.W. Lankton. *Silk Road glass in Xinjiang, China: chemical compositional analysis and interpretation using a high-resolution portable XRF spectrometer*, Journal of Archaeological Science, 2012, 39(7), 2128-2142.

[3] S. Liu, Q. H. Li, Q. Fu, F. X. Gan, Z. M. Xiong. *Application of a portable XRF spectrometer for classification of potash glass beads unearthed from tombs of Han Dynasty in Guangxi, China*. X-Ray Spectrometry, 2013, 42(6): 470-479.

[4] 刘松，李青会，董俊卿，干福熹．宁波市东钱湖郭童岙窑址瓷器样品分析测试报告．宁波市文物考古研究所编著．郭童岙——越窑遗址发掘报告．北京：科学出版社，2011, 247-267.

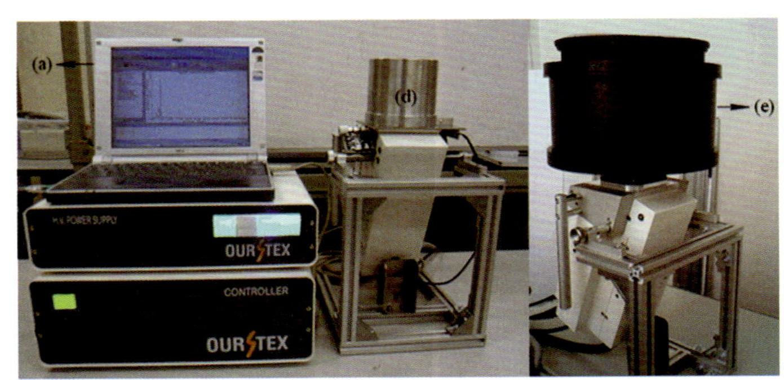

附图 5-1 OURSTEX 100FA 便携式能量色散型 X 射线荧光光谱仪实物图
(a) 数据处理单元，(b) 高压单元，(c) 控制单元，(d) 大气测量单元，(e) 真空测量单元

1.2 手持式能量色散型 X 射线荧光（HXRF）

采用美国 Thermo Niton 手持式能量色散型 X 射线荧光（HXRF），型号为 Niton XL3t 950 GOLDD+ series，分析元素范围为 Mg—U。采用高级别的 GOLDD X 射线探测器，采样热电 (peltier) 制冷技术，具有极高的灵敏度与分析精度，可实现快速无损检测。配备 CamShot™ CCD 彩色摄像功能，可以实时记录测试部位的照片。采用大面积硅飘移探测器 (SDD)，使其与其他产品相比具有分辨率更高、精度更高的优点。其主要激发源为微型 X 射线管，Ag 靶，50Kv/200 μA 最大值。在补充氦气或非真空条件下，具有杰出的轻元素（Mg—S）检测能力。具有极低的检测限，可以有效分析夹杂物及痕量元素[1]。对玻璃珠、玉石珠、骨制品等采用矿石铜 / 锌模式进行测试，分析结果见附表 5 至附表 7，对金属质样品如铜基材料采用常见金属模式进行测试，分析结果见附表 8，对铜饰件样品采用电子金属模式进行测试，分析结果见附表 9。

1.3 SSR-100 简 · 智 便携式激光拉曼检测仪

SSR-100 是一款研究级的便携式拉曼检测仪，拥有目前同类设备中最宽的光谱检测范围和最高的信号灵敏度。激光光源上，SSR-100 选用 785nm 波长激光器，有效避开大多数物质的荧光区。拥有多项自主专利技术的拉曼激光器，可获得小于 0.1nm 的超窄线宽和超高的稳定度。0—500mW 的超大功率连续可调输出，在保障信号质量的前提下，大幅提高拉曼激发效率，缩

[1] Qinghui Li, Zebin Li, Donghong Gu. *Archaeological and Technical Study of the Lead BariumGlass Chime (Bian Qing)of Western Han Dynasty Unearthed from the Jiangdu King's Mausoleum*.Fuxi Gan, Qinghui Li, Julian Henderson(eds).*Recent Progress of Scientific Research on Ancient Glass and Glaze*. Singapore: World Scientific Publishing, 2015:156—177.

短了采集时间。光路采集系统上，我们有专为 785 拉曼设计的采集探头，采用自准直、可调谐等专利设计，有效滤除瑞利散射，拉曼光谱采集效率比一般产品提高 50% 以上。设备采用高效率背照式 CCD,在实现 4300cm^{-1} 超广光谱采集范围的基础上,达到了 600:1 的优秀信噪比。同时，机器内置了 6800mAH（8.4V）超大容量锂电池，满充状态下可以连续工作不少于 6 小时。设备提供 WIFI 无线数据接口，可以很方便的与笔记本电脑、PAD 甚至手机连接。设备也可与电子显微镜联用，组建简易的显微拉曼系统。SSR-100 有配套的专用拉曼谱图库，标准库中包含了超过 3000 种物质的标准拉曼谱图。此外，SSR-100 还提供专门针对珠宝玉石鉴定科技考古、食品安全的专业谱图库。SSR 系列软件简单易用，具有智能谱图分析及锁定算法，可以实现高达 95% 的自动匹配准确率。同时，软件支持自建谱图库，用户可以根据实际应用需要进行补充。

2. 样品信息

样品为唐代萧后冠饰样品，样品照片和信息见附图 5-2 至附图 5-15 和附表 1。

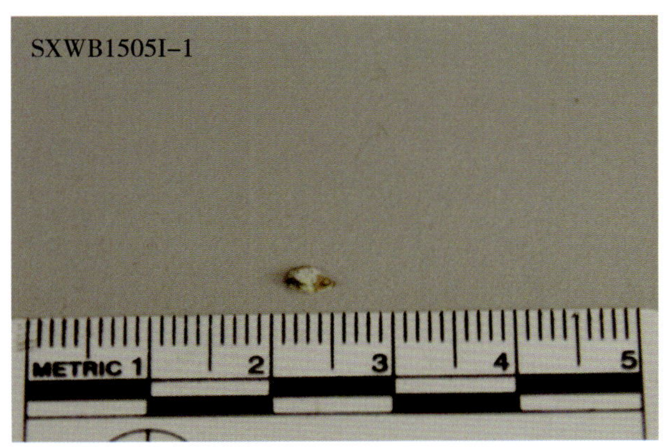

附图 5-2　FC-3 号发钗镶嵌物

附图 5-3　萧后冠饰镶嵌物

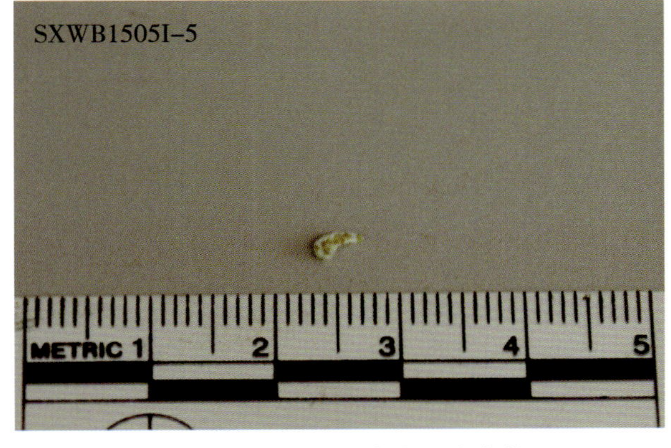

附图 5-4　47—4 号发钗镶嵌物

附图 5-5　萧后冠花朵残片

附图 5-6　萧后发钗镶嵌物

附图 5-7　萧后发钗镶嵌物

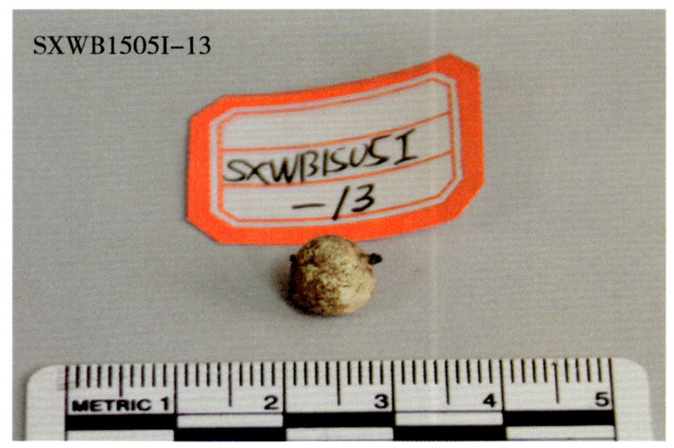

附图 5-8　萧后冠花朵花蕊

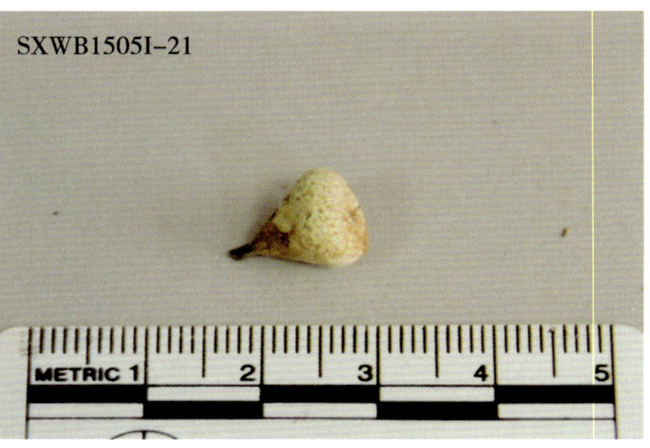

附图 5-9　萧后冠花朵花蕊

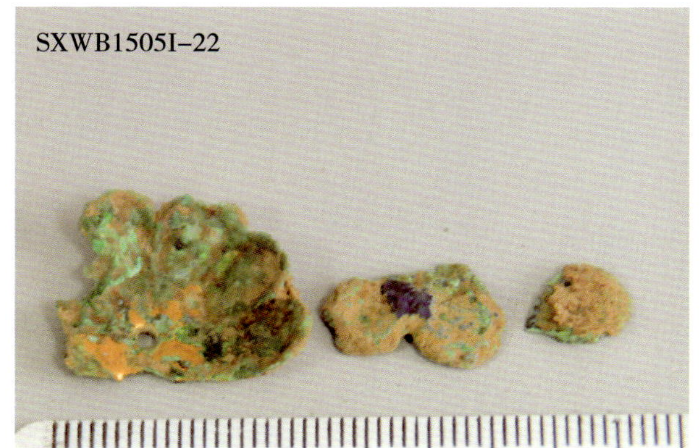

附图 5–10 萧后冠花朵残片

附图 5–11 萧后冠石饰件

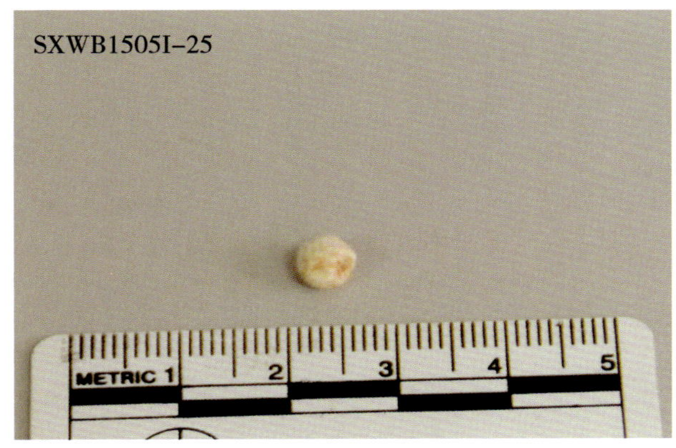

附图 5–12 萧后冠镶嵌物

附图 5–13 土样（萧后冠清理）

附图 5–14 骨质样品

附图 5–15 萧后冠花朵花蕊

3. 测试分析结果

根据化学成分分析结果，萧后冠饰主要有高铅（PbO-SiO2）体系玻璃珠、方解石珠、骨制品及青铜制品等，具体分析结果见附表 2 至附表 9。拉曼光谱测试结果请见附表 10 和附图 5-16 至附图 5-27。

参与本次实验人员：中国科学院上海光学精密机械研究所科技考古中心赵虹霞、董俊卿、刘松、黎继立

报告审核人：李青会

附表 1　XRF 测试样品信息列表

实验编号		原始编号	年代	来源
SXWB1505I-1		FC-3a	唐	萧后冠饰
SXWB1505I-3		xq3、宝石（1）	唐	萧后冠饰
SXWB1505I-5		xq5、47-4	唐	萧后冠饰
SXWB1505I-9		XH001	唐	萧后冠饰
SXWB1505I-22		XH019	唐	萧后冠饰
SXWB1505I-12		xq11	唐	萧后冠饰
SXWB1505I-13		XH003	唐	萧后冠饰
SXWB1505I-14		xq12	唐	萧后冠饰
SXWB1505I-20		XH005	唐	萧后冠饰
SXWB1505I-21		XH009	唐	萧后冠饰
SXWB1505I-24		SSJ-1	唐	萧后冠饰
SXWB1505I-25		LL-2	唐	萧后冠饰
SXWB1505I-26		T（-5-1）	唐	萧后冠饰
SXWB1505I-27		WZ-2	唐	萧后冠饰
SXWB1505I-36		[11]	唐	萧后冠饰

附表 2　玻璃器 pXRF 化学成分定量分析结果

实验编号	测试点	玻璃体系	Na_2O	MgO	Al_2O_3	SiO_2	P_2O_5	K_2O	CaO	TiO_2	MnO	Fe_2O_3	PbO	CuO	SnO_2
			wt%	wt%	wt%	wt%	wt%	wt%	wt%	wt%	wt%	wt%	wt%	wt%	wt%
SXWB 1505I–1		铅玻璃	1.79	0.46	4.81	45.28	0.35	n.d.	2.44	0.30	0.06	0.30	43.33	0.88	n.d.
SXWB 1505I–3		铅玻璃	1.55	0.53	2.36	29.00	1.43	n.d.	1.47	0.27	0.03	0.86	60.78	1.73	n.d.
SXWB 1505I–5		铅玻璃	1.73	0.47	4.06	33.03	2.65	n.d.	2.66	0.27	0.08	0.66	52.67	1.71	n.d.
SXWB 1505I–12	钗头中间白色点	铅玻璃 +Cu	2.27	0.29	5.80	18.24	0.06	1.07	1.65	0.23	0.12	3.80	29.84	36.62	n.d.
SXWB 1505I–12	钗头绿色点	铅玻璃 +Cu	1.79	0.35	3.94	19.49	0.79	0.35	0.73	0.27	0.32	2.77	12.13	57.06	n.d.
SXWB 1505I–12	钗头浅绿色点	铅玻璃 +Cu	1.69	0.20	4.67	34.98	n.d.	0.59	0.69	0.25	0.22	2.75	18.06	35.89	n.d.
SXWB 1505I–13		铅玻璃	0.47	0.64	8.36	34.31	0.53	2.45	1.19	0.30	0.07	4.17	46.36	1.15	n.d.
SXWB 1505I–14	白色点	铅玻璃 +Cu	1.34	0.25	5.51	41.06	4.86	0.40	2.74	0.24	0.09	2.84	18.91	21.75	n.d.
SXWB 1505I–21		铅玻璃（风化）	1.49	0.57	2.50	19.77	0.46	0.38	0.82	0.31	0.04	0.81	72.46	0.40	n.d.
SXWB 1505I–26	小块	富 Sn 物质	2.32	1.06	3.67	21.85	n.d.	n.d.	n.d.	0.51	0.29	1.91	1.84	3.71	62.83
SXWB 1505I–36	白色点	铅玻璃（风化）	1.92	0.61	0.96	23.57	0.17	n.d.	1.42	0.41	0.24	0.27	69.71	0.71	n.d.

n.d. 表示此种组分含量低于本方法检出限，而无法检测到；M 表示此种组分为主量或次量组分，玻璃体系中的 Cu 表示测到了底部的铜饰基体，下表相同

附表 3 玉石器 pXRF 定量分析结果（wt%）

实验编号	类型	Na_2O	MgO	Al_2O_3	SiO_2	P_2O_5	K_2O	CaO	TiO_2	Fe_2O_3	CuO	PbO
SXWB 1505I–20	方解石	2.97	0.34	n.d.	31.10	n.d.	n.d.	65.33	n.d.	0.27	n.d.	n.d.
SXWB 1505I–24	方解石	2.16	0.25	n.d.	19.69	n.d.	n.d.	77.90	n.d.	0.01	n.d.	n.d.
SXWB 1505I–27	骨头	1.04	0.48	n.d.	47.02	21.72	n.d.	19.86	n.d.	0.92	2.95	6.01
SXWB 1505I–25	方解石	1.69	0.28	n.d.	26.47	n.d.	n.d.	71.44	n.d.	0.11	n.d.	n.d.

附表 4 金属器样品 pXRF 化学成分定量分析结果（wt%）

实验编号	类型	Cu	Au
SXWB1505I–9	铜饰	90.54	9.46
SXWB1505I–22	铜饰	94.27	5.73

附表 5　萧后冠饰上玻璃珠土壤矿石铜锌模式的 HXRF 无损分析结果（wt%）

样品编号	出土编号	名称	测试部位	类别	Mg	Al	Si	P	K	Ca	Ti	Mn	Fe	Pb	Cu	Sn	Au	V	Cl	Cd	Sr	Cr	Zn	Ni
SXWB 1505I–1	xq1		白色残片	铅玻璃	0.78	1.98	21.60	0.11	n.d.	0.46	n.d.	0.05	0.03	22.11	0.21	n.d.	n.d.	n.d.	0.25	0.01	n.d.	n.d.	0.00	0.03
SXWB 1505I–3	xq3		小残块	铅玻璃	1.336	1.26	12.15	0.52	0.16	1.63	0.04	0.10	0.31	43.17	0.61	n.d.	n.d.	0.01	0.29	0.01	n.d.	n.d.	0.01	0.05
SXWB 1505I–4a	xq4			铅玻璃	n.d.	1.17	14.63	0.59	0.13	0.11	0.01	0.04	0.06	14.09	0.36	n.d.	n.d.	n.d.	0.36	n.d.	n.d.	n.d.	n.d.	0.01
SXWB 1505I–4b	xq4			铅玻璃	n.d.	0.50	8.80	0.32	0.06	0.05	0.00	n.d.	n.d.	5.11	0.15	n.d.	n.d.	n.d.	0.19	0.00	n.d.	n.d.	0.00	n.d.
SXWB 1505I–5	xq5			铅玻璃	n.d.	2.99	18.85	2.26	n.d.	0.93	0.03	0.09	0.36	39.87	0.85	n.d.	n.d.	0.01	0.39	n.d.	n.d.	n.d.	0.01	0.06
SXWB 1505I–7	xq7			铅玻璃	n.d.	2.98	18.91	1.65	n.d.	0.85	0.03	0.08	0.21	35.05	0.61	0.01	n.d.	0.01	0.36	0.01	n.d.	n.d.	0.01	0.04
SXWB 1505I–8	xq8			铅玻璃	n.d.	5.83	40.17	0.46	n.d.	2.07	0.03	0.08	0.19	30.27	0.28	n.d.	n.d.	0.01	0.20	n.d.	n.d.	n.d.	0.01	0.05
SXWB 1505I–10a	xq9	发钗	白色	铅玻璃	n.d.	1.47	5.33	2.02	0.17	0.85	0.02	0.11	0.43	39.34	4.56	0.03	0.617	0.01	0.65	0.01	n.d.	n.d.	0.02	0.04
SXWB 1505I–13	XH003	珠饰	白色	铅玻璃	n.d.	4.59	28.83	n.d.	0.67	0.20	0.16	0.13	0.91	44.65	0.16	n.d.	n.d.	n.d.	n.d.	n.d.	n.d.	n.d.	n.d.	0.09
SXWB 1505I–16a	XH002–a	珠饰	白色	铅玻璃	n.d.	0.54	10.63	0.21	n.d.	n.d.	n.d.	0.14	0.10	53.18	0.04	n.d.	n.d.	n.d.	0.33	n.d.	n.d.	0.02	0.01	0.07
SXWB 1505I–16b	XH002–b	珠饰	白色，内部新鲜面	铅玻璃	n.d.	1.14	9.49	0.28	0.18	0.21	0.06	0.10	0.19	39.86	0.56	n.d.	n.d.	0.01	0.31	0.01	n.d.	0.01	0.02	0.05
SXWB 1505I–18	XH004	珠饰	侧面浅绿色（平底）	铅玻璃	0.91	1.46	11.37	0.18	0.31	0.16	0.09	0.09	0.60	31.51	0.36	0.03	n.d.	0.01	0.27	0.02	n.d.	0.01	0.01	0.07
SXWB 1505I–21	XH009	珠饰	底部	铅玻璃	n.d.	4.23	22.44	n.d.	1.36	0.34	0.27	0.11	1.38	37.63	0.20	0.02	n.d.	0.02	0.20	0.01	n.d.	0.01	0.01	0.05

续表

样品编号	出土编号	名称	测试部位	类别	Mg	Al	Si	P	K	Ca	Ti	Mn	Fe	Pb	Cu	Sn	Au	V	Cl	Cd	Sr	Cr	Zn	Ni
SXWB 1505I–23	XH017	珠饰	侧面	铅玻璃	2.01	1.75	9.81	0.20	0.40	0.20	0.07	0.12	0.38	46.28	0.09	0.02	n.d.	0.01	0.40	0.01	n.d.	0.02	0.02	0.07
SXWB 1505I–36	11	珠饰	残，内部	铅玻璃	1.22	0.36	8.31	0.19	n.d.	0.11	n.d.	0.12	0.10	45.87	0.16	0.02	n.d.	n.d.	0.47	0.01	n.d.	n.d.	0.02	0.06

注：n.d. 表示该元素含量低于检出限，未检测出。

附表 6　萧后冠饰上方解石珠饰 HXRF 的土壤矿石铜锌模式无损分析结果（wt%）

样品编号	出土编号	名称	测试部位	类别	Mg	Al	Si	P	K	Ca	Ti	Mn	Fe	Pb	Cu	Sn	Au	V	Cl	Cd	Sr	Cr	Zn	Ni
SXWB 1505I–19	XH006	珠饰	残，新鲜断面	方解石	n.d.	0.17	0.39	n.d.	0.04	45.54	0.08	n.d.	0.01	0.02	0.12	n.d.	n.d.	n.d.	n.d.	n.d.	0.00	0.01	n.d.	n.d.
SXWB 1505I–20a	XH005a	珠饰	白色侧面	方解石	n.d.	0.92	3.69	n.d.	0.42	39.86	0.08	n.d.	0.11	0.00	0.34	n.d.	n.d.	n.d.	n.d.	n.d.	0.00	0.01	n.d.	n.d.
SXWB 1505I–20b	XH005b	珠饰	白色底面	方解石	0.84	0.97	6.31	n.d.	0.24	35.23	0.10	n.d.	0.19	0.00	0.17	n.d.	n.d.	n.d.	n.d.	n.d.	0.00	0.01	n.d.	n.d.
SXWB 1505I–24	SSJ–1	片饰	白色	方解石	n.d.	0.50	1.04	n.d.	0.08	48.73	0.10	n.d.	0.03	0.01	0.01	n.d.	n.d.	n.d.	n.d.	n.d.	0.00	0.01	n.d.	n.d.
SXWB 1505I–25	LL–2	珠饰	白色	方解石	n.d.	0.51	3.50	n.d.	0.18	36.61	0.09	n.d.	0.13	0.02	0.02	n.d.	n.d.	n.d.	n.d.	n.d.	0.00	0.01	n.d.	n.d.

附表 7　萧后冠饰上骨制品等 HXRF 的土壤矿石铜锌模式无损分析结果（wt%）

样品编号	出土编号	名称	测试部位	类别	Mg	Al	Si	P	K	Ca	Ti	Mn	Fe	Pb	Cu	Sn	Au	V	Cl	Cd	Sr	Cr	Zn	Ni
SXWB 1505I-2	xq2			富铜物质?	n.d.	6.86	25.55	n.d.	1.32	0.47	0.19	n.d.	3.69	1.15	30.86	n.d.	n.d.	n.d.	n.d.	n.d.	n.d.	n.d.	n.d.	n.d.
SXWB 1505I-27a	WZ-2a	小条	外面	骨制品	n.d.	4.13	11.35	12.80	0.54	17.63	0.07	0.09	0.76	8.16	2.17	0.01	n.d.	0.01	0.18	n.d.	0.01	n.d.	0.01	0.01
SXWB 1505I-27b	WZ-2b	小条	内面	泥土污染	0.94	6.79	24.97	1.72	2.69	4.06	0.53	0.04	3.19	5.28	2.66	0.03	n.d.	0.02	n.d.	n.d.	0.01	0.02	n.d.	n.d.
SXWB 1505I-？	T（-5-1）	粉末	浅绿色	富锡物质	n.d.	1.06	3.38	n.d.	0.16	n.d.	0.06	n.d.	0.74	1.66	1.52	37.02	n.d.	0.01	n.d.	0.04	n.d.	0.01	n.d.	n.d.
SXWB 1505I-?	WZ-5a	长条状	表面	泥土污染	n.d.	6.27	26.35	n.d.	1.95	0.98	0.35	0.03	4.72	1.86	0.76	0.02	n.d.	0.02	n.d.	n.d.	0.01	0.02	0.01	n.d.
SXWB 1505I-?	WZ-5b	长条状	清理后	骨制品	n.d.	0.81	2.22	15.45	n.d.	16.77	n.d.	0.12	0.13	4.84	1.16	n.d.	n.d.	0.03	0.08	0.00	0.01	0.01	0.01	n.d.

附表 8　萧后冠饰铜基样品 HXRF 的常见金属模式无损分析结果（wt%）

样品名称	测试部位	Sn	Ag	Nb	Zr	Pb	Au	Zn	Cu	Fe	Cr	V	Ti	Al	P	Si
萧后冠饰，铜基	铜基	0.291	n.d.	0.008	0.063	2.12	n.d.	n.d.	45.57	6.09	n.d.	n.d.	0.69	10.77	0.05	34.25

附表 9 萧后冠饰上铜饰件 HXRF 的电子金属模式无损分析结果（wt%）

出土编号	样品名称	测试部位	Cu	Au	Hg	Fe	Zn	Sb	Sn	Ti
XH001	铜饰片	金黄色	78.81	19.52	0.44	0.84	0.07	0.13	0.02	0.14
XH019	萧后冠饰铜饰	金黄色	78.64	20.12	0.47	0.50	0.05	0.14	0.02	n.d.

附表 10 拉曼光谱测试结果

样品编号	拉曼编号	原始编号	物相	
SXWB1505I–1	发钗镶嵌物 1SXWB1505I–1–0	xq1	碳酸铅（$PbCO_3$）	附图 5–16
SXWB1505I–3	发钗镶嵌物 3SXWB1505I–3–0	xq3（FC–3 宝石○ 3）	碳酸铅（$PbCO_3$）	附图 5–17
SXWB1505I–5	发钗镶嵌物 5SXWB1505I–5–0	xq5（47–4 宝石○ 1）	碳酸铅（$PbCO_3$）	附图 5–18
SXWB1505I–7	发钗镶嵌物 7SXWB1505I–7–0	xq7（47–7 宝石○ 3）	碳酸铅（$PbCO_3$）	附图 5–19
SXWB1505I–12	发钗 12 镶嵌物含铅 SXWB1505I–12.2–0	xq11 发钗（FC–4）	碳酸铅（$PbCO_3$）	附图 5–20
SXWB1505I–14	发钗 14 上面镶嵌物含铅 SXWB1505I–14–0	xq12 发钗（47–4）	碳酸铅（$PbCO_3$）	附图 5–21
SXWB1505I–16	铅钡玻璃 3SXWB1505I–16.2–0	XH002	碳酸铅（$PbCO_3$）	附图 5–22
SXWB1505I–19	珠子（方解石） SXWB1505I–19–0	XH006	方解石（$CaCO_3$）	附图 5–23
SXWB1505I–20	珠子（方解石） SXWB1505I–20–0	XH005	方解石（$CaCO_3$）	附图 5–24
SXWB1505I–24	饰片（方解石） SXWB1505I–24–0	SSJ–1	方解石（$CaCO_3$）	附图 5–25
SXWB1505I–25	珠子（方解石） SXWB1505I–25–0	LL–2	方解石（$CaCO_3$）	附图 5–26
SXWB1505I–36	含铅玻璃（铅峰比较强） SXWB1505I–36–0	11	碳酸铅（$PbCO_3$）	附图 5–27

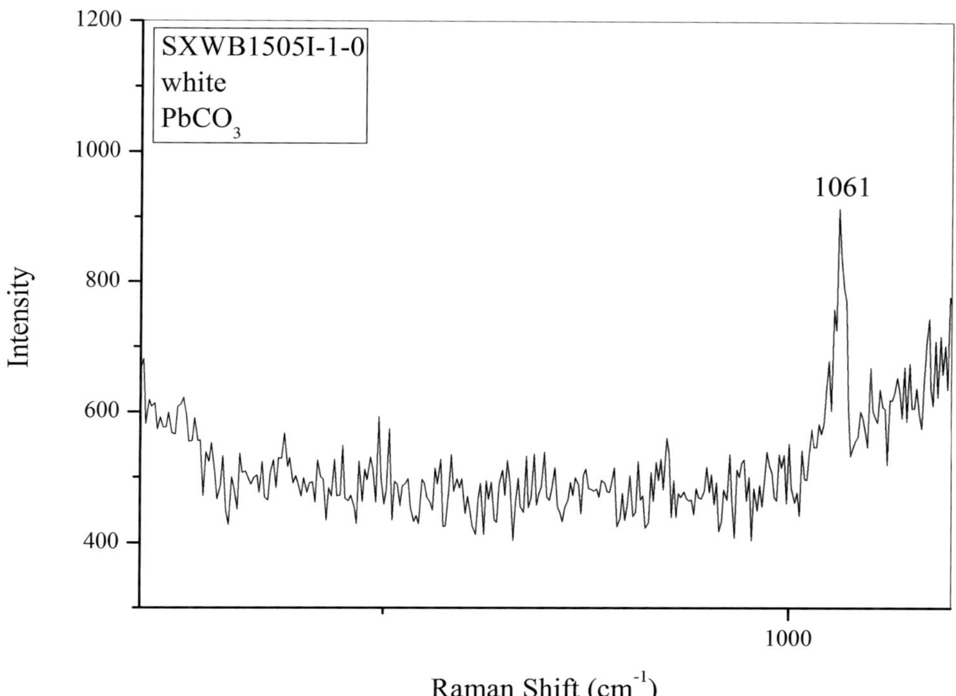

附图 5-16 萧后发钗镶嵌物

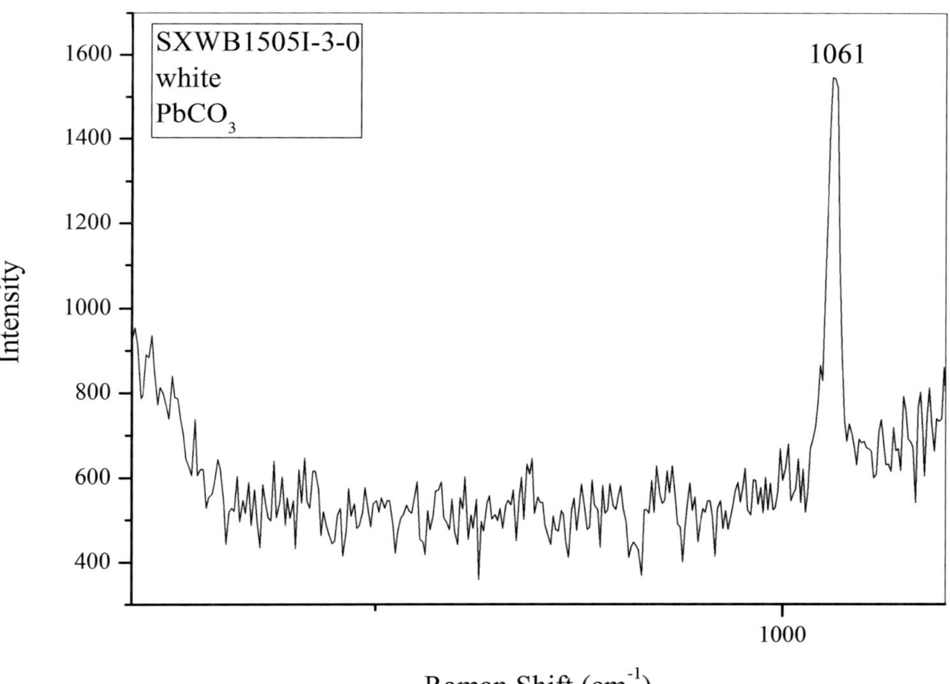

附图 5-17 FC-3 发钗镶嵌物

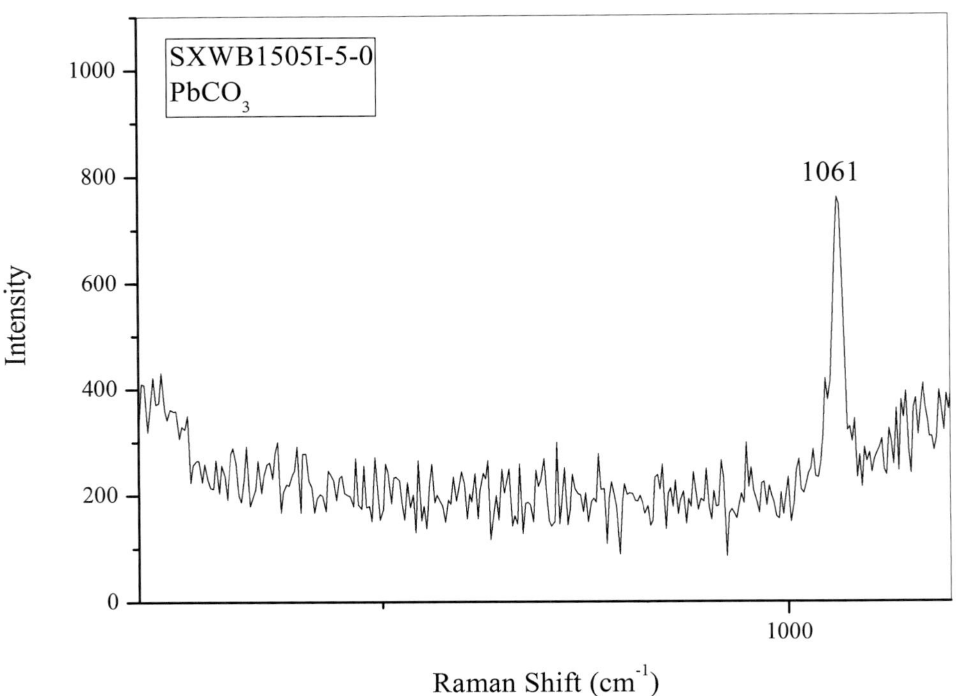

附图 5-18 47-4 号发钗镶嵌物

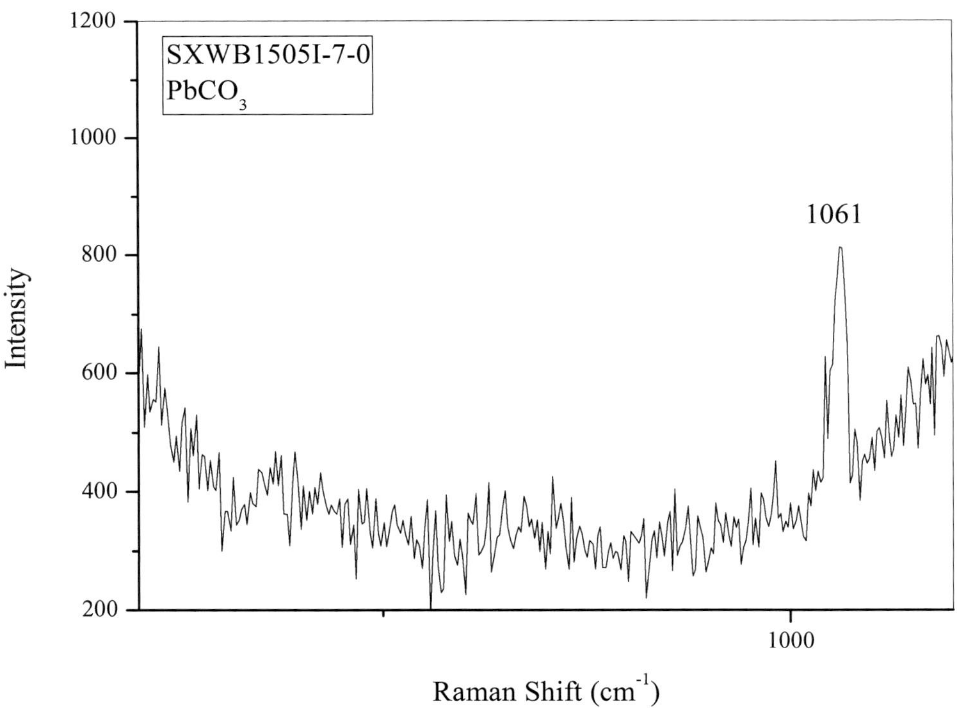

附图 5-19 47-7 号发钗镶嵌物

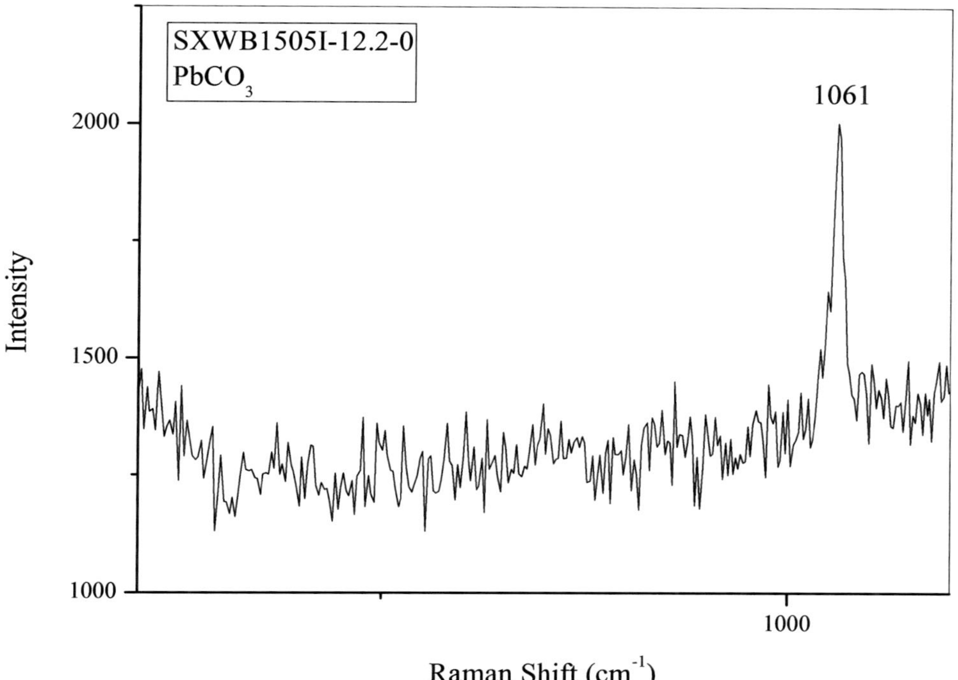

附图 5-20 FC-4 号发钗镶嵌物

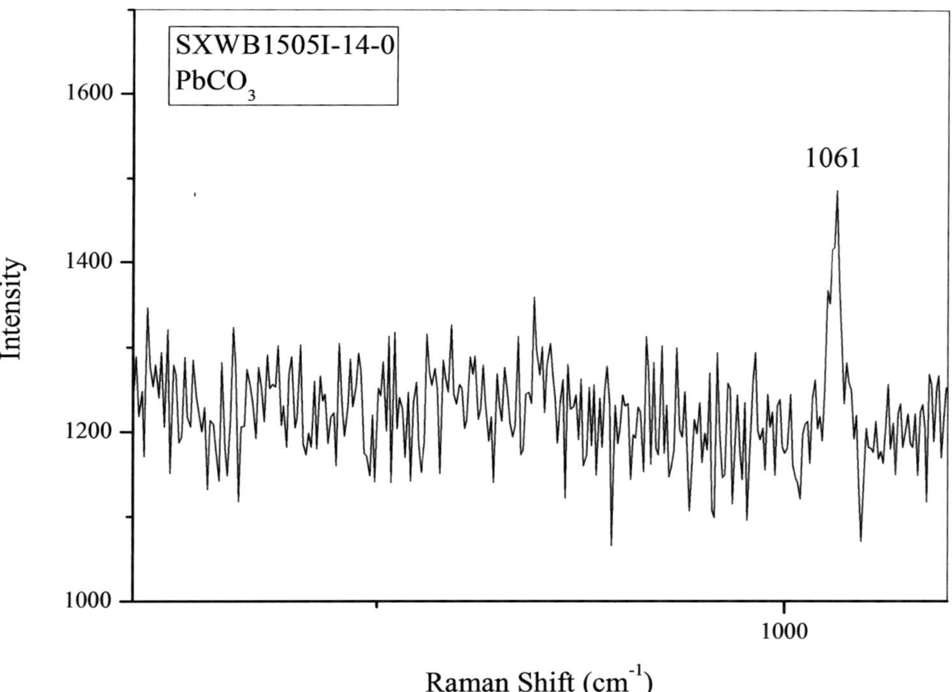

附图 5-21 47-4 号发钗镶嵌物

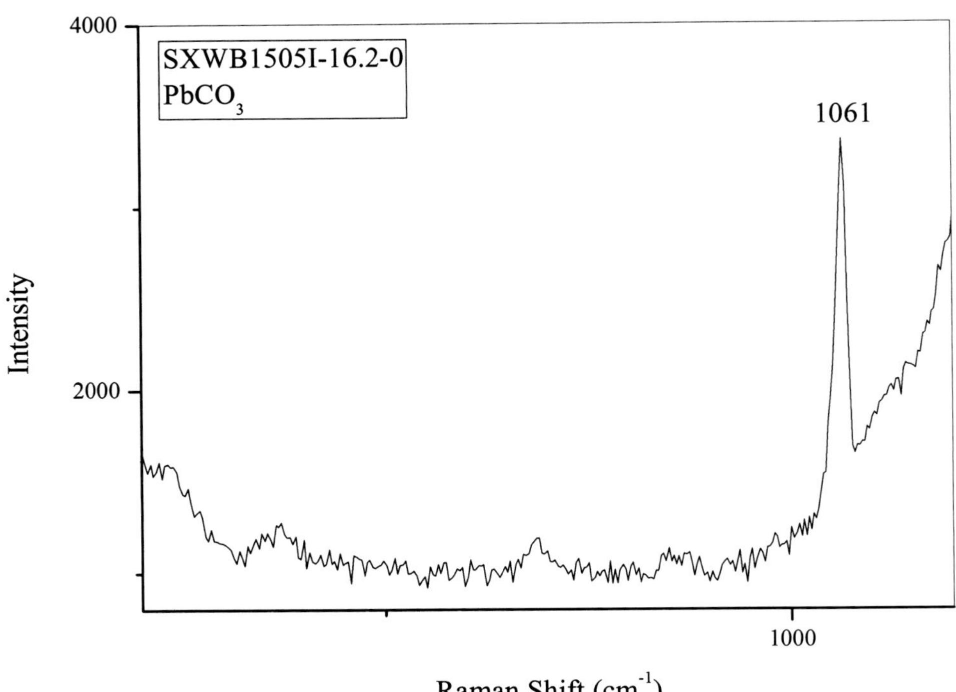

附图 5-22 萧后冠饰上镶嵌物

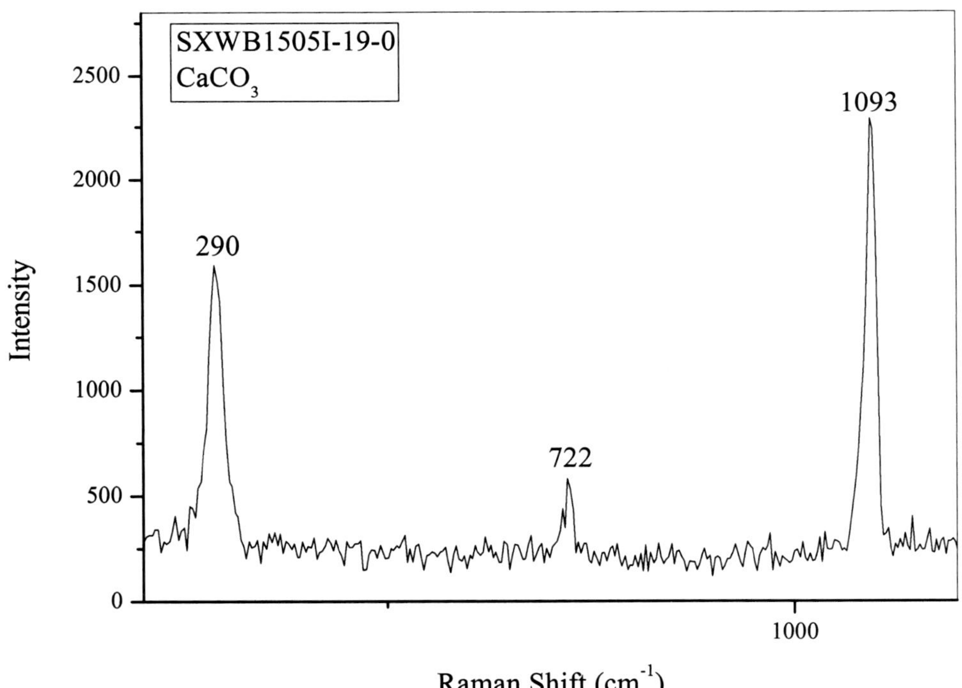

附图 5-23 萧后冠饰珠子

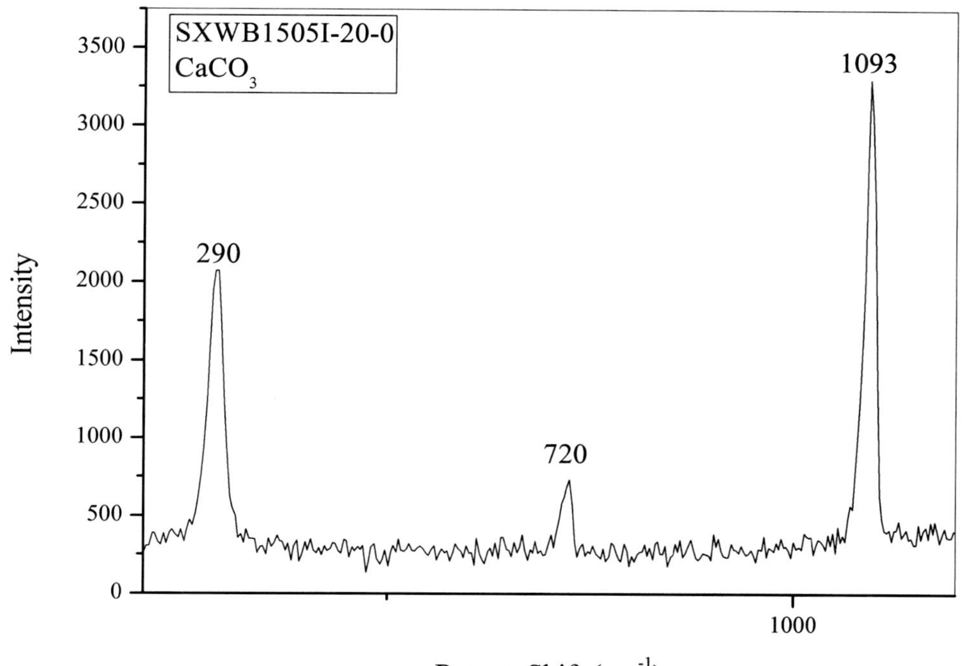

附图 5-24　萧后冠饰珠子

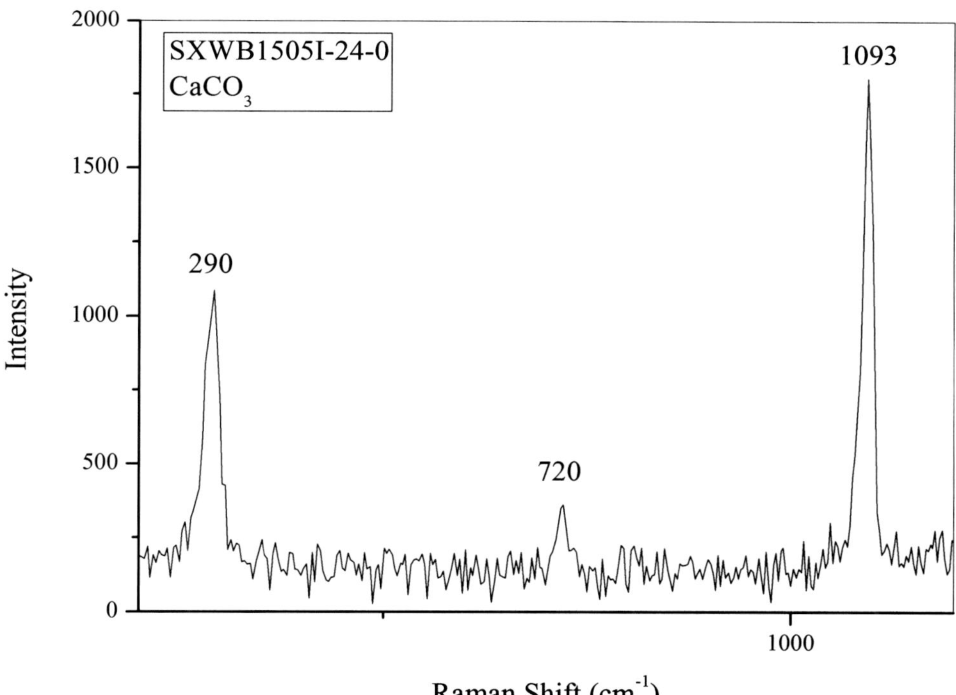

附图 5-25　萧后冠饰石饰片

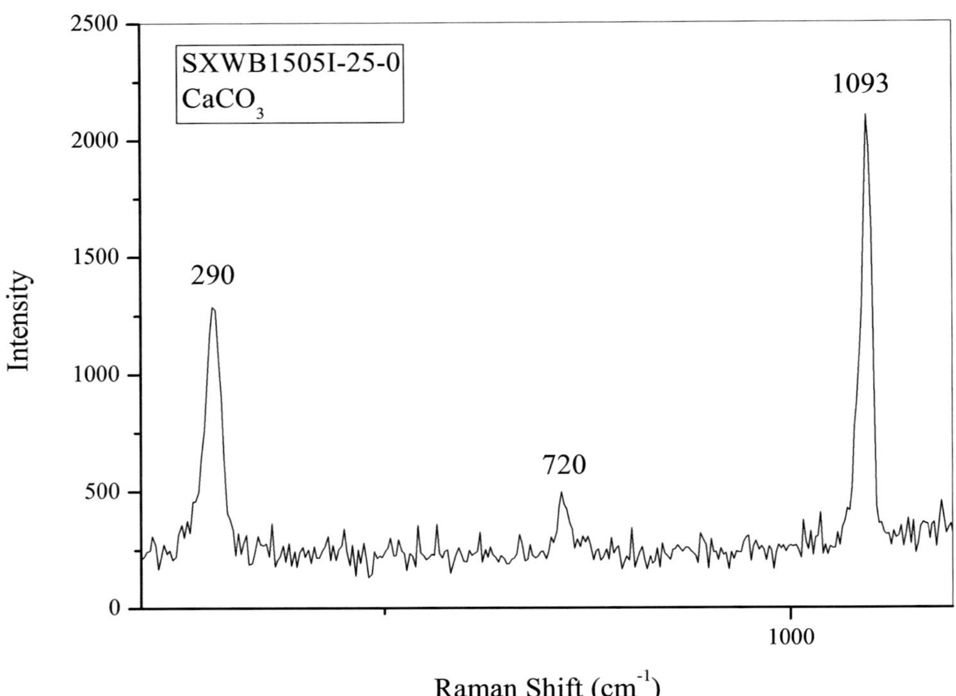

附图 5-26　萧后冠饰珠子

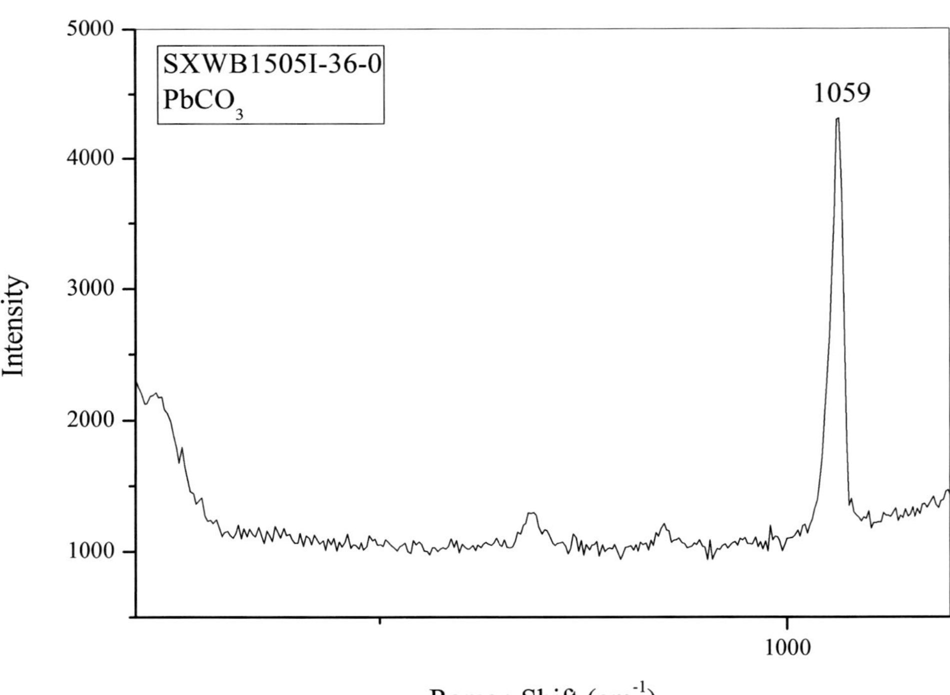

附图 5-27　萧后饰件

附录六　隋炀帝萧后墓出土文物棉等残留样品SEM观察及红外光谱分析报告

陕西省文物保护研究院　扬州市文物考古研究所

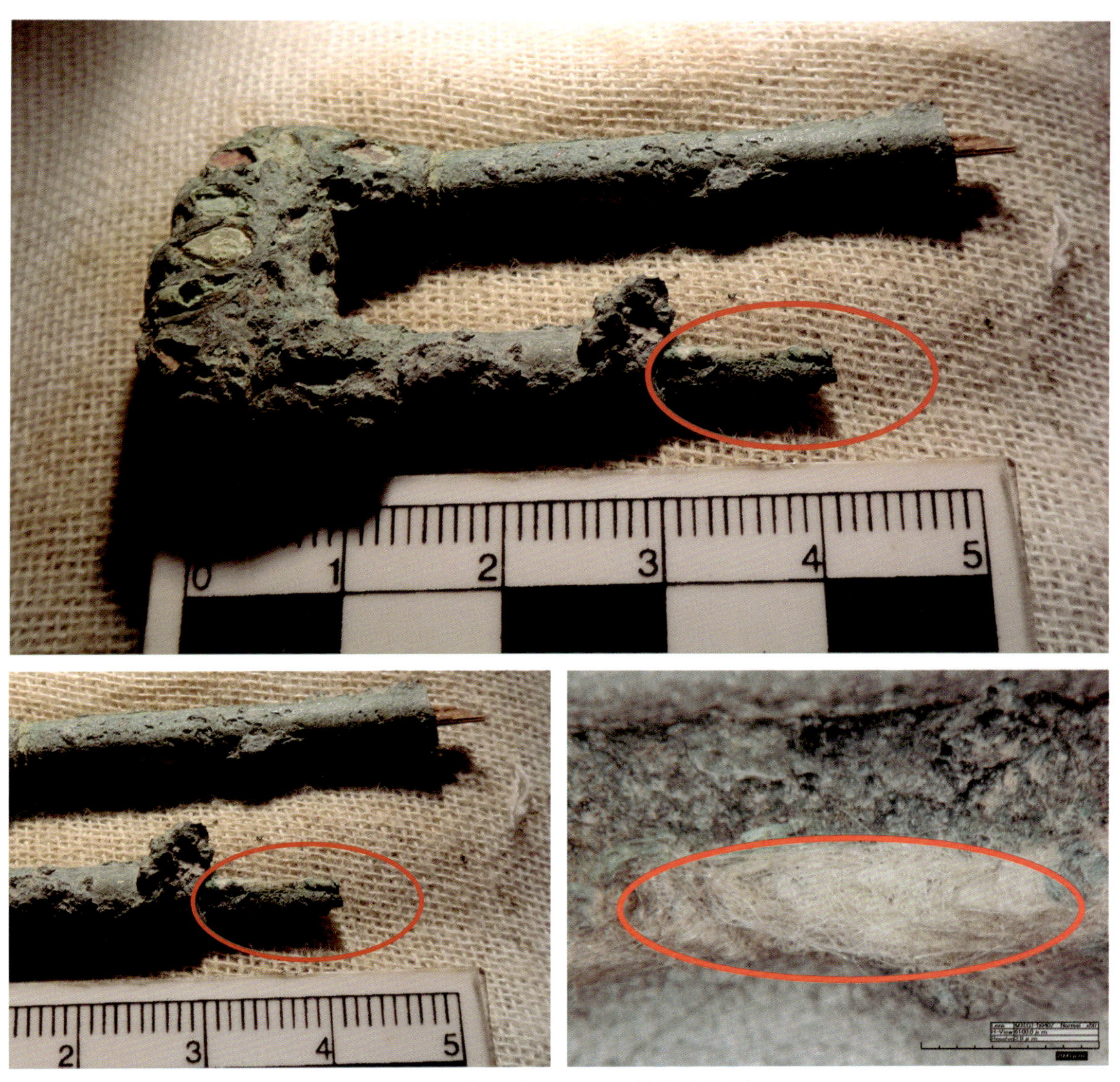

附图 6-1　萧后墓出土文物棉等残留样品

附图 6-2　萧后墓发现棉样品的扫描电子显微镜图像（SEM）

附图 6-3　现代棉样品扫描电子显微镜图像（SEM）

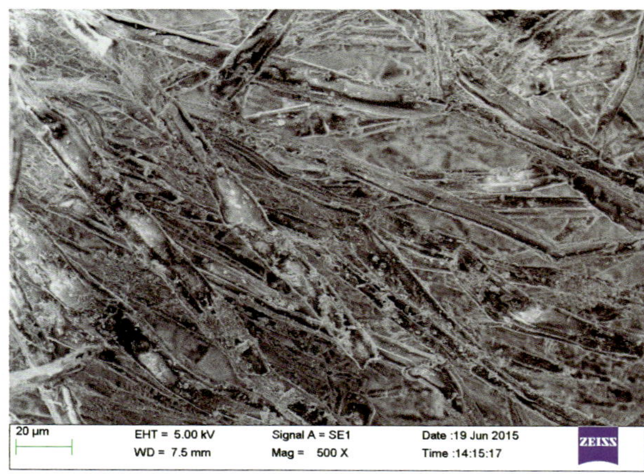

附图 6-4　萧后墓发现棉样品的扫描电子显微镜图像（SEM）

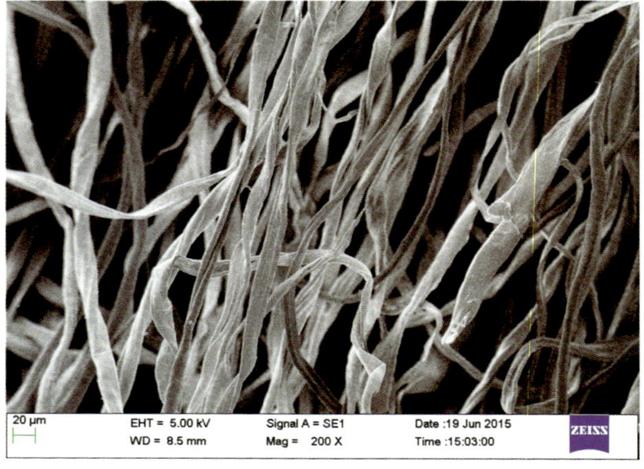

附图 6-5　现代棉样品扫描电子显微镜图像（SEM）

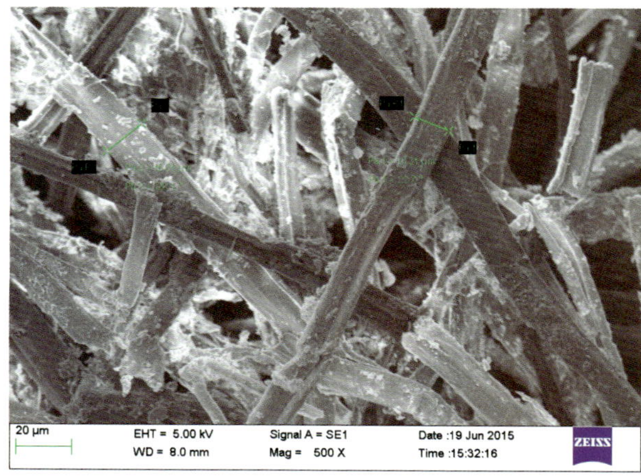

附图 6-6　萧后墓发现棉样品的扫描电子显微镜图像（SEM）

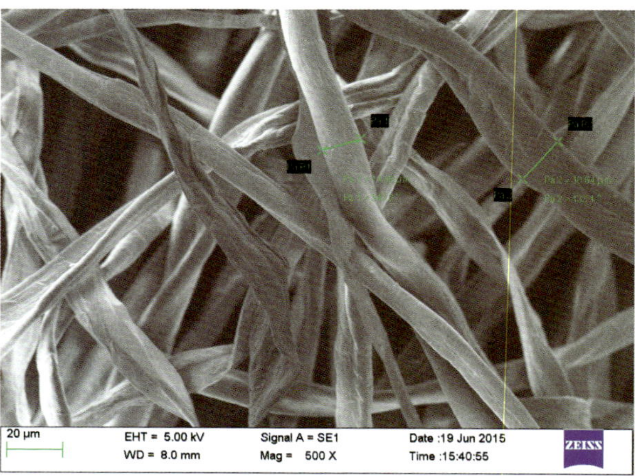

附图 6-7　现代棉样品扫描电子显微镜图像（SEM）

红外分析报告一

样品来源及检测目的：萧后冠饰 47–10 样品 2 主要成分检测

分析仪器：Nicolet iN10 FI–IR Microscope（含 Nicolet iZ10™ FT–IR 辅助光学台，美国 Thermo Fisher 公司生产）

收样时间：2015 年 06 月 23 日

分析时间：2015 年 06 月 23 日

样品处理：

取少许样品置于 BaF_2 窗片上，红外测试（iN10，MCT/A 检测器，透射，BaF_2 片为背景）。

样品描述：白色偏黄的丝状物

分析结果：

经红外图谱分析，样品的丝状纤维物的组成成分是棉纤维（附图 6–8），还含有少量的蜡质物质（附图 6–9）。

由于红外光谱仪条件限制，部分金属氧化物、金属硫化物、单质等无法检出。

附图说明：

附图 6–8 ：棉纤维标准图谱与样品对照图

附图 6–9 ：蜡标准图谱与样品对照图

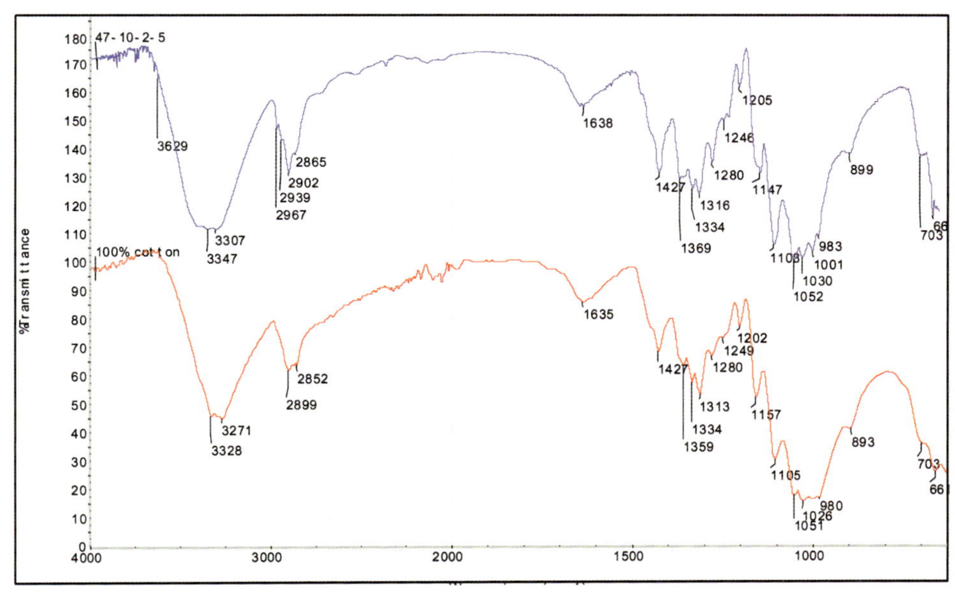

附图 6–8　棉纤维标准图谱与样品对照图

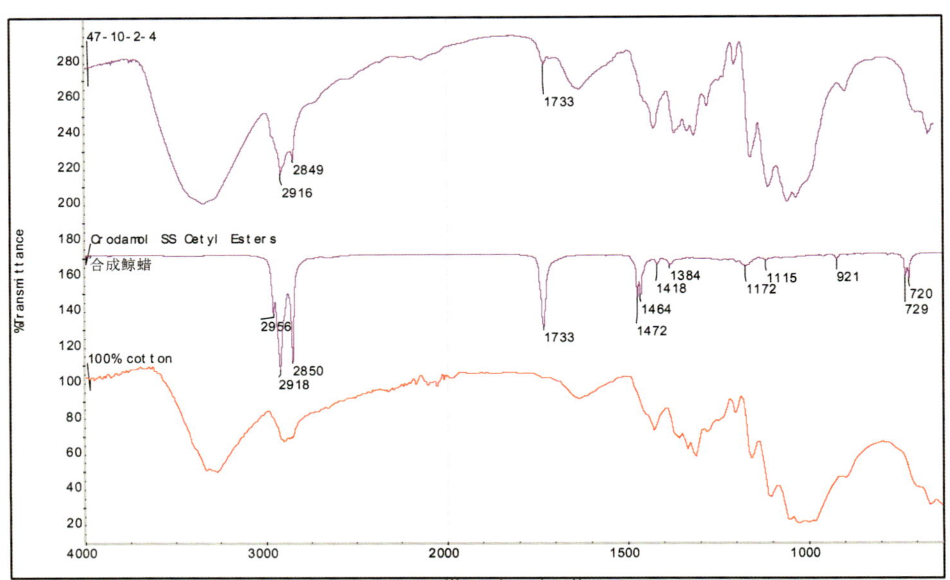

附图 6-9　47-10 样品 2 与 FC-3 样品红外图谱对照图

红外分析报告二

样品来源及检测目的：萧后冠饰相关样品主要成分检测

分析仪器：Nicolet iN10 FI-IR Microscope（含 Nicolet iZ10™ FT-IR 辅助光学台，美国 Thermo Fisher 公司生产）

收样时间：2015 年 06 月 29 日

分析时间：2015 年 06 月 29 日

样品处理：

取少许样品置于 BaF_2 窗片上，红外测试（iN10，MCT/A 检测器，透射，BaF_2 片为背景）。

一、样品名称：FC-3

样品描述：青铜器表面附着的纤维状物质，白色的丝状物

分析结果：

经红外图谱分析，样品的丝状纤维物的组成成分是棉纤维（附图 6-10）；47-10 样品 2 与 FC-3 样品红外图谱对照图（附图 6-11），由图谱可以看出两种纤维状物质都是棉纤维。

由于红外光谱仪条件限制，部分金属氧化物、金属硫化物、单质等无法检出。

附图说明：

附图 6-10 ：棉纤维标准图谱与样品对照图

附图 6-11 ：47-10 样品 2 与 FC-3 样品红外图谱对照图

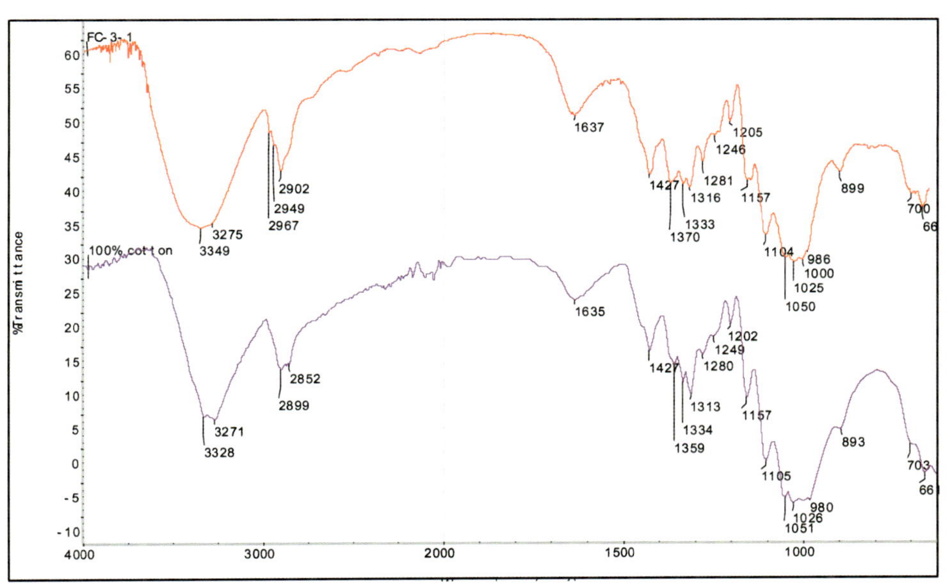

附图 6-10 棉纤维标准图谱与样品对照图

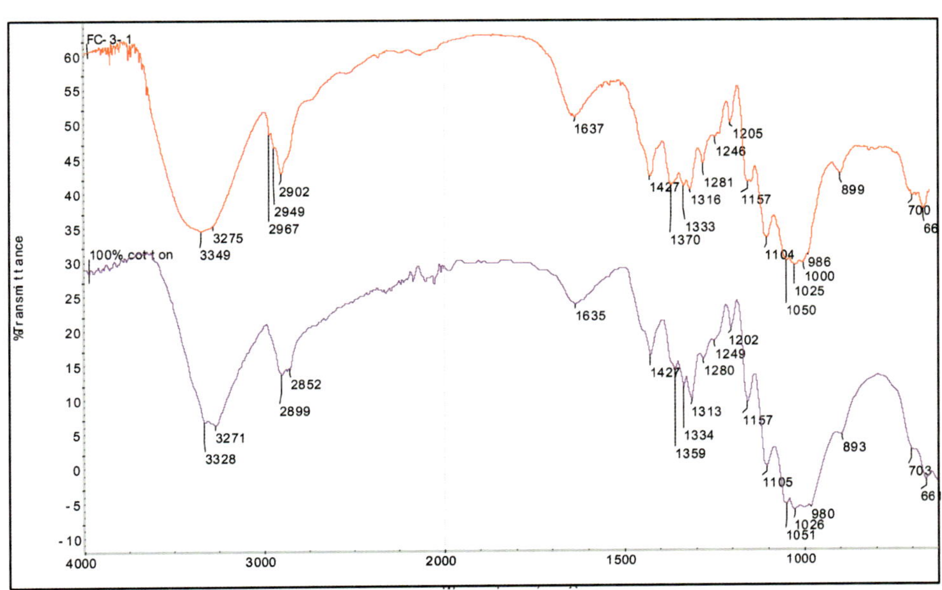

附图 6-11 47-10 样品 2 与 FC-3 样品红外图谱对照图

红外分析报告三

样品来源及检测目的：萧后冠饰相关样品主要成分检测

分析仪器：Nicolet iN10 FI-IR Microscope（含 Nicolet iZ10™ FT-IR 辅助光学台，美国 Thermo Fisher 公司生产）

收样时间：2015 年 06 月 29 日

分析时间：2015 年 06 月 29 日

样品处理：

取少许样品置于 BaF_2 窗片上，红外测试（iN10，MCT/A 检测器，透射，BaF_2 片为背景）。

一、样品名称：HPD-80

样品描述：白色片状，表面有一定弧度，残片

分析结果：

经红外图谱分析，样品的中土黄色透明晶体是羟基硅酸铝（附图 6-17）；白色样品主要是碳酸铅 $PbCO_3$（附图 6-18）；在样品中羟基硅酸铝和碳酸铅是混合存在，所以测得的红外图谱均是两种物质都存在的混合图谱（附图 6-19）。

附图 6-12 样品

由于红外光谱仪条件限制，部分金属氧化物、金属硫化物、单质等无法检出。

附图说明：

附图 6-17：羟基硅酸铝标准图谱与样品对照图

附图 6-18：碳酸铅标准图谱与样品对照图

附图 6-19：羟基硅酸铝和碳酸铅标准图谱与样品对照图

二、样品名称：HPD-3

样品描述：白色块状，残块

附图 6-13 样品

分析结果：

经红外图谱分析，样品含有较纯的碳酸钙 $CaCO_3$（详见附图 6-20），是常见物质，存在于霰石、方解石、白垩、石灰岩、大理石、石灰华等岩石内。

由于红外光谱仪条件限制，部分金属氧化物、金属硫化物、单质等无法检出。

附图说明：

附图 6-20：碳酸钙标准图谱与样品对照图

附图 6-14 样品

三、样品名称：TT-28

样品描述：土块中含有褐色的物质，检测褐色物质的主要组成成分

分析结果：

经红外图谱分析，样品中含有羟基硅酸盐，可能是土里的成分；褐色物质为有机物，图谱中可明显的看到 2929 和 2851cm^{-1} 的碳氢键的特征峰，经图谱分析属于饱和脂肪酸盐类物质（附图 6-21）；由于 1312 cm^{-1} 峰值的存在，可推断样品中可能还含有草酸钙。

由于红外光谱仪条件限制，部分金属氧化物、金属硫化物、单质等无法检出。

附图说明：

附图 6-21：TT-28 样品红外标准图谱

附图 6-22：羟基硅酸盐、羧酸盐标准图与样品对照图

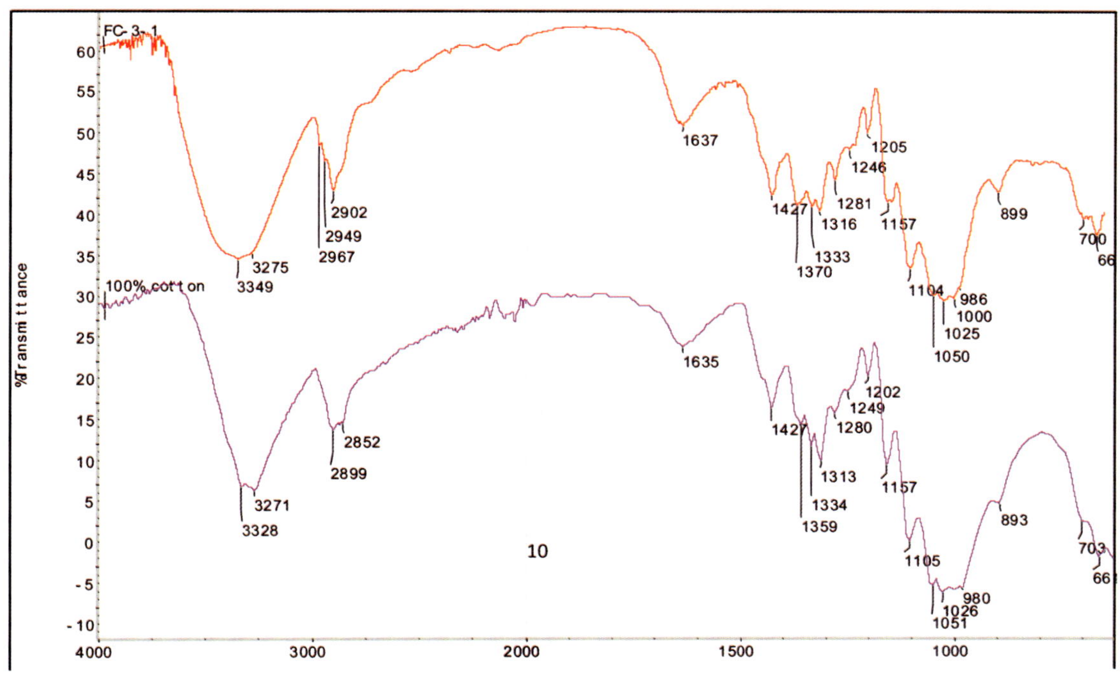

附图 6-15 棉纤维标准图谱与样品对照图

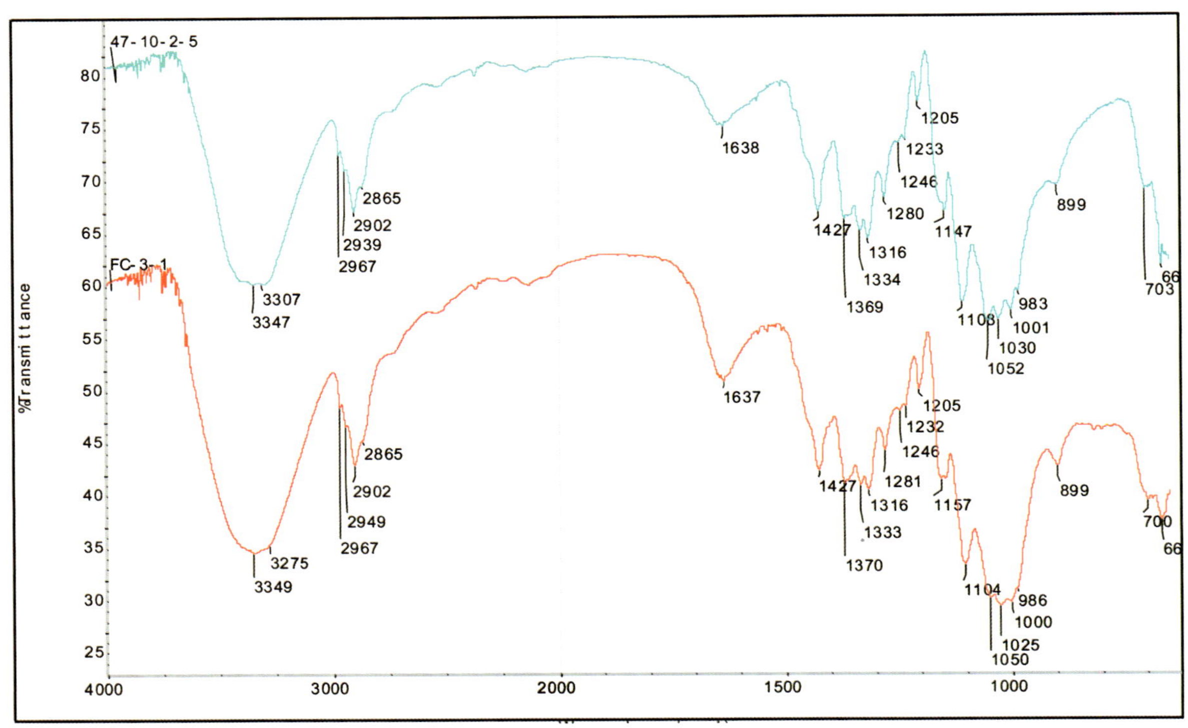

附图 6-16 47-10 样品 2 与 FC-3 样品红外图谱对照图

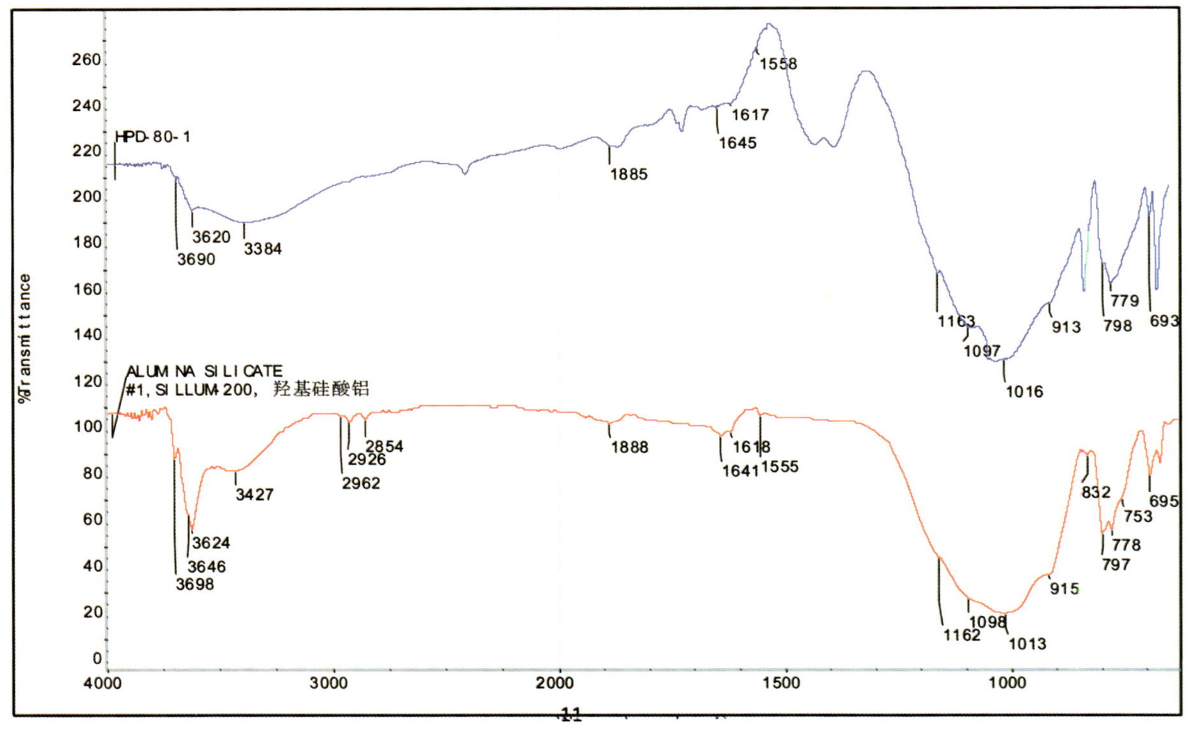

附图 6-17 羟基硅酸铝标准图谱与样品对照图

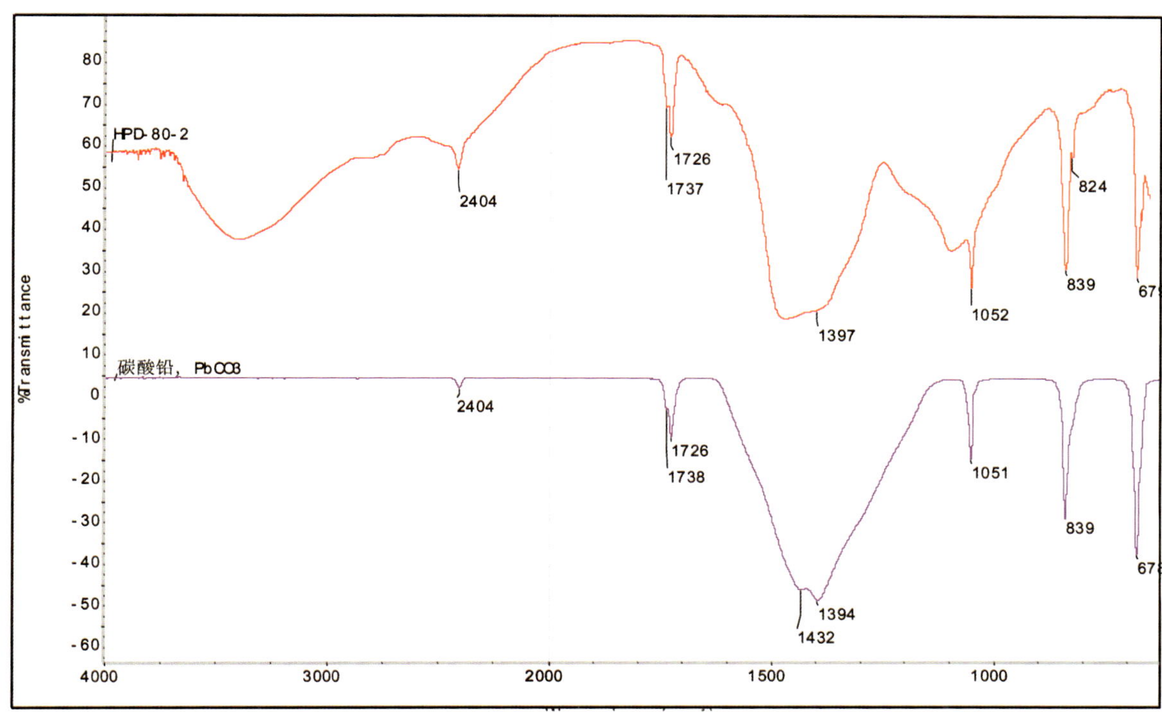

附图 6-18　碳酸铅标准图谱与样品对照图

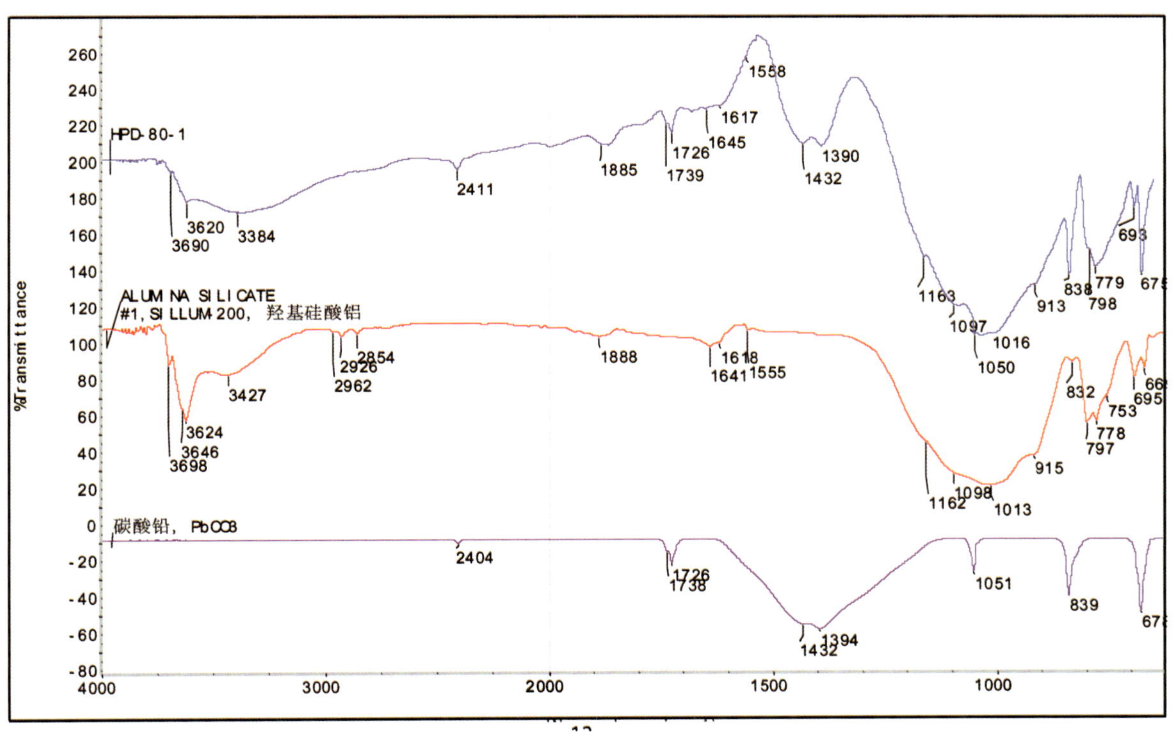

附图 6-19　羟基硅酸铝和碳酸铅标准图谱与样品对照图

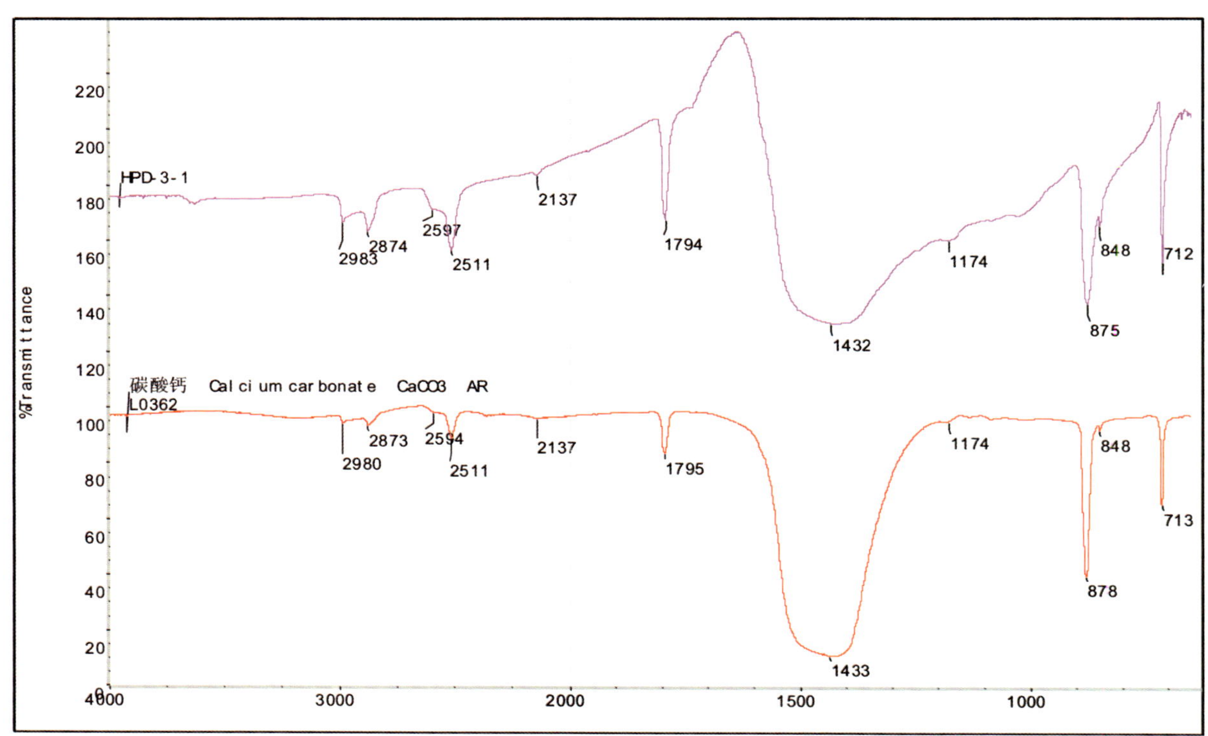

附图 6-20 碳酸钙标准图谱与样品对照图

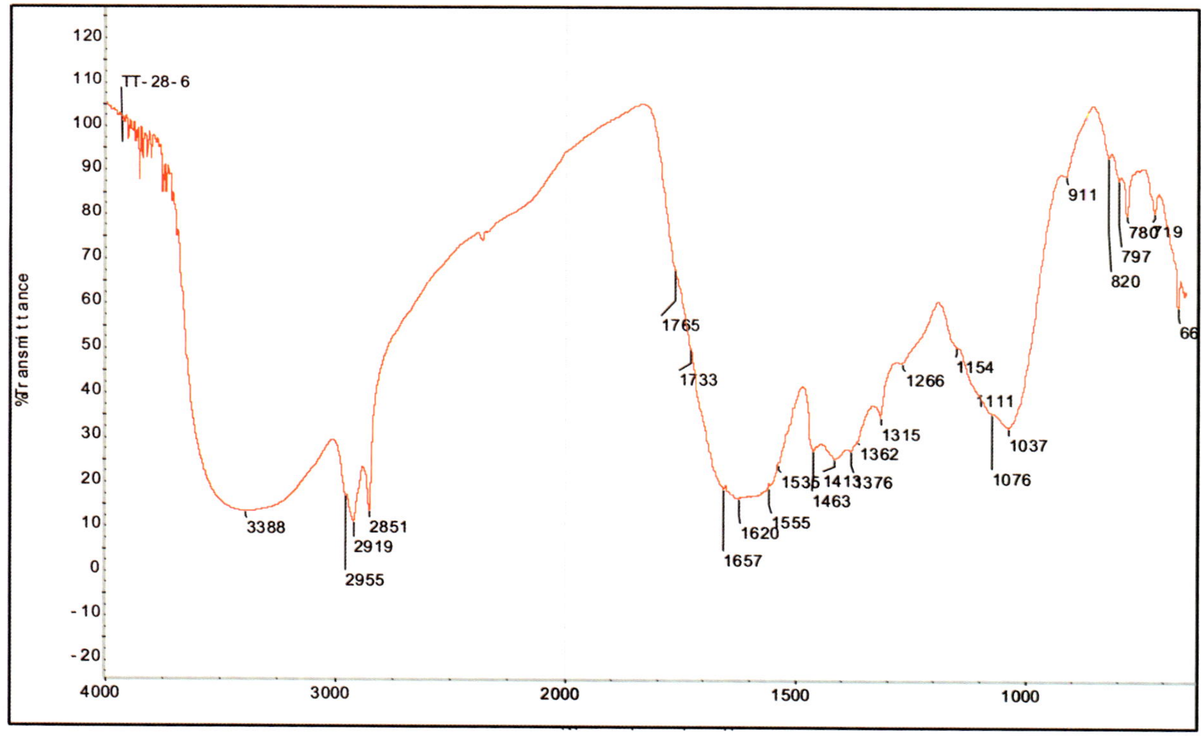

附图 6-21 TT-28 样品红外测试图

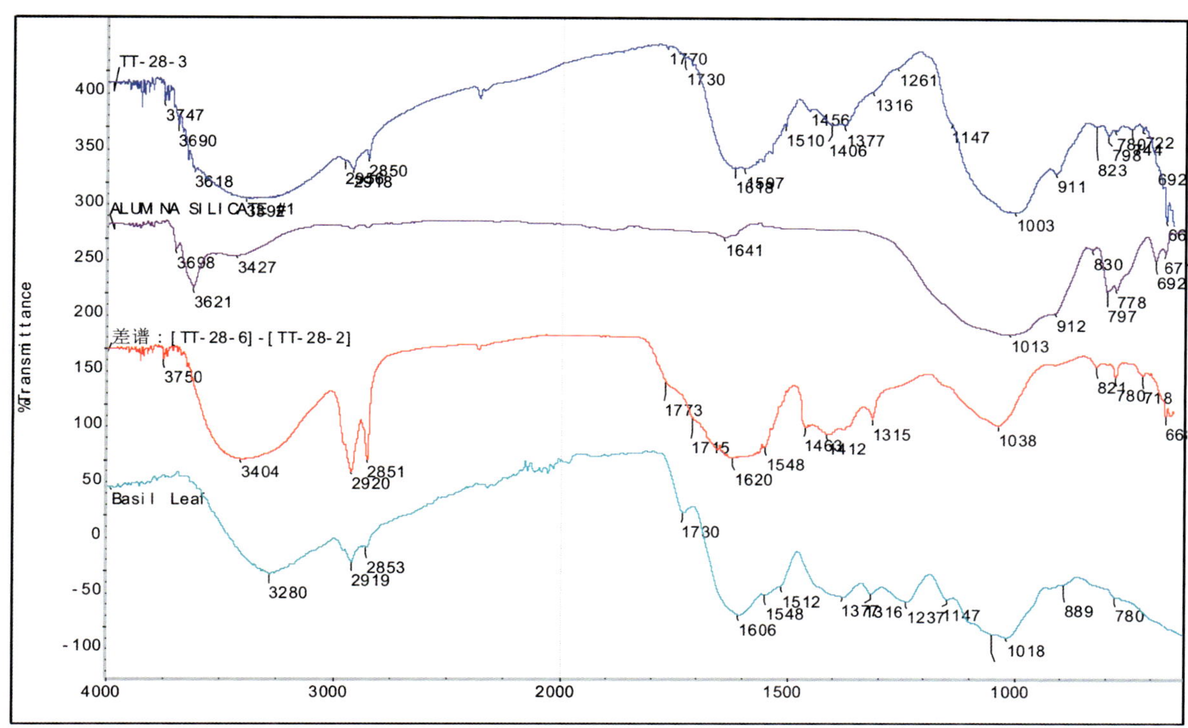

附图 6-22 羟基硅酸盐、羧酸盐标准图与样品对照图

红外分析报告四

样品来源及检测目的： 萧后冠饰相关样品主要成分检测

分析仪器： Nicolet iN10 FI-IR Microscope（含 Nicolet iZ10™ FT-IR 辅助光学台，美国 Thermo Fisher 公司生产）

收样时间： 2015 年 07 月 13 日

分析时间： 2015 年 07 月 13 日

样品处理：

取少许样品置于 BaF_2 窗片上，红外测试（iN10，MCT/A 检测器，透射，BaF_2 片为背景）。

一、样品名称：FC-1 棉

样品描述： 纤维状样品

分析结果：

经红外图谱分析，样品的丝状纤维物的组成成分是棉纤维（附图 6-23）。

由于红外光谱仪条件限制，部分金属氧化物、金属硫化物、单质等无法检出。

附图说明：

附图 6–23 ：棉纤维标准图谱与样品对照图

二、样品名称：47–6 棉

样品描述：纤维状样品

分析结果：

经红外图谱分析，样品的丝状纤维物的组成成分是棉纤维（附图 6–24）；样品中还含有 B–72（附图 6–25）。

由于红外光谱仪条件限制，部分金属氧化物、金属硫化物、单质等无法检出。

附图说明：

附图 6–24 ：棉纤维标准图谱与样品对照图

附图 6–25 ：B–72 标准图谱与样品对照图

三、样品名称：47–7 棉 1

样品描述：纤维状样品，上面有少许青铜锈蚀

分析结果：

经红外图谱分析，样品的丝状纤维物的组成成分是棉纤维（附图 6–26）；青铜锈蚀的主要组成成分是孔雀石（附图 6–27），由图谱可以看出两种纤维状物质都是棉纤维。

由于红外光谱仪条件限制，部分金属氧化物、金属硫化物、单质等无法检出。

附图说明：

附图 6–26 ：棉纤维标准图谱与样品对照图

附图 6–27 ：孔雀石标准图谱与样品对照图

四、样品名称：47–7 棉 2

样品描述：纤维状样品

分析结果：

经红外图谱分析，样品的丝状纤维物的组成成分是棉纤维（附图 6–28）。

由于红外光谱仪条件限制，部分金属氧化物、金属硫化物、单质等无法检出。

附图说明：

附图 6–28 ：棉纤维标准图谱与样品对照图

五、样品名称：FC–3 木

样品描述：细长条状木样

分析结果：

经红外图谱分析，样品木样与新鲜木样相比（附图 6–29），明显可以看出样品谱图中的 $1733cm^{-1}$ 半纤维素的峰，基本没有，也就是说样品中的半纤维素含量减少或半纤维素已降解完全，半纤维素在木头中起填充和支撑作用，旧木由于半纤维素的流失容易收缩而失去原来的形状。由于半纤维素的降解，木质疏松。

由于红外光谱仪条件限制，部分金属氧化物、金属硫化物、单质等无法检出。

附图说明：

附图 6–29 ：木标准图谱与样品对照图

六、样品名称：47–7 木

样品描述：锈包裹住的木样

分析结果：

经红外图谱分析，样品木样与新鲜木样相比（附图 6–30），明显可以看出样品谱图中的 $1733cm^{-1}$ 半纤维素的峰基本没有，也就是说样品中的半纤维素含量减少或半纤维素已降解完全，半纤维素在木头中起填充和支撑作用，旧木由于半纤维素的流失容易收缩而失去原来的形状。由图谱可看出，样品的图谱与纤维素的图谱更加接近。由于半纤维素的降解，木质疏松。

由于红外光谱仪条件限制，部分金属氧化物、金属硫化物、单质等无法检出。

附图说明：

附图 6–30 ：木标准图谱与样品对照图

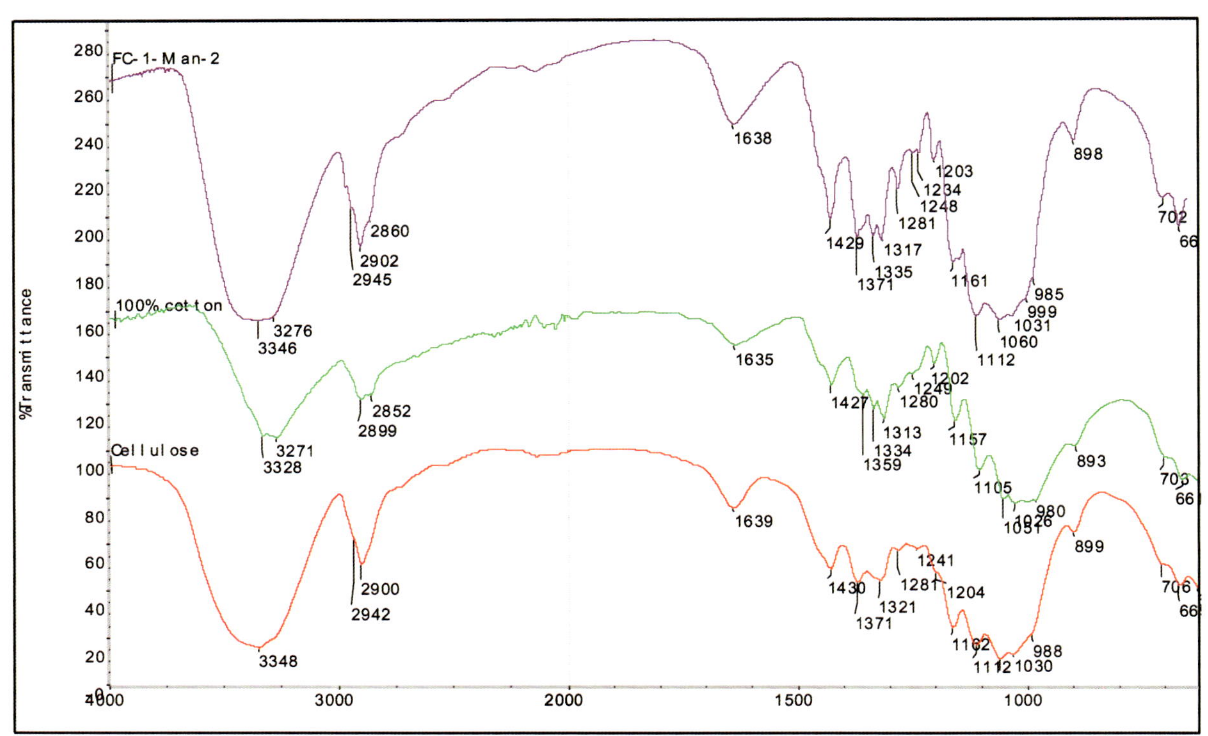

附图 6-23 棉纤维标准图谱与样品对照图

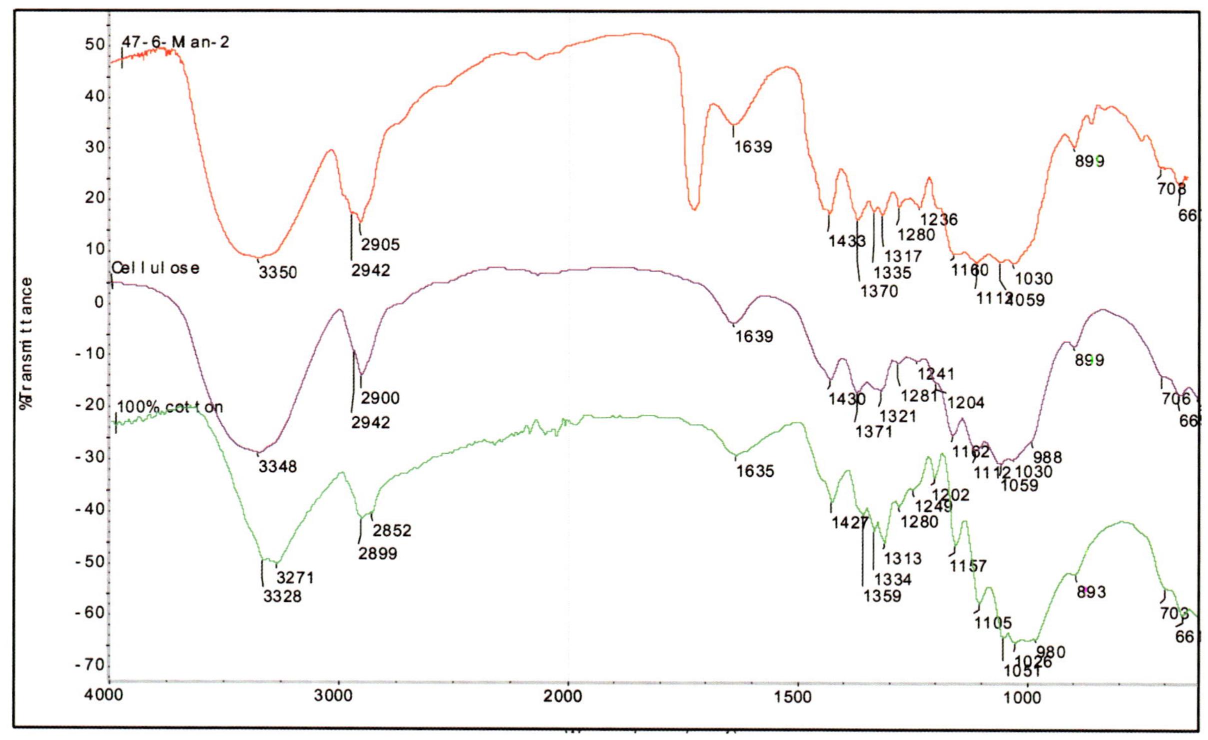

附图 6-24 棉纤维标准图谱与样品对照图

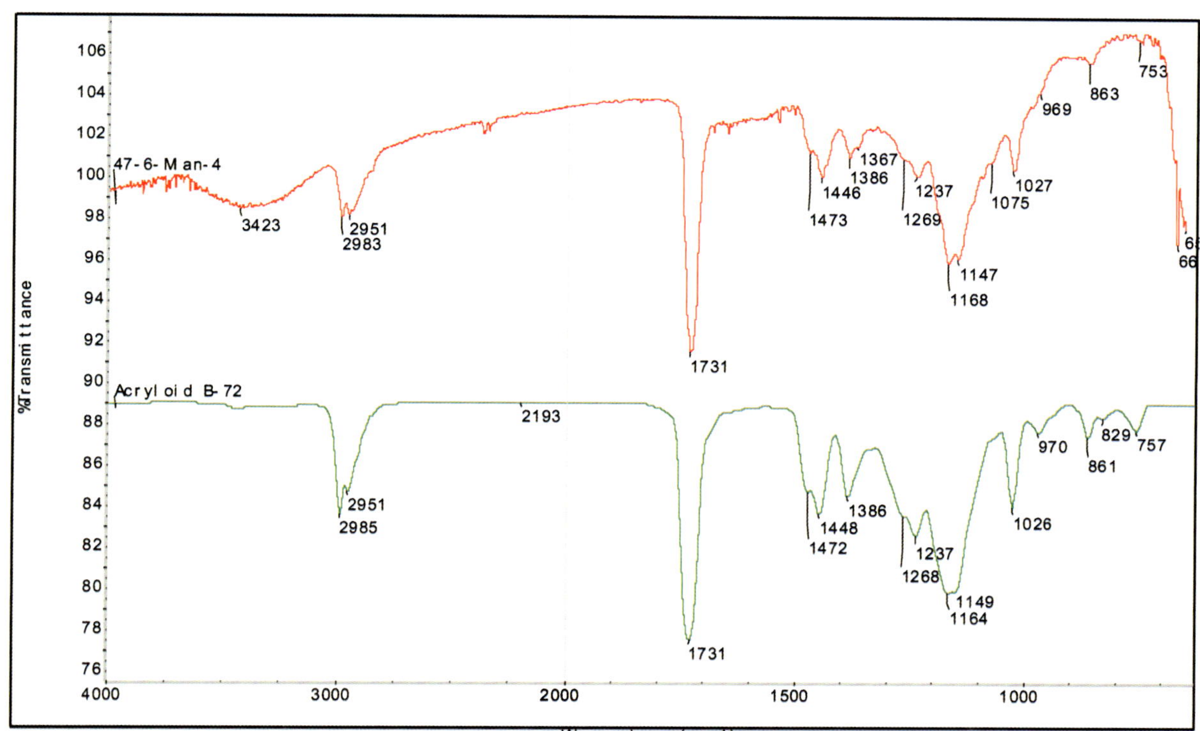

附图 6–25　B–72 标准图谱与样品对照图

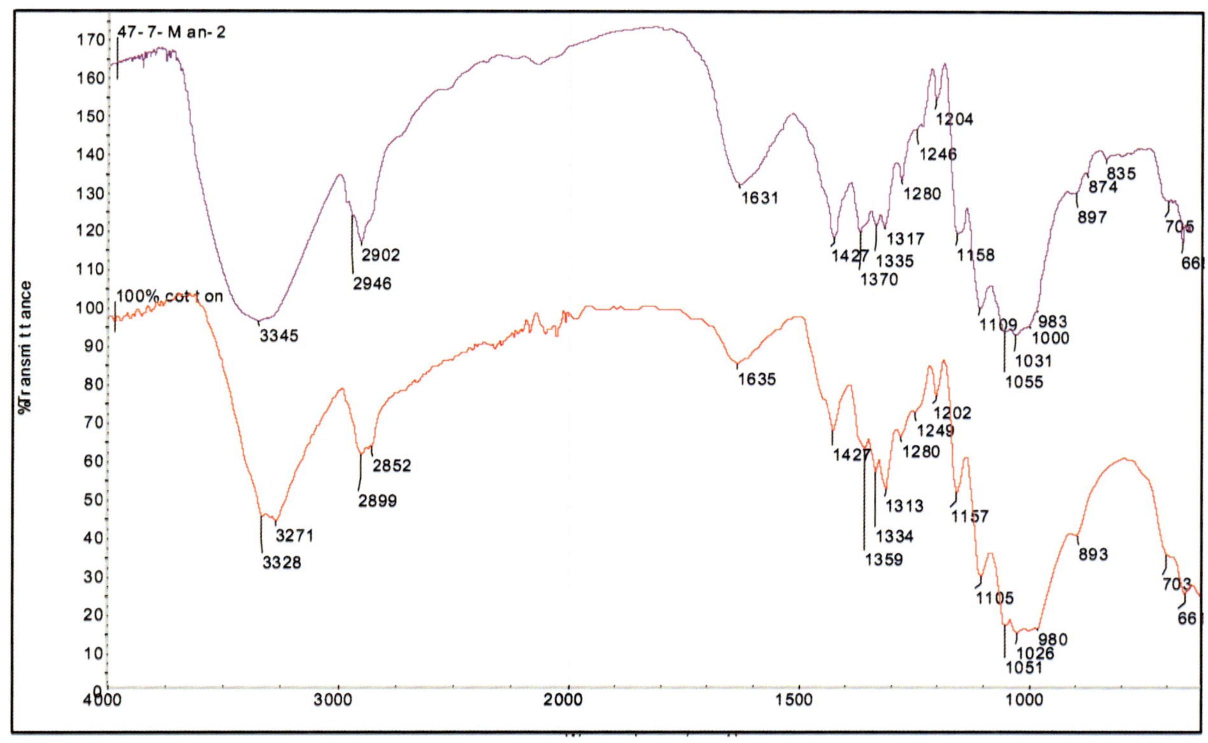

附图 6–26　棉标准图谱与样品对照图

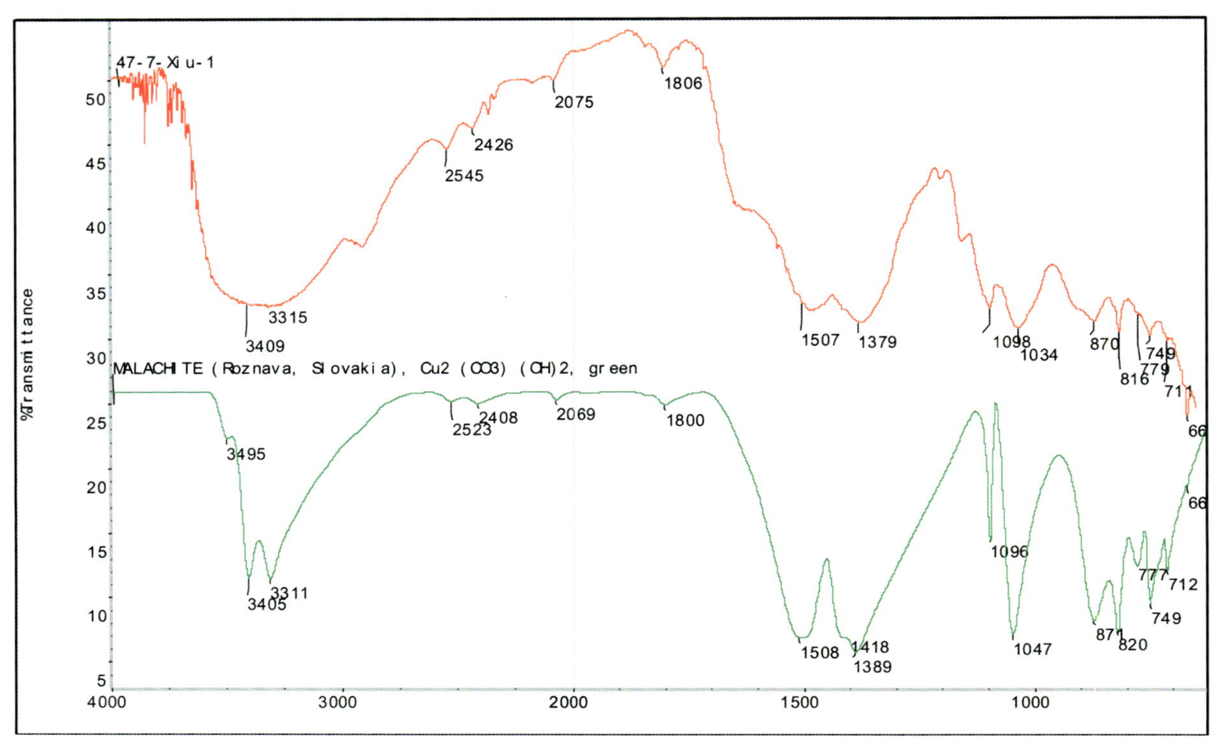

附图 6-27 孔雀石标准图谱与样品对照图

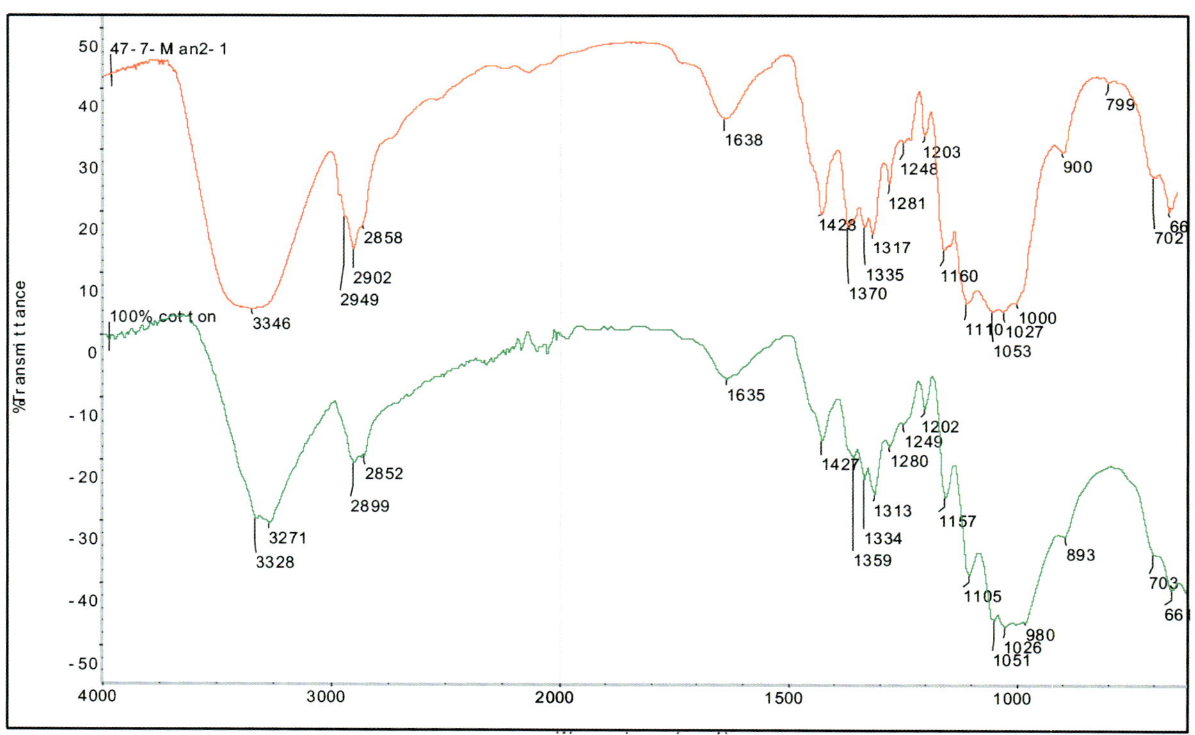

附图 6-28 棉标准图谱与样品对照图

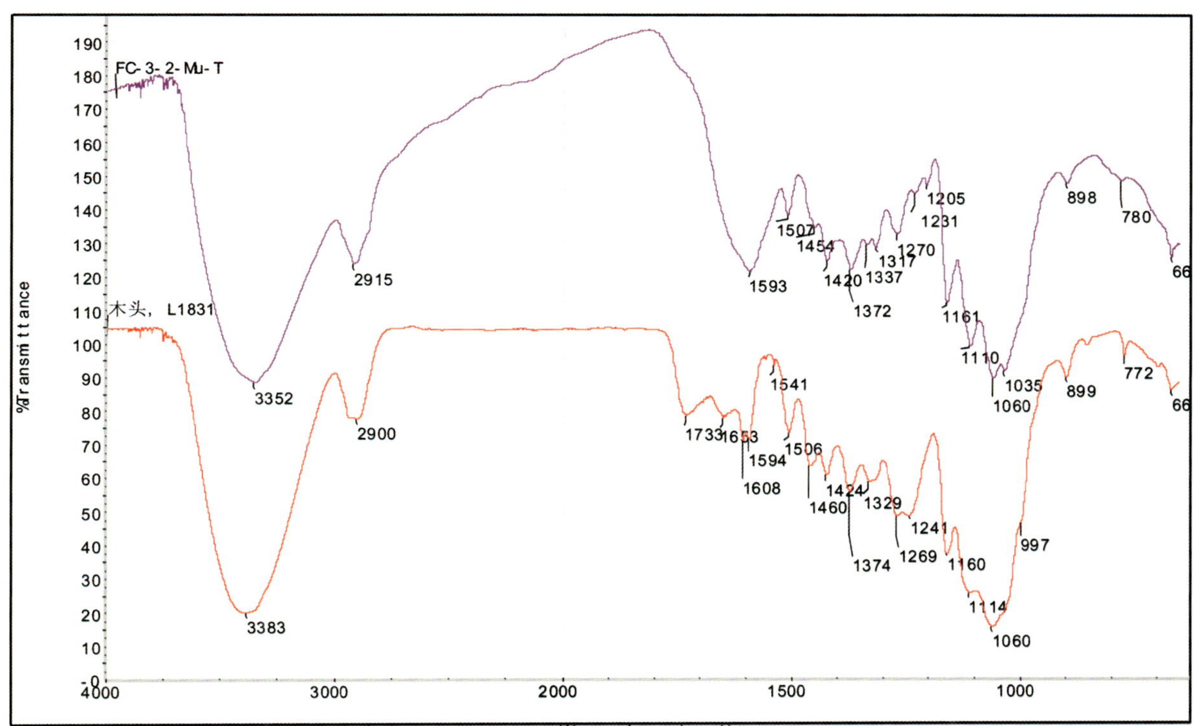

附图 6-29 木标准图谱与样品对照图

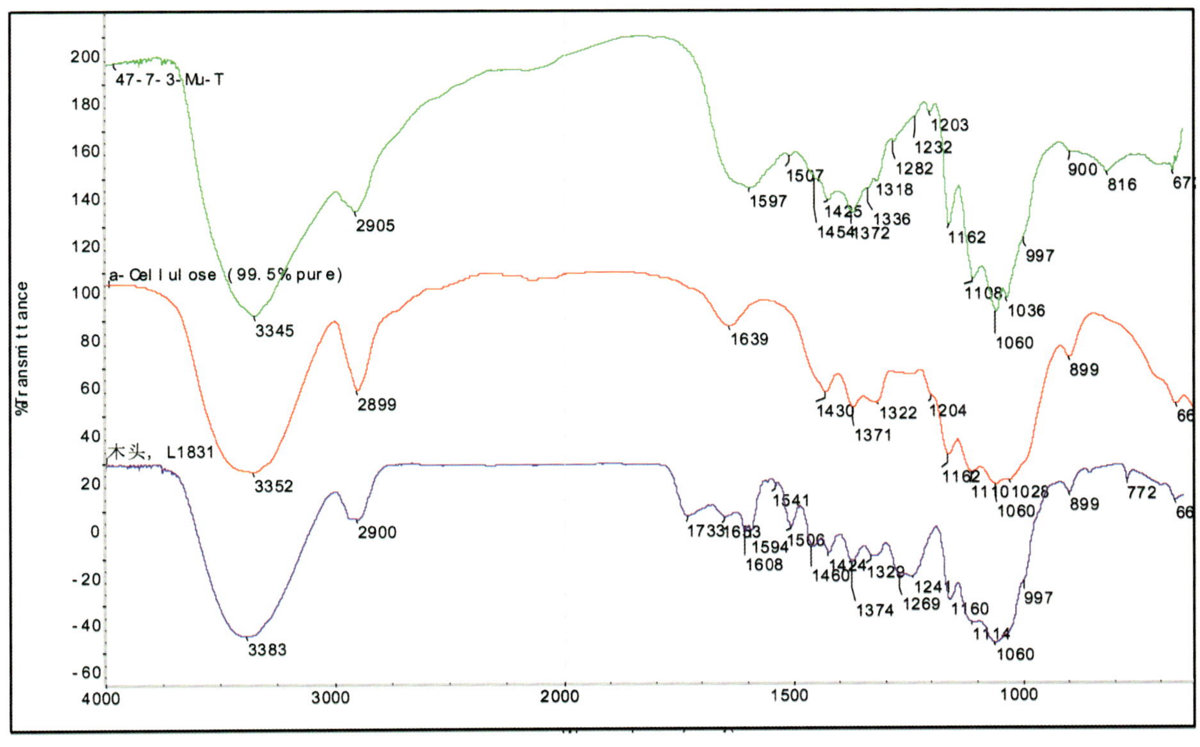

附图 6-30 木纤维素标准图谱与样品对照图

红外分析报告五

样品来源及检测目的：萧后冠饰相关样品主要成分检测

分析仪器：Nicolet iN10 FI-IR Microscope（含 Nicolet iZ10™ FT-IR 辅助光学台，美国 Thermo Fisher 公司生产）

收样时间：2015 年 07 月 17 日

分析时间：2015 年 07 月 17 日

样品处理：

取少许样品置于 BaF_2 窗片上，红外测试（iN10，MCT/A 检测器，透射，BaF_2 片为背景）。

一、样品名称：XH010

样品描述：金属丝，最外层为土层，内有绿色锈蚀，测其中间层缠绕于金属丝的纤维细丝物。

分析结果：

经红外图谱分析，样品的主要成分是孔雀石（附图 6-31）；纤维丝状物的具体组成无法判断，仅在图谱中看到有 $2935cm^{-1}$，$1638cm^{-1}$、$912cm^{-1}$ 的宽峰，可能由于样品矿化仅保存了样品的形状，但是具体的组成成分无法检测出。

由于红外光谱仪条件限制，部分金属氧化物、金属硫化物、单质等无法检出。

附图说明：

附图 6-31：孔雀石标准图谱与样品对照图

二、样品名称：XH015

样品描述：金属丝，最外层为土层，内有绿色锈蚀，测其中间层缠绕于金属丝的纤维细丝物。

分析结果：

经红外图谱分析，样品的主要成分是孔雀石（附图 6-32）；纤维丝状物的具体组成无法判断，仅在图谱中看到有 $2935cm^{-1}$，$1638cm^{-1}$、$912cm^{-1}$ 的宽峰，可能由于样品矿化仅保存了样品的形状，但是具体的组成成分无法检测出。

由于红外光谱仪条件限制，部分金属氧化物、金属硫化物、单质等无法检出。

附图说明：

附图 6–32 ：孔雀石标准图谱与样品对照图

三、样品名称：47–10 棉

样品描述：纤维状样品

分析结果：

经红外图谱分析，样品的丝状纤维物的组成成分是棉纤维（附图 6–33）。

由于红外光谱仪条件限制，部分金属氧化物、金属硫化物、单质等无法检出。

附图说明：

附图 6–33 ：棉纤维标准图谱与样品对照图

四、样品名称：WZ–19

样品描述：疑似珍珠；WZ–19–1, 白色球形一面有凹陷；WZ–19–2, 大一些白色，半球形；WZ–19–3, 薄有弧形的片状透明样品。

分析结果：

经红外图谱分析，样品 WZ–19–1 的主要组成成分碳酸钙，所以样品可能是珍珠（附图 6–34）；样品 WZ–19–2 的主要组成成分碳酸钙，含有少量的硅酸盐，所以样品可能是珍珠（附图 6–35）；样品 WZ–19–3 的主要组成成分是硅酸盐，所以样品可能是玻璃（附图 6–36）。

由于红外光谱仪条件限制，部分金属氧化物、金属硫化物、单质等无法检出。

附图说明：

附图 6–34 ：碳酸钙标准图谱与样品对照图

附图 6–35 ：碳酸钙标准图谱与样品对照图

附图 6–36 ：硅酸盐标准图谱与样品对照图

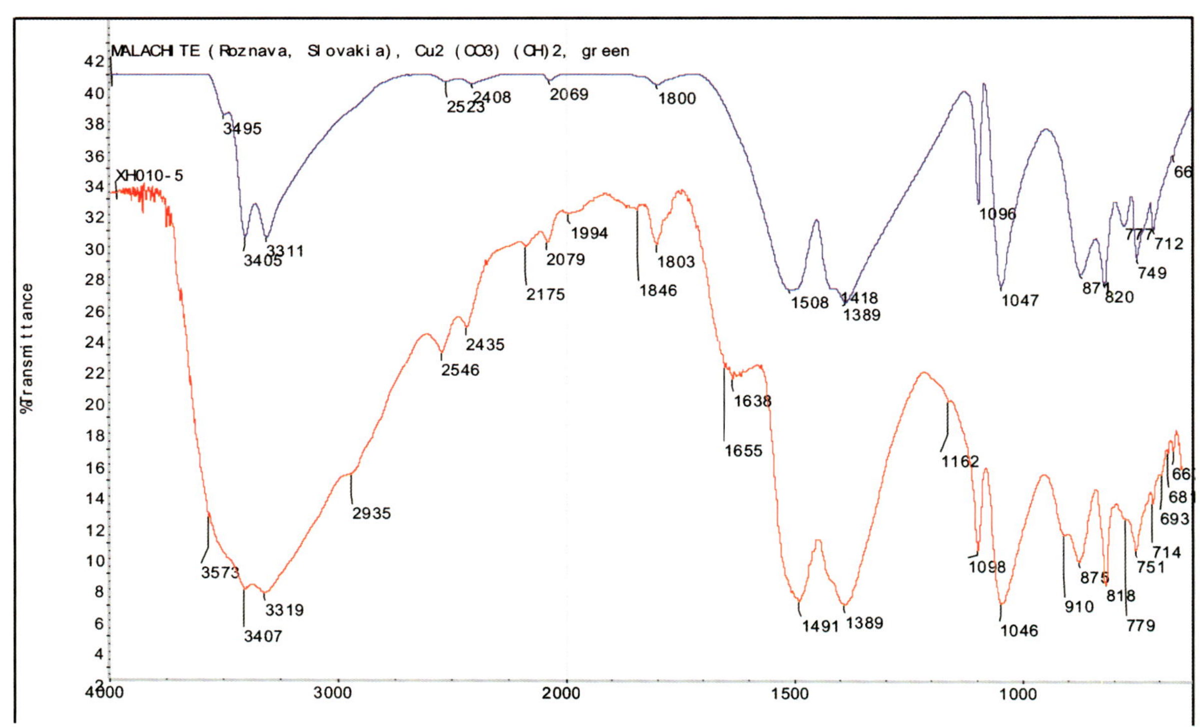

附图 6-31 孔雀石标准图谱与样品对照图

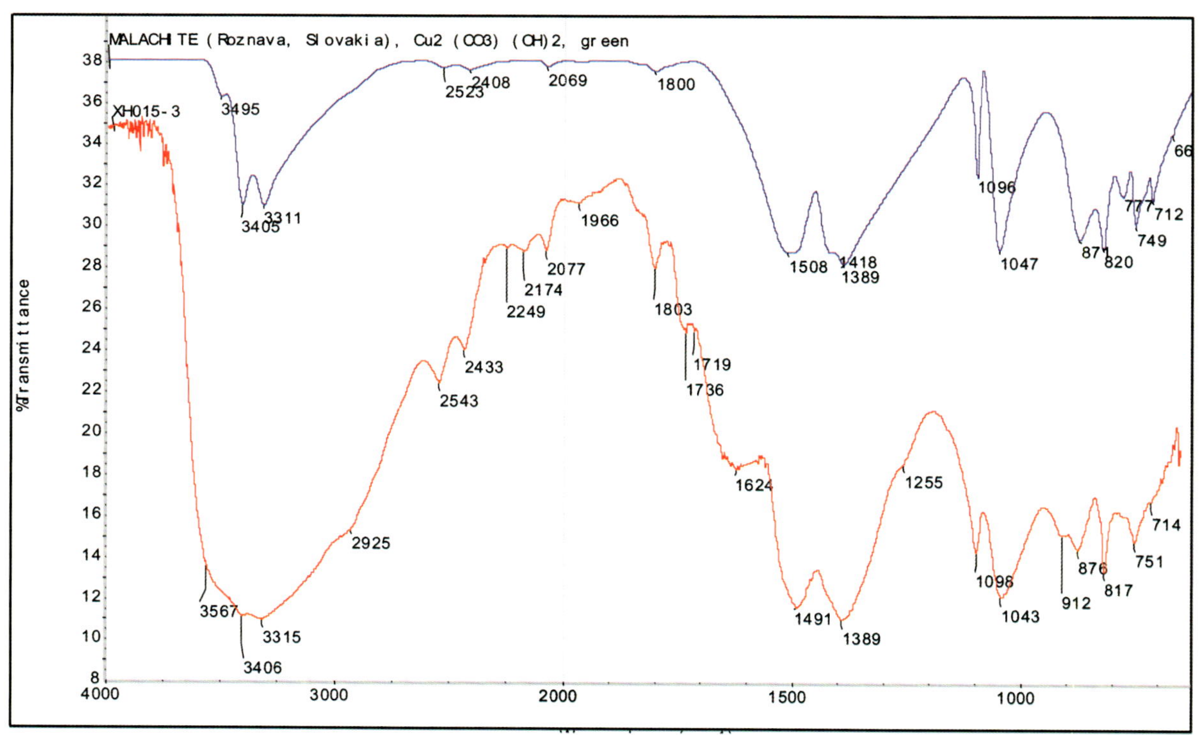

附图 6-32 孔雀石标准图谱与样品对照图

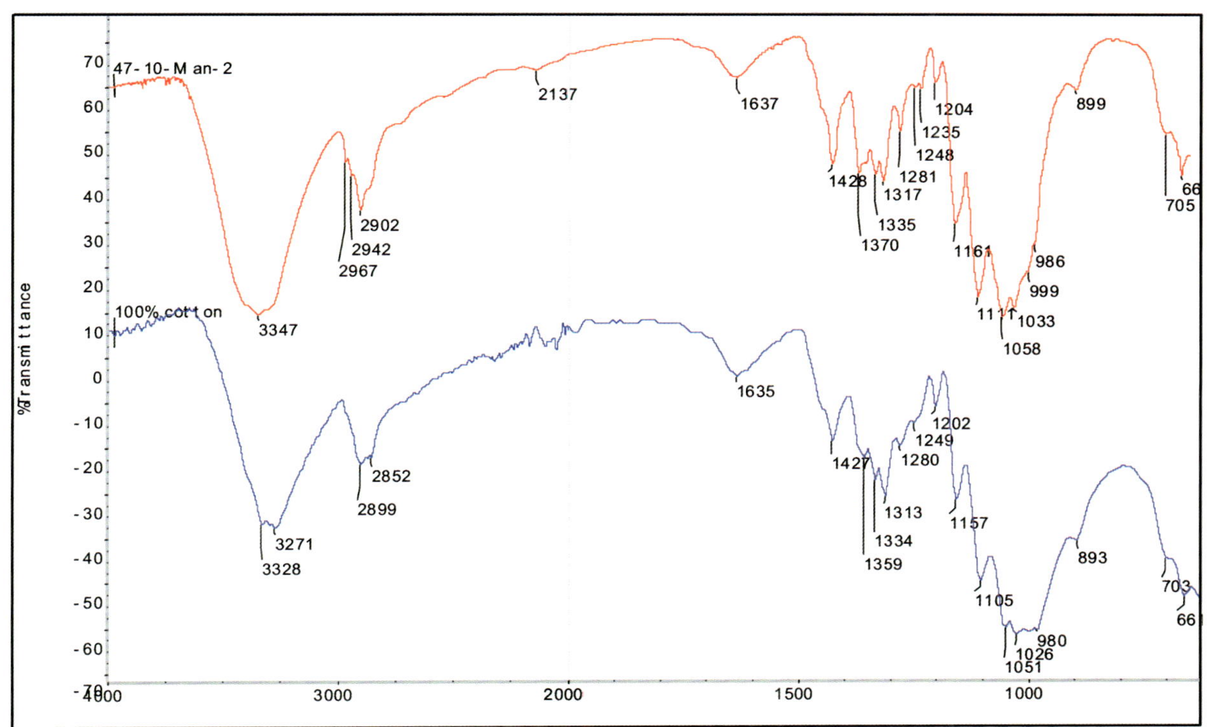

附图 6-33 棉标准图谱与样品对照图

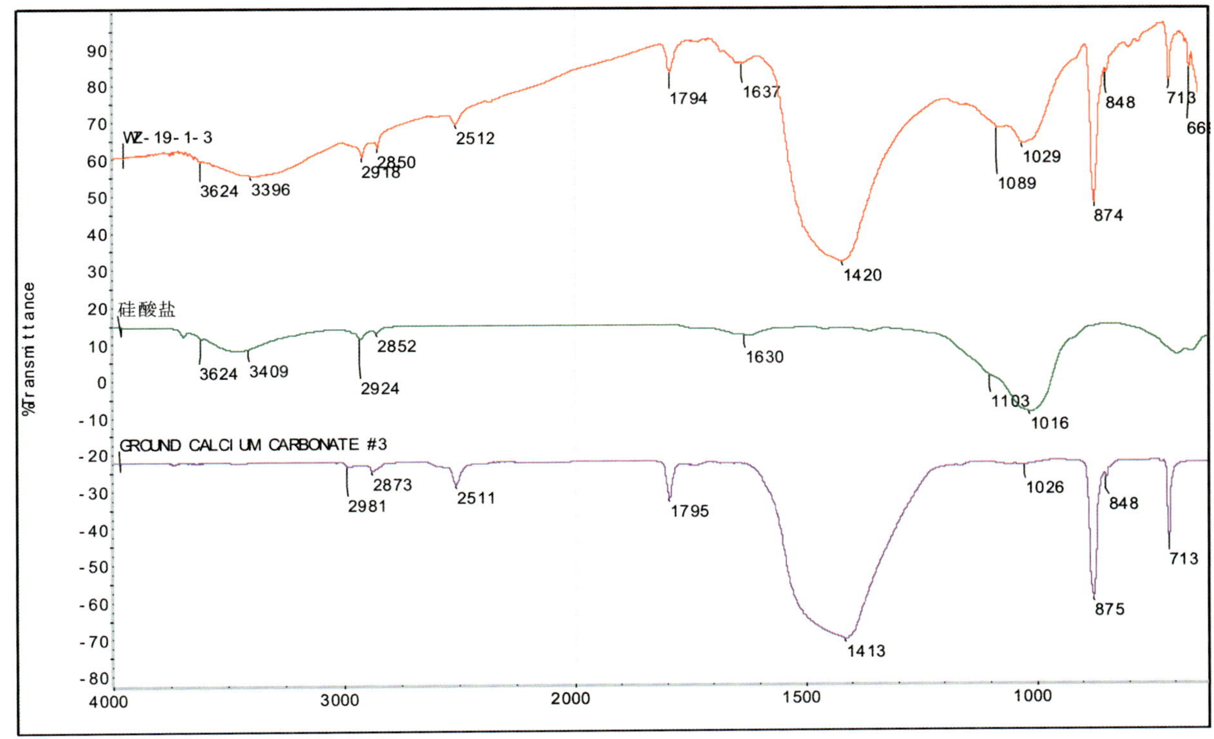

附图 6-34 碳酸钙标准图谱与样品对照图

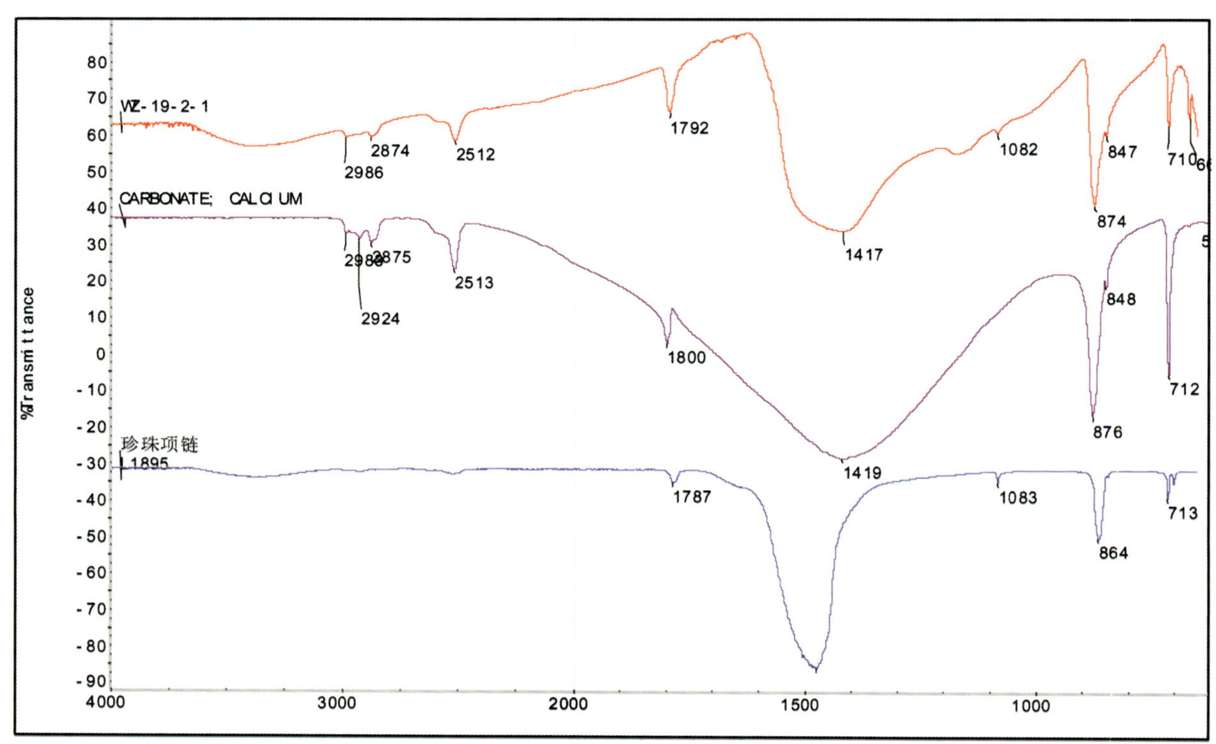

附图 6-35　碳酸钙标准图谱与样品对照图

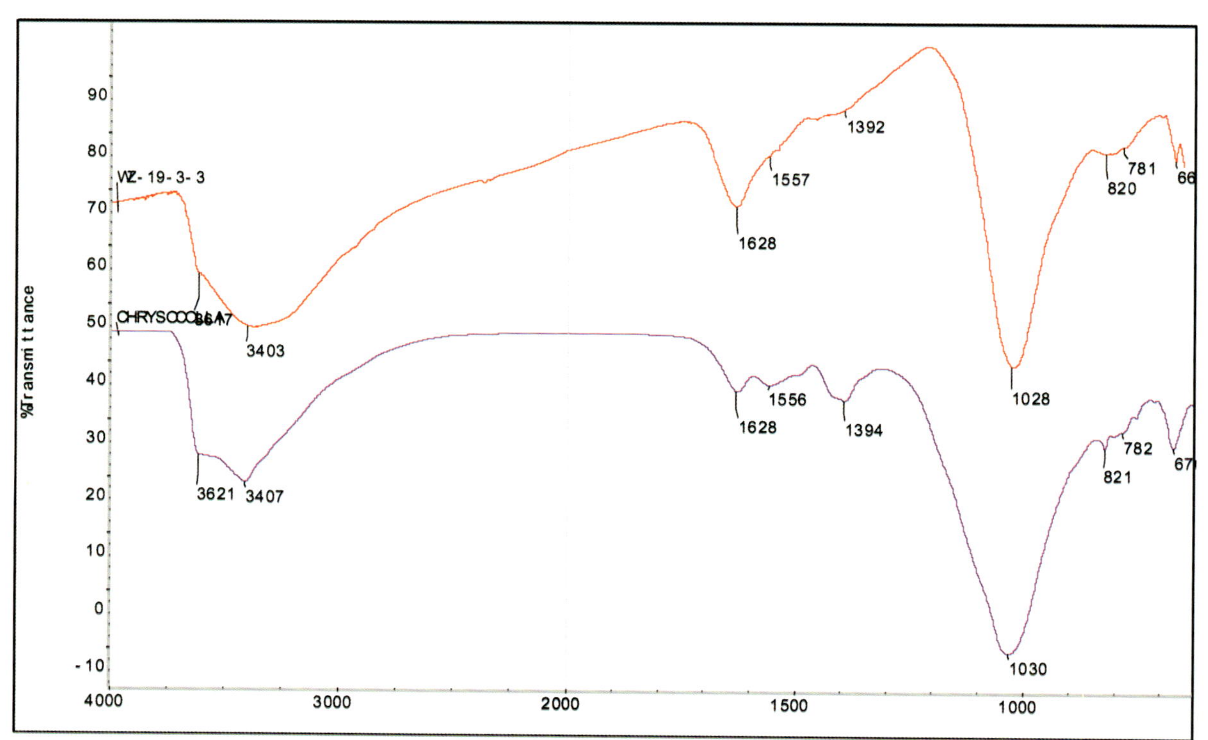

附图 6-36　硅酸盐标准图谱与样品对照图

附录七　隋炀帝萧后冠实验室考古清理包埋饰件一览表

样品种类	样品数目	样品序号	样品编号	样品坐标	样品描述	包埋前照片	包埋后照片	样品重量	包埋日期	备注
大花朵	65	1	HPD-1	T(3,9), 深约 9cm	经拼对后发现，HPD-1 由至少两朵花组成，已拼成的花朵编为 HPD-1，剩余部分编为 CJP-86			0.82g	2015.09.15	萧后冠饰提取样品包埋前后照片 IMGP3954. HPD-1 IMGP4046. HPD-1
		2	HPD-2	T(3，3), 深约 2cm 处	大花片，残损，与 SJ-4 相连，菊花形				2015.06.27	萧后冠饰提取样品包埋前后照片 IMGP0087. HPD-2. IMGP0579. HPD-2
		3	HPD-4	T(0，6), 深约 2cm 处	大花片中心有一琉璃质圆锥形花蕊，八瓣，圆瓣，从中部断为两半				2015.06.27	萧后冠饰提取样品包埋前后照片 IMGP0095. HPD-4. IMGP0588. HPD-4
		4	HPD-5	T(2，-9), 深约 2cm 处	大花片，完整，已用纸加固			0.92g	2015.07.02	萧后冠饰提取样品包埋前后照片 IMGP0101. HPD-5. IMGP0998.HPD-5

续表

样品种类	样品数目	样品序号	样品编号	样品坐标	样品描述	包埋前照片	包埋后照片	样品重量	包埋日期	备注
		5	HPD-14	T(0.5，7.5)，深约6cm处	花蕊为圆锥形石质，八瓣花，花瓣内壁蓝绿掺杂，花瓣完整，已加固			1.88g	2015.07.02	萧后冠饰提取样品包埋前后照片IMGP0065. HPD-14IMGP1002 HPD-14.
		6	HPD-15	T(0，8)，深约7cm处	大花朵，花瓣完整，中间未见花蕊				2015.06.30	萧后冠饰提取样品包埋前后照片(右)IMGP0569. HPD-15.
		7	HPD-16	T(−0.5，8)，深约8.5cm处	大花朵，花瓣完整，花蕊为水滴形或桃心形石质				2015.06.30	萧后冠饰提取样品包埋前后照片(左)IMGP0569. HPD-16.
		8	HPD-17	T(−0.5，7)，深约5cm处	大花朵，残缺一瓣花瓣，花蕊为圆锥形的琉璃珠			1.94g	2015.07.02	萧后冠饰提取样品包埋前后照片IMGP0252. HPD-17. IMGP1006. HPD-17

续表

样品种类	样品数目	样品序号	样品编号	样品坐标	样品描述	包埋前照片	包埋后照片	样品重量	包埋日期	备注
		9	HPD-18	T(-1.5，6.5), 深约5cm 处	大花朵，花瓣完整，未见花蕊			1.84g	2015.07.02	萧后冠饰提取样品包埋前后照片IMGP0258. HPD-18. IMGP1006. HPD-18
		10	HPD-21	T(-2，4), 深约 5cm 处	大花朵，花瓣完整，圆锥形石质花蕊			总重 3.19g	2015.07.07	萧后冠饰提取样品包埋前后照片IMGP1092. HPD-21. IMGP1290. HPD-21.
		11	HPD-22	T(-3.5，4.5), 深约7cm 处	大花朵，花瓣完整，未见花蕊，已加固			1.50g	2015.07.03	萧后冠饰提取样品包埋前后照片IMGP0690. HPD-22. IMGP1010. HPD-22
		12	HPD-23	T(-4，5), 深约 8cm 处	花蕊为圆锥形石质，表面微微泛绿，大花瓣完整，已加固				2015.06.30	萧后冠饰提取样品包埋前后照片IMGP0082. HPD-23. IMGP0572. HPD-23

续表

样品种类	样品数目	样品序号	样品编号	样品坐标	样品描述	包埋前照片	包埋后照片	样品重量	包埋日期	备注
		13	HPD-24	T(-4，5)，深约11cm处	大花朵，花瓣基本完整，部分有残缺，未见花蕊			1.63g	2015.07.09	萧后冠饰提取样品包埋前后照片IMGP1313.HPD-24.IMGP1481.HPD-24
		14	HPD-25	T(-4.5，3)，深约10cm处	大花朵，九瓣花，花瓣完整，未见花蕊，与金属丝相连			2.47g	2015.09.01	萧后冠饰提取样品包埋前后照片IMGP3076.HPD-25.IMGP3145 HPD-25
		15	HPD-31	T(-5.5,-1)，深约7cm	大花朵，花瓣完整，圆锥柱石质花蕊			1.79g	2015.09.10	萧后冠饰提取样品包埋前后照片IMGP3852.HPD-31 IMGP3884.HPD-31
		16	HPD-32	T(-1，5)，深约5cm处	大花朵，花瓣完整，花蕊为近圆形琉璃片，琉璃片上的中心有两片残损小花瓣和一小段金属丝				2015.06.30	萧后冠饰提取样品包埋前后照片IMGP0265. HPD-32. IMGP0577. HPD-32

续表

样品种类	样品数目	样品序号	样品编号	样品坐标	样品描述	包埋前照片	包埋后照片	样品重量	包埋日期	备注
		17	HPD–36	T(–4,–4),深约7.5cm	大花朵，花瓣完整，圆锥形琉璃花蕊			总重10.76g	2015.09.17	萧后冠饰提取样品包埋前后照片 IMGP4108. HPD–36 IMGP4198. HPD–36
		18	HPD–38	T(–3.5,–6),深约5cm	大花朵，花瓣完整，未见花蕊，中心有金属丝			1.24g	2015.09.15	萧后冠饰提取样品包埋前后照片 IMGP3994. HPD–38 IMGP4044. HPD–38 HPD–39
		19	HPD–39	T(–2.5,–7.5),深约4.5cm处	大花瓣内壁表面有大面积贴金或鎏金，花蕊为圆锥形石质，已与花瓣脱落，完整				2015.06.27	萧后冠饰提取样品包埋前后照片 IMGP0107. HPD–39. IMGP0582.
		20	HPD–43	T(–3.5,5.5),深约9cm	大花朵，花瓣完整，圆锥形琉璃花蕊			总重5.37g	2015.09.18	萧后冠饰提取样品包埋前后照片(右) IMGP4167. HPD–43 IMGP4255. HPD–43

续表

样品种类	样品数目	样品序号	样品编号	样品坐标	样品描述	包埋前照片	包埋后照片	样品重量	包埋日期	备注
		21	HPD–44	T(–3，3.5)，深约 6cm 处	花瓣完整，裂为两半，桃心形或水滴形石质花蕊			3.34g	2015.07.07	萧后冠饰提取样品包埋前后照片 IMGP1105. HPD–44. IMGP1297. HPD–44.
		22	HPD–45	T(6,–7.5)，深约 5cm	大花朵，未见花蕊，边缘残缺，内壁有鎏金，中心有孔			0.50g	2015.09.15	萧后冠饰提取样品包埋前后照片 IMGP3956. HPD–45 IMGP4036. HPD–45
		23	HPD–46	T(3.5，–8.5)，深约 6cm 处	大花朵，花瓣完整，未见花蕊，中心有孔			2.07g	2015.09.01	萧后冠饰提取样品包埋前后照片 IMGP3000. HPD–46. IMGP3136. HPD–46
		24	HPD–47	T(2.5，–8)，深约 5cm 处	大花朵，边缘残缺，内壁有鎏金			1.02g	2015.07.08	萧后冠饰提取样品包埋前后照片 IMGP1180. HPD–47. IMGP1329. HPD–47

续表

样品种类	样品数目	样品序号	样品编号	样品坐标	样品描述	包埋前照片	包埋后照片	样品重量	包埋日期	备注
		25	HPD-48	T(1.5, -7.5), 深约 4.5cm	大花朵，花瓣完整，未见花蕊，中心有孔			总重 3.82g	2015.08.31	萧后冠饰提取样品包埋前后照片(右) IMGP3007. HPD-48 IMGP3059. HPD-48
		26	HPD-49	T(1,-7), 深约 4.5cm	大花朵，花瓣完整，未见花蕊，中心有孔			总重 3.82g	2015.08.31	萧后冠饰提取样品包埋前后照片(左) IMGP3007. HPD-49 IMGP3059. HPD-49
		27	HPD-51	T(-1，2.5), 深约 4cm 处	完整九瓣花，断裂，已加固			1.33g	2015.07.07	萧后冠饰提取样品包埋前后照片 IMGP1099. HPD-51. IMGP1305. HPD-51
		28	HPD-53	T(5,-7), 深约 3cm	花瓣已残损，只剩下小面积，已加固			2.44g	2015.09.17	萧后冠饰提取样品包埋前后照片 IMGP4060. HPD-53 IMGP4214. HPD-53

续表

样品种类	样品数目	样品序号	样品编号	样品坐标	样品描述	包埋前照片	包埋后照片	样品重量	包埋日期	备注
		29	HPD-55	T(8.5，-6.5)，深约7.5cm处	大花朵，部分已残碎			总重7.78g	2015.07.21	萧后冠饰提取样品包埋前后照片（右）IMGP1887.HPD-55.IMGP2074.HPD-55
		30	HPD-56	T(11，-2.5)，深约5.5cm处	大花片，锈蚀严重，仅存鎏金层			3.68g	2015.07.03	萧后冠饰提取样品包埋前后照片IMGP0698.HPD-56.IMGP1015.HPD-56
		31	HPD-57	T(-3.5,3.5)，深约7.5cm	九瓣花，花瓣完整，花蕊为石质小人，小人头部缺失，后经拼对，SJ-8为缺失部分，已粘回			2.60g	2015.09.18	萧后冠饰提取样品包埋前后照片IMGP4160.HPD-57 IMGP4222.HPD-57
		32	HPD-62	T(8,-7)，深约10.5cm	大花朵，残损，未见花蕊			总重4.35g	2015.09.15	萧后冠饰提取样品包埋前后照片（左）IMGP3983.HPD-62 IMGP4019.HPD-62

续表

样品种类	样品数目	样品序号	样品编号	样品坐标	样品描述	包埋前照片	包埋后照片	样品重量	包埋日期	备注
		33	HPD-63	T(8.5,-7)，深约 13cm	大花朵，已残断，未见花蕊			总重 4.35g	2015.09.15	萧后冠饰提取样品包埋前后照片(右) IMGP3983. HPD-63 IMGP4019. HPD-63
		34	HPD-68	T(1.5，-6)，深约 4.5cm 处	大花朵，半片已残断，未见花蕊			0.70g	2015.07.08	萧后冠饰提取样品包埋前后照片 IMGP1185. HPD-68. IMGP1337. HPD-68
		35	HPD-69	T(2.5，-5.5)，深约 4.5cm 处	大花朵，边缘残损，未见花蕊			0.51g	2015.07.03	萧后冠饰提取样品包埋前后照片 IMGP0949.HPD-69. IMGP1018. HPD-69
		36	HPD-71	T(4.5，-9)，深约 18cm 处	大花片，残损，表面鎏金或贴金			0.84g	2015.07.07	萧后冠饰提取样品包埋前后照片 IMGP1096. HPD-71. IMGP1300. HPD-71

续表

样品种类	样品数目	样品序号	样品编号	样品坐标	样品描述	包埋前照片	包埋后照片	样品重量	包埋日期	备注
		37	HPD-72	T(4.5, -8), 深约14cm处	大花朵，未见花蕊，中心有金属丝			1.74g	2015.09.01	萧后冠饰提取样品包埋前后照片IMGP3085. HPD-72. IMGP3154. HPD-72
		38	HPD-74	T(6.5, -7.5), 深约10cm处	大花朵，花瓣有一部分残损，小圆锥柱石质花蕊			总重 7.78g	2015.07.21	萧后冠饰提取样品包埋前后照片(左) IMGP1887. HPD-74. IMGP2074. HPD-74
		39	HPD-75	T(-2, 3.5), 深约8cm处	大花朵，断裂，已加固			1.95g	2015.07.08	萧后冠饰提取样品包埋前后照片IMGP1190. HPD-75. IMGP1332. HOD-75
		40	HPD-77	T(5,-7.5), 深约14-12cm	大花朵，一瓣缺损，与JS-104相连，花蕊位置的金属丝呈环形			1.30g	2015.09.10	萧后冠饰提取样品包埋前后照片IMGP3865. HPD-77 IMGP3887. HPD-77

续表

样品种类	样品数目	样品序号	样品编号	样品坐标	样品描述	包埋前照片	包埋后照片	样品重量	包埋日期	备注
		41	HPD-78	T(5.5, -7)，深约9.5cm	花朵，一半残碎，一半完整，内壁有鎏金，未见花蕊			0.90g	2015.09.15	萧后冠饰提取样品包埋前后照片IMGP3999. HPD-78 IMGP4027. HPD-78
		42	HPD-83	T(6.5，-7), 深约13.5cm处	半片花瓣			0.55g	2015.07.09	萧后冠饰提取样品包埋前后照片IMGP1318. HPD-83. IMGP1486. HPD-83
		43	HPD-85	T(1.5，7), 深约14cm处	大花朵，未见花蕊，边缘残损，与JS-68相连			0.66g	2015.07.03	萧后冠饰提取样品包埋前后照片IMGP0682. HPD-85. IMGP1022. HPD-85
		44	HPD-88	T(-0.5,5.5), 深约14.5cm	大花朵，花瓣完整，未见花蕊，内壁有鎏金，中心有孔			0.98g	2015.09.06	萧后冠饰提取样品包埋前后照片IMGP3175. HPD-88 IMGP3304. HPD-88

续表

样品种类	样品数目	样品序号	样品编号	样品坐标	样品描述	包埋前照片	包埋后照片	样品重量	包埋日期	备注
		45	HPD-89	T(-0.5，-6.5)，深约 8cm 处	九瓣花，内壁有鎏金，未见花蕊，中间有孔			1.90g	2015.09.01	萧后冠饰提取样品包埋前后照片 IMGP3100. HPD-89. IMGP3149. HPD-89
		46	HPD-90	T(-2.5,-7)，深约 9cm	大花朵，花瓣完整，圆锥形琉璃花蕊，花蕊旁有小六瓣花 HPX-13，花瓣侧面有一条形饰件 HPT-16			总重 3.22g	2015.09.15	萧后冠饰提取样品包埋前后照片 IMGP3967. HPD-90 IMGP4011. HPD-90
		47	HPD-91	T(-3,-7)，深约 9cm	大花朵，花瓣基本完整，小部分脱落，圆锥形琉璃花蕊			总重 4.34g	2015.09.15	萧后冠饰提取样品包埋前后照片(右) IMGP3978. HPD-91 IMGP4013. HPD-91
		48	HPD-92	T(-4，-6.5)，深约 9cm	大花朵，花瓣基本完整，小部分脱落，桃形琉璃花蕊			总重 4.34g	2015.09.15	萧后冠饰提取样品包埋前后照片(左) IMGP3978. HPD-92 IMGP4013.HPD-92

续表

样品种类	样品数目	样品序号	样品编号	样品坐标	样品描述	包埋前照片	包埋后照片	样品重量	包埋日期	备注
		49	HPD-93	T(-2.5,4),深约11.5cm	大花朵，花瓣完整，石质小人花蕊			总重 5.37g	2015.09.18	萧后冠饰提取样品包埋前后照片(左)IMGP4167.HPD-93 IMGP4255.HPD-93
		50	HPD-96	T(-1,-1.5),深约 6.5cm	大花朵，花瓣完整，花蕊为琉璃质圆盘			2.94g	2015.08.31	萧后冠饰提取样品包埋前后照片IMGP3017.HPD-96 IMGP3048.HPD-96
		51	HPD-97	T(-2,2.5),深约9.5cm	大花朵，花瓣完整，未见花蕊，中心有孔			2.39g	2015.09.08	萧后冠饰提取样品包埋前后照片IMGP3309.HPD-97 IMGP3902.HPD-97
		52	HPD-102	T(-4.5,1.5),深约11.5cm	大花朵，未见花蕊，花蕊有黑色土质和金属丝			总重 8.18g	2015.09.18	萧后冠饰提取样品包埋前后照片IMGP4120.HPD-102 IMGP4249.HPD-102

续表

样品种类	样品数目	样品序号	样品编号	样品坐标	样品描述	包埋前照片	包埋后照片	样品重量	包埋日期	备注
		53	HPD–110	T(−2,5), 深约 13cm	大花朵，花瓣完整，未见花蕊，中心有孔			2.06g	2015.09.18	萧后冠饰提取样品包埋前后照片 IMGP4153. HPD–110 IMGP4234. HPD–110
		54	HPD–113	T(−0.5,5.5), 深约 15cm	大花朵，花瓣完整，未见花蕊，中心有孔			1.59g	2015.09.07	萧后冠饰提取样品包埋前后照片 IMGP3283. HPD–113 IMGP3850. HPD–113
		55	HPD–114	T(−1.5, −6.5), 深约 8cm	大花朵，已断裂，花瓣内壁有鎏金			1.68g	2015.09.22	萧后冠饰提取样品包埋前后照片 IMGP4261. HPD–114 IMGP4276. HPD–114
		56	HPD–124	T(−1.5, −6.5), 深约 12cm	大花朵，花瓣断裂，已拼对加固，未见花蕊			1.47g	2015.09.07	萧后冠饰提取样品包埋前后照片 IMGP3270. HPD–124 IMGP3842. HPD–124

续表

样品种类	样品数目	样品序号	样品编号	样品坐标	样品描述	包埋前照片	包埋后照片	样品重量	包埋日期	备注
		57	HPD-131	T(5.5,6.5), 深约 15cm	大花朵，花瓣完整，圆锥形琉璃花蕊			总重 3.86g	2015.09.17	萧后冠饰提取样品包埋前后照片（右）IMGP4087. HPD-131 IMGP4172. HPD-131
		58	HPD-132	T(4,6.5), 深约 14.5cm	大花朵，花瓣缺损，未见花蕊，中心有孔			1.60g	2015.09.17	萧后冠饰提取样品包埋前后照片 IMGP4075. HPD-132 IMGP4180. HPD-132
		59	HPD-133	T(6.5,6.5), 深约 15.5cm	大花朵，花瓣缺损，石质花蕊，风化严重，已无法识别形状			总重 3.86g	2015.09.17	萧后冠饰提取样品包埋前后照片（左）IMGP4087. HPD-133 IMGP4172. HPD-133
		60	HPD-134	T(8,-6), 深约 15cm	大花朵，花瓣缺损			1.15g	2015.09.18	萧后冠饰提取样品包埋前后照片 IMGP4143. HPD-134 IMGP4240. HPD-134

续表

样品种类	样品数目	样品序号	样品编号	样品坐标	样品描述	包埋前照片	包埋后照片	样品重量	包埋日期	备注
		61	HPD–138	T(7,–5), 深约 15.5cm	大花朵，已断裂，未见花蕊			1.31g	2015.09.06	萧后冠饰提取样品包埋前后照片 IMGP3180. HPD–138 IMGP3298. HPD–138
		62	HPD–139	T(0.5,4.5), 深约 16cm	大花朵，花瓣缺损，锈蚀严重，几乎只剩下鎏金层			4g	2015.09.17	萧后冠饰提取样品包埋前后照片 IMGP4067. HPD–139 IMGP4210. HPD–139
		63	HPD–143	T(3,6.5), 深约 15cm	大花朵，半片花瓣，未见花蕊，中心有孔			0.94g	2015.09.17	萧后冠饰提取样品包埋前后照片 IMGP4078. HPD–143 IMGP4205. HPD–143
		64	HPD–145	T(–1.5,–8), 深约 12cm	大花朵，花瓣缺损，内壁有鎏金，未见花蕊，中心有孔			1.35g	2015.09.08	萧后冠饰提取样品包埋前后照片 IMGP3318. HPD–145 IMGP3918. HPD–145

续表

样品种类	样品数目	样品序号	样品编号	样品坐标	样品描述	包埋前照片	包埋后照片	样品重量	包埋日期	备注
		65	HPD-146	T(6,6.5)，深约16cm	大花朵，花瓣缺损，未见花蕊			0.47g	2015.09.17	萧后冠饰提取样品包埋前后照片IMGP4097. HPD-146 IMGP4191. HPD-146
小花朵	11	1	HPX-1	T(-1，-7)，深约2cm处	一六瓣花形饰片，直径约8mm，鎏金或贴金				2015.06.28	萧后冠饰提取样品包埋前后照片IMGP0300. HPX-1. IMGP0592. HPX-1
		2	HPX-2	T(-1，7)，深约2cm处	小朵六瓣花，有一瓣脱落				2015.07.03	萧后冠饰提取样品包埋前后照片IMGP0304. HPX-2. IMGP0605. HPX-2
		3	HPX-3	T(-1，7)，深约2cm处	小朵六瓣花，完整，中部有裂痕				2015.06.28	萧后冠饰提取样品包埋前后照片IMGP0313.HPX-3. IMGP0610. HPX-3

续表

样品种类	样品数目	样品序号	样品编号	样品坐标	样品描述	包埋前照片	包埋后照片	样品重量	包埋日期	备注
		4	HPX-4	T(-2，7)，深约 2cm 处	小朵六瓣花，完整				2015.06.28	萧后冠饰提取样品包埋前后照片 IMGP0319. HPX-4. IMGP1047. HPX-4
		5	HPX-5	T(-1.5，4)，深约 1.5cm 处	小朵六瓣花，一瓣脱落			0.05g	2015.07.03	萧后冠饰提取样品包埋前后照片 IMGP0322. HPX-5. IMGP1051. IIPX-5
		6	HPX-6	T(-3，2.5)，深约 3.5cm 处	小朵六瓣花，完整				2015.06.28	萧后冠饰提取样品包埋前后照片 IMGP0335.
		7	HPX-7	T(-3，-4.5)，深约 3cm 处	小六瓣花，基本完整			0.07g	2015.07.03	萧后冠饰提取样品包埋前后照片 IMGP0329. HPX-6. IMGP0598. HPX-6 HPX-7. IMGP1056. HPX-7

续表

样品种类	样品数目	样品序号	样品编号	样品坐标	样品描述	包埋前照片	包埋后照片	样品重量	包埋日期	备注
		8	HPX-8	T(0，-4)，深约2cm处	小六瓣花，残缺，叠压在HPD-64上			0.06g	2015.07.03	萧后冠饰提取样品包埋前后照片IMGP0111. HPX-8. IMGP1060. HPX-8
		9	HPX-9	T(-2.2，-2.6)，深约5cm处	小六瓣花，完整			0.05g	2015.07.03	萧后冠饰提取样品包埋前后照片IMGP0701. HPX-9. IMGP1501. HPX-9
		10	HPX-10	T(-2，-5.5)，深约5cm处	小六瓣花，断裂			0.08g	2015.07.03	萧后冠饰提取样品包埋前后照片IMGP0709. HPX-10. IMGP1063. HPX-10
		11	HPX-13	T(-2,-7.5)，深约8cm	完整小六瓣花			总重3.22g	2015.09.15	萧后冠饰提取样品包埋前后照片IMGP3967. HPX-13 IMGP4011. HPX-13

续表

样品种类	样品数目	样品序号	样品编号	样品坐标	样品描述	包埋前照片	包埋后照片	样品重量	包埋日期	备注
条形饰件	14	1	HPT–1	T(3，–8)—T(4.5，–8.5), 深约2.5cm 处	波浪状条形饰件，断裂，已用纱布加固				2015.06.28	萧后冠饰提取样品包埋前后照片IMGP0283. HPT–1. IMGP1030. HPT–1
		2	HPT–2	T(–0.5，–2)—T(0.5，–0.5), 深约2cm 处	波浪状条形饰件，已用纱布加固			0.29g	2015.07.02	萧后冠饰提取样品包埋前后照片IMGP0075. HPT–2. IMGP1035. HPT–2
		3	HPT–3	T(–3.5，–1.5)—T(–2.5，–1)，深约2cm 处	波浪状条形饰件，已用纱布加固			0.11g	2015.07.21	萧后冠饰提取样品包埋前后照片IMGP1899. HPT–3. IMGP2093. HPT–3
		4	HPT–4	T(–4，0)—T(–3，1), 深约2cm 处	波浪状条形饰件，断裂，已用纱布加固			0.41g	2015.07.02	萧后冠饰提取样品包埋前后照片IMGP0077. HPT–4. IMGP1038. HPT–4

续表

样品种类	样品数目	样品序号	样品编号	样品坐标	样品描述	包埋前照片	包埋后照片	样品重量	包埋日期	备注
		5	HPT–5	T(2，1.5)—T(2，3)，深约2cm处	波浪状条形饰件，完整，断裂，已用纱布加固				2015.06.17	萧后冠饰提取样品包埋前后照片IMGP0134.HPT–5
		6	HPT–6	T(–4，3)，深约4.5cm处	波浪状条形饰件，断成两截			0.20g	2015.08.31	萧后冠饰提取样品包埋前后照片IMGP3073.HPT–6.IMGP3162.HPT–6
		7	HPT–7	T(–3.5，4)，深约4cm处	波浪状条形饰件			0.31g	2015.07.09	萧后冠饰提取样品包埋前后照片IMGP1323.HPT–7. IMGP1489.HPT–7
		8	HPT–8	T(–3,1)—T(–3,3),深约2cm	波浪状条形饰件，完整			0.28g	2015.09.15	萧后冠饰提取样品包埋前后照片IMGP3962.HPT–8 IMGP4023.HPT–8

续表

样品种类	样品数目	样品序号	样品编号	样品坐标	样品描述	包埋前照片	包埋后照片	样品重量	包埋日期	备注
		9	HPT-9	T(-3，4)，深约 4cm 处	波浪状条形饰件，断裂，表面鎏金或贴金				2015.06.18	萧后冠饰提取样品包埋前后照片 IMGP1042. HPT-9
		10	HPT-10	T(-2.5，4.5)—T(-3.5，4.5)，深约 5cm 处	波浪状条形饰件，完整，细尖端与 HPD-21 的石质花蕊下端似有一定的连接			总重 3.19g	2015.07.07	萧后冠饰提取样品包埋前后照片 IMGP1092. HPT-10. IMGP1290. HPT-10.
		11	HPT-11	T(-1.5，-8.5)—T(-0.5，-7)，深约 4.5cm 处	波浪状条形饰件，完整，细尖端与 HPD-7 的石质花蕊下端似有一定的连接			0.39g	2015.07.09	萧后冠饰提取样品包埋前后照片 IMGP1309. HPT-11. IMGP1495. HPT-11
		12	HPT-13	T(-2.5，-4)—T(-0.5，-4.5)，深约 2cm 处	波浪状条形饰件			0.20g	2015.09.01	萧后冠饰提取样品包埋前后照片 IMGP3070. HPT-13 IMGP3157. HPT-13

续表

样品种类	样品数目	样品序号	样品编号	样品坐标	样品描述	包埋前照片	包埋后照片	样品重量	包埋日期	备注
		13	HPT-14	T(-3，-5)—T(-2，-7)，深约3—4cm处	波浪状条形饰件，已断裂				2015.06.28	萧后冠饰提取样品包埋前后照片IMGP0290. HPT-14. IMGP1044. HPT-14
		14	HPT-16	T(-2,-7)—T(-1.5,-8)，深约7.5—8.5cm	波浪状条形饰件，位于HPD-90花瓣的侧面			总重3.22g	2015.09.15	萧后冠饰提取样品包埋前后照片IMGP3967. HPT-16 IMGP4011. HPT-16
石质饰件	2	1	SJ-3	T(-1，0)，深约1.5cm处	三件石片饰件，其中一件完整，形似玉珩				2015.09.11	萧后冠饰提取样品包埋前后照片IMGP3895. SJ-3 IMGP3900. SJ-3
		2	SJ-5	T(-4，2)，深约2cm处	白色石质，形状像小人，是否为大花瓣的花蕊暂时未知				2015.06.17	萧后冠饰提取样品包埋前后照片IMGP0124 SJ-5.

续表

样品种类	样品数目	样品序号	样品编号	样品坐标	样品描述	包埋前照片	包埋后照片	样品重量	包埋日期	备注
琉璃	1	1	LL–4	T(–3，1.5)，深约 3cm 处	圆片状，白色				2015.07.03	萧后冠饰提取样品包埋前后照片 IMGP0122. LL–4. IMGP1027. LL–4
钿花	2	1	HD–6	T(–4.5,–5)，深约 8cm	六瓣钿花，两花瓣之间有一圆环，共六个				2015.09.17	萧后冠饰提取样品包埋前后照片 IMGP4108 HD–6. IMGP4198. HD–6
		2	HD–8	T(–3.5,2)，深约 14cm	六瓣钿花，两花瓣之间有一圆环，共六个				2015.09.18	萧后冠饰提取样品包埋前后照片 IMGP4120. HD–8 IMGP4249. HD–8

图版

一　隋炀帝萧后冠饰保护修复与研究合作签字仪式

二　萧后冠饰从扬州安全运抵陕西省文物保护研究院保护修复实验室

三　陕西省副省长白阿莹听取汇报

四　陕西省副省长王莉霞调研项目情况

五　国家文物局副局长童明康视察项目情况

六　国家文物局副局长童明康听取工作汇报

七 陕西省文物局局长赵荣听取工作汇报

八 陕西省文物局副局长罗文利视察工作

九　陕西文物保护研究院院长赵强听取工作进展情况

一〇　杨军昌研究员显微镜下观察冠饰清理出的痕迹现象

一一　第四次专家会参观

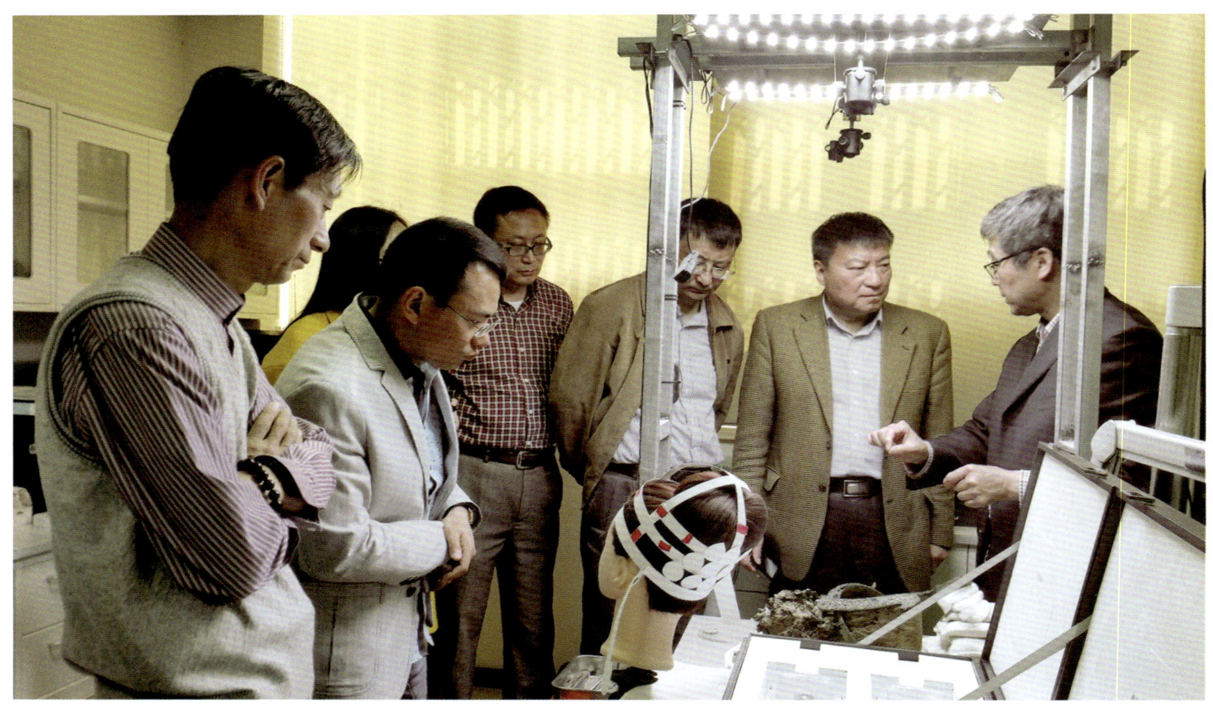

一二　国内专家咨询会参观

一三　国家文物局专家组成员参观实验室

一四　专家视察珍贵文物保护修复实验室

一五　德国专家参观实验室

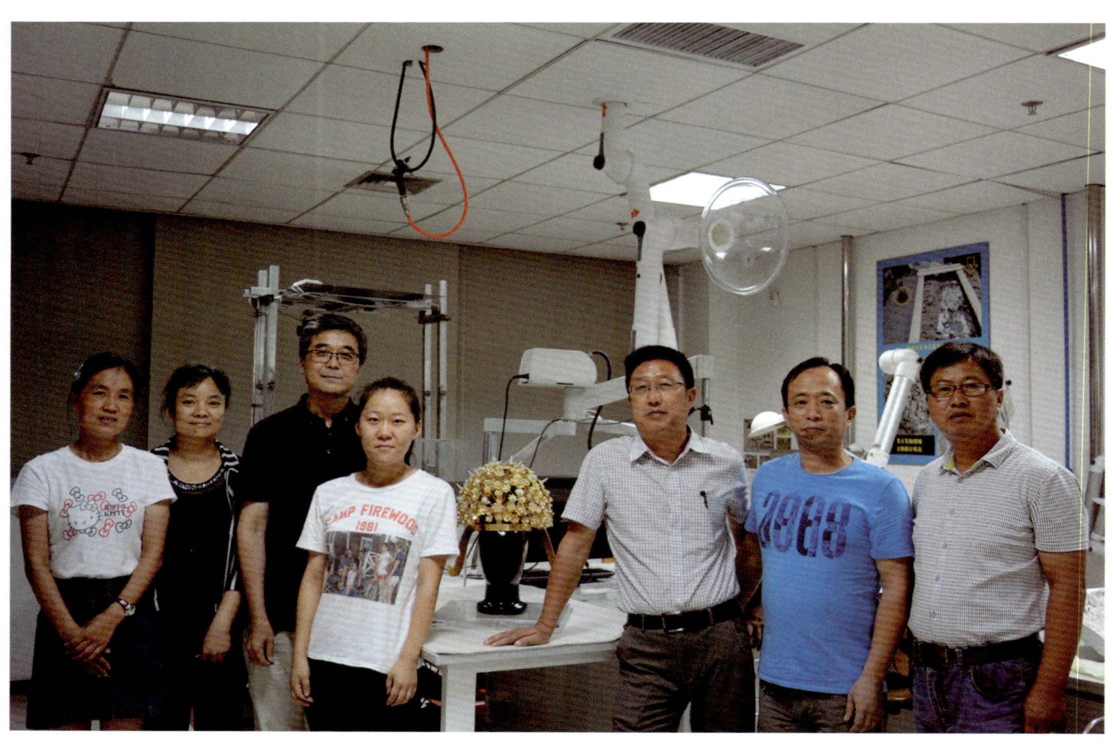

一六　陕西省文物保护研究院、扬州市文物考古研究所项目组主要成员

一七　萧后冠

一八　萧后冠局部

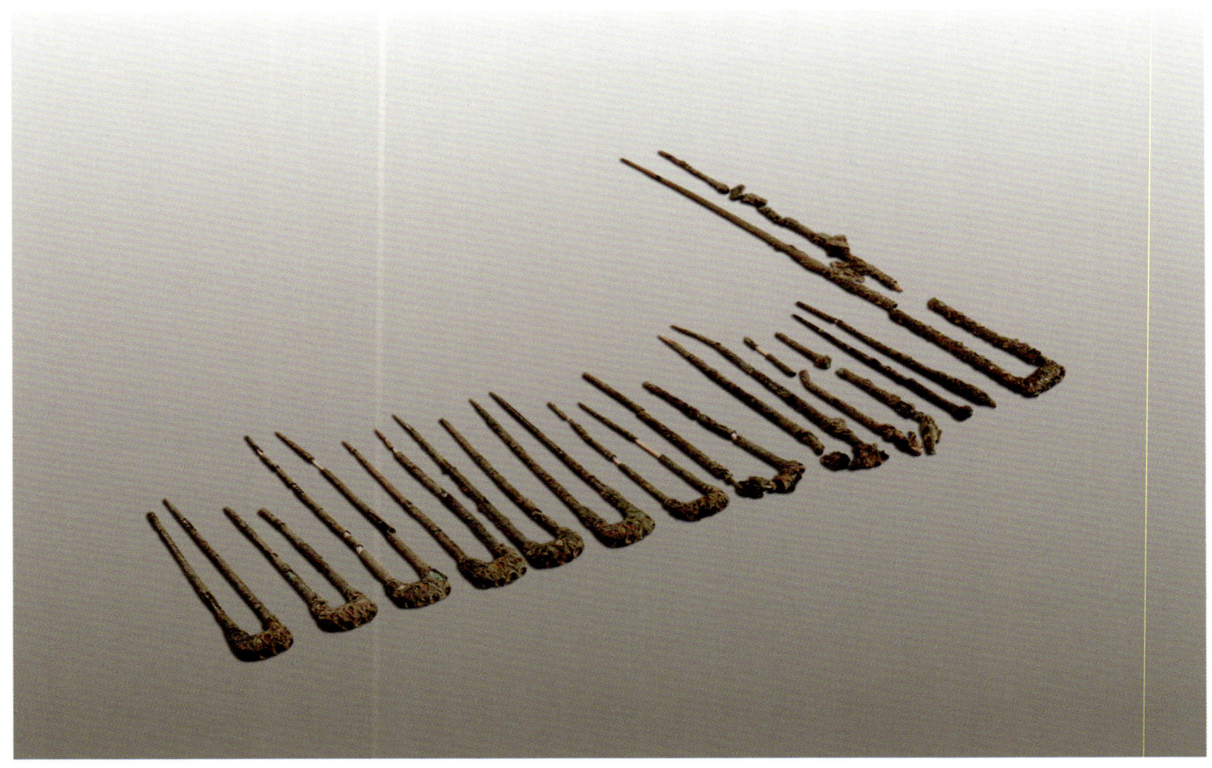

一九　12 枚发钗

二〇　发钗

二一　发钗钗首

二二　发钗局部

二三　钿花正面

二四　完整钿花背面

二五　钿花背面（残）

二六　香炉

后 记

隋炀帝萧后墓于 2013 年 11 月在扬州发现，其中出土的萧后冠饰是目前等级最高、结构最完整的皇家冠饰。鉴于冠饰保存状况极差，在国家文物局的支持下，2014 年 3 月，扬州市文物考古研究所与陕西省文物保护研究院协商，合作开展对萧后冠饰的实验室考古清理和保护工作。随后由双方专家组建多学科的团队，陕西省文物保护研究院负责人为杨军昌研究员，扬州市文物考古研究所负责人为束家平研究员。项目组制定了严谨的保护清理方案，按照“充分研究，谨慎清理，专家把关，循序推进”的工作思路，历经两年多，于 2016 年 9 月顺利完成了该项目。此次合作取得多项重要发现和研究成果，成功揭示了萧后冠头箍结构、博鬓、花树数量与分布以及铜钗、钿花等饰件制作工艺，发现了隋唐时期的棉花，对古代鎏金铜珠工艺有了较深入的认识，完成了对萧后冠的仿制工作。该项目是目前实验室考古的一个成功范例，对国内实验室考古探索和实践具有显著的推动作用。

2016 年 9 月 18 日，在扬州市文物考古研究所的精心筹备下，在陕西省文物保护研究院的大力协助下，“钿钗生辉——萧后冠实验室考古与保护成果展”这一合作成果在江苏扬州博物馆对外公开展示，体现了文化成果惠及大众的共享理念，也在接受公众对文物保护工作的监督与检验。按照设想，该项目还将以“实验室考古报告”的形式向社会公布成果，为提高民族文化自信发挥作用。但时逢杨军昌研究员调入西北工业大学工作，于是陕西省文物保护研究院院长赵强乃委托副院长韩建武组织报告的编写及出版工作。杨军昌研究员也不辞辛劳，及时地列出大纲并分工编写。经过大家的不懈努力，终于在 2017 年 10 月底完成初稿，并交付文物出版社。萧后冠饰实验室考古清理和保护项目历时两年半完成。时任陕西省副省长白阿莹、王莉霞以及国家文物局童明康副局长、陕西省文物局赵荣局长和罗文利副局长等领导在项目研究期间视察并提出宝贵意见，在此表示衷心感谢！同时也感谢参与研究的工作人员及文物出版社责任编辑窦旭耀先生的辛勤劳动！

项目组成员：党小娟、柏柯、张煦、石玲玲、李睿、吴珺、王小迎、刘刚、池军、薛炳宏。

项目参加人员：王啸啸、王冬梅、吴新、赵卫和、王庆华、孔学兵。

样品检测与分析：党小娟（金相组织与金属工艺研究）、纪娟（扫描电镜能谱分析）、相建凯（X 光探测）、董少华（红外光谱分析）、王永进（离子色谱分析）、孙征团队（3D 扫描、高清晰照相）、李青会团队（镶嵌物分析）、龚德才团队（残留物分析）、王冬梅（纪实录像拍摄）、康健团队（文物仿制）、王保平（文物照相）。

编者

2017 年 10 月 26 日